2024

NCS 공기업 기출유형+모의고사

타임 NCS 연구소

2024

NCS 공기업 기출유형+모의고사

인쇄일 2024년 2월 5일 4판 1쇄 인쇄
발행일 2024년 2월 10일 4판 1쇄 발행
등 록 제17-269호
판 권 시스컴2024

발행처 시스컴 출판사
발행인 송인식
지은이 타임 NCS 연구소

ISBN 979-11-6941-322-0 13320
정 가 18,000원

주소 서울시 금천구 가산디지털1로 225, 514호(가산포휴) | **홈페이지** www.nadoogong.com
E-mail siscombooks@naver.com | **전화** 02)866-9311 | **Fax** 02)866-9312

INTRO

NCS(국가직무능력표준. 이하 NCS)은 현장에서 직무를 수행하기 위해 요구되는 능력을 국가적 차원에서 표준화한 것으로 2015년부터 공공기관을 중심으로 본격적으로 실시되었습니다.

NCS는 기존 스펙위주의 채용과정을 줄이고자 실제로 직무에 필요한 능력을 위주로 평가하여 인재를 채용하겠다는 국가적 방침입니다. 기존의 공사 · 공단 등에서 실시하던 적성검사는 NCS 취지가 반영된 형태로 변하고 있기 때문에 변화하는 양상에 맞추어 NCS를 준비해야 합니다.

필기시험의 내용으로 대체되는 직업기초능력은 총 10개 과목으로 출제기관마다 이중에서 대략 5~6개의 과목을 선택하고 시험을 치릅니다. 주로 의사소통능력, 수리능력, 문제해결능력을 선택하며 기업에 따라 3~4개의 과목을 추가로 선택하기 때문에 지원하고자 하는 기업의 직무기술서를 확인하시는 것이 좋습니다.

본서는 공사 · 공단 대비 전문 수험서로, 새롭게 도입되어 생소한 영역인 직업기초능력을 NCS 공식 홈페이지의 자료를 연구하여 필요한 지문과 이론을 정리하여 수록하였고, 이에 맞춰 기초 및 응용문제를 수록하여 시험 대비에 충분한 연습을 할 수 있게 제작되었습니다. 각 과목의 중요한 내용을 이론과 여러 유형의 문제로 정리하였고, 300개 이상의 문제가 수록되어 있습니다. 또, 실전모의고사를 통해 학습자의 실력을 스스로 확인해 볼 수 있게 준비하였습니다.

예비 공사 · 공단인들에게 아름다운 합격이 함께하길 기원하겠습니다.

타임 NCS 연구소

NCS(기초직업능력평가)란 무엇인가?

1. 표준의 개념

국가직무능력표준(NCS, national competency standards)은 산업현장에서 직무를 수행하기 위해 요구되는 지식 · 기술 소양 등의 내용을 국가가 산업부문별 수준별로 체계화한 것으로 산업현장의 직무를 성공적으로 수행하기 위해 필요한 능력(지식, 기술, 태도)을 국가적 차원에서 표준화한 것

〈국가직무능력표준 개념도〉

2. 표준의 특성

| 한 사람의 근로자가 해당 직업 내에서 소관 업무를 성공적으로 수행하기 위하여 요구되는 실제적인 수행 능력을 의미합니다.

- 직무수행능력 평가를 위한 최종 결과의 내용 반영
- 최종 결과는 '무엇을 하여야 한다'보다는 '무엇을 할 수 있다'는 형식으로 제시

| 해당 직무를 수행하기 위한 모든 종류의 수행능력을 포괄하여 제시합니다.

- 직업능력 : 특정업무를 수행하기 위해 요구되는 능력
- 직업관리 능력 : 다양한 다른 직업을 계획하고 조직화하는 능력
- 돌발상황 대처능력 : 일상적인 업무가 마비되거나 예상치 못한 일이 발생했을 때 대처하는 능력
- 미래지향적 능력 : 해당 산업관련 기술적 및 환경적 변화를 예측하여 상황에 대처하는 능력

| 모듈(Module)형태의 구성

- 한 직업 내에서 근로자가 수행하는 개별 역할인 직무능력을 능력단위(unit)화하여 개발
- 국가직무능력표준은 여러 개의 능력단위 집합으로 구성

| 산업계 단체가 주도적으로 참여하여 개발

- 해당분야 산업별인적자원개발협의체(SC), 관련 단체 등이 참여하여 국가직무능력표준 개발
- 산업현장에서 우수한 성과를 내고 있는 근로자 또는 전문가가 국가직무능력표준 개발 단계마다 참여

3. 표준의 활용 영역

- 국가직무능력표준은 산업현장의 직무수요를 체계적으로 분석하여 제시함으로써 '일-교육 · 훈련-자격'을 연결하는 고리, 즉 인적자원개발의 핵심 토대로 기능
- 한국산업인력공단에서는 국가직무능력표준을 활용하여 교육훈련과정, 훈련기준, 자격종목 설계, 출제기준 등 제 · 개정시 활용
- 한국직업능력개발원에서는 국가직무능력표준을 활용하여 전문대학 및 마이스터고 · 특성화고 교과과정을 개편

- 국가직무능력표준은 교육훈련기관의 교육훈련과정, 직업능력개발 훈련기준 및 교재 개발 등에 활용되어 산업수요 맞춤형 인력양성에 기여하며, 근로자를 대상으로 경력개발경로 개발, 직무기술서, 채용 · 배치 · 승진 체크리스트, 자가진단도구로 활용 가능

구 분		활용콘텐츠
산업현장	근로자	평생경력개발경로, 자가진단도구
	기 업	직무기술서, 채용 · 배치 · 승진 체크리스트
교육훈련기관		교육훈련과정, 훈련기준, 교육훈련교재 개발
자격시험기관		자격종목 설계, 출제기준, 시험문항, 평가방법

NCS 구성

능력단위

- 직무는 국가직무능력표준 분류체계의 세분류를 의미, 원칙상 세분류 단위에서 표준이 개발
- 능력단위는 국가직무능력표준 분류체계의 하위단위로서 국가직무능력표준의 기본 구성요소에 해당

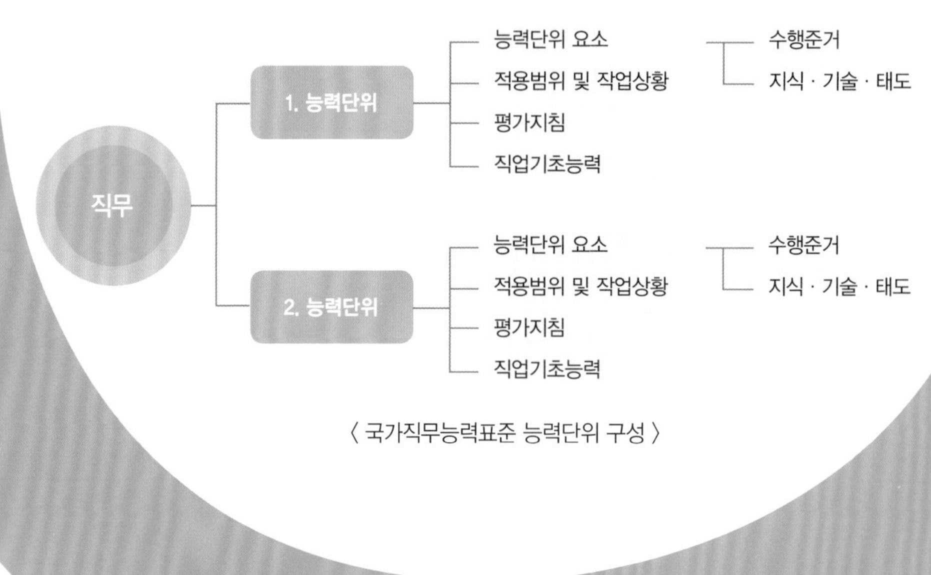

〈 국가직무능력표준 능력단위 구성 〉

10개 영역	34개 하위영역
의사소통 능력	문서이해능력, 문서작성능력, 경청능력, 의사표현능력, 기초외국어능력
자원관리 능력	시간관리능력, 예산관리능력, 물적자원관리능력, 인적자원관리능력
문제해결 능력	사고력, 문제처리능력
정보 능력	컴퓨터 활용능력, 정보처리능력
조직이해 능력	국제감각, 조직 체제 이해능력, 경영이해능력, 업무이해능력
수리 능력	기초연산능력, 기초통계능력, 도표분석능력, 도표작성능력
자기개발 능력	자아인식능력, 자기관리능력, 경력개발능력
대인관계 능력	팀웍능력, 리더십능력, 갈등관리능력, 협상능력, 고객서비스능력
기술 능력	기술이해능력, 기술선택능력, 기술적용능력
직업윤리	근로윤리, 공동체윤리

주요 공공기관 NCS 채용제도

기 관	NCS 채용제도
국민건강보험공단	입사지원서, 직업기초능력평가, 인성검사 등
근로복지공단	입사지원서, 직업기초능력평가, 역량면접 등
한국가스공사	직업기초능력평가, 직무수행능력평가, 인성검사 등
한국수력원자력	직업기초능력평가, 직무수행능력평가 등
한국전력공사	자기소개서, 직무능력검사, 인성검사, 직무면접 등
한국철도공사	직업기초능력평가, 직무수행능력평가 등
한국산업은행	입사지원서, 직업기초능력평가, 직무수행능력평가 등
국민은행	자기소개서, 직업기초능력평가, 직무능력평가 등

주요 공사 · 공단 채용 정보

국민건강보험공단

<table>
<tr><th>구 분</th><th colspan="2">내 용</th></tr>
<tr><td>응시자격</td><td colspan="2">• 성별, 연령 제한 없음(만 60세 이상자 지원 불가)
• '6급갑' 지원자 중 남자의 경우 병역필 또는 면제자
• 각 채용 직렬 · 전형 · 지역을 달리하거나 동일분야에 중복 지원 시 '자격미달' 처리</td></tr>
<tr><td>전형절차</td><td colspan="2">서류심사→필기시험(인성포함)→면접시험→증빙서류 등록 · 심사→수습임용</td></tr>
<tr><td rowspan="3">필기전형</td><td>NCS기반 직업기초능력평가
(60분)</td><td>• 행정 · 건강 · 요양직 : 의사소통(20), 수리(20), 문제해결(20)
• 전산직 : 의사소통(5), 수리(5), 문제해결(5), 전산개발 기초능력(35)</td></tr>
<tr><td colspan="2">온라인 인성검사(채용 사이트에서 온라인으로 개별 실시)</td></tr>
<tr><td>직무시험(법률, 20문항)</td><td>• 행정 · 건강 · 전산직 : 국민건강보험법
• 요양직 : 노인장기요양보험법</td></tr>
<tr><td>면접전형</td><td colspan="2">• 대상 : 필기전형 합격자 중 인성검사 완료자
• 면접형식 : 직무수행능력 평가를 위한 B.E.I(경험행동면접) 60%+G.D(집단토론) 40%</td></tr>
</table>

근로복지공단

<table>
<tr><th colspan="3">구 분</th><th>내 용</th></tr>
<tr><td rowspan="3">전형
절차</td><td rowspan="3">필기
전형</td><td>NCS
직업기초능력</td><td>• NCS 직업기초능력 중 4가지 항목 70문항
– 의사소통능력, 문제해결능력, 자원관리능력, 수리능력</td></tr>
<tr><td>NCS
직무기초지식</td><td>• 직무수행에 필요한 기초지식 평가 항목 30문항
– 법학, 행정학, 경영학, 경제학, 사회복지학(각 6문항)</td></tr>
<tr><td>취업
지원대상자
우대사항</td><td>• 법령에 의한 취업지원대상자로 만점의 10%, 5%를 가점하는 자
• 산재장해등급 3급 이상 판정자 본인
• 산재사망 근로자 유자녀 및 산재장해등급 3급 이상 근로자의 자녀
• 「장애인 고용촉진 및 직업재활법 시행령」 제3조의 규정에 해당하는 장애인
• 「의사상자 등 예우 및 지원에 관한 법률」 제2조에 따른 의상자 또는 의사자 자녀
• 「국민기초생활보장법」상 수급자 및 차상위 계층자
※ 상기 항목 중 두 가지 이상에 해당하는 경우 지원자에게 유리한 것 하나만 적용</td></tr>
</table>

전형 절차	면접 전형	NCS 직업기초능력 직무수행능력	• 직무수행에 필요한 직업기초능력 및 직무수행능력 평가 – 의사소통능력 · 문제해결능력 · 직업윤리 및 공단이해도 · 자기개발계획 평가 – 1인 집중면접 실시
		우대사항	• 법령에 의한 취업지원대상자로 만점의 5%/10%를 가점하는 자

한국가스공사

구 분		내 용
지원자격	일반직 6급 (사무/기술)	• 토익 750점 이상 수준의 유효 영어성적 보유자 (최근 2년 이내에 응시하고 접수마감일까지 발표한 국내 정기시험 성적만 인정) • 유효 영어성적 점수표 토익: 750점 이상 / 텝스: 322점 이상 / 토플: 85점 이상 / 오픽: IM2 이상 / 토익스피킹: 130점 이상
	공통 지원자격	• 연령 제한 없음(단, 공사 임금피크제도에 따라 만 58세 미만인 자) • 남성의 경우, 군필 또는 병역 면제자 • 학력, 전공 제한 없음 • 한국가스공사 인사규정 제5조의 결격사유에 해당하지 아니한 자 • 공공기관에 부정한 방법으로 채용된 사실이 적발되어 합격취소, 직권면직 또는 파면 · 해임된 후 5년이 경과하지 않은 자 • 일반직(신입) 기술직군의 경우는 성별무관 교대근무 가능한 자 • 자격, 경력, 우대사항 대상 등 인정 기준일 : 접수마감일
전형절차	원서접수→서류전형→필기전형→면접전형→기초연수→수습채용	
우대사항	• 고급자격증 보유자 : 서류전형 시 어학성적 충족조건 면제 및 필기전형 직무수행능력에서 만점의 10% 가점부여 • 본사이전 지역인재 : 전형단계별 본사이전 지역인재의 합격자인원이 목표인원에 미달 시 추가합격처리 • 취업지원대상자(국가보훈) : 전형단계별 만점의 5% 또는 10% 가점부여 • 장애인 : 전형단계별 만점의 10% 가점부여 • 저소득층, 북한이탈주민, 다문화가족, 경력단절 여성 : 전형단계별 만점의 5% 가점부여	

토익	텝스	토플	오픽	토익스피킹
750점 이상	322점 이상	85점 이상	IM2 이상	130점 이상

한국수력원자력

구 분		내 용
응시자격	공통사항	• 연령, 성별 제한 없음 • 병역 : 남자의 경우, 병역필 또는 면제자(전역 예정자로서 전형절차에 응시 가능자 지원 가능) • 기타 : 채용 결격사유 등에 해당함이 없는 자
	응시분야별 학력	• 응시분야별 관련학과 전공자 또는 관련 산업기사 이상 국가기술자격증 · 면허 보유자 ※ 고등학교 · 전문대학 : 응시분야별 관련학과 졸업(예정)자 대학 : 응시분야별 관련학과 2학년 이상의 교육과정을 이수한 자
전형절차	1차 전형(NCS직무역량검사)→2차 전형(인성검사, 심리건강진단, 면접)→최종합격자 전형(신원조회, 신체검사, 비위면직자 조회)	

한국전력공사

구 분		내 용
채용분야	대졸수준 채용 : 사무, 전기, ICT, 토목, 건축, 기계, 원자력	
응시자격	학 력	해당 분야 전공자 또는 해당 분야 기사 이상 자격증 보유자 (단, 사무분야는 전공 제한 없음) 전기분야는 산업기사 이상
	연 령	제한 없음(단, 공사 정년에 도달한 자는 지원불가)
	외국어	• 대상 : 영어 등 8개 외국어 • 자격기준 : 외국어성적 환산 TOEIC 기준 700점 이상 • 유효성적 : 최근 2년 이내에 응시하고 접수마감일까지 발표한 국내 정기시험성적만 인정 ※ 해외학위자도 유효 외국어 성적을 보유해야 지원 가능함 ※ 고급자격증 보유자는 외국어성적 면제
	기 타	• 당사 인사관리규정 제11조 신규채용자의 결격사유가 없는 자 • 채용 즉시 근무가 가능한 자 • 병역 기피사실이 없는 자
전형절차	1차 서류전형(외국어성적, 자격증가점, 자기소개서)→2차 직무능력검사, 인성검사→3차 직무면접→4차 종합면접→최종 신체검사 및 신원조회	

우대사항	• 고급자격증 보유자 : 1차 전형 면제, 2차 전형 10% 가점 – 변호사, 변리사, 공인노무사, 공인회계사, 세무사, AICPA, 기술사 • 비수도권 및 본사 이전지역 인재 – 비수도권 : 서류전형 2% 가점 / 이전지역 : 서류전형 3% 가점 • 기타 우대사항 – 취업지원대상자(국가보훈) : 1차 전형 면제, 단계별 5%/10% 가점 – 장애인 : 1차 전형 면제, 단계별 10% 가점 – 기초생활수급자 : 1차 전형 면제 – KEPCO 일렉스톤 경진대회 수상자 : 1차 전형 면제 또는 10% 가점(ICT 분야에 한함, 수상 후 3년 이내) – 한전 체험형 청년인턴 : 1차 전형 5%/10% 가점 – 한전 발명특허대전 입상자 : 1차 전형 면제 또는 10% 가점(수상 후 3년 이내) • 한전 전기공학 장학생 : 서류전형 면제(전기 분야에 한함, 졸업 후 3년 이내) ※ 어학성적 등 기본 지원자격 요건 구비 조건, 혜택이 중복되는 경우 최상위 1개만 인정

한국철도공사

구분	내용
지원자격	• 학력, 외국어, 연령 : 제한 없음(단, 만 18세 미만자 및 정년(만 60세) 초과자는 지원할 수 없음) • 병역 : 남성의 경우 군필 또는 면제자에 한함(고졸전형 및 여성 응시자는 해당없음) • 운전 전동차 지원은 철도차량운전면허 中 제2종 전기차량 운전면허 소지자, 토목 장비 지원은 철도차량 운전면허(제1종전기차량, 제2종전기차량, 디젤, 철도장비) 종별과 상관없이 1개 이상 소지자에 한함
전형절차	채용공고 입사지원 → 서류검증 → 필기시험 → 실기시험 → 면접시험(인성검사포함) → 철도적성검사, 채용신체검사 → 정규직 채용
필기시험	(아래 표 참조)
면접시험	• 면접시험 : 신입사원의 자세, 열정 및 마인드, 직무능력 등을 종합평가 • 인성검사 : 인성, 성격적 특성에 대한 검사로 적격 부적격 판정(면접당일 시행) • 실기시험 : 사무영업 수송분야, 토목분야에 한하여 시행(평가시간 : 10분)

필기시험

평가 과목	출제범위	문항수	시험시간
• 직무수행능력평가(전공시험) • 직업기초능력평가(NCS) ※ 일반공채 기준	• 직업기초능력평가(NCS) : 의사소통능력, 수리능력, 문제해결능력 ※ 직무수행능력평가는 채용 홈페이지의 공고문을 참고	50문항 (전공25, 직업기초25)	60분 (과목 간 시간 구분 없음)

한국산업은행

<table>
<tr><th>구 분</th><th>내 용</th></tr>
<tr><td>지원자격</td><td>• 연령, 학력 및 전공 제한 없음
• 병역의무 필한 자 또는 면제받은 자
• 은행 인사내규상 결격사유에 해당되지 않은 자</td></tr>
<tr><td>서류심사</td><td>• (경영, 경제, 법, 전산) 채용예정인원의 20배수 내외 선발
(빅데이터, 공학) 채용예정인원의 15배수 내외 선발
• 평가항목: 지원동기 및 입행후계획, 역량개발노력, 자기소개 등
• 어학성적 충족여부 평가
– 지원서 작성시 기준점수 충족여부만 입력
– 기준점수 : TOEIC 750, NEW TEPS 358, TOEFL(iBT) 72, HSK 5급, JPT 800 (기타 어학성적 불인정)
*기준 점수를 충족하지 못하는 경우에도 “미충족” 선택하여 지원 가능
– 최근 2년 이내에 응시하고 접수마감일까지 발표한 국내 정기시험 성적만 인정</td></tr>
<tr><td>필기시험</td><td>• 채용예정인원의 3배수 내외 선발
<table>
<tr><th colspan="2">평가항목</th><th>시험과목</th></tr>
<tr><td rowspan="2">직무수행
능력</td><td>직무지식</td><td>– 경영, 경제, 법, 전산, 빅데이터(통계학 · 산업공학), 생명공학, 기계 · 자동차공학, 재료 · 신소재공학, 전기 · 전자공학 중 택1</td></tr>
<tr><td>논리적
사고력</td><td>– 일반시사논술</td></tr>
<tr><td colspan="2">직업기초능력</td><td>– NCS 직업기초능력평가
의사소통, 수리, 문제해결, 정보능력</td></tr>
</table>
• 필기시험 합격자 대상 온라인 방식 인성검사 실시</td></tr>
<tr><td>1차 면접</td><td>• 채용예정인원의 1.5배수 내외 선발
• 면접유형
<table>
<tr><th>채용분야</th><th>면접유형</th></tr>
<tr><td>경영, 경제, 법, 공학</td><td>– 직무능력면접, 심층토론, P/T면접, 팀과제수행</td></tr>
<tr><td>전산, 빅데이터</td><td>– 직무능력면접, P/T면접, 코딩역량평가</td></tr>
</table></td></tr>
<tr><td>2차 면접</td><td>• 임원면접</td></tr>
</table>

국민은행

구 분	내 용
서류전형	• 개인별 지원서 및 자기소개서 작성 • 디지털 사전 과제 부여 • AI 역량 검사
필기전형	• NCS기반 객관식 필기시험 총 100문항 (100분 운영) <table><tr><th>구분(문항수)</th><th>배점</th><th>출제범위</th></tr><tr><td>직업기초능력(40)</td><td>40</td><td>– 의사소통, 문제해결, 수리</td></tr><tr><td>직무심화지식(40)</td><td>40</td><td>– 금융영업, 디지털 활용 능력</td></tr><tr><td>상식(20)</td><td>20</td><td>– 경제/금융/일반 상식</td></tr></table>*전문자격 부문 : 필기전형 미운영
1차 면접전형	• PT면접, 영업세일즈 면접 (공고시 부여된 사전과제 바탕) • 디지털테스트(TOPCIT), 인성검사 <table><tr><th>구분</th><th>배점</th><th>시간</th></tr><tr><td>비즈니스 영역</td><td>– IT비즈니스와 윤리 – 프로젝트 관리와 테크니컬 커뮤니케이션</td><td>19시간</td></tr><tr><td>기술 영역</td><td>– 데이터 이해와 활용</td><td>5시간</td></tr><tr><td colspan="2">합계</td><td>24시간</td></tr></table>
2차 면접전형	• 인성면접
건강검진	• 최종 합격자에 한하여 개인별 건강검진 실시

※ 채용 정보는 추후 변경 가능성이 있으므로, 반드시 채용 기관의 홈페이지를 참고하시기 바랍니다.

구성과 특징

Chapter 01 의사소통능력

- 의사소통 능력은 모든 직장인에게 공통적으로 요구하는 직업기초 능력으로 NCS 10
  영역이다.
- 의사소통 능력은 일반 상식과 관련된 내용이 많기 때문에 전체적인 이해가 중요한 영
- 핵심이론과 관련된 일반적인 지식 문제와 응용문제에서 요구하고 있는 문서이해 및
  제로 출제된다.

1. 의사소통능력
   - 의사소통능력이 무엇인지 알아본다.

2. 문서 이해 능력
   - 문서의 종류와 용도를 알아본다.
   - 문서를 이해한다.

3. 문서 작성 능력

핵심이론

NCS 직업기초능력평가를 준비하기 위해 각 기업이 선택한 영역의 핵심이론을 요약하여 수록하였습니다.

01 다음 글의 내용과 일치하는 것은?

1950년대 이후 부국이 빈국에 재정 지원을 하는 개발 원조 계획이 점차 시행되
그리 좋지 못했다. 부국이 개발 협력에 배정하는 액수는 수혜국의 필요가 아니라
결정되었고, 개발 지원의 효과는 보잘것없었다. 원조에도 불구하고 빈국은 대부분
원조를 받았어도 라틴 아메리카와 아프리카의 많은 나라들이 부채에 시달리고 있
공여국과 수혜국 간에는 문화 차이가 있기 마련이다. 공여국은 개인주의적 문화
집단주의적 문화가 강하다. 공여국 쪽에서는 실제 도움이 절실한 개인들에게 우
원하지만, 수혜국 쪽에서는 자국의 경제 개발에 필요한 부문에 개발 원조를 우선
개발 협력의 성과는 두 사회 성원의 문화 간 상호 이해 정도에 따라 결정된다는
졌다. 자국민 말고는 어느 누구도 그 나라를 효율적으로 개발할 수 없다. 그러므로
문화적 맥락을 고려하여 자신의 기술과 지식을 이전해야 한다. 원조 내용도 수혜국
선순위에 부합해야 효과적이다. 이 일은 문화 간 이해와 원활한 의사소통을 필요로

① 공여국은 수혜국의 문화 부문에 원조의 혜택이 돌아가기를 원한다.
② 수혜국은 자국의 빈민에게 원조의 혜택이 우선적으로 돌아가기를 원한다
③ 수혜국의 집단주의적 경향은 공여국의 개발 원조 참여를 저조하게 만든다
④ 공여국과 수혜국이 생각하는 지원의 우선순위는 일치하지 않는다.

기출유형문제

최신 출제 경향을 최대 반영한 각 영역의 기초 · 응용문제들을 수록하여 실제 시험에서의 다양한 변수들에 적응할 수 있게 하였습니다.

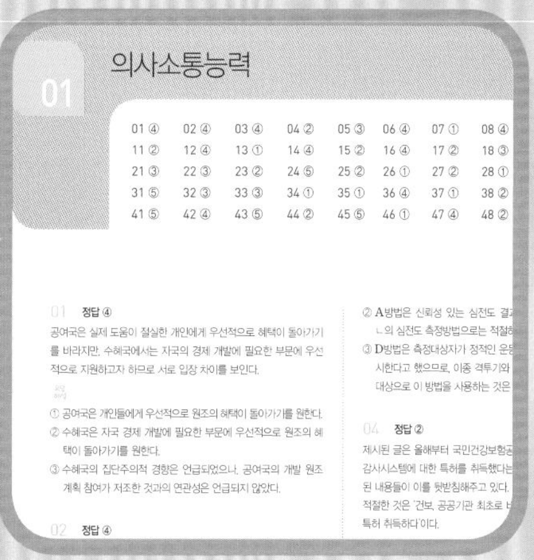

정답 및 해설

정답에 대한 해설뿐 아니라 오답에 대한 해설도 상세하게 설명하여, 학습한 내용을 체크하고 시험에 완벽히 대비할 수 있도록 하였습니다.

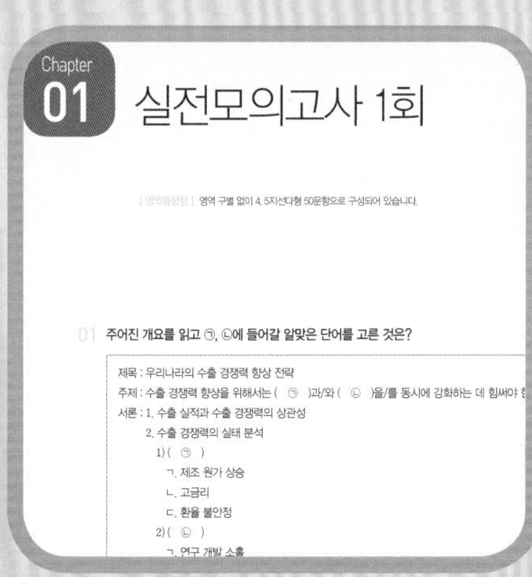

실전모의고사

각 영역의 연습문제만 푸는 것 외에도 영역통합형, 영역분리형으로 구성된 모의고사를 통해 최종점검을 할 수 있도록 하였습니다.

CONTENTS

Part 1

직업기초능력평가

1 의사소통능력

2 수리능력

3 문제해결능력

4 자원관리능력,
정보능력,
조직이해능력

Chapter 01

의사소통능력

- 의사소통 능력은 모든 직장인에게 공통적으로 요구하는 직업기초 능력으로 NCS 10과목 중에서 반드시 채택되는 영역이다.
- 의사소통 능력은 일반 상식과 관련된 내용이 많기 때문에 전체적인 이해가 중요한 영역이다.
- 핵심이론과 관련된 일반적인 지식 문제와 응용문제에서 요구하고 있는 문서이해 및 글을 파악하는 능력 등이 문제로 출제된다.

1. 의사소통능력

- 의사소통능력이 무엇인지 알아본다.

2. 문서 이해 능력

- 문서의 종류와 용도를 알아본다.
- 문서를 이해한다.

3. 문서 작성 능력

- 문서작성법을 알아본다.

4. 경청 능력

- 올바른 경청 방법을 알아본다.
- 경청 능력을 키우는 방법을 알아본다.

5. 의사 표현 능력

- 원활하고 상황에 맞는 의사 표현을 하는 방법을 알아본다.
- 의사표현이 어려운 이유를 알아본다.

6. 기초 외국어 능력

- 기초 외국어 능력을 향상시키는 법을 알아본다.
- 외국인과의 의사소통법에 대해 이해한다.

1 〉 의사소통능력

(1) 의사소통 능력이란?

① 두 사람 또는 그 이상의 사람들 사이에서 일어나는 의사 전달 및 상호교류를 의미하며, 어떤 개인 또는 집단에게 정보 · 감정 · 사상 · 의견 등을 전달하고 받아들이는 과정을 의미한다.

② 한사람이 일방적으로 상대방에게 메시지를 전달하는 과정이 아니라 상대방과의 상호작용을 통해 메시지를 다루는 과정이므로, 성공적인 의사소통을 위해서는 자신이 가진 정보와 의견을 상대방이 이해하기 쉽게 표현해야 할 뿐 아니라 상대방이 어떻게 받아들일 것인가에 대해서도 고려해야 한다.

③ **의사소통의 기능** : 조직과 팀의 효율성과 효과성을 성취할 목적으로 이루어지는 정보 및 지식의 전달 과정으로써, 여러 사람의 노력으로 공동의 목표를 추구해 나가는 집단의 기본적인 존재 기반이자 성과를 결정하는 핵심 기능을 한다.

④ **의사소통의 중요성** : 제각기 다른 사람들의 시각 차이를 좁혀주며, 선입견을 줄이거나 제거해 주는 수단이다.

(2) 의사소통능력의 종류

① **문서적인 측면**

㉠ **문서이해능력** : 업무에 관련된 문서를 통해 구체적인 정보를 획득 · 수집 · 종합하는 능력

㉡ **문서작성능력** : 상황과 목적에 적합한 문서를 시각적 · 효과적으로 작성하는 능력

② **언어적인 측면**

㉠ **경청능력** : 원활한 의사소통의 방법으로, 상대방의 이야기를 듣고 의미를 파악하는 능력

㉡ **의사표현력** : 자신의 의사를 상황과 목적에 맞게 설득력을 가지고 표현하는 능력

(3) 바람직한 의사소통을 저해하는 요인

① '일방적으로 말하고', '일방적으로 듣는' 무책임한 마음

→ 의사소통 기법의 미숙, 표현 능력의 부족, 이해 능력의 부족

② '전달했는데', '아는 줄 알았는데'라고 착각하는 마음

→ 평가적이며 판단적인 태도, 잠재적 의도

③ '말하지 않아도 아는 문화'에 안주하는 마음
→ 과거의 경험, 선입견과 고정관념

(4) 의사소통능력 개발

① 사후검토와 피드백 활용

② 언어의 단순화

③ 적극적인 경청

④ 감정의 억제

(5) 인상적인 의사소통

① 인상적인 의사소통이란, 의사소통 과정에서 상대방에게 같은 내용을 전달한다고 해도 이야기를 새롭게 부각시켜 좋은 인상을 주는 것이다.

② 상대방이 '과연'하며 감탄하도록 내용을 전달하는 것이다.

③ 자신에게 익숙한 말이나 표현만을 고집스레 사용하면 전달하고자 하는 이야기의 내용에 신선함과 풍부함, 또는 맛깔스러움이 떨어져 의사소통에 집중하기가 어렵다. 상대방의 마음을 끌어당길 수 있는 표현법을 많이 익히고 이를 활용해야 한다.

④ 자신을 인상적으로 전달하려면, 선물 포장처럼 자신의 의견도 적절히 꾸미고 포장할 수 있어야 한다.

2 〉 문서이해능력

(1) 문서이해능력이란?

① 작업현장에서 자신의 업무와 관련된 인쇄물이나 기호화된 정보 등 필요한 문서를 확인하여 문서를 읽고, 내용을 이해하여 요점을 파악하는 능력이다.

② 문서에서 주어진 문장이나 정보를 읽고 이해하여 자신에게 필요한 행동이 무엇인지 추론할 수 있어야 하며 도표, 수, 기호 등도 이해하고 표현할 수 있는 능력을 의미한다.

(2) 문서의 종류와 용도

① **공문서** : 정부 행정기관에서 대내외적 공무를 집행하기 위해 작성하는 문서

② **기획서** : 적극적으로 아이디어를 내고 기획해 하나의 프로젝트를 문서 형태로 만들어, 상대방에게 기획의 내용을 전달하고 기획을 시행하도록 설득하는 문서

③ **기안서** : 회사의 업무에 대한 협조를 구하거나 의견을 전달할 때 작성하며 흔히 사내 공문서로 불림

④ **보고서** : 특정한 일에 관한 현황이나 그 진행 상황 또는 연구 · 검토 결과 등을 보고할 때 작성하는 문서

⑤ **설명서** : 상품의 특성이나 사물의 성질과 가치, 작동 방법이나 과정을 소비자에게 설명하는 것을 목적으로 작성하는 문서

⑥ **보도자료** : 정부 기관이나 기업체, 각종 단체 등이 언론을 상대로 자신들의 정보가 기사로 보도되도록 하기 위해 보내는 자료

⑦ **자기소개서** : 개인의 가정환경과 성장과정, 입사 동기와 근무자세 등을 구체적으로 기술하여 자신을 소개하는 문서

⑧ **비즈니스 레터(E-mail)** : 사업상의 이유로 고객이나 단체에 편지를 쓰는 것이며, 직장 업무나 개인 간의 연락, 직접 방문하기 어려운 고객 관리 등을 위해 사용되는 문서이나, 제안서나 보고서 등 공식적인 문서를 전달하는 데도 사용된다.

⑨ **비즈니스 메모** : 업무상 필요한 중요한 일이나 앞으로 체크해야 할 일이 있을 때 필요한 내용을 메모 형식으로 작성하여 전달하는 글이다.

(3) 문서 이해의 구체적 절차

① 문서의 목적 이해하기

② 문서가 작성된 배경과 주제 파악하기

③ 문서에 쓰여진 정보를 밝혀내고 문제가 제시하고 있는 현안문제 파악하기

④ 문서를 통해 상대방의 욕구와 의도 및 나에게 요구하는 행동에 관한 내용 분석하기

⑤ 문서에서 이해한 목적 달성을 위해 취해야 할 행동을 생각하고 결정하기

⑥ 상대방의 의도를 도표나 그림 등으로 메모하여 요약 · 정리해보기

(4) 문서이해를 위해 필요한 사항

① 각 문서에서 꼭 알아야 하는 중요한 내용만을 골라 필요한 정보를 획득하고 수집, 종합하는 능력

② 다양한 종류의 문서를 읽고, 구체적인 절차에 따라 이해하고 정리하는 습관을 들여 문서이

해능력과 내용종합능력을 키워나가는 노력

③ 책이나 업무에 관련된 문서를 읽고, 나만의 방식으로 소화하여 작성할 수 있는 능력

3 〉 문서작성능력

(1) 문서작성능력이란?

① 직업생활에서 목적과 상황에 적합한 아이디어나 정보를 전달할 수 있도록 문서를 작성할 수 있는 능력이다.

② 문서작성을 할 때에는 문서를 왜 작성해야 하며, 문서를 통해 무엇을 전달하고자 하는지를 명확히 한 후에 작성해야 한다.

③ 문서작성 시에는 대상, 목적, 시기, 기대효과(기획서나 제안서 등의 경우)가 포함되어야 한다.

④ 문서작성의 구성요소

㉠ 품위 있고 짜임새 있는 골격

㉡ 객관적이고 논리적이며 체계적인 내용

㉢ 이해하기 쉬운 구조

㉣ 명료하고 설득력 있는 구체적인 문장

㉤ 세련되고 인상적이며 효과적인 배치

(2) 종류에 따른 문서작성법

공문서	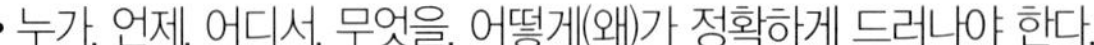 • 누가, 언제, 어디서, 무엇을, 어떻게(왜)가 정확하게 드러나야 한다. • 날짜 작성 시 연도와 월일을 함께 기입하며 날짜 다음에 괄호를 사용할 경우에는 마침표를 찍지 않는다. • 내용은 한 장에 담아내는 것이 원칙이다. • 마지막에는 반드시 '끝'자로 마무리 한다. • 복잡한 내용은 항목 별로 구분한다.('–다음–' 또는 '–아래–') • 대외문서이고 장기간 보관되는 문서이므로 정확하게 기술한다.

설명서	• 명령문보다는 평서형으로 작성한다. • 정확하고 간결하게 작성한다. • 소비자들이 이해하기 어려운 전문용어는 가급적 사용을 삼간다. • 복잡한 내용은 도표를 통해 시각화하여 이해도를 높인다. • 동일한 문장 반복을 피하고 다양하게 표현하는 것이 좋다.
기획서	• 핵심 사항을 정확하게 기입하고, 내용의 표현에 신경 써야 한다. • 상대방이 요구하는 것이 무엇인지 고려하여 작성한다. • 내용이 한눈에 파악되도록 체계적으로 목차를 구성한다. • 효과적인 내용전달을 위해 표나 그래프 등의 시각적 요소를 활용한다. • 충분히 검토를 한 후 제출하도록 한다. • 인용한 자료의 출처가 정확한지 확인한다.
보고서	• 진행과정에 대한 핵심내용을 구체적으로 제시한다. • 내용의 중복을 피하고 핵심사항만 간결하게 작성한다. • 참고자료는 정확하게 제시한다. • 내용에 대한 예상 질문을 사전에 추출해보고, 그에 대한 답을 미리 준비한다.

(3) 문서작성의 원칙

① 문장은 짧고 간결하게 작성한다.

② 상대방이 이해하기 쉽게 쓴다.

③ 한자의 사용은 자제한다.

④ 긍정문으로 작성한다.

⑤ 간단한 표제를 붙인다.

⑥ 문서의 주요한 내용을 먼저 쓴다.

(4) 문서작성 시 주의사항

① 육하원칙에 의해서 써야 한다.

② 문서의 작성시기가 중요하다.

③ 하나의 사항을 한 장의 용지에 작성해야 한다.

④ 문서작성 후 반드시 내용을 검토해야 한다.

⑤ 첨부자료는 반드시 필요한 자료 외에는 첨부하지 않는다.

⑥ 문서내용 중 금액, 수량, 일자 등의 기재에 정확성을 기해야 한다.

⑦ 문장표현은 작성자의 성의가 담기도록 경어나 단어 사용에 신경을 써야 한다.

(5) 문서표현의 시각화

① **차트 표현** : 개념이나 주제 등을 나타내는 문장표현이나 통계적 수치 등을 한눈에 알아볼 수 있게 표현하는 것이다.

② **데이터 표현** : 수치를 표로 나타내는 것이다.

③ **이미지 표현** : 전달하고자 하는 내용을 그림이나 사진 등으로 나타내는 것이다.

④ 문서를 시각화 하는 포인트

㉠ 보기 쉬워야 한다.

㉡ 이해하기 쉬워야 한다.

㉢ 다채롭게 표현되어야 한다.

㉣ 숫자를 그래프로 표시한다.

4 〉 경청능력

(1) 경청능력이란?

① 다른 사람의 말을 주의 깊게 듣고 공감하는 능력으로, 대화의 과정에서 신뢰를 쌓을 수 있는 최고의 방법이다. 경청할 때 상대방은 안도감을 느끼고, 무의식적인 믿음을 갖게 된다.

② 경청을 함으로써 상대방을 한 개인으로 존중하게 되고, 성실한 마음으로 대하게 된다. 또한 상대방의 입장을 공감하고 이해하게 된다.

(2) 올바른 경청의 방해요인

① **짐작하기** : 상대방의 말을 믿고 받아들이기보다 자신의 생각에 들어맞는 단서들을 찾아 자신의 생각을 확인하는 것

② **대답할 말 준비하기** : 상대방의 말을 듣고 곧 자신이 다음에 할 말을 생각하는 데 집중해 상대방이 말하는 것을 잘 듣지 않는 것

③ **걸러내기** : 상대방의 말을 듣기는 하지만 상대방의 메시지를 온전히 듣는 것이 아니라 듣고 싶지 않은 것들은 막아버리는 것

④ **판단하기** : 상대방에 대한 부정적인 판단 때문에, 또는 상대방을 비판하기 위해 상대방의 말을 듣지 않는 것

⑤ **다른 생각하기** : 상대방이 말을 할 때 자꾸 다른 생각을 하고, 상황을 회피하는 것

⑥ **조언하기** : 다른 사람의 문제에 지나치게 간섭하고 본인이 해결해주고자 하는 것

⑦ 언쟁하기 : 단지 논쟁하기 위해서 상대방의 말에 귀를 기울이며, 상대방이 무슨 말을 하든지 자신의 입장을 확고히 한 채 방어하는 것
⑧ 자존심 세우기 : 자신의 부족한 점에 대한 상대방의 말을 듣지 않고 인정하지 않으려는 것
⑨ 슬쩍 넘어가기 : 대화가 너무 사적이거나 위협적이면 주제를 바꾸거나 농담으로 넘기는 것
⑩ 비위 맞추기 : 상대방을 위로하기 위해서 혹은 비위를 맞추기 위해서 너무 빨리 동의하는 것

(3) 효과적인 경청의 방법

① 준비한다 : 강의의 주제나 용어에 친숙해지도록 미리 강의 자료를 읽어둔다.
② 주의를 집중한다 : 말하는 사람의 모든 것에 집중해서 적극적으로 듣는다.
③ 예측한다 : 대화를 하는 동안 시간 간격이 있으면, 다음에 무엇을 말할 것인가를 추측해본다.
④ 나와 관련짓는다 : 상대방이 전하려는 메시지가 무엇인가를 생각해보고 자신의 삶, 목적, 경험과 연관지어본다.
⑤ 질문한다 : 질문을 하려고 하면 적극적으로 경청할 수 있고 집중력도 높아진다.
⑥ 요약한다 : 대화 도중에 주기적으로 대화의 내용을 요약하면 상대방이 전달하려는 메시지를 이해하고, 사상과 정보를 예측하는데 도움이 된다.
⑦ 반응한다 : 상대방이 말한 것에 대해 질문을 던지고 이해를 명료화한 뒤 피드백을 한다.

(4) 경청훈련

① 주의 기울이기(바라보기, 듣기, 따라하기)
② 상대방의 경험을 인정하고 더 많은 정보 요청하기
③ 정확성을 위해 요약하기
④ 개방적인 질문하기
⑤ '왜?'라는 질문 피하기

5 〉 의사표현능력

(1) 의사표현능력이란?

① 말하는 이가 자신의 생각과 감정을 듣는 이에게 음성언어나 신체언어로 표현하는 행위이다.

② 의사표현은 의사소통의 중요한 수단으로 특히, 의도나 목적을 가지고 이를 달성하고자 할 때 효과적인 말하기 방식이다.

③ 의사표현의 종류에는 상황이나 상태에 따라 공식적 말하기, 의례적 말하기, 친교적 말하기가 있다.

㉠ **공식적 말하기** : 준비된 내용을 대중을 상대로 하여 말하는 것(연설, 토론 등)

㉡ **의례적 말하기** : 정치 · 문화적 행사에서와 같이 의례 절차에 따라 말하는 것(주례, 회의 등)

㉢ **친교적 말하기** : 매우 친근한 사람들 사이에서 자연스럽게 떠오르는 대로 말하는 것

(2) 의사표현의 방해요인

① **연단공포증** : 연단에 섰을 때 가슴이 두근거리고 입술이 타고 식은땀이 나며, 얼굴이 달아오르는 생리적 현상

② **말** : 장단, 고저, 발음, 속도, 쉼, 띄어 말하기 등

③ **음성** : 목소리, 명료도, 쉼, 감정이입, 완급, 색깔, 온도 등

④ **몸짓** : 청자에게 인지되는 비언어적 요소(외모, 동작 등)

⑤ **유머** : 웃음을 주는 요소(흥미 있는 이야기, 풍자 등)

(3) 상황과 대상에 따른 의사표현법

① 상대방의 잘못을 지적할 때

- 모호한 표현은 설득력을 약화시키므로, 상대방이 알 수 있도록 확실하게 지적한다.
- 현재 꾸짖고 있는 내용에만 한정해야지 이것저것 함께 꾸짖으면 효과가 없다.
- 힘이나 입장의 차이가 클수록 지적에 대한 저항이 적다.

② 상대방을 칭찬할 때

- 자칫하면 아부로 여겨질 수 있으므로 상황에 맞게 적절히 해야 한다.
- 처음 만나는 사람에게 말을 할 때는 먼저 칭찬으로 시작하는 것이 좋다.

③ 상대방에게 부탁을 해야 할 때

- 먼저 상대방의 사정을 우선시한다.
- 상대방이 응하기 쉽게 최대한 구체적으로 부탁한다.

④ 상대방의 요구를 거절해야 할 때

- 먼저 사과한 다음, 응해줄 수 없는 이유를 설명한다.
- 불가능하다고 여겨질 때는 모호한 태도를 보이는 것보다 단호하게 거절하는 것이 좋다.

⑤ 명령해야 할 때

- 강압적으로 말하기보다는 부드럽게 말한다.

⑥ 설득해야 할 때

- 일방적으로 강요하거나 상대방만이 손해를 보라는 식의 '밀어붙이기 식'대화는 금물이다.
- 먼저 양보하고 이익을 공유하겠다는 의지를 보여준다.

⑦ 충고해야 할 때

- 예를 들거나 비유법으로 깨우쳐주는 것이 바람직하다.

⑧ 질책해야 할 때

- '칭찬의 말' + '질책의 말' + '격려의 말'처럼 질책을 가운데 두는 '샌드위치 화법'을 사용하는 것이 좋다.

(4) 원활한 의사표현을 위한 지침

① 올바른 화법을 위해 독서를 하라.
② 좋은 청중이 되라.
③ 칭찬을 아끼지 마라.
④ 공감하고, 긍정적으로 보이게 하라.
⑤ 겸손은 최고의 미덕임을 잊지 마라.
⑥ 과감하게 공개하라.
⑦ '뒷말'을 숨기지 마라.
⑧ '첫마디'말을 준비하라.
⑨ 이성과 감성의 조화를 꾀하라.
⑩ 대화의 룰을 지켜라.

㉠ 상대방의 말을 가로막지 않는다.
㉡ 혼자서 의사표현을 독점하지 않는다.
㉢ 의견을 제시할 때에는 반론의 기회를 준다.
㉣ 임의로 화제를 바꾸지 않는다.

⑪ 문장을 완전하게 말하라.

6 〉 기초외국어능력

(1) 기초외국어능력이란?

① 글로벌 시장에서 한국어만이 아닌 다른 나라의 언어로 의사소통을 하는 능력을 말한다.

② 외국어로 된 간단한 자료를 이해하거나, 외국인 전화응대와 간단한 대화 등 외국인의 의사표현을 이해하고, 자신의 의사를 외국어로 표현할 수 있는 능력이다.

③ 외국어로 의사소통을 함에 있어 대화뿐 아니라 몸짓과 표정, 무의식적인 행동으로 자신의 기분과 느낌을 표현하는 것도 함께 이해해야 한다. 즉, 직업 활동에 있어 외국인과 성공적으로 협력하기 위해서는 기초외국어능력을 키우는 것뿐만 아니라 그들의 바디랭귀지를 포함한 문화를 이해하려는 노력도 중요하다.

(2) 기초외국어능력 향상을 위한 공부법

① 외국어공부를 왜 해야 하는지 그 목적부터 정하라.

② 매일 30분씩 눈과 손과 입에 밸 정도로 반복하여 공부하라.

③ 실수를 두려워하지 말고, 기회가 있을 때마다 외국어로 말하라.

④ 외국어와 익숙해질 수 있도록 쉬운 외국어 잡지나 원서를 읽으라.

⑤ 혼자 공부하는 것보다는 라이벌을 정하고 공부하라.

⑥ 업무와 관련된 외국어 주요용어는 꼭 메모해 두어라.

⑦ 출퇴근 시간에 짬짬이 외국어방송을 보거나, 라디오를 들어라.

⑧ 외국어 단어를 암기할 때 그림카드를 사용해보라.

⑨ 가능하면 외국인 친구를 많이 사귀고 대화를 자주 나눠보라.

(3) 외국인과의 의사소통

① 표정으로 알아내기

- 외국인과 대화할 때 그들의 감정이나 생각을 가장 쉽게 알 수 있는 방법이다.
- 웃는 표정은 행복과 만족, 친절을 표현하는 데 비해서 눈살을 찌푸리는 표정은 불만족과 불쾌를 나타낸다. 눈을 마주 보면 관심이 있음을, 다른 곳을 보고 있으면 무관심을 의미한다.

② 음성으로 알아내기

- 어조 : 높은 어조 – 적대감이나 대립감
  낮은 어조 – 만족이나 안심
- 목소리 크기 : 큰 목소리 – 내용 강조, 흥분, 불만족
  작은 목소리 – 자신감 결여
- 말의 속도 : 빠른 속도 – 공포나 노여움
  느린 속도 – 긴장 또는 저항

③ 외국인과의 의사소통에서 피해야 할 행동

- 상대를 볼 때 흘겨보거나, 아예 보지 않는 행동
- 팔이나 다리를 꼬는 행동
- 표정 없이 말하는 것
- 대화에 집중하지 않고 다리를 흔들거나 펜을 돌리는 행동
- 맞장구를 치지 않거나, 고개를 끄덕이지 않는 것
- 자료만 보는 행동
- 바르지 못한 자세로 앉는 행동
- 한숨, 하품을 하는 것
- 다른 일을 하면서 듣는 것
- 상대방에게 이름이나 호칭을 어떻게 할 지 먼저 묻지 않고 마음대로 부르는 것

| 국민건강보험공단 |

01 다음 글의 내용과 일치하는 것은?

1950년대 이후 부국이 빈국에 재정 지원을 하는 개발 원조 계획이 점차 시행되었다. 하지만 그 결과는 그리 좋지 못했다. 부국이 개발 협력에 배정하는 액수는 수혜국의 필요가 아니라 공여국의 재량에 따라 결정되었고, 개발 지원의 효과는 보잘것없었다. 원조에도 불구하고 빈국은 대부분 더욱 가난해졌다. 개발 원조를 받았어도 라틴 아메리카와 아프리카의 많은 나라들이 부채에 시달리고 있다.

공여국과 수혜국 간에는 문화 차이가 있기 마련이다. 공여국은 개인주의적 문화가 강한 반면, 수혜국은 집단주의적 문화가 강하다. 공여국 쪽에서는 실제 도움이 절실한 개인들에게 우선적으로 혜택이 가기를 원하지만, 수혜국 쪽에서는 자국의 경제 개발에 필요한 부문에 개발 원조를 우선 지원하려고 한다.

개발 협력의 성과는 두 사회 성원의 문화 간 상호 이해 정도에 따라 결정된다는 것이 최근 들어 분명해졌다. 자국민 말고는 어느 누구도 그 나라를 효율적으로 개발할 수 없다. 그러므로 외국 전문가는 현지의 문화적 맥락을 고려하여 자신의 기술과 지식을 이전해야 한다. 원조 내용도 수혜국에서 느끼는 필요와 우선순위에 부합해야 효과적이다. 이 일은 문화 간 이해와 원활한 의사소통을 필요로 한다.

① 공여국은 수혜국의 문화 부문에 원조의 혜택이 돌아가기를 원한다.

② 수혜국은 자국의 빈민에게 원조의 혜택이 우선적으로 돌아가기를 원한다.

③ 수혜국의 집단주의적 경향은 공여국의 개발 원조 참여를 저조하게 만든다.

④ 공여국과 수혜국이 생각하는 지원의 우선순위는 일치하지 않는다.

| 국민건강보험공단 |

02 다음 글에서 필자가 내린 결론을 적절하게 평가한 것들을 모두 묶은 것은?

우리 연구팀은 지난 10년 동안 흡연과 폐암 사이의 관계를 경험적으로 연구해 왔다. 국내에 거주하는 30세에서 60세 나이의 성인 중 하루에 담배 반 갑을 피우는 사람 100명, 한 갑을 피우는 사람 100명, 두 갑을 피우는 사람 100명을 각각 임의로 표집하여 세 개의 표본으로 구성했다. 그 표본들에 대해 지난 10년 동안 폐암 발병률을 조사해 보았더니 담배를 많이 피우는 사람들로 구성된 표본일수록 폐암 발병률이 더 증가한다는 사실이 드러났다. 이러한 사실로부터 흡연이 폐암의 주요한 인과적 원인이라고 결론 내렸다.

보기

ㄱ. 별도의 대조 실험에서 비흡연자들의 폐암 발병률이 매우 낮다는 결과를 얻는다면 그 결론은 강화된다.
ㄴ. 흡연이 폐암 이외에도 다른 부정적 효과들을 낳는다는 것이 드러나면 그 결론은 약화된다.
ㄷ. 흡연 의존성과 폐암을 모두 야기하는 원인이 존재한다는 것이 드러나더라도 그 결론은 강화되지 않는다.
ㄹ. 동일한 실험 방식을 이용한 쥐 실험에서 담배 연기에 더 많이 노출된 쥐일수록 폐암 발병률이 증가하는 것이 드러나더라도 그 결론은 약화되지 않는다.

① ㄱ, ㄹ
② ㄴ, ㄷ
③ ㄷ, ㄹ
④ ㄱ, ㄷ, ㄹ

03 다음 글에 있는 측정대상자의 특성과 여건을 고려할 때 〈보기〉의 측정 내용과 측정방법이 가장 적절하게 연결된 것은?

A방법은 비용이 가장 저렴하고 간단하며 재측정이 쉽다는 장점이 있다. 그러나 이 방법은 테스트가 진행되는 동안 맥박을 측정할 수 없고, 신뢰성 있는 심전도 결과를 얻기 어렵다.

B방법은 모든 강도의 운동을 테스트할 수 있다. 이 방법은 측정대상의 맥박을 좀 더 쉽게 측정할 수 있고 운동 중 혈압을 용이하게 측정할 수 있다. 비용도 C방법에 비하면 훨씬 저렴하다. 그러나 이 방법은 수영이나 달리기와 같은 종류의 동작을 측정하기는 어렵다.

C방법은 일반인을 대상으로 한 측정방법 중 가장 좋은 방법이다. 다만 A방법에 비하여 운동 중의 맥박, 혈압, 심전도 측정에 있어 경험 많은 측정자가 요구된다.

D방법은 측정대상자가 정적인 운동을 주로 하는 경우 언제라도 실시할 수 있으며 운동능력을 정확하게 측정할 수 있다. 이러한 방법을 통하여 순환호흡계의 반응과 생화학적인 반응을 자세하게 분석할 수 있다.

보기

ㄱ. 올림픽 출전을 앞둔 수영 선수 운동능력 측정
ㄴ. 심장질환이 있는 중년여성 심전도 측정
ㄷ. 경기를 앞둔 이종 격투기 선수 운동능력 측정
ㄹ. 종합병원에서의 신입사원 심전도 측정

① ㄱ – B방법
② ㄴ – A방법
③ ㄷ – D방법
④ ㄹ – C방법

| 국민건강보험공단 |

04 다음 글의 제목으로 가장 적절한 것은?

국민건강보험공단은 공공기관 최초로 비대면 감사시스템 및 감사방법에 대한 특허를 취득했다고 밝혔다.

이번 특허는 감사시스템을 활용하여 비대면 감사 업무를 수행하는 네트워크 방식으로, 장소에 구애받지 않아 수감장을 별도로 설치해야 하는 번거로움 등이 해소되어, 코로나19 등 급변하는 상황에도 178개 전 지사를 대상으로 2차례 비대면 감사를 실시하였다. 6년 연속 청렴도 최상위기관을 달성한 공단은 비대면 감사시스템과 같은 선진시스템을 활용하는 방안을 마련하기 위해 노력을 아끼지 않고 있다.

건보공단 이태한 상임감사는 "코로나19로 인해 모두가 힘든 상황에도 문제점에 대한 철저한 원인분석과 제도개선을 통해 국민이 신뢰하는 공단으로 거듭나기 위해 감사시스템 고도화에 더욱 힘쓰겠다."고 밝혔다.

① 코로나19, 국민 모두가 관심 가져야 할 문제
② 건보, 공공기관 최초로 비대면 감사시스템 및 감사방법 특허 취득하다
③ 공단 근로자 및 국가 공직자 청렴도 개선
④ 나날이 발전하는 업무 네트워크 체계

| 국민건강보험공단 |

05 다음 제시된 글에서 틀린 단어의 개수는?

비타민 D는 혈액 내 칼슘과 인의 농도를 조절하고, 장에서 칼슘이 흡수되도록 도와 뼈를 튼튼하게 만들고 성장하도록 하는 역활을 담당한다. 비타민 D가 영향을 미치는 것은 뼈뿐만이 아니다. 비타민 D는 다양한 세포의 증식이나 분화 조절에 관여하는데, 특히 암세포가 증식하는 것을 지지하고 암세포의 사멸에도 영향을 미친다는 것이다. 미국의 하버드대 연구팀은 혈중 비타민 D 농도가 대장암과 어떤 관계를 가지는지 조사했는데, 비타민 D 농도가 높은 집단은 낮은 집단에 비해서 대장암 발병 위험이 46% 정도 낮았다고 한다. 미국 럿거스대 조슈아 밀러 교수팀은 비타민 D 결핍 정도가 심할수록 인지기능 저하 속도가 현저히 빨라진다는 연구 결과를 발표하는 등 비타민 D가 뇌와도 관련이 깊은 것으로 알려지고 있다.

① 없음　　② 1개
③ 2개　　④ 3개

| 국민건강보험공단 |

06 당신은 중소기업 총무팀에서 근무하고 있다. 어느 날 팀장이 아래의 기사를 제시하며 내용을 검토해 보고하라고 하였다. 다음 중 기사를 읽고 보고한 내용으로 가장 알맞은 것은?

> **중소기업진흥공단 '내일채움공제'**
>
> "중소기업 근로자에게 금전적 보상, 장기 재직 유도"
>
> 중소기업진흥공단(이하 중진공)은 중소기업 근로자의 장기재직과 인력양성을 위해 운영하는 정책성 공제인 '내일채움공제' 사업으로 많은 중소기업과 핵심인력들에게 높은 관심을 받고 있다.
>
> 내일채움공제는 중소기업 핵심인력의 인력난을 해소하고, 장기재직을 유도하기 위해 중진공에서 공식 출범한 공제 사업이다. 이 제도를 통해 기업주와 핵심인력은 5년간 매월 일정 금액을 공동으로 적립하고, 핵심인력 근로자가 만기까지 재직 시 성과보상금으로 공동적립금을 지급한다. 핵심인력이 매달 10만 원을 적립할 때 중소기업은 20만 원 이상을 적립하도록 규정하고 있기 때문에 장기재직을 유도하는 방안으로 꼽히고 있다.
>
> 조세소위 심사자료에 따르면 내일채움공제에 가입한 근로자는 올해 9월 기준, 3,441개 업체 8,398명이다. 이들은 월평균 12만 7000원, 기업은 월평균 30만 6000원을 납입하고 있고, 5년 후 공제금 수령 예상액은 평균 2,756만 원(세전) 수준이다.
>
> 내일채움공제에 가입한 기업은 공제납입금에 대해 손금(필요경비) 인정과 함께 연구 및 인력개발비 세액공제 혜택을 받을 수 있으며, 과세표준구간에 따라 최소 31%, 최대 63%의 절세효과를 누릴 수 있는 이점을 가지고 있다.
>
> 가입한 핵심인력 또한 만기공제금 수령 시 소득세의 50%를 감면해주는 제도가 2015년 세법 개정(안)에 반영됨에 따라 근로자들의 실질적인 재산증식 효과도 가져올 수 있을 것으로 기대를 모으고 있다.

① 내일채움공제 가입 시 근로자와 중소기업이 공동 적립하며, 만기 시 배분하여 지급받는다.
② 공제에 가입한 근로자는 만기 시까지 적립한 후 공동적립금을 지급받는다.
③ 중소기업의 핵심인력은 매달 10만 원, 중소기업은 20만 원을 상한으로 적립할 수 있다.
④ 중소기업의 핵심인력이 공제의 대상이며, 만기공제금 수령 시 소득세의 50%을 감면받는다.

| 국민건강보험공단 |

07 다음 뉴스를 듣고 아래 네 사람이 보인 반응 중 논리적으로 옳지 않은 것은?

> 술이 약한 사람들은 술을 잘하는 사람들과 비교해 알츠하이머병에 걸리기 쉽다는 연구결과가 나왔다. 유럽의 한 노인병연구소는 술을 잘 하는 사람에게서 움직임이 활발하게 관찰되는 효소 Y가 알츠하이머병과 관계가 깊은 유독 효소의 분해에 효과가 있다는 사실을 발표했다. 연구소 측이 40~70대 2,400명의 혈액을 조사한 결과, 효소 Y의 움직임이 약한 사람은 문제의 유독 효소를 더 많이 생성하는 것으로 파악됐다. 통상적으로 술이 약한 사람들은 효소 Y의 활동도 약하기 때문이다.

선호 : 술을 전혀 마시지 않는 사람은 알츠하이머에 걸릴 확률이 높다.
현석 : 술을 무리하게 마신다고 알츠하이머 예방효과가 꼭 있는 것은 아니다.
영아 : 주량을 줄인다고 해서 알츠하이머에 걸릴 가능성이 높아지는 것은 아니다.
태성 : 술을 잘 마시는 사람은 알츠하이머에 걸릴 확률이 낮다.

① 선호
② 현석
③ 영아
④ 태성

| 국민건강보험공단 |

08 다음은 음주운전 예방대책을 마련하기 위해 외부 연구기관에 의뢰하여 발간된 보고서의 일부분이다. 이 연구결과에 근거하여 도출될 수 있는 예방대책으로 옳지 않은 것은?

일반적으로 단기적인 효과를 가지는 음주운전의 처벌 및 단속에도 불구하고 우리나라에서 1991년 이후 전반적으로 교통사고 사망자 수의 지속적인 감소가 나타나고 있는 것은, 여러 가지 장기적인 효과를 가지는 수단들과 함께 음주문화의 실질적인 개선이 있었기 때문인 것으로 생각된다. 음주운전 예방대책에서 형량이나 벌금과 같은 형사적인 처벌을 강화하는 것은 별다른 효과를 나타내기 어렵고, 나타낸다고 하더라도 이것은 단기적인 효과에 불과하다는 각국의 음주운전 연구들이 제시되고 있다.

그러나 음주운전에 대한 단속강화에 대해서는 다소 논란의 여지는 있지만, 이것이 지속적으로 이루어진다면 음주운전의 억제효과를 나타내며, 장기적으로 효과가 있다는 연구도 보고되고 있다. 또한 면허정지나 취소와 같은 행정처분의 경우도 상당한 효과를 가질 것으로 생각된다. 왜냐하면 이것이 음주운전을 억제하는 효과가 없다고 하더라도 최소한 면허가 없는 동안에 운전을 하기는 어려울 것이기 때문이다.

따라서 한국의 음주운전 예방대책은 형량이나 벌금의 강화보다는 면허취소와 같은 행정처분을 활용한 방향으로 나아가는 것이 필요하고, 또 일상적인 단속이 필요하며, 장기적인 측면에서 알코올 소비를 줄여 나갈 수 있는 정책이 필요하다고 하겠다. 그리고 무엇보다도 중요한 것은 음주문화의 개선과 음주운전에 대한 인식의 개선이 필요하다고 하겠다.

① 술에 대한 세금을 대폭 인상한다.
② 음주운전자에 대한 음주운전방지 프로그램을 강화한다.
③ 운전면허취소 기준을 혈중알코올농도 0.1%에서 0.08%로 내린다.
④ 단속경찰을 대거 투입하여 연2회 '음주운전집중단속주간'을 선정하여 음주운전을 단속한다.

09 다음 기사를 읽은 후 사원들의 반응 중 옳지 않은 것은?

> **근로복지공단, 일자리 안정자금 지급 개시**
>
> 근로복지공단은 올해 1월 1일부터 신청 접수를 시작한 '일자리 안정자금 지원사업'의 지원금을 1월 31일부터 본격적으로 지급한다고 밝혔다. 최초로 지급되는 금액은 328개 사업장의 538명의 노동자에 대하여 67,910천원이 지급될 예정이나 신청 사업장 및 노동자 수가 증가하고 있어 향후 지급액은 대폭 증가할 것으로 예상된다. '일자리 안정자금 지원사업'은 사업주의 인건비 부담을 경감시키고 노동자의 최저임금을 보장하기 위하여 정부가 약 3조원의 예산을 편성하여 사업주에게 인건비를 지원해주는 사업이다.
>
> 근로복지공단은 '일자리 안정자금 지원사업'을 차질 없이 수행하기 위하여 지난 해 8월부터 TF팀 구성, 인력채용 등 사업수행을 준비하였으며 지난 1월 1일부터 일자리 안정자금 신청을 받기 시작하였다. 처음으로 안정자금을 지급받는 사업장 중에는 동네 상권이 축소되고 영세 식당들이 많아 수금이 어려운 실정에서도 근로자의 고용단절 없이 대를 이어 사업을 운영해 온 쌀가게도 있는 것으로 전해졌다. 이 쌀가게는 쌀배송업무를 담당하는 직원 4명 중 3명에 대해 '18년도 말까지 총 384만원(매월 32만원씩)의 일자리 안정자금을 지급받게 될 예정이라고 근로복지공단은 전했다. 그 외에도, 서울시의 한 아파트 단지에서는 일자리 안정자금 지원사업 덕분에 고용조정이나 휴게시간 연장 등의 조치 없이 최저임금 인상률 이상인 16.8%의 급여를 인상한 사례도 있는 것으로 알려졌다.
>
> 심경우 이사장은 일자리 안정자금 지원사업이 최저임금과 근로자의 고용을 보장하며 소득주도성장을 견인하는 가장 중요한 정책으로 자리매김하게 될 것으로 기대된다고 밝혔다.

① A사원 : 일자리 안정자금은 근로복지공단이 주체하는 사업이다.

② B사원 : 사업주의 인건비 부담을 경감시키고 노동자의 최저임금을 보장하기 위함이다.

③ C사원 : 일자리 안정자금은 신청을 받은 사업체에 한해 선발, 적용된다.

④ D사원 : 일자리 안정자금 지원사업 덕분에 휴게시간 연장 등의 꼼수가 사라지고 있다.

| 한국수력원자력 |

10 다음 글의 내용과 부합하지 않는 것은?

오늘날 대부분의 경제 정책은 경제의 규모를 확대하거나 좀 더 공평하게 배분하는 것을 도모한다. 하지만 뉴딜 시기 이전의 상당 기간 동안 미국의 경제 정책은 성장과 분배의 문제보다는 '자치(self－rule)에 가장 적절한 경제 정책은 무엇인가?'의 문제를 중시했다.

그 시기에 정치인 A와 B는 거대화된 자본 세력에 대해 서로 다르게 대응하였다. A는 거대 기업에 대항하기 위해 거대 정부로 맞서기보다 기업 담합과 독점을 무너뜨려 경제권력을 분산시키는 것을 대안으로 내세웠다. 그는 산업 민주주의를 옹호했는데 그 까닭은 그것이 노동자들의 소득을 증진시키기 때문이 아니라 자치에 적합한 시민의 역량을 증진시키기 때문이었다. 반면 B는 경제 분산화를 꾀하기보다 연방정부의 역량을 증가시켜 독점자본을 통제하는 노선을 택했다. 그에 따르면, 민주주의가 성공하기 위해서는 거대 기업에 대응할 만한 전국 단위의 정치권력과 시민 정신이 필요하기 때문이었다. 이렇게 A와 B의 경제 정책에는 차이점이 있지만, 둘 다 경제 정책이 자치에 적합한 시민 도덕을 장려하는 경향을 지녀야 한다고 보았다는 점에서는 일치한다.

하지만 뉴딜 후반기에 시작된 성장과 분배 중심의 정치경제학은 시민 정신 중심의 정치경제학을 밀어내게 된다. 실제로 1930년대 대공황 이후 미국의 경제 회복은 시민의 자치 역량과 시민 도덕을 육성하는 경제 구조 개혁보다는 케인즈 경제학에 입각한 중앙정부의 지출 증가에서 시작되었다. 그에 따라 미국은 자치에 적합한 시민 도덕을 강조할 필요가 없는 경제 정책을 펼쳐나갔다. 또한 모든 가치에 대한 판단은 시민 도덕에 의지하는 것이 아니라 개인이 알아서 해야 하는 것이며 국가는 그 가치관에 중립적이어야만 공정한 것이라는 자유주의 철학이 우세하게 되었다. 모든 이들은 자신이 추구하는 가치와 상관없이 일정 정도의 복지 혜택을 받을 권리를 가지게 되었다. 하지만 공정하게 분배될 복지 자원을 만들기 위해 경제 규모는 확장되어야 했으며, 정부는 거대화된 경제권력들이 망하지 않도록 국민의 세금을 투입하여 관리하기 시작했다. 그리고 시민들은 자치하는 자 즉 스스로 통치하는 자가 되기보다 공정한 분배를 받는 수혜자로 전락하게 되었다.

① A는 시민의 소득 증진을 위하여 경제권력을 분산시키는 방식을 택하였다.
② B는 거대 기업을 규제할 수 있는 전국 단위의 정치권력이 필요하다는 입장이다.
③ A와 B는 시민 자치 증진에 적합한 경제 정책이 필요하다는 입장이다.
④ A와 B의 정치경제학은 모두 1930년대 미국의 경제 위기 해결에 주도적 역할을 하지 못하였다.
⑤ 케인즈 경제학에 기초한 정책은 시민의 자치 역량을 육성하기 위한 경제 구조 개혁 정책이 아니었다.

| 근로복지공단 |

11 다음에 제시된 글의 내용과 일치하지 않는 것은?

> 대기업의 고객만족 콜센터에서 상담원으로 8년째 근무하고 있는 김모씨(30세 · 남)는 매일 아침마다 극심한 두통에 시달리며 잠에서 깬다. 김씨는 "욕설을 듣지 않는 날이 손에 꼽을 정도다"라며, "물론 보람을 느낄 때도 있지만, 대부분 자괴감이 드는 날이 많다"라고 '감정노동자'들의 고충을 호소하였다.
>
> 이처럼 콜센터 안내원, 호텔 관리자, 스튜어디스 등 직접 사람을 마주해야 하는 서비스업 종사자의 감정노동 스트레스는 심각한 수준으로 나타났다. 특히 텔레마케터의 경우 730개 직업 가운데 감정노동 강도가 가장 높았다. 최근 지방자치단체와 시민단체, 기업 등을 중심으로 감정노동자 보호를 위한 대안들이 나오고 있지만 서비스업 종사자들이 느끼는 감정노동의 현실이 개선되기까지는 여전히 많은 시간이 걸릴 것으로 보인다.
>
> 문제는 감정노동자들의 스트레스가 병으로도 이어질 수 있다는 점이다. 산업안전보건공단에 따르면 감정노동자들 중 80%가 인격 모독과 욕설 등을 경험했고, 38%가 우울증을 앓고 있는 것으로 조사됐다. 이는 심한 경우 불안장애 증상이나 공황장애 등의 질환으로 발전할 수 있어 전문가들은 감정노동자들에게 각별한 주의를 요하고 있다.
>
> 하지만 이런 현실에 비해 아직 우리 사회의 노력은 많이 부족하다. 많은 감정노동자들이 스트레스로 인한 우울증과 정신질환을 앓고 있지만, 재계의 반대로 '산업재해보상보험법 시행령 및 시행규칙 개정안'은 여전히 공중에 맴돌고 있는 상태이다. 서비스업 특성상 질병의 인과관계를 밝혀내기 어렵기 때문에 기업들은 산재보험료 인상으로 기업의 비용이 부담된다며 반대의 목소리를 내고 있다.

① 감정노동자들의 대부분이 인격 모독과 욕설 등을 경험하였다.

② 지방자치단체나 기업의 반대로 산업재해보상보험법령이 개정되지 않는 상태이다.

③ 텔레마케터의 경우 감정노동으로 인한 스트레스가 가장 심한 직업 유형이다.

④ 감정노동자들이 겪는 스트레스는 심각한 정신 질환을 유발할 수 있다.

| 근로복지공단 |

12 다음 글의 제목으로 가장 적절한 것은?

도덕적 선택의 순간에 직면했을 때 상대방에게 개인적 선호(選好)를 드러내는 행동이 과연 도덕적으로 정당할까? 도덕 철학자들은 이 물음에 대해 대부분 부정적 반응을 보이며 도덕적 정당화의 조건으로 공평성(impartiality)을 제시한다. 공평주의자들의 관점에서 볼 때 특권을 가진 사람은 아무도 없다. 사람들은 인종, 성별, 연령에 관계없이 모두 신체와 생명, 복지와 행복에 있어서 동일한 가치를 지닌다. 따라서 어떤 개인에 대해 행위자의 선호를 표현하는 도덕적 선택은 결코 정당화 될 수 없다. 공평주의자들은 사람들 간의 차별을 인정하지 않기 때문에 개인이 처해 있는 상황이 어떠한가에 따라 행동의 방향을 결정해야 한다고 말한다.

그런데 우리 모두는 특정 개인과 특별한 친분 관계를 유지하면서 살아간다. 상대가 가족인 경우는 개인적 인간관계의 친밀성과 중요성이 매우 강하다. 가족 관계라 하여 상대에게 특별한 개인적 선호를 표현하는 행동이 과연 도덕적으로 정당화될 수 있을까? 만약 허용된다면 어느 선까지 가능할까? 다음 두 경우를 생각해보자.

철수는 근무 중 본부로부터 긴급한 연락을 받았다. 동해안 어떤 항구에서 혐의자 한 명이 일본으로 밀항을 기도한다는 첩보가 있으니 그를 체포하라는 것이었다. 철수가 잠복 끝에 혐의자를 체포했더니, 그는 하나밖에 없는 친형이었다. 철수는 고민 끝에 형을 놓아주고 본부에는 혐의자를 놓쳤다고 보고했다.

민수는 두 사람에게 각각 오천만 원의 빚을 지고 있었다. 한 명은 삼촌이고 다른 한 명은 사업상 알게 된 영수였다. 공교롭게도 이 두 사람이 동시에 어려운 상황에 처해서 오천만 원이 급히 필요하게 되었고, 그보다 적은 돈은 그들에게 도움이 될 수 없는 상황이었다. 이를 알게 된 민수는 노력한 끝에 오천만 원을 마련하였고, 둘 중 한 명에게 빚을 갚을 수 있게 되었다. 민수는 삼촌의 빚을 갚았다.

철수의 행동은 도덕적으로 정당화될 수 있는가? 혐의자가 자신의 형임을 알고 놓아주었으므로 그의 행동은 형에 대한 개인적 선호를 표현한 것이다. 따라서 그는 모든 사람의 복지와 행복을 동일하게 간주해야 하는 공평성의 기준을 지키지 않았다. 그의 행동은 도덕적으로 정당화되기 어려워 보인다.

그렇다면 민수의 행동은 정당화될 수 있는가? 그는 분명히 삼촌에 대한 개인적 선호를 표현했다. 민수가 공평주의자라면 삼촌과 영수의 행복이 동일하기 때문에 오직 상황을 기준으로 판단해야 한다. 만약 영수가 더 어려운 상황에 빠져 있고 삼촌이 어려운 상황이 아니었다면, 선택의 여지가 없이 영수의 빚을 갚아야 한다. 그러나 삼촌과 영수가 처한 상황이 정확하게 동일하기 때문에 민수에게는 개인적 선호가 허용된다.

강경한 공평주의자들은 이런 순간에도 주사위를 던져서 누구의 빚을 갚을지 결정해야 한다고 주장한다. 이는 개인적 선호를 완전히 배제하기 위해서이다. 반면 온건한 공평주의자들은 이러한 주장이 개인에 대한 우리의 자연스러운 선호를 반영하지 못하기 때문에 그것을 고려할 여지를 만들어 놓을 필요가 있다고 생각한다. 이러한 여지가 개인적 선호의 허용 범위라는 것이다. 그들은 상황적 조건이 동일한 경우에 한정하여 개인적 선호를 허용할 수 있다고 주장한다.

① 공평주의의 적용 방식
② 도덕적 정당성의 의미
③ 공평주의의 개념과 의의
④ 개인적 선호와 도덕적 정당성

| 근로복지공단 |

13 다음 글의 내용에 부합하지 않은 것은?

책은 인간이 가진 그 독특한 네 가지 능력의 유지, 심화, 계발에 도움을 주는 유효한 매체이다. 하지만, 문자를 고안하고 책을 만들고 책을 읽는 일은 결코 '자연스러운' 행위가 아니다. 인간의 뇌는 애초부터 책을 읽으라고 설계된 것이 아니기 때문이다. 문자가 등장한 역사는 6천 년, 지금과 같은 형태의 책이 등장한 역사 또는 6백여 년에 불과하다. 책을 쓰고 읽는 기능은 생존에 필요한 다른 기능들을 수행하도록 설계된 뇌 건축물의 부수적 파생 효과 가운데 하나이다. 말하자면 그 능력은 덤으로 얻어진 것이다.

그런데 이 '덤'이 참으로 중요하다. 책이 없이도 인간은 기억하고 생각하고 상상하고 표현할 수 있기는 하나 책과 책 읽기는 인간이 이 능력을 키우고 발전시키는 데 중대한 차이를 낳기 때문이다. 또한 책을 읽는 문화와 책을 읽지 않는 문화는 기억, 사유, 상상, 표현의 층위에서 상당한 질적 차이를 가진 사회적 주체들을 생산한다. 그렇기는 해도 모든 사람이 맹목적인 책 예찬자가 될 필요는 없다. 그러나 중요한 것은, 인간을 더욱 인간적이게 하는 소중한 능력들을 지키고 발전시키기 위해서 책은 결코 희생할 수 없는 매체라는 사실이다. 그 능력을 지속적으로 발전시키는 데 드는 비용은 적지 않다. 무엇보다 책 읽기는 결코 손쉬운 일이 아니기 때문이다. 책 읽기에는 상당량의 정신 에너지와 훈련이 요구되며, 독서의 즐거움을 경험하는 습관 또한 요구된다.

① 책 읽기는 별다른 훈련이나 노력 없이도 마음만 먹으면 가능한 일이다.
② 책을 쓰고 읽는 기능은 인간 뇌의 본래적 기능은 아니다.
③ 책과 책 읽기는 인간의 기억, 사유, 상상 등과 관련된 능력을 키우는 데 상당히 중요한 변수로 작용한다.
④ 독서 문화는 특정 층위에서 사회적 주체들의 질적 차이를 유발한다.

| 근로복지공단 |

14 다음 글로부터 추론할 수 없는 것은?

언론의 자유는 현대 민주주의의 이념적 기초이며 헌법에 보장된 국민의 기본권이다. 언론 자유는 민주주의에 필수불가결한 요소이지만, 불가피하게 규제될 수밖에 없는 경우도 존재한다. 언론 자유를 제한할 필요가 있을 경우, 다음과 같은 엄격한 원칙들에 따라 이루어져야 한다.

첫째, 검열제 등 사전억제 금지의 원칙인데, 이는 사전억제가 가장 최후의 가능성으로만 존재한다는 것을 의미한다. 둘째, 국가안보, 치안, 공공복리 등을 해칠 수 있는 명백하고 현존하는 위협이 존재할 때, 경우에 따라 언론의 자유가 제한될 수 있다. 셋째, 언론에 대한 규제는 반드시 명확하고 일관된 법률에 의거해야 한다. 한편 우리나라 헌법은 언론과 출판의 자유를 보장함과 동시에 그것이 무제한적이지 않으며 다른 기본권과 충돌하는 경우 비교형량해서 제한할 수 있음을 명확히 하고 있다. 국민은 인간으로서의 존엄성과 가치를 가지고 행복을 추구할 권리를 가지며, 이에 따라 개인의 명예나 사생활, 공정한 재판을 받을 권리 등이 언론에 의해 침해당했을 때 법적 보호와 보상을 요구할 수 있다. 일반적으로 공적(公的) 인물들보다 사적(私的) 개인들에 대해 기본적 인격권의 보호가 더 강조된다.

① 전쟁, 테러와 같은 위급한 국가 안보 상황에서는 언론의 자유가 규제될 수 있다.
② 사전억제는 언론 자유를 규제하는 가장 강력한 방식이다.
③ 인간의 존엄과 가치를 보호하려는 각종 기본권과 언론의 자유는 상황에 따라 비교형량 하되, 공적 인물을 대상으로 하는 경우 언론의 자유가 더 포괄적으로 인정된다.
④ 우리나라 헌법은 언론 자유에 대한 절대주의적 시각을 견지하고 있다.

| 근로복지공단 |

15 다음은 출퇴근재해 관련 지침에 대한 자료이다. 이에 대한 설명으로 옳은 것은?

근로복지공단은 2018년부터 통상의 출퇴근재해를 산재로 인정하는 개정 산재보험법이 시행됨에 따라 17.12.28. 이에 대한 구체적인 출퇴근재해 관련 지침을 확정, 발표하고 18.1.1.부터 시행한다고 밝혔다.

기존에는 통근버스 등 사업주가 제공하는 교통수단을 이용하던 중 발생한 사고만을 산재로 인정하였으나, 개정된 산재보험법에서는 18.1.1.부터 통상적인 경로와 방법으로 출퇴근하는 중 발생한 사고도 산재로 인정하고 있다. 통상의 출퇴근재해의 산재보상은 기존의 업무상의 재해와 동일하다.

2018년부터 시행되는 통상의 출퇴근재해 인정지침은 다음과 같다.

- 출퇴근 재해 : 업무에 종사하기 위해 또는 업무를 마침에 따라 이루어지는 출퇴근 행위 중 이동 경로 상에서 발생한 재해를 말한다.
- 통상적인 경로와 방법 : 대중교통 · 자가용 · 도보 · 자전거 등 다양한 교통수단을 이용하여 누구나 이용할 수 있다고 인정되는 통상적인 경로로 출퇴근을 하는 것을 말하는데, 공사, 시위, 집회 및 카풀을 위해 우회하는 경로도 포함한다.
- 경로의 일탈 · 중단 : 통상적인 출퇴근 경로를 일탈 또는 중단하던 중 발생한 사고는 원칙적으로 업무상 재해로 보지 않지만, 일탈 · 중단의 사유가 일상생활에 필요한 행위인 경우에는 예외적으로 업무상의 재해로 인정되는데, 일상생활에 필요한 행위로는 일상생활용품의 구입, 직무관련 교육 · 훈련 수강, 선거권 행사, 아동 또는 장애인의 등 · 하교 또는 위탁, 진료, 가족간병 등을 말한다.
- 적용제외 : 개인택시기사, 퀵서비스기사 등과 같이 출퇴근의 경로와 방법이 일정하지 않은 직종 중 본인의 주거지에 차고지를 두고 있어 주거지 출발부터 업무가 개시되는 경우 사실상 출퇴근재해의 혜택은 받기 어렵고 보험료만 부담할 우려가 있으므로 출퇴근재해에 한해 적용 제외하여 일반 산재보험료만 부담하고 출퇴근재해 보험료는 부담하지 않도록 하였다.
- 통상의 출퇴근재해는 18.1.1. 이후 발생한 재해부터 적용된다.

① 신입사원 교육을 들으러 가는 길에 사고가 발생하면 이는 출퇴근재해로 볼 수 없다.
② 퇴근길에 버스를 타러 버스정류장에 가던 중 사고가 발생하면 이는 출퇴근재해로 볼 수 있다.
③ 개인택시기사가 자택에서 출근 중 사고가 발생하면 이는 출퇴근재해로 볼 수 있다.
④ 출근길에 집회로 인해 우회하다가 사고가 발생하면 이는 출퇴근재해로 볼 수 없다.

| 근로복지공단 |

16 아래의 뜻풀이를 참고하여 예문의 괄호 안에 넣을 가장 알맞은 단어는?

뜻풀이

경험(經驗)에 의하지 않고 순수(純粹)한 이성(理性)에 의하여 인식(認識)하고 설명하는 것

당신 생각은 ( )이야. 이성(理性)에 의한 분별(分別)에만 기초하니까. 경험(經驗)도 필요한 거야.

① 사색적(思索的)
② 사유적(思惟的)
③ 사상적(思想的)
④ 사변적(思辨的)

| 근로복지공단 |

17 밑줄 친 단어를 어법에 맞게 사용한 것은?

① 아버지는 추위를 무릎쓰고 밖에 나가셨다.
② 외출하기 전에 어머니께서 내 방에 잠깐 들르셨다.
③ 그가 미소를 띈 얼굴로 서 있는 모습이 보였다.
④ 내 능력 이상으로 크게 사업을 벌렸다가 실패하고 말았다.

| 근로복지공단 |

18 다음 글에 대한 설명으로 적절하지 않은 것은?

소장은 혼자서 빙긋 웃었다. 감독조를 짐짓 3공사장으로 보내길 잘했다고 그는 생각했다. 사실은 그들이 없으면 인부들을 통솔하기가 매우 어려운 실정이었다. 원하는 대로 모두 수걱수걱 들어주고 나면 길 잘못 들인 강아지 새끼처럼 또 무엇을 달라고 보챌지 몰라 불안할수록, 더욱 감독조는 필요했다. 그래서 잠잠해질 때까지 당분간 보냈다가 인부들과는 낯선 다른 패들로 교대시킬 뿐이었다. 현재 노임도 올렸고 시간 노동제도 실시하고 있는 척할 수밖에 없지만, 우선 내일의 행사를 위해 숨 좀 돌려보자는 게 그의 속셈이었다. 그 다음엔 주동자들을 먼저 아무도 모르게 경찰에 데려다가 책임을 물어 따끔하게 본때를 보인 후, 여비나 두둑이 주어 구슬리며 딴 지방으로 쫓아 보낼 작정이었다. 그의 손에는 쟁의에 참가했던 인부들의 명단이 저절로 들어와 있는 셈이었다. 그들 불평분자의 절반쯤은 3공사장 인부들과 교대시키고, 나머지는 남겨 두되 각 함바에 뿔뿔이 흩어지게 배당할 거였다. 점차로 시간을 보내면서 하나둘씩 해고해 나갈 것이었다. 차츰차츰 작업량을 늘리고 작업장을 줄여 가면 남는 인부가 많게 될 테니 열흘도 못 가서 감원할 구실이 생길 거였다. 따라서 인상되었던 노임을 차츰 낮추며 도급을 계속시키면서 인부들이 모르는 사이에 전과 같이 나가면 어항에 물 갈아 넣는 것처럼 인부들은 모두 새 사람으로 바뀔 것이었다. 소장은 이 모든 일들을 열흘 안으로 해치우고 원상 복구를 해 놓을 자신이 있었다.

① 소장은 내일의 행사를 원만하게 치르려고 한다.
② 소장은 쟁의의 주동자들을 해고할 생각을 갖고 있다.
③ 소장은 감독조를 해체하여 상황을 원상 복구할 계획이다.
④ 소장은 쟁의를 해결할 수 있다는 강한 자신감을 갖고 있다.

| 한국가스공사 |

19 다음 기사의 내용에 대한 설명으로 적절하지 않은 것은?

한국가스공사는 지구온난화를 막고 미세먼지를 감축하기 위해 천연가스 확대 노력에 나섰다.

천연가스는 액화과정에서 분진 · 황 · 질소 등이 제거돼 공해물질이 거의 발생하지 않는 친환경 에너지다. 발화온도가 높아 폭발 위험이 적은데다 연탄 · 석유보다 열효율이 높고 배관으로 공급돼 수송 수단, 저장 공간도 필요 없다. 이 같은 천연가스의 장점은 파리기후협약에 따라 정부가 제8차 전력수급기본계획, 13차 장기천연가스수급계획을 수행하는 데 적합할 것으로 보인다.

가스공사도 LNG발전 비중을 올해 1652만t에서 2031년 1709만t으로 확대하겠다는 정부 정책에 맞춰 산업용 천연가스 요금을 종전대비 10.2% 인하하기로 했다. 경기와 경남을 산업체 밀집 특별관리지역으로 정해 합동 현장 타깃형 마케팅을 실시했다.

미세먼지를 줄이기 위해 노후 경유버스는 CNG버스로 바꾸도록 구매보조금 114억원을 지급했다. 또 선박용 LNG연료를 공급하는 LNG벙커링 등 신사업 기반도 구축할 예정이다.

① 천연가스는 미세먼지를 줄이며 액화과정에서 오염유발물질을 거의 발생시키지 않는다.
② 천연가스는 발화온도가 높아 폭발 위험이 낮다.
③ 천연가스는 석유보다 열효율이 높고 배관설비도 따로 필요하지 않다.
④ 가스공사는 산업용 천연가스 요금을 종전대비 10%이상 낮추기로 하였다.
⑤ LNG벙커링 설비는 액화천연가스를 선박용 연료로 주입하는 설비이다.

| 한국가스공사 |

20 다음 글의 주제 또는 중심내용으로 가장 알맞은 것은?

수요 공급 법칙에 따르면 수요보다 공급이 과하면 가격이 내려가게 되고, 가격이 내려가면 과잉공급 상태는 해소되며 가격은 다시 균형을 찾게 된다. 따라서 대졸자가 지금처럼 공급과잉 상태가 되면 대졸자의 평균 임금은 당연히 하락해야 한다. 하지만 한 번 오른 임금은 경제 여건이 변해도 쉽게 내려갈 생각을 하지 않는데, 이를 '임금의 하방 경직성'이라 한다. 임금이 하방 경직성을 띠는 이유는 노동조합의 존재, 균형 임금보다 높은 최저 임금, 균형 임금보다 높은 효율 임금, 장기 근로 계약 등이 있다. 이렇게 대졸자의 임금이 높게 유지되므로 대학 진학률 역시 고공행진을 이어가고 있다. 이는 학력 공급의 탄력성으로도 설명해 볼 수 있다. 학사 이상의 학력을 갖추는 데에는 적어도 3~4년의 세월이 필요하므로 시장의 수요에 즉각 반응할 수 없다. 공급이 비탄력적이므로 노동시장의 변화에 대응하는 속도가 늦어 공급과잉이 쉽게 해소되지 못하는 것이다.

대학을 중시하는 사회 풍토는 기업의 요직을 차지하고 있는 부모 세대의 경험과도 관련이 있다. 대졸자가 고졸자보다 사회적으로 많은 혜택을 누리는 경우를 직접 경험했거나 목격한 부모가 자신의 자식에게 대학을 졸업하는 것에 대한 장점을 지속해서 주지시키면서 결국 자식 세대는 별다른 의심이나 고민 없이 대학에 진학하는 것이다.

이처럼 대학을 졸업하는 사람이 사회에서 필요로 하는 것보다 훨씬 더 많은 지금의 사태는 한쪽 측면에서 단순하게 고려할 문제가 아니다. 경제적인 요인과 사회적인 요인이 서로 영향을 주고받으며 이러한 현상을 공고하게 하는 것이다. 이것은 대학 진학에 대한 문제가 교육 정책만으로 해결할 수 있는 것이 아니라 한국 사회에 대한 깊은 고찰이 수반되어야 함을 의미한다. 다양한 분야의 전문가가 함께하는 자리 없이는 우리 사회의 뿌리박힌 교육 문제를 해결하기 어려우며, 수많은 방안 역시 근본적인 해결책이 될 수 없다.

① 대졸자의 평균 임금은 수요 공급 법칙에 따라 변동한다.
② 학력에 따른 임금 격차를 줄이기 위한 방안이 시급히 마련되어야 한다.
③ 대졸자의 공급과잉 문제를 해결하기 위해서는 여러 요인을 함께 고려하여야 한다.
④ 평균 임금에 영향을 미치는 요소에는 학력 외에 다양한 요소가 있다.

| 한국가스공사 |

21 다음 글의 논지를 비판하는 진술로 가장 적절한 것은?

> 자신의 스마트폰 없이는 도무지 일과를 진행하지 못하는 K의 경우를 생각해 보자. 그의 일과표는 전부 그의 스마트폰에 저장되어 있어서 그의 스마트폰은 적절한 때가 되면 그가 해야 할 일을 알려줄 뿐만 아니라 약속 장소로 가기 위해 무엇을 타고 어떻게 움직여야 할지까지 알려준다. K는 어릴 때 보통 사람보다 기억력이 매우 나쁘다는 진단을 받았지만 스마트폰 덕분에 어느 동료에게도 뒤지지 않는 업무 능력을 발휘하고 있다. 이와 같은 경우, K는 스마트폰 덕분에 인지 능력이 보강된 것으로 볼 수 있는데, 그 보강된 인지 능력을 K 자신의 것으로 볼 수 있는가? 이 물음에 대한 답은 긍정이다. 즉 우리는 K의 스마트폰이 그 자체로 K의 인지 능력 일부를 실현하고 있다고 보아야 한다. 그런 판단의 기준은 명료하다. 스마트폰의 메커니즘이 K의 손바닥 위나 책상 위가 아니라 그의 두뇌 속에서 작동하고 있다고 가정해 보면 된다. 물론 사실과 다른 가정이지만 만일 그렇게 가정한다면 우리는 필경 K 자신이 모든 일과를 정확하게 기억하고 있고 또 약속 장소를 잘 찾아간다고 평가할 것이다. 이처럼 '만일 K의 두뇌 속에서 일어난다면'이라는 상황을 가정했을 때 그것을 K 자신의 기억이나 판단이라고 인정할 수 있다면, 그런 과정은 K 자신의 인지 능력이라고 평가해야 한다.

① K가 종이 위에 연필로 써가며 253×87 같은 곱셈을 할 경우 종이와 연필의 도움을 받은 연산 능력 역시 K 자신의 인지 능력으로 인정해야 한다.

② K가 집에 두고 나온 스마트폰에 원격으로 접속하여 거기 담긴 모든 정보를 알아낼 수 있다면 그는 그 스마트폰을 손에 가지고 있는 것과 다름없다.

③ K가 자신이 미리 적어 놓은 메모를 참조해서 기억력 시험 문제에 답한다면 누구도 K가 그 문제의 답을 기억한다고 인정하지 않는다.

④ 스마트폰의 모든 기능을 두뇌 속에서 작동하게 하는 것이 두뇌 밖에서 작동하게 하는 경우보다 우리의 기억력과 인지 능력을 향상시키지 않는다.

⑤ 전화번호를 찾으려는 사람의 이름조차 기억이 나지 않을 때에도 스마트폰에 저장된 전화번호 목록을 보면서 그 사람의 이름을 상기하고 전화번호를 알아낼 수 있다.

| 한국가스공사 |

22 다음 빈 칸에 들어갈 말로 가장 적절한 것은?

A국 정부는 가스 관리부서 업무에 적합한 민간경력자 전문관을 한 명 이상 임용하려고 한다. 그런데 지원자들 중 갑은 경쟁국인 B국에 여러 번 드나든 기록이 있다. 그래서 정보 당국은 갑의 신원을 조사했다. 조사 결과 갑이 부적격 판정을 받는다면, 그는 전문관으로 임용되지 못할 것이다. 한편, A국 정부는 임용 심사에서 지역과 성별을 고려한 기준도 적용한다. 동일 지역 출신은 두 사람 이상을 임용하지 않는다. 그리고 적어도 여성 한 명을 임용해야 한다. 이번 임용 시험에 응시한 여성은 갑과 을 둘 밖에 없다. 또한 지원자들 중에서 병과 을이 동일 지역 출신이므로, 만약 병이 임용된다면 을은 임용될 수 없다. 그런데 [　　　　　　　　　] 따라서 병은 전문관으로 임용되지 못할 것이다.

① 갑이 전문관으로 임용될 것이다.
② 을이 전문관으로 임용되지 못할 것이다.
③ 갑은 조사 결과 부적격 판정을 받을 것이다.
④ 병이 전문관으로 임용된다면, 갑도 전문관으로 임용될 것이다.
⑤ 갑이 조사 결과 적격 판정을 받는다면, 갑이 전문관으로 임용될 것이다.

| 한국가스공사 |

23 다음 글의 주제문으로 가장 알맞은 것은?

어떤 경제 주체의 행위가 자신과 거래하지 않는 제3자에게 의도하지 않게 이익이나 손해를 주는 것을 '외부성'이라 한다. 과수원의 과일 생산이 인접한 양봉업자에게 벌꿀 생산과 관련한 이익을 준다든지, 공장의 제품 생산이 강물을 오염시켜 주민들에게 피해를 주는 것 등이 대표적인 사례이다.

외부성은 사회 전체로 보면 이익이 극대화되지 않는 비효율성을 초래할 수 있다. 개별 경제 주체가 제3자의 이익이나 손해까지 고려하여 행동하지는 않을 것이기 때문이다. 예를 들어, 과수원의 이윤을 극대화하는 생산량이 Q라고 할 때, 생산량을 Q보다 늘리면 과수원의 이윤은 줄어든다. 하지만 이로 인한 과수원의 이윤 감소보다 인접 양봉업자의 이윤 증가가 더 크다면, 생산량을 Q보다 늘리는 것이 사회적으로 바람직하다. 하지만 과수원이 자발적으로 양봉업자의 이익까지 고려하여 생산량을 Q보다 늘릴 이유는 없다. 전통적인 경제학은 이러한 비효율성의 해결책이 보조금이나 벌금과 같은 정부의 개입이라고 생각한다. 보조금을 받거나 벌금을 내게 되면, 제3자에게 주는 이익이나 손해가 더 이상 자신의 이익과 무관하지 않게 되므로, 자신의 이익에 충실한 선택이 사회적으로 바람직한 결과로 이어진다는 것이다.

① 외부성에 따른 사회적 비효율
② 외부성이 초래하는 문제를 해결하기 위한 정부의 개입
③ 제3자의 손익을 고려하지 않는 개별 경제 주체
④ 비효율성 해결을 위한 정부의 개입이 초래하는 해악

| 한국가스공사 |

24 다음 글에서 알 수 있는 내용으로 가장 알맞은 것은?

아리스토텔레스는 정치체제를 세 가지로 구분하는데, 군주정, 귀족정, 제헌정이 그것이다. 세 번째 정치체제는 재산의 등급에 기초한 정치체제로서, 금권정으로 불러야 마땅하지만, 대부분의 사람들은 제헌정이라고 부른다. 이것들 가운데 최선은 군주정이며 최악은 금권정이다.

또한 그는 세 가지 정치체제가 각기 타락한 세 가지 형태를 제시한다. 참주정은 군주정의 타락한 형태이다. 양자 모두 일인 통치 체제이긴 하지만 그 차이는 엄청나다. 군주는 모든 좋은 점에 있어서 다른 사람들을 능가하기 때문에 자신을 위해 어떤 것도 필요로 하지 않는다. 그래서 군주는 자기 자신에게 이익이 되는 것이 아니라 다스림을 받는 사람에게 이익이 되는 것을 추구한다. 반면 참주는 군주의 반대이다. 못된 군주가 참주가 된다. 참주는 자신에게만 이익이 되는 것을 추구하기에, 참주정은 최악의 정치체제이다.

귀족정이 과두정으로 타락하는 것은 지배자 집단의 악덕 때문이다. 그 지배자 집단은 도시의 소유물을 올바르게 배분하지 않으며, 좋은 것들 전부 혹은 대부분을 자신들에게 배분하고 공직은 항상 자신들이 차지한다. 그들이 가장 중요하게 생각하는 것은 부를 축적하는 일이다. 과두정에서는 소수만이 다스리는데, 훌륭한 사람들이 아니라 못된 사람들이 다스린다.

민주정은 다수가 통치하는 체제이다. 민주정은 금권정으로부터 나온다. 금권정 역시 다수가 통치하는 체제인데, 일정 재산 이상의 자격 요건을 갖춘 사람들은 모두 동등하기 때문이다. 타락한 정치체제 중에서는 민주정이 가장 덜 나쁜 것이다. 제헌정의 기본 틀에서 약간만 타락한 것이기 때문이다.

① 정치체제의 형태는 일곱 가지이다.
② 군주정은 민주정보다 나쁜 정치체제이다.
③ 제헌정, 참주정, 귀족정, 과두정 중에서 최악의 정치체제는 제헌정이다.
④ 금권정에서 타락한 형태의 정치체제가 과두정보다 더 나쁜 정치체제이다.
⑤ 군주정과 참주정은 일인 통치 체제이지만, 제헌정과 민주정은 다수가 통치하는 체제이다.

| 한국가스공사 |

25 다음 글에서 추론할 수 있는 내용으로 가장 적절한 것은?

> 원형 감옥은 원래 영국의 철학자이자 사회 개혁가인 제레미 벤담(Jeremy Bentham)의 유토피아적인 열망에 의해 구상된 것으로 알려져 있다. 벤담은 지금의 인식과는 달리 원형 감옥이 사회 개혁을 가능케 해주는 가장 효율적인 수단이 될 수 있다고 생각했지만, 결국 받아들여지지 않았다. 사회 문화적으로 원형 감옥은 그 당시 유행했던 '사회 물리학'의 한 예로 간주될 수 있다.
>
> 원형 감옥은 중앙에 감시하는 방이 있고, 그 주위에 개별 감방들이 있는 원형 건물이다. 각 방에 있는 죄수들은 간수 또는 감시자의 관찰에 노출되지만, 감시하는 사람들을 죄수는 볼 수가 없다. 이는 정교하게 고안된 조명과 목재 블라인드에 의해 가능하다. 보이지 않는 사람들에 의해 감시되고 있다는 생각 자체가 지속적인 통제를 가능케 해준다. 즉 감시하는지 안 하는지 모르기 때문에 항상 감시당하고 있다고 생각해야 하는 것이다. 따라서 모든 규칙을 스스로 지키지 않을 수 없는 것이다.

① 원형 감옥은 서로의 시선을 차단해 주는 장치이다.
② 원형 감옥은 타자와 자신, 양자에 의한 이중 통제 장치이다.
③ 원형 감옥의 원리는 감옥 이외에 다른 사회 부문에 적용될 수 있다.
④ 원형 감옥은 관찰자를 신의 전지전능한 위치로 격상시키는 세속적 힘을 부여한다.
⑤ 원형 감옥은 관찰자가 느끼는 불확실성을 수단으로 활용해 피관찰자를 복종하도록 한다.

| 한국가스공사 |

26 다음 글의 내용과 관련된 속담으로 가장 적절한 것은?

> 우리 토박이말이 있는데도 그것을 쓰지 않고 외국에서 들여온 말을 쓰는 버릇이 생겼다. '가람'이 옛날부터 있는데도 중국에서 '강(江)'이 들어오더니 '가람'을 물리쳤고 '뫼'가 있는데도 굳이 '산(山)'이 그 자리에 올라 앉고 말았다. (중략)
>
> 원래 '외래어'란, 우리말로는 적당하게 표현할 말이 없을 때에 마지못해 외국말에서 빌려다 쓰다가 보니 이제 완전히 우리말과 똑같이 되어 버린 것을 말한다. '학교, 선생, 비행기, 가족계획' 등등의 무수한 한자어가 그것이며, '버스, 빌딩, 커피, 뉴스' 등등 서양에서 들여온 외국어가 그것이다.

① 굴러온 돌이 박힌 돌 뺀다.
② 발 없는 말이 천 리 간다.
③ 낮말은 새가 듣고 밤말은 쥐가 듣는다.
④ 말은 해야 맛이고 고기는 씹어야 맛이다.
⑤ 홍시 먹다가 이 빠진다.

| 한국수력원자력 |

27 다음 기사의 내용에 대한 설명으로 옳지 않은 것은?

> 한국수력원자력 고리원자력본부가 4월 14일 오전 9시 고리4호기(가압경수로형, 95만㎾급)의 발전을 재개했다. 이번 재개는 지난 12일 원자력안전위원회가 고리 4호기의 냉각재 누설 사건을 조사하면서 사업자 대응조치, 방사선 영향평가, 원인분석 및 후속조치의 타당성 등을 점검한 후 재가동 승인을 내린데 따른 것이다.
>
> 이날 한국수력원자력에 따르면 오전에 발전을 재개했으며 오는 16일 오전 9시께 100% 출력에 도달할 예정이며 안정성을 높인 게 특징이다. 예컨대 증기발생기 배수배관과 관련 절차를 개선하는 한편 격납건물의 내부철판에 대한 점검과 정비를 마쳤다.
>
> 고리원자력본부 관계자는 "고리 4호기의 경우 작년 4월 계획예방정비에 들어가 원자력안전법과 전기사업법에 따른 검사를 수검, 주요 기기와 설비에 대한 점검 · 정비를 마쳤다"고 전했다. 한편 고리 4호기가 수동 정지된 것은 작년 3월 28일 냉각재가 과다하게 누설되는 일이 발생한 것이 원인이 됐다.

① 고리 4호기의 발전 재개는 원자력안전위원회의 재가동 승인에 따른 결정이다.

② 고리 4호기는 재개 당일 오전 9시께 100% 출력에 도달할 예정이다.

③ 냉각제 누설이 고리 4호기 정지의 직접적 원인이 되었다.

④ 고리 4호기는 관련 법률에 따른 검사와 설비에 대한 정비를 실시하였다.

⑤ 고리 4호기는 정지된 지 약 1년 만에 재개되었다.

| 한국수력원자력 |

28 다음 글의 결론을 지지하지 않는 것은?

지구와 태양 사이의 거리와 지구가 태양 주위를 도는 방식은 인간의 생존에 유리한 여러 특징을 지니고 있다. 인간을 비롯한 생명이 생존하려면 행성은 액체 상태의 물을 포함하면서 너무 뜨겁거나 차갑지 않아야 한다. 이를 위해 행성은 태양과 같은 별에서 적당히 떨어져 있어야 한다. 이 적당한 영역을 '골디락스 영역'이라고 한다. 또한 지구가 태양의 중력장 주위를 도는 타원 궤도는 충분히 원에 가깝다. 따라서 연중 태양에서 오는 열에너지가 비교적 일정하게 유지될 수 있다. 만약 태양과의 거리가 일정하지 않았다면 지구는 여름에는 바다가 모두 끓어 넘치고 겨울에는 거대한 얼음 덩어리가 되는 불모의 행성이었을 것이다.

우리 우주에 작용하는 근본적인 힘의 세기나 물리법칙도 인간을 비롯한 생명의 탄생에 유리하도록 미세하게 조정되어 있다. 예를 들어 근본적인 힘인 강한 핵력이나 전기력의 크기가 현재 값에서 조금만 달랐다면, 별의 내부에서 탄소처럼 무거운 원소는 만들어질 수 없었고 행성도 만들어질 수 없었을 것이다. 최근 들어 물리학자들은 이들 힘을 지배하는 법칙이 현재와 다르다면 우주는 구체적으로 어떤 모습이 될지 컴퓨터 모형으로 계산했다. 그 결과를 보면 강한 핵력의 강도가 겨우 0.5% 다르거나 전기력의 강도가 겨우 4% 다를 경우에도 탄소나 산소는 우주에서 합성되지 않는다. 따라서 생명 탄생의 가능성도 사라진다. 결국 강한 핵력이나 전기력을 지배하는 법칙들을 조금이라도 건드리면 우리가 존재할 가능성은 사라지는 것이다.

결론적으로 지구 주위 환경뿐만 아니라 보편적 자연법칙까지도 인류와 같은 생명이 진화해 살아가기에 알맞은 범위 안에 제한되어 있다고 할 수 있다. 만일 그러한 제한이 없었다면 태양계나 지구가 탄생할 수 없었을 뿐만 아니라 생명 또한 진화할 수 없었을 것이다. 우리가 아는 행성이나 생명이 탄생할 가능성을 열어두면서 물리법칙을 변경할 수 있는 폭은 매우 좁다.

① 생명은 탄소의 존재 여부와 관련 없이 자연적으로 진화할 수 있다.
② 중력법칙이 현재와 조금만 달라도 지구는 태양으로 빨려 들어간다.
③ 원자핵의 질량이 현재보다 조금 더 크다면 우리 몸을 이루는 원소는 합성되지 않는다.
④ 별 주위의 '골디락스 영역'에 행성이 위치할 확률은 매우 낮지만 지구는 그 영역에 위치한다.
⑤ 핵력의 강도가 현재와 약간만 달라도 별의 내부에서 무거운 원소가 거의 전부 사라진다.

| 한국수력원자력 |

29 다음 글로부터 추론하기 어려운 것은?

자본주의 시장은 모든 것을 상품화, 즉 가격으로 환원하는 시장체제에 의해 작동된다. 노동시장을 통해서 상품화되는 노동력은 여타 상품과는 달리 재고로 쌓여 있을 수 없으며 끊임없이 재생산되어야 한다. 따라서 상품화에 실패할 때 재생산의 위기, 곧 그 소유주인 노동자의 생존의 위기가 초래된다. 문제는 자본주의라는 생산체제는 거기에 내재된 본래적 결함으로 인하여, 자신의 노동력을 적절히 상품화시키는 데 실패하는 시장 탈락자들을 체계적이고 대규모적으로 발생시킨다는 점이다. 장애인이나 노약자는 논외로 하더라도, 실업자뿐 아니라 저임이나 불안정 고용에 시달리는 노동자들이 바로 그들이다. 탈상품화란 재생산이라는 절박한 필요로 인하여 쉽사리 시장으로부터 철수되어서는 안되지만 현실에서는 빈번히 철수되거나 철수의 위험 혹은 위협에 직면해 있는 노동이 '비인격적 시장의 작동 원리로부터 독립할 수 있는 정도'로 정의될 수 있다. 이러한 개념화를 확장하면, 복지체계란 하나의 탈상품화 체계이며, 비자발적으로 시장에서 밀려난 자들이 자신의 노동력을 상품화하지 않고도 최소 생활을 영위할 수 있게 하는 사회적 장치인 것이다. 그리고 모든 복지국가는 복지 지출의 종류와 규모, 복지 대상의 선정, 복지 공여의 방식 등에 따라 탈상품화의 효과에서 다양한 양적 · 질적 차이를 보인다.

물론 탈상품화를 위하여 우리는 기업연금이나 개인연금과 같은 민간 부문에 의존할 수 있다. 그러나 앞에서도 살펴보았듯이 민간 부문의 장치들은 대부분 기여와 급여에서 보험식 산정에 입각해 있는, 즉 화폐관계(cash–nexus)의 연장선상에 있기 때문에, 화폐관계의 그물인 시장 밖으로 밀려난 사람들을 위한 탈상품화 장치로 기능하기에는 뚜렷한 한계를 보인다. 더욱이 세계화 담론의 범람과 더불어 양산되며 전통적 계급 스펙트럼 밖에 위치하는 이른바 저변 계급 혹은 만성적 복지 의존 계층에게 민간 보험상품이란, 그렇지 않아도 핍진한 현재적 소비자원을 희생해야만 구입이 가능한, 접근 자체가 원천적으로 힘겨운 사치품일 뿐이다. 따라서 여기에서 다루는 복지국가란 일차적으로 '국가' 복지와 관련된 개념이다.

① 민간보험이 고도로 발달되어 있더라도 복지국가로 단정하기는 어렵다.
② 자본주의 사회에서 노동자는 생존을 위해 끊임없는 노동의 상품화를 필요로 한다.
③ 시장이 낳은 빈곤과 불평등의 문제는 시장 외부, 즉 국가의 개입을 통해 완화되거나 해소되어야 한다.
④ 복지체계를 강화하기 위해서는 민간 보험상품에 대한 규제를 완화해야 한다.
⑤ 복지국가의 탈상품화 효과는 단순한 양적 지표를 넘어서야 한다.

| 한국수력원자력 |

30 다음 글의 빈 칸에 들어갈 내용으로 가장 적절한 것은?

> 현상의 원인을 찾는 방법들 가운데 최선의 설명을 이용하는 방법이 있다. 우리는 주어진 현상을 일으키는 원인을 찾아 이 원인이 그 현상을 일으켰다고 말함으로써 현상을 설명하곤 한다. 우리는 여러 가지 가능한 설명들 중에서 가장 좋은 설명에 나오는 원인이 현상의 진정한 원인이라고 결론 내릴 수 있다.
>
> 지구에 조수 현상이 있는데 이 현상의 원인은 무엇일까? 우리는 조수 현상을 일으킬 수 있는 원인들을 일종의 가설로서 설정할 수 있다. 만일 지구의 물과 달 사이에 중력이나 자기력 같은 인력이 작용한다면, 이런 인력은 지구에 조수 현상을 일으키는 원인일 수 있다. 지구와 달 사이에 유동 물질이 있고 그 물질이 지구를 누른다면, 이런 누름은 지구에 조수 현상을 일으키는 원인일 수 있다. 지구가 등속도로 자전하지 않아 지구 전체가 흔들거린다면, 이런 지구의 흔들거림은 지구에 조수 현상을 일으키는 원인일 수 있다.
>
> 우리는 이런 설명들을 견주어 어떤 것이 다른 것보다 낫다는 것을 언제든 주장할 수 있으며, 나은 순으로 줄을 세워 가장 좋은 설명을 찾을 수 있다. 우리는 조수 현상에 대한 설명들로, 지구의 물과 달 사이의 인력 때문에 조수가 생긴다는 설명, 지구와 달 사이의 물질이 지구를 누르기 때문에 조수가 생긴다는 설명, 지구 전체의 흔들거림 때문에 조수가 생긴다는 설명을 갖고 있다. 이 설명들 가운데 지구 전체의 흔들거림 때문에 조수가 생긴다는 설명보다 지구와 달 사이의 물질이 지구를 누르기 때문에 조수가 생긴다는 설명이 더 낫다. ____________________. 따라서 우리는 조수 현상의 원인이 지구의 물과 달 사이에 작용하는 인력이라고 결론 내릴 수 있다.

① 지구 전체의 흔들거림 때문에 조수가 생긴다는 설명보다 지구와 달 사이에 인력 때문에 조수가 생긴다는 설명이 더 낫다

② 지구의 물과 달 사이에 인력 때문에 조수가 생긴다는 설명보다 지구 전체의 흔들거림 때문에 조수가 생긴다는 설명이 더 낫다

③ 지구와 달 사이의 물질이 지구를 누르기 때문에 조수가 생긴다는 설명보다 지구 전체의 흔들거림 때문에 조수가 생긴다는 설명이 더 낫다

④ 지구의 물과 달 사이에 인력 때문에 조수가 생긴다는 설명보다 지구와 달 사이의 물질이 지구를 누르기 때문에 조수가 생긴다는 설명이 더 낫다

⑤ 지구와 달 사이의 물질이 지구를 누르기 때문에 조수가 생긴다는 설명보다 지구의 물과 달 사이에 인력 때문에 조수가 생긴다는 설명이 더 낫다

| 한국수력원자력 |

31 다음 글의 제목으로 가장 적절한 것은?

어느 대학의 심리학 교수가 그 학교에서 강의를 재미없게 하기로 정평이 나 있는, 한 인류학 교수의 수업을 대상으로 실험을 계획했다. 그 심리학 교수는 인류학 교수에게 이 사실을 철저히 비밀로 하고, 그 강의를 수강하는 학생들에게만 사전에 몇 가지 주의 사항을 전달했다. 첫째, 그 교수의 말 한 마디 한 마디에 주의를 집중하면서 열심히 들을 것. 둘째, 얼굴에는 약간 미소를 띠면서 눈을 반짝이며 고개를 끄덕이기도 하고 간혹 질문도 하면서 강의가 매우 재미있다는 반응을 겉으로 나타내며 들을 것.

한 학기 동안 계속된 이 실험의 결과는 흥미로웠다. 우선 재미없게 강의하던 그 인류학 교수는 줄줄 읽어 나가던 강의 노트에서 드디어 눈을 떼고 학생들과 시선을 마주치기 시작했고 가끔씩은 한두 마디 유머 섞인 농담을 던지기도 하더니, 그 학기가 끝날 즈음엔 가장 열의 있게 강의하는 교수로 면모를 일신하게 되었다. 더욱 더 놀라운 것은 학생들의 변화였다. 처음에는 실험 차원에서 열심히 듣는 척하던 학생들이 이 과정을 통해 정말로 강의에 흥미롭게 참여하게 되었고, 나중에는 소수이긴 하지만 아예 전공을 인류학으로 바꾸기로 결심한 학생들도 나오게 되었다.

① 학생 간 의사소통의 중요성
② 교수 간 의사소통의 중요성
③ 언어적 메시지의 중요성
④ 강의 방식 변화의 중요성
⑤ 공감하는 듣기의 중요성

| 한국수력원자력 |

32 다음 제시된 글에 이어서 문맥에 맞게 글을 배열할 때 가장 적절한 것은?

욕은 공격성의 표현이자, 말로 하는 폭력이다. 아이가 욕을 배워 친구 앞에서 욕을 하는 것은 어른 세계에 대한 반항이자 거기서 벗어나고 싶다는 표현이다.

(가) 그들이 집회에서 내뱉는 폭언은 자신들과 기성세대의 차이를 분명하게 구분 짓는 행동 양식이었다. 기성세대와는 다른 그들만의 독자성을 가진 집단을 만들어 내기 위한 방법이었다.

(나) 그러나 욕은 특수 용어가 아니다. 특수 용어는 개념을 더 정확하게 나타내고 미묘한 뉘앙스 차이를 분명하게 한다. 언어 그 자체를 약화시키는 것이 아니라 오히려 이해에 도움을 주는 것이다. 하지만 욕과 같은 추한 말은 언어를 저하시키고 못쓰게 만든다.

(다) 1968년 이탈리아에서 학생운동이 시작되었을 당시, 학생들이 귀에 담기에 힘든 폭언을 내뱉은 것도 같은 이유에서였다. 자신들은 규범을 깨뜨릴 것이며 이제 기성세대에, 국가 권력에 따르지 않겠다는 성명이었다. 학생 집회에 참가했던 사람들은 놀라서 그 자리에 못이 박히고 말았다. 입만 열면 욕설이 난무하는 집단 속에서는 말을 할 수가 없었다. 바보나 멍청이로 밖에 보이지 않을 것이기 때문이다. 그렇다고 해서 학생들 흉내를 내며 학생들 편에 설 수도 없었다.

(라) 어떤 집단이나 직업에도 특수한 말이 있다. 의사, 변호사, 공증인 등 이들이 외부 사람들이 알아듣기 어려운 전문 용어를 쓰는 것은 동료 간의 의사소통에 편리할 뿐만 아니라 타 분야와 확실히 구별을 짓고 싶기 때문이다. 그래서 화자가 특수 용어를 쓰지 않고 일반적인 말을 쓰면 그 분야 사람들은 화를 낸다. 배신당한 기분이 들기 때문이다.

① (가) – (라) – (다) – (나)　　② (다) – (가) – (나) – (라)
③ (다) – (가) – (라) – (나)　　④ (라) – (나) – (가) – (다)
⑤ (라) – (나) – (다) – (가)

| 한국수력원자력 |

33 다음에 제시된 주민지원사업 추진방향에 따른 개선방안으로 가장 거리가 먼 것은?

> 한강수계관리위원회는 하류지역 주민이 부담하는 물이용부담금을 재원으로 하여 조성된 수계관리기금의 일정부분을 한강수계 규제지역 주민지원사업에 사용하고 있다. 주민지원사업은 기본적으로 지역주민의 숙원사업 중에서 지역주민의 의견을 최대한 반영하여 선정, 추진하는 것을 원칙으로 하고 있다. 이에 근거하여 한강수계관리위원회는 주민지원사업 추진 방향을 다음과 같이 설정하였다.
>
> • 지역별, 가구별로 형평성에 맞는 사업 배분 및 내실 있는 사업 추진
> • 상수원관리지역 지정 · 운영에 따른 환경규제기준 강화 및 각종 행위제한으로 불이익을 받고 있는 주민의 소득증대 및 생활환경 개선 유도
> • 환경농업육성 · 오염물질정화지원사업 등을 적극 추진함으로써 정부의 상수원수질보전정책에 부합하는 효과적인 사업 시행

① 화학비료 사용의 문제점을 개선하기 위하여 친환경적 영농기술 지원사업을 전개한다.
② 환경규제기준의 강화로 인한 오염물질의 정화비용 증가를 보전(補塡)하는 지원을 통해 수질환경을 개선한다.
③ 규제지역 주민대표를 대상으로 환경교육을 위한 외국의 우수 환경사례 견학을 실시하여 환경의식을 고취한다.
④ 마을단위 오수처리시설, 개별농가의 분뇨처리시설 등 오염물질정화를 위한 시설을 설치하여 오염원이 상수원내에 침투하지 못하도록 한다.
⑤ 각종 행위제한으로 인해 불이익을 받는 주민의 낙후된 생활환경을 개선하고자 상수도, 수세식 화장실, 소규모 도로 등 주민편의시설을 설치한다.

| 한국수력원자력 |

34 다음 글에 나타난 정책을 오늘날 확대 시행할 경우 발생할 수 있는 현상으로 가장 예상하기 어려운 것은?

> 가을 7월에 서리가 내려 곡식을 해쳐서 백성들이 굶주렸으므로, 창고를 열어 구휼하였다. 겨울 10월에 왕은 질양 땅으로 사냥 나갔다가 길에서 앉아 우는 자를 보고 "왜 우느냐?"고 물었다. 그가 대답하기를 "저는 가난하고 궁해서 항상 품을 팔아 어머니를 봉양하였는데, 올해 흉년이 들어 품 팔 데가 없어, 한 되 한 말의 곡식도 얻을 수 없으므로 그래서 우는 것입니다."라고 하였다. 왕은 "아! 내가 백성의 부모가 되어 백성들을 이런 극도의 상황에까지 이르게 하였으니 나의 죄다."라 말하며, 옷과 음식을 주어 안심시키고 위로하였다. 그리고 서울과 지방의 담당 관청에 명하여 홀아비, 과부, 고아, 자식 없는 노인, 병들고 가난하여 스스로 살 수 없는 자들을 널리 찾아 구휼하게 하였다.

① 개인의 보험 기여분만큼을 돌려받지 못하는 경우가 발생할 수 있다.
② 이 정책의 지나친 확대는 서유럽의 복지병과 같은 현상을 초래하여 근로의욕의 감퇴가 발생할 수 있다.
③ 재원의 조달을 둘러싼 사회적 갈등이 격화될 수 있다.
④ 복지혜택의 사각지대에 있던 대상자들 중 일부에게도 이 정책의 시행으로 혜택이 주어질 수 있다.
⑤ 최소한의 인간적 생활을 영위하게 하는 사회적 안전망이 강화될 것이지만 부정수급의 문제도 발생할 수 있다.

| 한국수력원자력 |

35 지속가능한 기술과 지속가능한 발전에 대한 설명 중 가장 적절하지 않은 것은?

① 지속가능한 기술은 석유와 석탄과 같이 효용성이 높은 에너지를 활용하는 기술을 말한다.
② 지속가능한 발전은 우리의 현재 욕구를 충족시키되, 동시에 후속 세대의 욕구 충족을 침해하지 않는 발전을 의미한다.
③ 지속가능한 발전은 의식주만을 해결하는 상태를 바람직하다고 보지 않으며, 이러한 지속가능한 발전을 가능케 하는 기술을 지속가능한 기술이라고 한다.
④ 지속가능한 기술은 가급적 고갈되지 않는 자연 에너지를 활용하며, 낭비적 소비 형태를 지양하고 환경효용(Eco－efficiency)을 추구한다.
⑤ 지속가능한 발전은 WCED의 보고서에서 "환경보호와 경제적 발전이 반드시 갈등 관계에 있는 것만은 아니다"라고 하면서 널리 퍼지게 되었다.

36 **A팀장은 입사한지 얼마 되지 않은 B사원에게 기안문 작성방법에 대해 알려주려고 한다. 다음에 제시된 작성법을 읽고, A팀장과 B사원의 대화 중 옳지 않은 것을 고르면?**

[기안문 작성법]

1. 구성

(1) 두문 : 기관명, 수신, 경유로 구성된다.

(2) 본문 : 제목, 내용, 붙임(첨부)로 구성된다.

(3) 결문 : 발신명의, 기안자 및 검토자의 직위와 직급 및 서명, 결재권자의 직위와 직급 및 서명, 협조자의 직위와 직급 및 서명, 시행 및 시행일자, 접수 및 접수일자, 기관의 우편번호, 도로명 주소, 홈페이지 주소, 전화, 팩스, 작성자의 전자우편 주소, 공개구분(완전공개, 부분공개, 비공개)으로 구성된다.

2. 일반 기안문 결재방법

(1) 결재 시에는 본인의 성명을 직접 쓴다. 전자문서의 경우에는 전자이미지 서명을 사용한다.

(2) 전결의 경우에는 전결권자가 '전결' 표시를 하고 서명을 한다.

(3) 전결을 대결하는 경우에는 전결권자의 란에는 '전결'이라고 쓰고 대결하는 자의 란에 '대결'의 표시를 하고 서명한다. 결재하지 않는 자의 서명란은 별도로 두지 않는다.

① A팀장 : 주소는 꼭 도로명 주소를 써야 해요.

② B사원 : 기안문 작성 시 공개구분을 꼭 표시해야 하는군요.

③ A팀장 : 이 업무는 C부장님이 D과장님께 위임한 것이니, D과장님이 '[과장] 전결 D'로 해야 하겠죠.

④ B사원 : D과장님은 휴가로 부재중인 경우 A팀장님이 전결 서명을 하시겠군요.

⑤ A팀장 : 전결을 대결하는 경우 전결권자와 대결하는 자의 란에 쓰는 것이 달라요.

| 한국전력공사 |

37 다음 제시된 글의 내용을 통해 알 수 없는 것을 고르면?

동물이 스스로 소리를 내서 그것이 물체에 부딪쳐 되돌아오는 반사음을 듣고 행동하는 것을 반향정위(反響定位)라고 한다. 반향정위를 하는 대표적인 육상 동물로는 박쥐를 꼽을 수 있다. 야간에 활동하는 박쥐가 시각에 의존하지 않고도 먹이를 손쉽게 포획하는 것을 보면 반향정위는 유용한 생존 전략이라고 할 수 있다. 박쥐는 성대에서 주파수가 40~50kHz인 초음파를 만들어 입이나 코로 방사(放射)하는데, 방사 횟수는 상황에 따라 달라진다. 먹이를 찾고 있을 때는 1초에 10번 정도의 간격으로 초음파를 발생시킨다. 그리고 먹이에 접근할 때는 보다 정밀한 정보 수집을 위해 1초에 120~200번 정도의 빠른 템포로 초음파를 발생시켜 먹이와의 거리나 먹이의 방향과 크기 등을 탐지(探知)한다. 박쥐는 되돌아오는 반사음을 세밀하게 포착하기 위해 얼굴의 반 이상을 차지할 만큼 크게 발달한 귀를 갖고 있다. 그리고 달팽이관의 감긴 횟수가 2.5~3.5회로 1.75회인 인간보다 더 많기 때문에 박쥐는 인간이 들을 수 없는 매우 넓은 범위의 초음파까지 들을 수 있다. 박쥐는 주로 곤충을 먹고 산다. 그런데 어떤 곤충은 박쥐가 내는 초음파 소리를 들을 수 있기 때문에 박쥐의 접근을 눈치 챌 수 있다. 예를 들어 박쥐의 주요 먹잇감인 나방은 초음파의 강약에 따라 박쥐와의 거리를 파악할 수 있고, 왼쪽과 오른쪽 귀에 들리는 초음파의 강약 차이에 따라 박쥐가 다가오는 좌우 수평 방향을 알 수 있다. 박쥐가 다가오는 방향의 반대쪽 귀는 자신의 몸이 초음파를 차단(遮斷)하고 있기 때문에 박쥐가 다가오는 쪽의 귀보다 초음파가 약하게 들린다. 또한 초음파의 강약 변화가 반복적으로 나타나는지 아닌지에 따라 박쥐가 다가오는 상하 수직 방향도 알 수 있다.

① 박쥐는 입이나 코에서 초음파를 만들어 낸다.
② 박쥐는 반향정위에 적합한 신체 구조를 지니고 있다.
③ 박쥐는 초음파를 통해 먹이의 방향과 크기 등을 파악할 수 있다.
④ 달팽이관의 감긴 횟수는 초음파의 지각 능력과 관련이 있다.
⑤ 나방은 양쪽 귀에 들리는 초음파의 강약에 따라 박쥐의 움직임을 포착한다.

| 한국전력공사 |

38 다음 제시된 글을 읽고 주제로 가장 적절한 것을 고르면?

> 대중예술에 대한 변호를 자청하는 지식인들도 있기는 하다. 그러나 그들의 문제점은 대개 대중예술이 지닌 미적 결점을 너무 쉽게 인정해 버린다는 점이다. 그들은 고급예술을 뒷받침하는 미학적 이데올로기와 대중예술에 대한 고급예술 지지자들의 미적 비판을 무비판적으로 지지한다. 그러면서 대중예술의 타당성에 호소하는 것이 아니라 사회적 필요와 민주적 원리 같은 '정상참작'에 호소한다. 예를 들어 대중문화에 대한 강력한 옹호자인 하버트 갠스도 대중문화의 미적 빈곤함과 열등함은 인정한다. 창조적 혁신, 형식에 대한 실험, 심오한 사회적 · 정치적 · 철학적 질문들의 탐구, 여러 층위에서 이해할 수 있는 깊이 등을 가진 고급예술은 더 크고 더 지속적인 미적 만족을 제공하는 반면, 대중문화는 이러한 미적 특징을 결여하고 있다는 것이다. 그러나 자신들이 즐길 수 있는 유일한 문화적 산물인 대중문화를 선택한다는 이유로 하류계층을 비난할 수는 없다고 갠스는 주장한다. 왜냐하면 그들은 고급문화를 선택하는데 필요한 사회 · 경제적 교육 기회를 갖지 못하기 때문이다. 민주 사회는 그들에게 고급문화를 즐길 수 있는 적정한 교육과 여가를 제공하고 있지 못하므로 그들의 실제적인 취미에 대한 욕구와 기준을 충족시켜 줄 수 있는 문화로서의 대중예술을 허용해야 한다고 갠스는 주장하였다.
>
> 이러한 주장은 대중문화가 더 나은 선택을 할 수 없는 사람들에게만 유효한 것이라는 결론을 이끌 뿐이다. 대중예술은 찬양의 대상이 아니라 모든 사람이 더 높은 취향의 문화를 선택할 수 있는 충분한 교육적 자원이 제공될 때까지만 관대히 다루어져야 하는 대상이 되는 셈이다. 대중예술에 대한 이러한 사회적 변호는 진정한 옹호를 침해한다. 대중예술에 대한 옹호는 미적인 변호를 필요로 하는 것이다. 그러나 그러한 옹호가 쉽지 않은 또 하나의 이유가 있다. 우리는 고급예술로는 천재의 유명한 작품만을 생각하는 반면, 대중예술의 예로는 대중예술 중에서도 가장 평범하고 규격화된 것들을 생각한다는 점이다. 하지만 불행히도 미적으로 평범한, 심지어는 나쁜 고급예술도 많다. 고급예술에 대한 가장 열성적인 옹호자조차도 이 점은 인정할 것이다. 모든 고급예술이 흠 없는 명작들이 아니듯, 모든 대중예술이 미적 기준이 전혀 발휘되지 못한 몰취미하고 획일적인 산물인 것도 아니다. 이 두 예술 모두에서 성공과 실패의 미적 차이는 존재하며 또 필요하다.

① 미적인 변호를 통한 대중예술의 옹호는 쉽지 않다.

② 대중예술의 미적 가치에 대한 옹호가 대중예술에 대한 진정한 옹호이다.

③ 대중예술과 고급예술의 구분 자체가 고급예술 옹호자들의 편견일 수 있다.

④ 대중예술이 열등하다는 인식을 극복하기 위해 그것의 미적 특징을 밝히는데 힘써야 한다.

⑤ 다양한 층위에서 이해할 수 있는 깊이를 지닌 고급예술은 대중예술에 비해 지적 만족이 더 크다.

| 한국전력공사 |

39 다음 제시된 문단을 순서대로 가장 바르게 배열한 것을 고르면?

(가) 도덕적 해이란, 일반적으로 보험 회사가 가입자의 행태를 완벽하게 감시, 감독할 수 없으므로, 보험회사가 생각할 때 가입자가 최상이라고 생각하는 만큼의 노력을 기울이지 않는 현상, 즉 보험가입자가 위험 발생 가능성이 높아지는 현상을 말한다.

(나) 즉, 시장에 참여한 거래 당사자(예를 들어, 생산자와 소비자) 간에 쌍방이 동일한 양의 정보를 가지고 있기보다는 한쪽이 더 많은 정보를 가지고 있다는 문제이다. 이로 인해 도덕적 해이와 역선택의 문제가 발생하게 된다. 이를 보험 시장에 적용하여 알아보자.

(다) 정부가 시장에 개입하게 되는 주요 논거는 시장의 결함 또는 시장의 실패이다. 시장 실패는 여러 가지 원인에 의하여 발생하는데 그 중 하나는 정보의 비대칭성이다.

(라) 한편 역선택이란, 시장에서 미래에 발생할 위험에 대비한 보험을 공급하는 측(예를 들어, 보험회사)이 보험에 가입하려는 사람들의 위험 발생 가능성에 대한 정보를 충분히 갖고 있지 못한 상황에서, 위험이 발생할 가능성이 높은 사람들이 집중적으로 이러한 보험을 구입하게 되는 현상을 말한다.

① (가)－(나)－(다)－(라)
② (가)－(라)－(다)－(나)
③ (나)－(가)－(다)－(라)
④ (다)－(나)－(가)－(라)
⑤ (다)－(라)－(가)－(나)

| 한국전력공사 |

40 다음 제시문을 읽고 추론할 수 없는 것을 고르면?

목조 건축물에서 골조 구조의 가장 기본적인 양식은 기둥과 보가 결합된 것으로서 두 개의 기둥 사이에 보를 연결한 구조이다. 두 기둥 사이에 보를 연결하여 건물의 한 단면이 형성되고 이를 반복하여 공간을 만든다. 이런 구조는 기둥에 대해 수직으로 작용하는 하중에는 강하지만 수평으로 가해지는 하중에는 취약하다. 이때 기둥과 보 사이에 가새를 넣어주어야 하며, 이를 통해 견고한 구조를 실현한다. 가새는 보와 기둥 사이에 대각선을 이루며 연결하는 부재이다. 기둥과 보, 그리고 가새가 서로 연결되어 삼각형 형태가 되면 골조는 더 안정된 구조를 이룰 수 있다. 이러한 삼각형 형태 때문에 보에 가해지는 수평 하중은 가새를 통해 기둥으로 전달된다. 대부분의 가새는 하나의 보와 이 보의 양 끝에 수직으로 연결된 두 기둥에 설치되므로 마주보는 짝으로 구성된다. 가새는 보에 가해지는 수직 하중의 일부도 기둥으로 전달하는 역할을 하지만, 가새의 크기와 위치를 설계할 때에는 수평 하중의 영향만을 고려한다.

① 가새는 수직 하중에 약한 구조를 보완한다.
② 가새는 수직 하중의 일부를 기둥으로 보낸다.
③ 가새는 목조 골조 구조의 안정성을 향상시킨다.
④ 가새를 얼마나 크게 할지, 어디에 설치할지를 설계할 경우에 수평 하중의 영향만을 생각한다.
⑤ 가새는 대부분 하나의 보를 받치는 두 개의 기둥 각각에 설치되므로 한쌍으로 이루어진다.

| 한국전력공사 |

41 다음 제시된 글을 읽고 주제로 가장 적절한 것을 고르면?

> 말은 그 겨레의 삶의 역사 속에서 자라난, 정신적인 깊이를 간직하고 있을 뿐만 아니라 미래를 형성할 수 있는 가능성을 열어준다. 말은 그 자체가 고정적인 하나의 의미를 가진 것이 아니고 사용하는데 따라서 새로운 의미를 갖게 된다. 또한 철학적인 의미를 표현하는 말들도 곧 통속적인 유행말로 굳어져 그 생동성과 깊이를 잃어버리고 의미가 변질될 수도 있다. 그러므로 철학자는 알맞은 말의 발견을 통해서 큰 즐거움을 맛보기도 하지만 말의 경화와 의미 상실을 통해서 큰 고통을 경험하기도 한다. 그런데 철학적인 표현뿐만 아니라 모든 언어생활에 있어서 이러한 경화와 의미 상실을 완전히 회피할 수는 없다는 데에 말의 숙명이 있다. 따라서 우리는 말을 중요하게 다루지 않을 수 없지만, 그것은 이른바 '말장난'으로 타락할 수도 있다는 것을 알아야 한다. 이것을 막기 위해서 우리는 말을 위한 말에 관심을 가질 것이 아니라, 말을 통하지 않고는 드러날 수도 없고 파악될 수도 없는 현실, 그러나 또한 굳은 말의 틀 안에만 머물러 있을 수 없는 현실에 관심을 가지면서 말을 다루어야 한다.

① 오래되고 굳어진 말은 언어로서의 기능을 잃어버리게 된다.
② 말은 그 생동적 힘에 의해 철학적 의미가 거듭해서 밝혀지게 된다.
③ 철학적인 의미를 표현하는 말들은 그 생동성과 깊이를 잃어버리지 않는다.
④ 말은 현실을 묘사할 뿐만 아니라, 우리의 역사적인 삶을 창조하기도 한다.
⑤ 말의 창조적인 힘을 충분히 발휘시킬 수 있는 현실 안에서 말의 생동성을 살리는 것이 필요하다.

| 한국전력공사 |

42 다음 제시된 글의 내용과 일치하지 않는 것을 고르면?

> 윤리학은 규범에 관한 진술을 연구하는 학문이다. 우리가 하나의 규범을 진술하고 있는지 아니면 가치 판단을 진술하고 있는지에 관한 문제는 단지 설명 방식의 차이에 불과하다. 규범은 예를 들어 "살인하지 말라"와 같은 명령 형식을 가지고 있다. 이 명령에 대응하는 가치 판단은 "살인은 죄악이다"와 같은 것이다. "살인하지 말라"와 같은 규범은 문법적으로 명령 형식이며, 따라서 참이거나 거짓으로 드러날 수 있는 사실적 진술로 간주되지 않을 것이다. 그러나 "살인은 죄악이다"와 같은 가치 판단은 규범의 경우와 마찬가지로 단지 어떤 희망을 표현하는 것에 불과하지만 문법적으로는 서술문의 형식을 가지고 있다. 일부 사람들은 이러한 형식에 속아 넘어가서 가치 판단이 실제로는 하나의 주장이며, 따라서 참이거나 거짓이 되어야만 한다고 생각한다. 그러므로 이들은 자신의 가치 판단에 관한 근거를 제시하고 이를 반대하는 사람들의 주장을 논박하려고 노력한다. 그러나 실제로 가치 판단은 오해의 소지가 있을 문법적 형식을 가진 명령이다. 그것은 사람들의 행위에 영향을 미칠 수 있으며 이러한 영향은 우리들의 희망에 부합하거나 부합하지 않을 뿐이지 참이거나 거짓이라고 할 수 없다.

① 가치판단은 그 문법적 형식에서 규범에 관한 진술과 구별된다.
② "도둑질하지 말라"라는 규범을 사실적 진술로 간주해서는 안 된다.
③ "도둑질은 나쁜 일이다"와 같은 진술은 참이거나 거짓이라고 할 수 없다.
④ 윤리학은 사실적 진술을 다루는 경험과학과 그 연구대상의 성격에서 차별화되지 않는다.
⑤ "곤경에 빠진 사람을 도와주는 것은 좋은 일이다"와 같은 진술은 사람들의 태도와 행동에 영향을 미칠 수 있다.

| 한국전력공사 |

43 다음 제시된 글의 중심 내용으로 가장 적절한 것을 고르면?

화이트(H. White)는 19세기의 역사 관련 저작들에게서 역사가 어떤 방식으로 서술되어 있는지를 연구했다. 그는 특히 '이야기식 서술'에 주목했는데, 이것은 역사적 사건의 경과 과정이 의미를 지닐 수 있도록 서술하는 양식이다. 그는 역사적 서술의 타당성이 문학적 장르 내지는 예술적인 문체에 의해 결정된다고 보았다. 이러한 주장에 따르면 역사적 서술의 타당성은 결코 논증에 의해 결정되지 않는다. 왜냐하면 논증은 지나간 사태에 대한 모사로서의 역사적 진술의 '옳고 그름'을 사태 자체에 놓여 있는 기준에 의거해서 따지기 때문이다.

이야기식 서술을 통해 사건들은 서로 관련되면서 무정형적 역사의 흐름으로부터 벗어난다. 이를 통해 역사의 흐름은 발단 · 중간 · 결말로 인위적으로 구분되어 인식 가능한 전개 과정의 형태로 제시된다. 문학 이론적으로 이야기하자면, 사건 경과에 부여되는 질서는 '구성'이며 이야기식 서술을 만드는 방식은 '구성화'이다. 이러한 방식을 통해 사건은 원래 가지고 있지 않던 발단 · 중간 · 결말이라는 성격을 부여받는다. 또 사건들은 일종의 전형에 따라 정돈되는데, 이러한 전형은 역사가의 문화적인 환경에 의해 미리 규정되어 있거나 경우에 따라서는 로맨스 · 희극 · 비극 · 풍자극과 같은 문학적 양식에 기초하고 있다.

따라서 이야기식 서술은 역사적 사건의 경과 과정에 특정한 문학적 형식을 부여할 뿐만 아니라 의미도 함께 부여한다. 우리는 이야기식 서술을 통해서야 비로소 이러한 역사적 사건의 경과 과정을 인식할 수 있게 된다는 말이다. 사건들 사이에서 만들어지는 관계는 사건들 자체에 내재하는 것이 아니다. 그것은 사건에 대해 사고하는 역사가의 머릿속에만 존재한다.

① 역사의 의미는 절대적인 것이 아니라 현재 시점에서 새롭게 규정되는 것이다.
② 역사가가 속한 문화적인 환경은 역사와 문학의 기술 내용과 방식을 규정한다.
③ 역사적 사건에서 객관적으로 드러나는 발단에서 결말까지의 일정한 과정을 서술하는 일이 역사가의 임무이다.
④ 이야기식 역사 서술이란 사건들 사이에 내재하는 인과적 연관을 찾아내는 작업이다.
⑤ 이야기식 역사 서술은 문화적 서술 방식을 원용하여 역사적 사건의 경과 과정에 의미를 부여한다.

| 한국전력공사 |

44 다음 제시문을 읽고 추론할 수 없는 것을 고르면?

옛날 중국의 정전법(井田法)은 대단히 훌륭한 제도였다. 경계(境界)가 한결같이 바로잡히고 모든 일이 잘 처리되어서 온 백성이 일정한 직업을 갖게 되고, 병사를 찾아서 긁어모으는 폐단이 없었다. 지위의 귀천과 상하를 논할 것 없이 저마다 그 생업을 얻지 못하는 사람이 없으므로 이로써 인심이 안정되고 풍속이 순후해졌다. 장구한 세월을 지내오면서 국운이 잘 유지되고 문화가 발전되어 간 것은 이러한 토지제도의 기반이 확립되어 있었기 때문이다. 후세에 전제(田制)가 허물어져서 토지 사유의 제한이 없게 되니, 만사가 어지럽게 되고 모든 것이 이에 상반되었던 것이다.

그러므로 아무리 좋은 정치를 해보겠다는 군주가 있다 해도 전제를 바로잡지 못하면 백성의 재산이 끝내 일정할 수 없고, 부역이 끝내 공평하지 못하며, 호구가 끝내 분명하지 못하고, 형벌이 끝내 줄어들지 못하며, 뇌물을 끝내 막을 수 없고, 풍속이 끝내 순후하게 되지 못할 것이다. 이같이 되고서 좋은 정치가 행해진 적은 일찍이 없었다.

대체 이와 같은 것은 무엇 때문인가? 토지는 천하의 근본이다. 큰 근본이 잘되면 그에 따라 온갖 법도가 한 가지도 마땅하지 않은 것이 없고, 큰 근본이 문란해지면 온갖 법도가 따라서 한 가지도 마땅함을 얻지 못한다. 진실로 정치의 본체를 깊이 인식하지 못한다면, 천리(天理)와 인사(人事)의 이해득실이 이것에 귀착된다는 사실을 어떻게 알겠는가? 후세의 뜻있는 자가 지금이라도 한번 옛 제도를 시행해 보고자 하지만, 우리나라와 같은 곳에서는 가는 곳마다 산과 계곡이 많아서 땅을 정전으로 구획하기 어렵고 또한 공전(公田)과 채지(采地)*의 분배 방법 등을 잘 알지 못한다는 난점이 있다.

*채지 : 귀족들에게 주던 토지

① 좋은 정치를 행하기 위해서는 토지 제도를 바로잡아야 한다.
② 정전제가 무너진 것은 대토지소유 현상이 확산되었기 때문이다.
③ 새로운 토지 제도를 수립하려면 지형 등 환경적 요소를 고려해야 한다.
④ 우리나라에서도 정전제와 같은 훌륭한 토지 제도를 마련할 필요가 있다.
⑤ 토지 제도가 바로 세워지면 사회 · 경제가 안정될 뿐 아니라 문화도 발전한다.

| 한국전력공사 |

45 다음 제시된 글의 연결 순서로 가장 적절한 것을 고르면?

(가) "인력이 필요해서 노동력을 불렀더니 사람이 왔더라."라는 말이 있다. 인간을 경제적 요소로만 단순하게 생각했으나, 이에 따른 인권문제, 복지문제, 내국인과 이민자와의 갈등 등이 수반된다는 말이다. 프랑스처럼 우선 급하다고 이민자를 선별하지 않고 받으면 인종 갈등과 이민자의 빈곤화 등 많은 사회비용이 발생한다.

(나) 이제 다문화 정책의 패러다임을 전환해야 한다. 한국에 들어온 다문화 가족을 적극적으로 지원해야 한다. 다문화 가족과 더불어 살면서 다양성과 개방성을 바탕으로 상생의 발전을 도모해야 한다. 그리고 결혼 이민자만 다문화 가족으로 볼 것이 아니라 외국인 근로자와 유학생, 북한 이탈 주민까지 큰 틀에서 함께 보는 것도 필요하다.

(다) 다문화 정책의 핵심은 두 가지이다. 첫째, 새로운 사회에 적응하려는 의지가 강해서 언어 배우기, 일자리, 문화 이해에 매우 적극적인 태도를 지닌 좋은 인력을 선별해서 입국하도록 하는 것이다. 둘째, 이민자가 새로운 사회에 잘 정착할 수 있도록 사회통합에 주력해야 하는 것이다. 해외 인구 유입 초기부터 사회비용을 절약할 수 있는 사람들을 들어오게 하는 것이 중요하기 때문이다.

(라) 이미 들어온 이민자에게는 적극적인 지원을 해야 한다. 언어와 문화, 환경이 모두 낯선 이민자에게는 이민 초기에 세심한 배려가 필요하다. 특히 중요한 것은 다문화 가족이 그들이 가지고 있는 강점을 활용하여 취약 계층이 아닌 주류층으로 설 수 있도록 지원해야 한다. 뿐만 아니라 이민자에 대한 지원 시기를 놓치거나 차별과 편견으로 내국인에게 증오감을 갖게 해서는 안 된다.

① (가)-(라)-(나)-(다)
② (가)-(다)-(나)-(라)
③ (나)-(다)-(가)-(라)
④ (다)-(나)-(라)-(가)
⑤ (다)-(가)-(라)-(나)

46 다음 제시된 글의 내용과 부합하지 않는 것을 고르면?

세계화는 인적 유동성의 증가, 커뮤니케이션의 향상, 무역과 자본 이동의 폭증 및 기술 개발의 결과이다. 세계화는 세계 경제의 지속적인 성장 특히 개발도상국의 경제 발전에 새로운 기회를 열어주었다. 동시에 그것은 급격한 변화의 과정에서 개발도상국의 빈곤, 실업 및 사회적 분열, 환경 파괴 등의 문제를 야기하였다.

정치적인 면에서 세계화는 탈냉전 이후 군비 축소를 통해 국제적 · 지역적 협력을 도모하는 새로운 기회들을 제공하기도 하였다. 그러나 국제사회에서는 민족, 종교, 언어로 나뉜 분리주의가 팽배하여 민족 분규와 인종 청소 같은 사태들이 끊이지 않고 있다.

또한 세계화 과정에서 사람들은 정보 혁명을 통해 더 많은 정보를 갖고 여러 분야에서 직접 활동할 수 있게 되었다. 예를 들어 시민들은 인터넷이라는 매체를 통해 정부나 지방자치단체의 정책 결정 과정에 참여하게 되었다. 그러나 정보 혁명의 혜택에서 배제된 사람들은 더욱 심각한 정보 빈곤 상태에 빠져 더 큰 소외감을 갖게 되었다.

한편 세계화는 사상과 문화도 이동시킨다. 세계화로 인해 제2세계의 오랜 토착 문화와 전통이 손상되고 있음은 익히 알려진 사실이다. 그러나 이런 부정적인 측면만 있는 것은 아니다. 세계화는 기업 회계의 규범에서부터 경영 방식, 그리고 NGO들의 활동에 이르기까지 자신이 지나간 자리에 새로운 사상과 관습을 심고 있다.

이에 따라 대부분의 사회에서 자신들이 이러한 세계화의 수혜자가 될 것인가 아니면 피해자가 될 것인가 하는 문제가 주요 쟁점이 되고 있다. 세계화가 자신들의 사회에 아무런 기여도 하지 않은 채 그저 전통문화만을 파괴해버리는 태풍이 될 것인지 혹은 불합리한 전통과 사회 집단을 와해시키는 외부적 자극제로 작용하여 근대화를 향한 단초를 제공해 줄 것인지에 대한 논의가 한창 진행 중이다.

① 세계화는 민주주의의 질적 향상을 통해 국가의 의미를 강화하였다.
② 세계화는 개발도상국의 근대화를 촉진할 수도 있지만 전통 문화를 훼손할 수도 있다.
③ 세계화는 정보의 빈익빈 부익부를 조장하여 정보 빈곤 상태에 빠진 사람들을 소외시켰다.
④ 세계화는 협력을 이끄는 힘이 되지만 다른 한편으로는 분열을 조장하는 위협이 되기도 한다.
⑤ 세계화는 세계 경제가 발전할 수 있는 기회를 주기도 했지만 경제 불안과 환경 파괴 같은 문제도 낳았다.

| 한국중부발전 |

47 다음 글의 내용에 부합하지 않는 것은?

> 오늘날 지구상에는 193종의 원숭이와 유인원이 살고 있다. 그 가운데 192종은 온몸이 털로 덮여 있고, 단 한 가지 별종이 있으니, 이른바 '호모 사피엔스'라고 자처하는 털 없는 원숭이가 그것이다. 지구상에서 대성공을 거둔 이 별종은 보다 고상한 욕구를 충족하느라 많은 시간을 보내고 있으나, 엄연히 존재하는 기본적 욕구를 애써 무시하려고 하는 데에도 똑같이 많은 시간을 소비한다. 그는 모든 영장류들 가운데 가장 큰 두뇌를 가졌다고 자랑하지만, 두뇌뿐 아니라 성기도 가장 크다는 사실은 애써 외면하면서 이 영광을 고릴라에게 떠넘기려 한다. 그는 무척 말이 많고 탐구적이며 번식력이 왕성한 원숭이다.
>
> 나는 동물학자이고 털 없는 원숭이는 동물이다. 따라서 털 없는 원숭이는 내 연구 대상으로서 적격이다. '호모 사피엔스'는 아주 박식해졌지만, 그래도 여전히 원숭이이고, 숭고한 본능을 새로 얻었지만 옛날부터 갖고 있던 세속적 본능도 여전히 간직하고 있다. 이러한 오래된 충동은 수백만 년 동안 그와 함께해 왔고, 새로운 충동은 기껏해야 수천 년 전에 획득했을 뿐이다. 수백만 년 동안 진화를 거듭하면서 축적된 유산을 단번에 벗어던질 가망은 전혀 없다. 이 사실을 회피하지 말고 직면한다면, '호모 사피엔스'는 훨씬 느긋해지고 좀 더 많은 것을 성취할 수 있을 것이다. 이것이 바로 동물학자가 이바지할 수 있는 영역이다.

① 인간에 대해서도 동물학적 관점에서 탐구할 필요가 있다.
② 인간은 자신이 지닌 동물적 본능을 무시하거나 외면하려는 경향이 있다.
③ 인간이 오랜 옛날부터 갖고 있던 동물적 본능은 오늘날에도 남아 있다.
④ 인간의 박식과 숭고한 본능은 수백만 년 전에 획득했다.

| 한국중부발전 |

48 다음 글로부터 '확신인간'에 대해 추론할 수 있는 것은?

> 반 보크트는 히틀러나 스탈린 등으로부터 '확신인간'이라는 인간상을 만들어냈다. 그는 이들의 비인도적 행위에 대해 이렇게 묻는다. "이런 인간의 행동에 깔려있는 동기는 도대체 무엇인가? 자기와 생각이 다른 사람을 부정직하거나 나쁜 사람이라고 단정하는데, 그러한 단정은 도대체 어디에 근거하는가? 마음속 깊이 자기는 한 점의 잘못도 범하지 않는 신이라고 믿는 것은 아닐까?"
>
> 반 보크트는 확신인간은 이상주의자라고 지적한다. 이들은 자기만의 고립된 정신세계에 살면서 현실의 다양한 측면이 자신의 세계와 어긋나고 부딪힐 때 이를 무시하려 안간힘을 쓴다. 힘을 쥐게 되면 이들은 자신이 그리는 이상적인 세계의 틀에 맞추어 현실을 멋대로 조정하려 한다.
>
> 그러나 확신인간도 아내나 자기와 밀접한 관계에 있는 사람이 그를 버리면 한순간에 심리적 공황상태에 빠져버리는 경향이 있다. 이러한 상황에 이르면 그는 완전히 기가 꺾여 앞으로는 행실을 고치겠다고 약속한다. 하지만 그렇게 해도 상황이 원상으로 복구되지 않으면 알코올 중독에 빠지거나 마약에 손을 대며 최악의 경우 자살에 이르기도 한다. 그에게 있어 근본 문제는 자기감정을 통제하지 못한다는 것과 뿌리 깊은 열등감이다. 설혹 외형적으로 성공한다 하더라도 그러한 성공이 마음속 깊은 근원적 문제에까지 영향을 미치지는 못한다.
>
> 확신인간은 결코 타인에 의해 통제받지 않겠다는 성격적 특징을 갖는다. 인간은 누구나 현실 사회에서, 특히 타인과의 관계에서 자제심을 배울 수밖에 없다. 그러나 이들은 쉽게 자제심을 잃고 미친 사람처럼 행동한다. 심각한 문제는 그 후에도 이들은 전혀 반성하지 않고 이를 '당연하다'고 생각한다는 점이다. 확신인간에게 분노와 같은 격렬한 감정의 폭발은 그의 이러한 '당연하다'는 생각을 강화한다. 당연하다는 생각은 감정폭발에 대한 자기 통제력을 약화시켜 감정폭발을 더욱 강화한다. 이러한 경향이 폭력심리의 기본이며 범죄의 기본이다.

① 확신인간의 폭력성은 불가피한 상황에서 우발적으로 발생한다.
② 확신인간의 감정 폭발은 자신의 폭력적 행동을 더욱 심화시킨다.
③ 확신인간은 자신을 둘러 싼 주위환경의 변화에 괴로워하지 않는다.
④ 확신인간의 경우 부부관계가 위기에 빠지면 행동에 변화를 일으키나, 관계가 회복되면 원래의 모습으로 돌아간다.

| 한국중부발전 |

49 다음 글의 ㉠을 약화하는 증거로 가장 적절한 것은?

1966년 석가탑 해체 보수 작업은 뜻밖에도 엄청난 보물을 발견하는 계기가 되었다. 이때 발견된 다라니경은 한국뿐만 아니라 전세계의 이목을 끌었다. 이 놀라운 발견 이전에는 770년에 목판 인쇄된 일본의 불경이 세계사에서 최고(最古)의 현존 인쇄본으로 여겨졌다. 그러나 이 한국의 경전을 조사한 결과, 일본의 것보다 앞서 만들어진 것으로 밝혀졌다.

불국사가 751년에 완공된 것이 알려져 있으므로 석가탑의 축조는 같은 시기이거나 그 이전일 것임에 틀림없다. 이 경전의 연대 확정에 도움을 준 것은 그 문서가 측천무후가 최초로 사용한 12개의 특이한 한자를 포함하고 있다는 사실이었다. 측천무후는 690년에 제위에 올랐고 705년 11월에 죽었다. 측천무후가 만든 한자들이 그녀의 사후에 중국에서 사용된 사례는 발견되지 않았다. 그러므로 신라에서도 그녀가 죽은 뒤에는 이 한자들을 사용하지 않았을 것이라는 추정이 가능하다. 이러한 증거로 다라니경이 늦어도 705년경에 인쇄되었다고 판단할 수 있다.

그러나 이 특이한 한자들 때문에 몇몇 중국의 학자들은 ㉠ '다라니경이 신라에서 인쇄된 것이 아니라 중국 인쇄물이다.'라고 주장하였다. 그들은 신라가 그 당시 중국과 독립적이었기 때문에 신라인들이 측천무후 치세 동안 사용된 특이한 한자들을 사용하지는 않았을 것이라고 주장한다. 그러나 중국인들의 이 견해는 『삼국사기』에서 얻을 수 있는 명확한 반대 증거로 인해 반박된다. 『삼국사기』는 신라가 695년에 측천무후의 역법을 도입하는 등 당나라의 새로운 정책을 자발적으로 수용하고 있었음을 보여준다. 그러므로 신라인들이 당시에 중국의 역법 개정을 채택했다면 마찬가지로 측천무후에 의해 도입된 특이한 한자들도 채용했을 것이라고 추정하는 것이 합리적이다.

① 서역에서 온 다라니경 원전을 처음으로 한역(漢譯)한 사람은 측천무후 시대의 중국의 국사(國師)였던 법장임이 밝혀졌다.
② 측천무후 사후에 나온 신라의 문서들에 측천무후가 발명한 한자가 쓰이지 않았음이 밝혀졌다.
③ 측천무후 즉위 이후 중국의 문서에 쓸 수 없었던 글자가 다라니경에서 쓰인 것이 발견되었다.
④ 705년경에 중국에서 제작된 문서들이 다라니경과 같은 종이를 사용한 것이 발견되었다.

| 한국중부발전 |

50 다음의 기사 내용에 대한 설명으로 적절한 것은?

> 한국중부발전(사장 박형구)은 3월 7일(수) 한국중부발전 본사 회의실에서 보령발전본부 저탄장 및 회처리장 비산먼지 개선을 위해 객관적인 의견을 수렴하고자 지역주민 대표, 전문가, 환경단체 등 사외위원으로 구성된 분과위원회 착수회의를 개최하였다. 이날 회의는 중부발전에서 보령발전본부 저탄장 비산먼지 저감대책 수립방향과 회처리장 비산먼지 영향조사 추진계획을 보고하고, 위원들의 의견을 청취하는 방식으로 진행되었다. 위원들은 중부발전이 발전소 비산먼지 개선을 위해 지역사회와 소통의 자리를 마련한 것에 대해 매우 긍정적으로 평가하며, 회의가 진행되는 동안 많은 질문을 하는 등 깊은 관심을 보였다. 중부발전은 분과위원회의 정기적인 개최와 의견수렴을 통해 효과적인 비산먼지 저감대책을 수립 · 시행하여 저탄장과 회처리장 운영에 대해 사회적 공감대를 형성해 나갈 계획이다.
>
> 한편, 중부발전은 미세먼지 감축을 위해 시행하는 석탄화력 성능개선사업에 대해 2017년부터 '찾아가는 주민설명회'를 개최해 왔다. 2018년에는 지역주민과의 소통 강화를 위해 대상지역을 보령시 전체로 확대 시행 중이며, 지난 2월 22일(목)에 대천 5동 주민들을 대상으로 설명회를 시행하였다. 중부발전에서 추진 중인 석탄화력 성능개선사업은 약 1조 8,050억원을 투자하여 최적 환경설비를 구축하는 것으로 사업이 완료되면 대기오염물질 발생량이 2025년에 2015년 대비 80% 감축이 예상된다. 또한, 2025년까지 5,000억원을 투자하여 운영 중인 모든 옥외 저탄장을 111만톤 규모의 옥내 저탄장으로 교체하여 저탄장 비산먼지를 원천적으로 차단할 계획이다.
>
> 한국중부발전 박형구 사장은 "앞으로도 대기환경 개선을 위하여 지역주민의 의견을 수렴하고, 정보를 공유하는 등 지역사회와 함께 대책을 수립하여 시행해 나갈 것"이라고 전했다.

① 저탄장 및 회처리장 비산먼지 개선을 위한 분과위원회에는 외부 전문가 등이 참여하였다.

② 전문 위원들은 비산먼지 저감대책 수립방향과 비산먼지 영향조사 추진계획을 보고하였다.

③ '찾아가는 주민설명회'는 지역주민과의 소통 강화를 위해 2017년부터 대상지역을 보령시 전체로 확대 시행되고 있다.

④ 석탄화력 성능개선사업은 2025년까지 5,000억원을 투자하여, 대기오염물질 발생량을 2015년 대비 80% 감축하는 것을 목표로 하고 있다.

Chapter 02

수리능력

- 수리능력은 모든 직장인에게 공통적으로 요구하는 직업기초능력으로 NCS 10과목 중에서 자주 채택되는 영역이다.
- 수리능력은 직업인으로서 업무를 효과적으로 수행하기 위해서는 다단계의 복잡한 연산을 수행하고 다양한 도표를 만들고, 내용을 종합하기 때문에 중요한 영역이다.
- 핵심이론과 관련된 기초연산 문제와 응용문제에서 요구하고 있는 수 추리 및 통계자료나 그래프들을 해결하는 능력 등이 문제로 출제된다.

1. 수리능력

– 수리능력이 무엇인지 알아본다.

2. 기초 연산

– 기초연산능력을 알아본다.

3. 기초 통계

– 직업인에게 필요한 통계를 알아본다.

4. 도표분석 및 작성

– 도표분석 및 작성의 필요성을 알아본다.

1 〉 수리능력

(1) 수리능력이란?

직장생활에서 요구되는 사칙연산과 기초적인 통계를 이해하고, 도표 또는 자료(데이터)를 정리 · 요약하여 의미를 파악하거나, 도표를 이용해서 합리적인 의사결정을 위한 객관적인 판단근거로 제시하는 능력이다.

(2) 구성요소

① 기초연산능력

직장생활에서 필요한 기초적인 사칙연산과 계산방법을 이해하고 활용하는 능력

② 기초통계능력

직장생활에서 평균, 합계, 빈도와 같은 기초적인 통계기법을 활용하여 자료를 정리하고 요약하는 능력

③ 도표분석능력

직장생활에서 도표(그림, 표, 그래프 등)의 의미를 파악하고, 필요한 정보를 해석하여 자료의 특성을 규명하는 능력

2 〉 사칙연산

(1) 사칙연산이란?

수 또는 식에 관한 덧셈(+), 뺄셈(−), 곱셈(×), 나눗셈(÷) 네 종류의 계산법이다. 보통 사칙연산은 정수나 분수 등에서 계산할 때 활용되며, 여러 부호가 섞여 있을 경우에는 곱셈과 나눗셈을 먼저 계산한다.

(2) 수의 계산

구분	덧셈(+)	곱셈(×)
교환법칙	$a+b=b+a$	$a\times b=b\times a$
결합법칙	$(a+b)+c=a+(b+c)$	$(a\times b)\times c=a\times(b\times c)$
분배법칙	$(a+b)\times c=a\times c+b\times c$	

3 〉 검산방법

(1) 역연산

답에서 거꾸로 계산하는 방법으로 덧셈은 뺄셈으로, 뺄셈은 덧셈으로, 곱셈은 나눗셈으로, 나눗셈은 곱셈으로 바꾸어 확인하는 방법이다.

(2) 구거법

어떤 수를 9로 나눈 나머지는 그 수의 각 자리 숫자의 합을 9로 나눈 나머지와 같음을 이용하여 확인하는 방법이다.

4 〉 단위환산

(1) 단위의 종류

① **길이** : 물체의 한 끝에서 다른 한 끝까지의 거리 (mm, cm, m, km등)
② **넓이(면적)** : 평면의 크기를 나타내는 것 (mm^2, cm^2, m^2, km^2 등)
③ **부피** : 입체가 점유하는 공간 부분의 크기 (mm^3, cm^3, m^3, km^3 등)
④ **들이** : 통이나 그릇 따위의 안에 넣을 수 있는 물건 부피의 최댓값 (mℓ, dℓ, ℓ, kℓ 등)

(2) 단위환산표

단위	단위환산
길이	1cm=10mm, 1m=100cm, 1km=1,000m=100,000cm
넓이	$1cm^2=100mm^2$, 1m=$10,000cm^2$, $1km^2=1,000,000m^2$
부피	$1cm^3=1,000mm^3$, $1m^3=1,000,000cm^3$, $1km^3=1,000,000,000m^3$
들이	1mℓ=$1cm^3$, 1dℓ=$100cm^3$=100mℓ, 1ℓ=$1,000cm^3$=10dℓ
무게	1kg=1,000g, 1t=1,000kg=1,000,000g
시간	1분=60초, 1시간=60분=3,600초
할푼리	1푼=0.1할, 1리=0.01할, 모=0.001할

5 〉 통계

(1) 통계란?

① 의미

집단현상에 대한 구체적인 양적 기술을 반영하는 숫자를 의미한다. 특히 사회집단 또는 자연집단의 상황을 숫자로 나타낸 것이다.

② 기능

㉠ 많은 수량적 자료를 처리가능하고 쉽게 이해할 수 있는 형태로 축소시킨다.

㉡ 표본을 통해 연구대상 집단의 특성을 유추한다.

㉢ 의사결정의 보조수단이 된다.

㉣ 관찰 가능한 자료를 통해 논리적으로 어떠한 결론을 추출 · 검증한다.

(2) 통계치

① **빈도** : 어떤 사건이 일어나거나 증상이 나타나는 정도

② **빈도 분포** : 어떤 측정값의 측정된 회수 또는 각 계급에 속하는 자료의 개수

③ **평균** : 모든 사례의 수치를 합한 후에 총 사례수로 나눈 값

④ **중앙값** : 크기에 의하여 배열하였을 때 정확하게 중간에 있는 값

⑤ **백분율** : 전체의 수량을 100으로 하여 생각하는 수량이 몇이 되는 가를 가리키는 수(퍼센트)

(3) 통계의 계산

① **범위** : 최고값−최저값

② **평균** : $\dfrac{\text{전체 사례 값들의 합}}{\text{총 사례수}}$

③ **분산** : $\dfrac{(\text{관찰값}-\text{평균})^2\text{의 합}}{\text{총 사례수}}$

④ **표준편차** : $\sqrt{\text{분산}}$

6 〉 도표

(1) 도표란?

선, 그림, 원 등으로 그림을 그려서 내용을 시각적으로 표현하여 다른 사람이 한 눈에 자신의 주장을 알아볼 수 있게 한 것이다.

(2) 도표의 종류

구분	목적	용도	형상
종류	• 관리(계획 및 통제) • 해설(분석) • 보고	• 경과 그래프 • 내역 그래프 • 비교 그래프 • 분포 그래프 • 상관 그래프 • 계산 그래프 • 기타	• 선(절선) 그래프 • 막대 그래프 • 원 그래프 • 점 그래프 • 층별 그래프 • 레이더 차트 • 기타

(3) 도표의 종류별 활용

① 선(절선) 그래프

- 시간의 경과에 따라 수량에 의한 변화의 상황을 선(절선)의 기울기로 나타내는 그래프
- 시간적 추이(시계별 변화)를 표시하는데 적합

예 월별 매출액 추이 변화

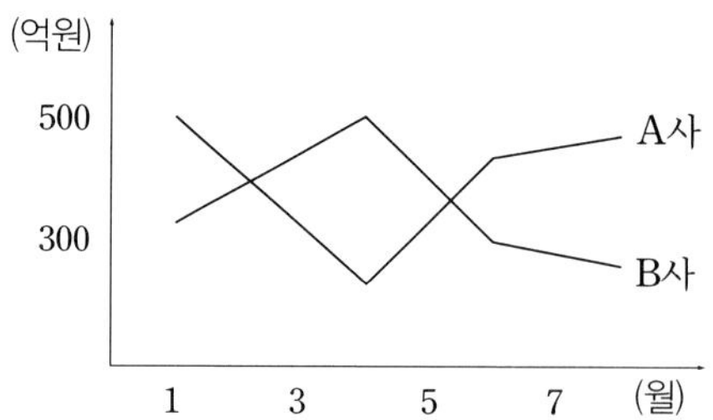

② 막대 그래프

- 비교하고자 하는 수량을 막대 길이로 표시하고, 그 길이를 비교하여 각 수량간의 대소관계를 나타내고자 할 때 가장 기본적으로 활용할 수 있는 그래프
- 내역, 비교, 경과, 도수 등을 표시하는 용도로 활용

예 영업소별 매출액

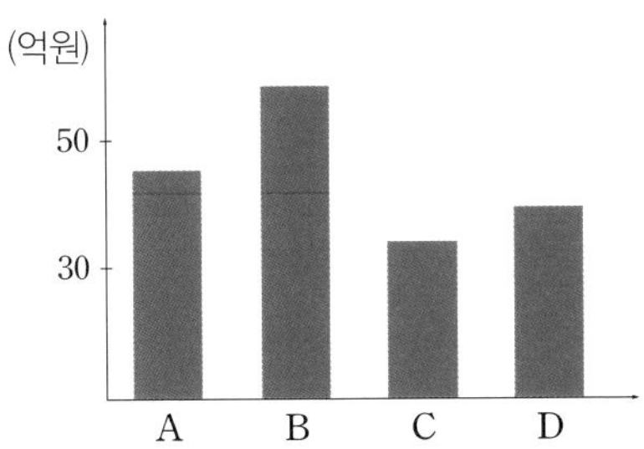

③ 원 그래프

- 내역이나 내용의 구성비를 원에 분할하여 작성하는 그래프
- 전체에 대한 구성비를 표현할 때 다양하게 활용

예 기업별 매출액 구성비 등

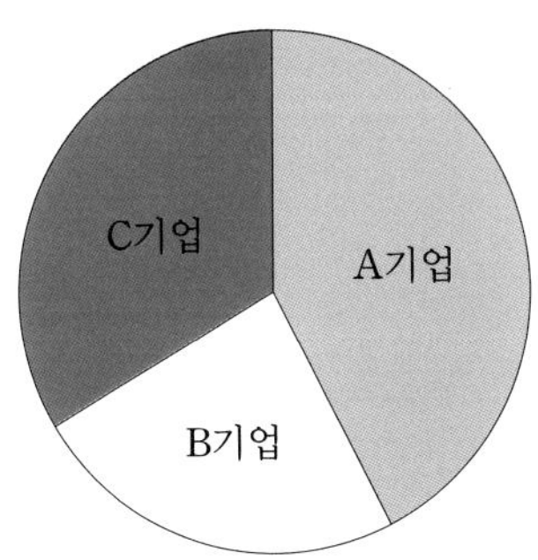

④ 점 그래프

- 지역분포를 비롯하여 도시, 지방, 기업, 상품 등의 평가나 위치, 성격을 표시하는데 활용할 수 있는 그래프

예 각 지역별 광고비율과 이익률의 관계 등

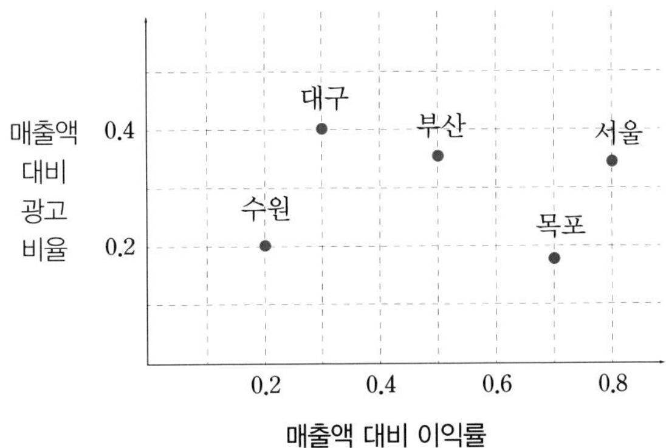

⑤ 층별 그래프

- 선의 움직임 보다는 선과 선 사이의 크기로써 데이터 변화를 나타내는 그래프
- 층별 그래프는 합계와 각 부분의 크기를 백분율로 나타내고 시간적 변화를 보고자 할 때 활용
- 합계와 각 부분의 크기를 실수로 나타내어 시간적 변화를 보고자 할 때 활용

예 월별 · 상품별 매출액 추이 등

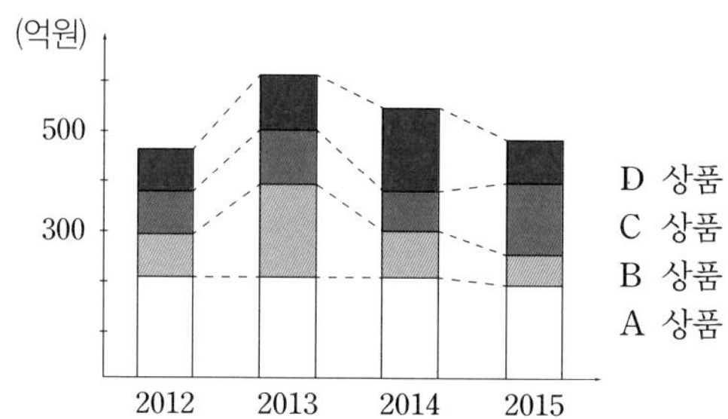

⑥ 레이더 차트(거미줄 그래프)

- 비교하는 수량을 직경 또는 반경으로 나누어 원의 중심에서의 거리에 따라 각 수량의 관계를 나타내는 그래프
- 다양한 요소를 비교할 때, 경과를 나타낼 때 활용

예 상품별 매출액의 월별변동 등

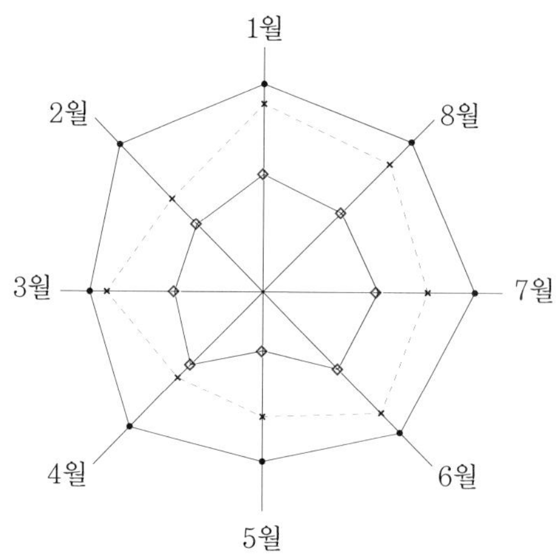

(4) 도표 해석상의 유의사항

① 요구되는 지식의 수준

직업인으로서 자신의 업무와 관련된 기본적인 지식의 습득을 통하여 특별한 지식을 상식화할 필요가 있다.

② 도표에 제시된 자료의 의미에 대한 정확한 숙지

주어진 도표를 무심코 해석하다 보면 자료가 지니고 있는 진정한 의미를 확대하여 해석할 수 있으므로 유의해야 한다.

③ 도표로부터 알 수 있는 것과 알 수 없는 것의 구별

주어진 도표로부터 알 수 있는 것과 알 수 없는 것을 완벽하게 구별할 필요가 있다. 도표를 토대로 자신의 주장을 충분히 추론할 수 있는 보편타당한 근거를 제시해주어야 한다.

④ 총량의 증가와 비율증가의 구분

비율이 같다고 하더라도 총량에 있어서는 많은 차이가 있을 수 있다. 또한 비율에 차이가 있다고 하더라도 총량이 표시되어 있지 않은 경우 비율차이를 근거로 절대적 양의 크기를 평가할 수 없기 때문에 이에 대한 세심한 검토가 요구된다.

⑤ 백분위수와 사분위수의 이해

백분위수는 크기순으로 배열한 자료를 100등분 하는 수의 값을 의미한다.

사분위수란 자료를 4등분한 것으로 제 1사분위수=제 25백분위수, 제 2사분위수=제 50백분위수(중앙치), 제 3사분위수=제 75백분위수에 해당한다.

7 〉 도표작성능력

(1) 도표의 작성절차

① 어떠한 도표로 작성할 것인지를 결정

업무수행 과정에서 도표를 작성할 때에는 우선 주어진 자료를 면밀히 검토하여 어떠한 도표를 활용하여 작성할 것인지를 결정

② 가로축과 세로축에 나타낼 것을 결정

주어진 자료를 활용하여 가로축과 세로축에 무엇을 나타낼 것인지를 결정

③ 가로축과 세로축의 눈금의 크기를 결정

주어진 자료를 가장 잘 표현할 수 있도록 가로축과 세로축의 눈금의 크기를 결정

④ 자료를 가로축과 세로축이 만나는 곳에 표시

자료 각각을 결정된 축에 표시

⑤ 표시된 점에 따라 도표 작성

표시된 점들을 활용하여 실제로 도표 작성

⑥ 도표의 제목 및 단위 표시

도표를 작성한 후에는 도표의 상단 혹은 하단에 제목과 함께 단위를 표기

(2) 도표작성 시 유의사항

① 선(절선) 그래프 작성 시 유의점

- 일반적으로 선(절선)그래프를 작성할 때에는 세로축에 수량(금액, 매출액 등), 가로축에는 명칭구분(연, 월, 장소 등)을 제시한다.
- 축의 모양은 L자형으로 하는 것이 일반적이다.
- 선의 높이에 따라 수치를 파악하는 경우가 많으므로 세로축의 눈금을 가로축의 눈금보다 크게 하는 것이 효과적이다.
- 선이 두 종류 이상인 경우에는 반드시 무슨 선인지 그 명칭을 기입하여 주어야 한다.

② 막대그래프 작성 시 유의점

- 막대를 세로로 할 것인가 가로로 할 것인가의 선택은 개인의 취향이나, 세로로 하는 것이 보다 일반적이다.
- 축은 L자형이 일반적이나 가로 막대그래프는 사방을 틀로 싸는 것이 좋다.
- 세로축에 수량(금액, 매출액 등), 가로축에는 명칭구분(연, 월, 장소, 종류 등)을 제시한다.
- 막대 수가 부득이하게 많을 경우에는 눈금선을 기입하는 것이 알아보기 쉽다.
- 막대의 폭은 모두 같게 하여야 한다.

③ 원 그래프 작성 시 유의점

- 정각 12시의 선을 시작선으로 오른쪽으로 그리는 것이 일반적이다.
- 분할선은 구성비율이 큰 순서로 그린다.
- '기타' 항목은 구성비율의 크기에 관계없이 가장 뒤에 그리는 것이 좋다.
- 각 항목의 명칭은 같은 방향으로 기록하는 것이 일반적이지만, 만일 각도가 적어서 명칭을 기록하기 힘든 경우에는 지시선을 써서 기록한다.

④ 층별 그래프 작성 시 유의점

- 층별을 세로로 할 것인가 가로로 할 것인가 하는 것은 작성자의 기호나 공간에 따라 판단하지만 구성 비율 그래프는 가로로 작성하는 것이 좋다.
- 눈금은 선 그래프나 막대그래프 보다 적게 하고 눈금선을 넣지 않아야 하며, 층별로 색이나 모양이 모두 완전히 다른 것이어야 한다.
- 같은 항목은 옆에 있는 층과 선으로 연결하여 보기 쉽도록 한다.
- 세로 방향일 경우 위에서부터 아래로, 가로 방향일 경우 왼쪽에서 오른쪽으로 나열하면 보기가 쉽다.

[01～02] 다음은 2018년과 2023년 어떤 도시 가구별 평균 소비지출 내역을 나타낸 그래프이다. 다음 물음에 답하시오.

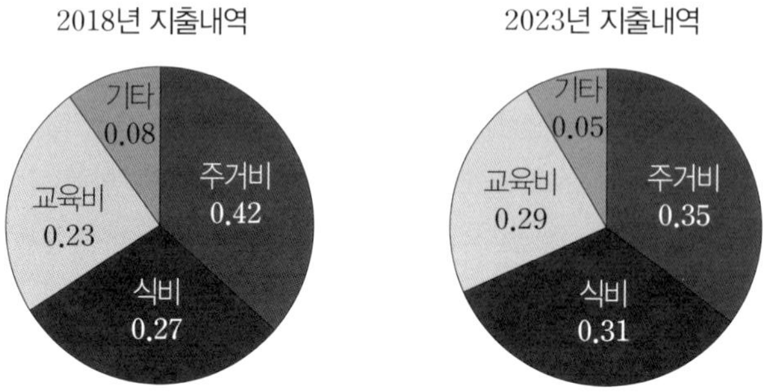

2018년 지출내역

항목	비율
주거비	0.42
식비	0.27
교육비	0.23
기타	0.08

2023년 지출내역

항목	비율
주거비	0.35
식비	0.31
교육비	0.29
기타	0.05

| 한국중부발전 |

01 2018년도 가구당 총지출액이 평균 2,000만원이었고 2023년도 가구당 총지출액이 평균 3,000만원이었다면, 2023년 가구당 교육비는 2018년에 비해 얼마나 증가하였는가?

① 230만원
② 290만원
③ 360만원
④ 410만원

| 한국중부발전 |

02 다음 설명 중 옳지 않은 것은? (단, 2018년도 가구당 총지출액은 2,000만원, 2023년도 가구당 총지출액은 3,000만원이라 가정한다.)

① 2023년의 가구당 주거비 지출액은 2018년에 비해 줄었다.
② 2018년 가구당 식비 지출액은 월 45만원이다.
③ 도시 가정에서의 교육비 비중은 증가하는 추세이다.
④ 2023년 주거비와 식비, 교육비를 제외한 지출액은 가구당 150만원이다.

[03~04] 다음의 자료는 한 이동통신사의 요금제에 관한 내용이다. 이를 토대로 하여 다음 물음에 답하시오.

요금제 / 부과 기준	A요금제	B요금제	C요금제
월 기본요금(원)	19,000	15,000	16,000
10초당 통화요금(원)	15	19	18
월 무료통화(분)	10	10	5
1건당 문자발신요금(원)	10	10	11
월 무료 문자(건)	20	15	10
발신번호표시요금(원)	무료	1,500	1,000

| 한국중부발전 |

03 갑은 월 통화시간이 2시간 10분이고 문자 메시지는 50건 보내며, 발신번호표시 서비스를 이용하고 있다고 한다. 다음 중 갑이 가장 저렴하게 이용할 수 있는 요금제는 무엇인가? (기타 부가세 등은 무시한다.)

① A요금제 ② B요금제
③ C요금제 ④ A와 C요금제

| 한국중부발전 |

04 월 통화시간이 2시간이고 문자 메시지를 80건 보내며, 발신번호표시 서비스를 이용하는 사람이 가장 저렴하게 이용할 수 있는 요금제를 선택할 경우, 월 이용요금은 얼마인가? (기타 부가세 등은 없는 것으로 한다.)

① 29,500원 ② 29,690원
③ 29,910원 ④ 30,190원

| 한국중부발전 |

05 다음 〈표〉는 탄소포인트제 가입자 A~D의 에너지 사용량 감축률 현황을 나타낸 자료이다. 아래의 〈지급 방식〉에 따라 가입자 A~D가 탄소포인트를 지급받을 때, 탄소포인트를 두 번째로 많이 지급받는 가입자는?

〈표〉 가입자 A~D의 에너지 사용량 감축률 현황

(단위 : %)

에너지사용유형 \ 가입자	A	B	C	D
전기	2.9	15.0	14.3	6.3
수도	16.0	15.0	5.7	21.1
가스	28.6	26.1	11.1	5.9

〈표〉 탄소포인트 지급 기준

(단위 : 포인트)

에너지 사용 유형 \ 에너지 사용량 감축률	5% 미만	5% 이상~10% 미만	10% 이상
전기	0	5,000	10,000
수도	0	1,250	2,500
가스	0	2,500	500

※ 가입자가 지급받는 탄소포인트＝전기 탄소포인트＋수도 탄소포인트＋가스 탄소포인트

① A　　② B

③ C　　④ D

| 한국수력원자력 |

06 다음에 일정한 규칙에 따라 숫자를 나열한 것이다. 빈칸에 가장 알맞은 숫자는?

10　8　12　6　14　4　(　)

① 16　　② 10

③ 8　　④ 6

⑤ 2

| 한국수력원자력 |

07 빨간 주사위와 파란 주사위를 동시에 던질 때, 나오는 눈의 합이 4 또는 6이 되는 경우의 수를 구하면?

① 5가지
② 6가지
③ 7가지
④ 8가지
⑤ 9가지

| 한국수력원자력 |

08 다음에 나열된 숫자들에 적용된 규칙을 찾아 빈 칸에 들어갈 알맞은 숫자를 구하면?

$\frac{2}{3}$ 1 2 5 15 ( ) 210

① 45
② $\frac{97}{2}$
③ 50
④ $\frac{105}{2}$
⑤ 60

| 한국수력원자력 |

09 다음 〈표〉는 2023년도 '갑'국의 경기전망을 나타낸 것이다. 경제성장률이 〈표〉에서 나타나는 경우보다 2%p씩 더 상승하는 경우 경제성장률의 기댓값과 분산을 구하면?

〈표〉 2023년도 경기전망

경제성장률(확률변수)	확률
5%	0.2
15%	0.4
20%	0.4

※ (1) 기댓값=(확률변수×확률)의 합
(2) 분산=[(확률변수−기댓값)^2×확률]의 합
(3) 분산은 확률변수들이 기댓값을 중심으로 얼마나 흩어져 있는가를 나타내는 값이므로 확률변수들이 동일한 값만큼 더해져서 증가했을 경우(즉, 확률변수에 상수를 더하는 경우), 분포의 분산에는 아무런 영향을 미치지 못함.

① 기댓값 : 15%, 분산 : 0.003
② 기댓값 : 15%, 분산 : 0.012
③ 기댓값 : 17%, 분산 : 0.003
④ 기댓값 : 17%, 분산 : 0.012
⑤ 기댓값 : 18%, 분산 : 0.003

| 한국중부발전 |

10 다음 〈표〉는 성인 500명이 응답한 온라인 도박과 오프라인 도박 관련 조사결과이다. 이에 대한 설명 중 옳은 것은?

〈표〉 온라인 도박과 오프라인 도박 관련 조사결과

(단위 : 명)

온라인 \ 오프라인	×	△	○	합
×	250	21	2	( )
△	113	25	6	144
○	59	16	8	( )
계	422	( )	( )	500

※ 1) × : 경험이 없고 충동을 느낀 적도 없음.
2) △ : 경험은 없으나 충동을 느낀 적이 있음.
3) ○ : 경험이 있음.

① 온라인 도박 경험이 있다고 응답한 사람은 오프라인 도박의 경험은 없으나 충동을 느낀 적은 있다는 사람보다 적다.

② 온라인 도박에 대해, '경험은 없으나 충동을 느낀 적이 있음'으로 응답한 사람은 전체 응답자의 30% 이상이다.

③ 온라인 도박 경험이 있다고 응답한 사람 중 오프라인 도박 경험이 있다고 응답한 사람의 비중은 전체 응답자 중 오프라인 도박 경험이 있다고 응답한 사람의 비중보다 크다.

④ 온라인 도박에 대해, '경험이 없고 충동을 느낀 적도 없음'으로 응답한 사람은 전체 응답자의 50% 이하이다.

| 한국중부발전 |

11 A는 3.5km/h의 속력으로 6시간을 걸어 목적지에 도착하였고, B는 같은 곳에서 출발하여 5시간 만에 같은 목적지에 도착하였다고 한다. 모두 일정한 속력으로 이동한다고 할 때, 다음 설명 중 옳지 않은 것은?

① 출발지에서 목적지까지의 거리는 20km가 넘는다.

② B는 출발한 후 3시간 후 12.5km 이상을 걸었다.

③ A는 출발한 후 4시간 후 14km 이상을 걸었다.

④ B의 속력은 3.9km/h보다는 빠르고, 4.2km/h보다는 느리다.

| 한국중부발전 |

12 그릇에 담겨 있는 물에 식염 60g을 넣어 녹였을 때 이 식염수의 농도는 25%가 된다고 한다. 원래 그릇에 담겨 있는 물의 양으로 알맞은 것은?

① 160g ② 180g
③ 200g ④ 240g

| 한국중부발전 |

13 갑이 혼자서 완료하는 데는 5시간, 을이 혼자서 완료하는 데는 7시간 걸리는 프로젝트가 있다. 이 프로젝트를 갑, 을 2명이 협력해서 수행하는 경우 완료하기까지 걸리는 시간은?

① 2시간 30분 ② 2시간 45분
③ 2시간 55분 ④ 3시간 10분

| 한국중부발전 |

14 모두 8부의 의견서 중 3부는 선정을 지지하는 것이고, 5부는 선정을 반대하는 의견서이다. 이 중 임의로 2부를 뽑을 때, 적어도 1부가 선정을 지지하는 의견서일 확률은?

① $\frac{4}{7}$ ② $\frac{9}{14}$
③ $\frac{5}{7}$ ④ $\frac{11}{14}$

| 한국철도공사 |

15 8%의 식염수 150g에 물을 추가하여 농도를 6%인 식염수로 만들려고 한다. 얼마만큼의 물을 추가해야 하는가?

① 50g ② 60g
③ 70g ④ 80g
⑤ 100g

| 한국철도공사 |

16 A제품의 구매 후 보증기간 내에 A/S가 신청된 제품의 경우, 제품의 불량으로 인한 수리 신청은 30%이고 나머지는 사용주의 의무의 위반이나 관리상의 문제 등으로 인한 신청이라고 한다. 보증기간 내에 A/S가 신청된 10개의 제품에서 임의로 3개의 제품을 선택할 때, 적어도 1개가 제품의 불량일 확률을 구하면? (단, 선택한 제품은 다시 넣지 않는다고 가정한다.)

① $\frac{7}{24}$
② $\frac{3}{10}$
③ $\frac{3}{8}$
④ $\frac{5}{8}$
⑤ $\frac{17}{24}$

| 한국철도공사 |

17 기차를 타고 시속 88km의 속력으로 2시간 반을 갔을 때 기차가 달린 총 거리는 얼마인가?

① 200km
② 220km
③ 240km
④ 260km
⑤ 280km

| 한국철도공사 |

18 공기 중에서 소리의 속력은 기온이 x℃일 때, 매초 약 $(0.6x+331)$m/s이다. 기온 18℃에서 번개가 보이고 10초 후 천둥소리를 들었다면, 번개가 발생한 지점까지의 거리를 구하면?

① 3,211m
② 3,308m
③ 3,418m
④ 3,563m
⑤ 3,807m

| 한국철도공사 |

19 자동차 레이싱 시합에서 한선수가 처음에는 Akm는 $x$km/h로, 그 다음은 Bkm는 $y$km/h로 나머지 Ckm는 $z$km/h로 달렸다고 한다. 이 선수의 평균 속력을 구하면?

① $\dfrac{A+B+C}{x+y+z}$

② $\dfrac{Ax+By+Cz}{x+y+z}$

③ $\dfrac{A+B+C}{\dfrac{A}{x}+\dfrac{B}{y}+\dfrac{C}{z}}$

④ $\dfrac{Ax+By+Cz}{\dfrac{A}{x}+\dfrac{B}{y}+\dfrac{C}{z}}$

⑤ $\dfrac{Ax+By+Cz}{x^2+y^2+z^2}$

| 한국토지주택공사 |

20 다음은 2017년부터 2023년까지의 계절별 강수량 변화 현황에 대한 통계 자료이다. 연도별 강수량 합계의 전년 대비 증가량이 두 번째로 많은 연도에서의 겨울 강수량 비율은 몇 %인가? (단, 소수점 셋째 자리에서 반올림한다.)

[강수량 변화 현황]

(단위 : mm)

구분 \ 연도	2017	2018	2019	2020	2021	2022	2023
봄	284.3	320.5	442.2	263.4	225.0	289.8	259.0
여름	612.2	922.5	999.5	855.4	750.0	921.1	676.2
가을	208.1	177.7	370.7	275.6	263.1	165.7	485.8
겨울	104.8	128.7	74.5	82.7	85.1	83.7	85.3
합계	1,061.2	1,541.0	1,907.7	1,482.6	1,311.9	1,465.2	1,515.0

① 3.51%

② 3.72%

③ 3.91%

④ 4.83%

⑤ 5.73%

| 한국토지주택공사 |

21 다음은 도시별 인구와 컴퓨터 보유수를 나타낸 자료이다. 한 가구의 평균 가족 수를 4명이라고 할 때, 가구당 평균 1대 이상의 컴퓨터를 보유하고 있는 도시를 모두 고른 것은?

구 분	인구(만 명)	인구 100명당 컴퓨터 보유수(대)
A시	102	24
B시	80	15
C시	63	41
D시	45	30

① C
② C, D
③ A, C, D
④ B, C, D
⑤ A, B, C, D

| 한국토지주택공사 |

22 다음은 전체 혼인 건수와 청소년 혼인 구성비에 대한 자료이다. 이를 근거로 할 때 다음 설명 중 옳지 않은 것은?

[연도별 총 혼인 건수 및 청소년 혼인 구성비]

구분	총 혼인 건수(건)	청소년 혼인 구성비(%)			
		남편기준		아내기준	
		15~19세	20~24세	15~19세	20~24세
1990년	295,137	3.0	25.0	20.9	55.9
2000년	392,453	1.7	20.6	9.5	57.5
2010년	399,312	0.8	14.7	4.5	48.5
2020년	334,030	0.6	7.5	2.5	25.8

※ 청소년(15~24세) 혼인이란 남편 또는 아내가 청소년인 경우를 의미함

① 1990년 이후 20세 이상의 청소년 혼인 구성비는 남편기준과 아내기준 모두 지속적으로 감소하고 있다.

② 남편기준 15~19세 청소년 혼인 구성비는 아내기준 20~24세 청소년 혼인 구성비보다 항상 낮다.

③ 남편기준 20세 이상의 청소년 혼인 구성비가 10년 전에 비해 가장 큰 폭으로 감소한 해는 2020년이다.

④ 1990년에 비하여 2020년에 아내기준 15~19세 청소년 혼인 구성비는 18% 이상 감소하였다.
⑤ 2020년의 청소년 혼인 건수는 전체적으로 2000년의 청소년 혼인 건수의 절반 이하이다.

| 국민건강보험공단 |

23 조달청에서 추정가격이 400억 원인 공사에 대한 입찰공고를 낸 결과 5개 업체가 입찰 제안서를 제출하였고 업체별 입찰가격은 표와 같다. 입찰가격 평가방식이 아래와 같을 경우 B업체와 D업체의 입찰가격 평점의 차이는 얼마인가?

〈표〉 업체별 입찰가격

업체명	A	B	C	D	E
입찰가격	390억 원	360억 원	330억 원	300억 원	270억 원

〈평가방식〉
입찰가격 평점은 총점 100점을 기준으로 $\left[\dfrac{\text{입찰자 중 최저입찰가격}}{\text{입찰가격}} \times 100\right]$과 같이 산정한다.
단, 입찰가격이 추정가격의 100분의 80미만인 경우에는 획득 평점에서 $\left[\left(\dfrac{80}{100} - \dfrac{\text{입찰가격}}{\text{추정가격}}\right) \times 100\right]$ 만큼을 감점한다.

① 5점 ② 7.5점
③ 10점 ④ 12.5점

| 국민건강보험공단 |

24 3,000m 떨어진 곳에 있는 두 사람이 서로를 향해 동시에 달리기 시작하였다. 한 사람은 8km/h, 다른 한 사람은 10km/h로 달리고 있다면, 두 사람이 만나기까지 걸린 시간은?

① 10분 ② 20분
③ 30분 ④ 40분

| 국민건강보험공단 |

25 둘레가 $\mathbf{A}$m인 원형 공원 주위에 $\mathbf{B}$m 간격으로 나무를 심으려고 할 때 몇 그루의 나무가 필요한가?

① $\frac{B}{A}$　　② $\frac{A}{B}+1$

③ $\frac{A}{B}$　　④ $\frac{A}{B}-1$

| 국민건강보험공단 |

26 모든 임직원의 가족에 대한 설문조사를 실시하였다. 설문 조사 결과 딸이 있는 사람은 전체의 $\frac{4}{7}$, 아들이 있는 사람은 $\frac{5}{7}$, 딸과 아들이 모두 있는 사람은 딸이 있는 사람의 $\frac{3}{4}$이었다. 딸과 아들 모두 없는 사람은 15명이라고 할 때, 전체 임직원 수를 고르면?

① 94명　　② 96명

③ 98명　　④ 105명

| 국민건강보험공단 |

27 어떤 물건을 정가에서 20% 할인하여 팔아도 원가에 대해서는 8%의 이익을 얻고자 한다. 처음 원가에 몇 %의 이익을 붙여서 정가를 매겨야 하는가?

① 35%　　② 34%

③ 33%　　④ 32%

| 국민건강보험공단 |

28 박물관의 입장료는 1인당 3,500원이고, 20명 이상의 단체는 1인당 입장료의 15%를 할인해준다. 20명 미만의 단체가 20명의 단체 입장료를 내고 입장한다고 할 때, 최소한 몇 명 이상일 때 유리한가?

① 18명　　② 17명

③ 16명　　④ 15명

| 국민건강보험공단 |

29 어느 수영장에 물을 가득 채우려면 A호스로는 15시간, B호스로는 12시간이 걸린다고 한다. A, B호스로 4시간 동안 물을 받다가 A호스로만 물을 받으려고 할 때, 수영장에 물을 가득 채우려면 A호스로 몇 시간을 더 받아야 하는가?

① 4시간 ② 5시간
③ 6시간 ④ 7시간

| 국민건강보험공단 |

30 A대리가 회사로 출근할 때 시속 80km로 차를 몰면 시속 60km로 몰 때보다 10분이 절약된다고 한다. 집에서 회사까지의 거리는 얼마인가?

① 42km ② 41km
③ 40km ④ 39km

[31～32] 다음은 어떤 도시의 산업별 사업체 수와 성별 종사자 수를 나타낸 것이다. 다음 물음에 답하시오.

구분	사업체 수(개)	남성 종사자 수(명)	여성 종사자 수(명)
농업 및 축산업	40	228	36
어업	12	174	25
제조업	4,550	47,512	21,230
건설업	264	3,163	797
서비스업	12,670	73,274	37,658
기타	335	1,421	1,214

| 국민건강보험공단 |

31 건설업의 사업체당 평균 종사자 수는 얼마인가?

① 14명 ② 15명
③ 16명 ④ 17명

| 국민건강보험공단 |

32 다음 중 남성의 고용비율이 가장 높은 산업은? (단, 소수 첫째 자리에서 반올림한다.)

① 농업 및 축산업　　② 어업
③ 제조업　　④ 건설업

| 국민건강보험공단 |

33 6명의 직원이 타고 있는 회사 셔틀버스가 세 정류장 A, B, C를 순서대로 경유한다. 3개의 정류장 A, B, C 중 2개의 정류장에 직원이 모두 내릴 수 있는 경우의 수는? (단, 새로 타는 승객은 없다.)

① 184　　② 186
③ 188　　④ 190

| 국민건강보험공단 |

34 직원 9명의 혈액형을 조사하였더니 A형, B형, O형인 직원이 각각 2명, 3명, 4명이었다. 9명의 직원 중에서 임의로 2명을 뽑을 때, 혈액형이 같을 확률은?

① $\frac{5}{16}$　　② $\frac{5}{17}$
③ $\frac{5}{18}$　　④ $\frac{5}{19}$

| 국민건강보험공단 |

35 정부는 농어민의 소득증대를 지원하기 위하여 농가 부업소득과 전통주 제조소득 중 일정 부분에 대하여는 과세하지 않고 있다. 과세규칙을 참고하여, 연간소득이 표와 같은 농민의 소득세 과세대상 소득을 계산하면?

〈표〉 농민의 소득

축산 부업소득	4,000만 원(젖소 40마리)
고공품 제조소득	500만 원
전통차 제조소득	600만 원
전통주 제조소득	1,800만 원

〈과세규칙〉

규칙 1 : 농가 부업소득의 경우

1) 〈별표〉 규모 이내의 사육두수에서 발생하는 소득은 전액 비과세한다.

2) 〈별표〉 규모를 초과하는 사육두수에서 발생하는 축산 부업소득과 기타 부업소득을 합하여 연간 1,200만 원까지 비과세한다.

※ 농가 부업소득이란 농어민이 부업으로 영위하는 축산 · 양어 · 고공품제조 · 민박 · 음식 · 물판매 · 특산물제조 · 전통차 제조소득을 말한다.

〈별표〉

(단위 : 마리)

가축	사육두수	가축	사육두수
젖소	30	면양	300
소	30	토끼	5,000
돼지	200	닭	10,000
산양	300	오리	10,000

※ 단, 축산 부업에 있어서 가축별로 각각의 마리당 발생하는 소득은 동일하다고 가정한다.

규칙 2 : 전통주 제조 소득의 경우 전통주 제조에서 발생하는 소득이란 법 소정 요건을 구비하는 주류를 농어촌 지역에서 제조함으로써 발생하는 소득으로서 소득금액의 합계액 중 연간 1,200만 원까지 비과세한다.

① 900만 원 ② 1,000만 원

③ 1,500만 원 ④ 1,600만 원

| 국민건강보험공단 |

36 난영이가 가진 돈은 소영이가 가진 돈의 3배이다. 또 소영이가 가진 돈은 난영이가 가진 돈의 60%보다 340원 적다고 한다. 난영이와 소영이가 가진 돈의 액수는?

	난영	소영
①	975원	325원
②	1,125원	375원
③	1,275원	425원
④	1,425원	475원

| 국민건강보험공단 |

37 다음은 (가), (나), (다) 생산 공장에서 생산하는 음료수의 1일 생산량을 나타낸 것이다. A~C 음료수에 대한 생산 비율 중 B음료수의 생산 비율이 가장 작은 공장은? (단, 소수점 이하는 절삭한다.)

〈표〉 음료수의 1일 생산량

(단위 : 개)

구분	A음료수	B음료수	C음료수
(가) 공장	15,000	22,500	7,500
(나) 공장	36,000	48,000	18,000
(다) 공장	9,000	14,000	5,000

① (가) 공장
② (나) 공장
③ (다)공장
④ 모두 같음

| 근로복지공단 |

38 6명의 사원 A, B, C, D, E, F를 임의로 2명씩 짝을 지어 3개의 조로 편성하려고 한다. A사원과 B사원은 같은 조에 편성되고, C사원과 D사원은 서로 다른 조에 편성될 확률은?

① $\frac{1}{15}$
② $\frac{2}{15}$
③ $\frac{1}{5}$
④ $\frac{4}{15}$

| 근로복지공단 |

39 A대리는 OJT 담당자로 3개의 인쇄소 중 가장 저렴한 곳에서 추가 합격한 15명의 신입사원들을 위해 OJT일지를 더 주문해야 하는 상황이다. 이때, 일지의 앞과 뒤에 하드커버를 한 장씩 처리하고, 스프링제본으로 한다면 A대리가 선택할 인쇄소와 지급해야 할 금액을 바르게 짝지은 것은?

〈표1〉 각 인쇄소의 비용

구분		㉠ 인쇄소	㉡ 인쇄소	㉢ 인쇄소
내지	흑백	30원	35원	38원
	컬러	45원	42원	40원
표지	코팅지	410원	420원	400원
	하드커버	500원	480원	420원
제본 형태	무선	800원	700원	750원
	스프링	1,000원	1,500원	1,200원

※ 내지와 표지는 페이지당 가격임. / 제본 형태는 권당 가격임

〈표2〉 각 인쇄소의 이벤트

㉠ 인쇄소	㉡ 인쇄소	㉢ 인쇄소
20권 이상 구매 시 10% 할인	1년 이내 재주문 시 15% 할인	30권 이상 인쇄 시 무선제본 무료

〈OJT 관련 사항〉
- 인쇄해야 하는 일지자료의 내지는 총 120페이지로 앞에 20페이지는 컬러이고, 남은 페이지는 흑백이다.
- 6개월 전 OJT일지는 ㉡ 인쇄소에서 찍었다.

① ㉠ 인쇄소, 85,400원
② ㉠ 인쇄소, 86,600원
③ ㉡ 인쇄소, 86,700원
④ ㉢ 인쇄소, 87,500원

| 근로복지공단 |

40 근로복지공단에 입사하기 위해 필기시험을 준비 중인 A씨와 B씨가 어떤 문제를 맞힐 확률이 각각 $\frac{2}{5}$, $\frac{3}{7}$이라 한다. 이때, 두 사람 중 적어도 한 사람은 이 문제를 맞힐 확률은?

① $\frac{22}{35}$　② $\frac{23}{35}$
③ $\frac{24}{35}$　④ $\frac{5}{7}$

| 근로복지공단 |

41 A씨는 집에서 회사까지 18km/h의 속도로 자전거를 타고 가면 왕복 40분이 걸린다고 한다. 이때 집에서 회사까지의 거리는?

① 5km　② 6km
③ 10km　④ 12km

| 근로복지공단 |

42 남직원 수와 여직원 수의 비가 2:3인 근로복지공단에서 전체 직원의 70%가 A자격증을 가지고 있고, 나머지 30%는 가지고 있지 않다. 회사 직원 중에서 임의로 한 명을 선택할 때, 이 직원이 A자격증을 가지고 있는 남직원일 확률이 $\frac{1}{5}$이다. 회사 직원 중에서 임의로 선택한 직원이 A자격증을 가지고 있지 않을 때, 이 직원이 여직원일 확률은?

① $\frac{1}{5}$　② $\frac{1}{4}$
③ $\frac{1}{3}$　④ $\frac{1}{2}$

| 근로복지공단 |

43 어느 회사원이 처리해야 할 업무는 A, B를 포함하여 모두 6가지이다. 이 중에서 A, B를 포함한 4가지 업무를 오늘 처리하려고 하는데, A를 B보다 먼저 처리해야 한다. 오늘 처리할 업무를 택하고, 택한 업무의 처리 순서를 정하는 경우의 수는?

① 70
② 72
③ 74
④ 76

| 근로복지공단 |

44 A씨의 집과 B씨의 집 사이의 거리는 1600m이다. A씨는 매분 50m의 속력으로, B씨는 매분 30m의 속력으로 각자의 집에서 상대방의 집을 향하여 동시에 출발하였다. 이때 A씨가 자신의 집에서 얼마나 떨어진 곳에서 B씨를 만날 것인지 구하면?

① 1km
② 1.2km
③ 1.4km
④ 1.6km

| 근로복지공단 |

45 현재 근로복지공단 재활계획부에서 일하고 있는 직원 중 하 부장의 나이는 조 대리보다 8살이 많다. 8년 후 하 부장의 나이와 조 대리의 나이의 비가 6:5라 할 때, 다음 중 현재 조 대리의 나이를 고르면?

① 32살
② 31살
③ 30살
④ 29살

[46～47] 다음은 철도의 용도별 관련 현황을 나타낸 자료이다. 물음에 답하시오.

구 분	철도 개수	총 길이(km)	총 건설비(억 원)
화물운송 전용 철도	6	83	1,700
여객운송 전용 철도	11	165	2,150
복합운송용 철도	13	250	3,400
관광 전용 철도	2	24	200

| 한국가스공사 |

46 화물을 운송할 수 있는 철도와 사람을 수송할 수 있는 철도의 총 길이는 각각 얼마인가?

① 357km, 439km
② 333km, 439km
③ 333km, 415km
④ 83km, 415km
⑤ 83km, 165km

| 한국가스공사 |

47 여객만을 운송할 수 있는 철도의 1km당 건설비는 대략 얼마인가?

① 7.7억 원
② 11.4억 원
③ 13.0억 원
④ 14.8억 원
⑤ 15.6억 원

| 한국가스공사 |

48 다음은 어느 대학의 금년도 응시자와 합격자 수를 나타낸 표이다. 가장 경쟁률이 높은 학과와 대략적인 경쟁률은 얼마인가?

구 분	응시자 수(명)	합격자 수(명)
인문과학부	1,200	500
사회과학부	2,130	880
자연과학부	1,830	750

① 인문과학부, 1 : 2.4
② 사회과학부, 1 : 2.42
③ 자연과학부, 1 : 2.42
④ 사회과학부, 1 : 2.44
⑤ 자연과학부, 1 : 2.44

| 한국가스공사 |

49 갑은 a지점에서 b지점까지 2km/h로 이동을 하고, 다시 b지점에서 a지점보다 5km 더 떨어진 c지점까지 3km/h의 속력으로 이동하였다. 갑이 a지점 c지점까지 총 5시간을 이동하였다고 할 때, a지점에서 c지점까지의 총거리는 몇 km인가? (단, a, b, c지점은 일직선상에 순서대로 있다고 가정한다.)

① 10km
② 12km
③ 13km
④ 14km
⑤ 15km

| 한국가스공사 |

50 A의 가게에서는 원가가 개당 4,000원인 물품에 6할의 이익을 붙여 정가로 팔았다. 이후 경기가 좋지 않아 결국 정가의 4할을 할인하여 팔았다. 이 물품을 할인해서 팔 때, 물품 하나당 발생하는 이익 또는 손실은?

① 160원 이익
② 160원 손실
③ 80원 이익
④ 80원 손실
⑤ 40원 이익

Chapter 03

문제해결능력

- 문제해결 능력은 모든 직장인에게 공통적으로 요구하는 직업기초 능력으로 NCS 10과목 중에서 주로 채택되는 영역이다.
- 문제해결 능력은 창조적이고 논리적인 사고를 통하여 이를 올바르게 인식하고 적절히 해결하기 때문에 이해가 중요한 영역이다.
- 핵심이론과 관련된 문제와 응용문제에서 요구하고 있는 언어 추리 및 다양한 업무 상황의 글을 해결하는 능력 등이 문제로 출제된다.

1. 문제

- 문제의 개념을 알아본다.
- 문제의 유형 별 특징을 알아본다.

2. 문제해결

- 문제해결의 개념을 알아본다.
- 문제해결을 위해 4가지 기본적 사고를 알아본다.
- 문제해결의 장애요소와 해결방법을 알아본다.

1 〉 문제

(1) 문제란?

원활한 업무수행을 위해 해결되어야 하는 질문이나 의논 대상을 의미한다.

※ **문제점** : 문제의 근본원인이 되는 사항으로 문제해결에 필요한 열쇠인 핵심 사항

(2) 문제의 분류

구분	창의적 문제	분석적 문제
문제제시 방법	현재 문제가 없더라도 보다 나은 방법을 찾기 위한 문제 탐구로 문제자체가 명확하지 않음	현재의 문제점이나 미래의 문제로 예견될 것에 대한 문제 탐구로, 문제자체가 명확함
해결 방법	창의력에 의한 많은 아이디어의 작성을 통해 해결	분석, 논리, 귀납과 같은 논리적 방법을 통해 해결
해답 수	해답의 수가 많으며, 많은 답 가운데 보다 나은 것을 선택	답의 수가 적으며, 한정되어 있음
주요 특징	주관적, 직관적, 감각적, 정성적, 개별적, 특수성	객관적, 논리적, 정량적, 이성적, 일반적, 공통성

(3) 문제의 유형

① 기능에 따른 문제 유형

제조문제, 판매문제, 자금문제, 인사문제, 경리문제, 기술상 문제

② 해결방법에 따른 문제 유형

논리적 문제, 창의적 문제

③ 시간에 따른 문제유형

과거문제, 현재문제, 미래문제

④ 업무수행과정 중 발생한 문제유형

구분	내용
발생형 문제 (보이는 문제)	• 눈앞에 발생되어 당장 걱정하고 해결하기 위해 고민하는 문제 • 눈에 보이는 이미 일어난 문제 • 원인지향적인 문제
탐색형 문제 (찾는 문제)	• 현재의 상황을 개선하거나 효율을 높이기 위한 문제 • 눈에 보이지 않는 문제 • 잠재문제, 예측문제, 발견문제
설정형 문제 (미래 문제)	• 미래상황에 대응하는 장래의 경영전략의 문제 • 앞으로 어떻게 할 것인가 하는 문제 • 목표 지향적 문제 • 창조적 문제

2 문제해결

(1) 문제해결의 정의 및 의의

① 정의

문제해결이란 목표와 현상을 분석하고, 이 분석 결과를 토대로 주요과제를 도출하여 바람직한 상태나 기대되는 결과가 나타나도록 최적의 해결안을 찾아 실행, 평가해 가는 활동을 의미한다.

② 의의

㉠ **조직 측면** : 자신이 속한 조직의 관련분야에서 세계 일류수준을 지향하며, 경쟁사와 대비하여 탁월하게 우위를 확보하기 위해 끊임없는 문제해결 요구

㉡ **고객 측면** : 고객이 불편하게 느끼는 부분을 찾아 개선과 고객감동을 통한 고객만족을 높이는 측면에서 문제해결 요구

㉢ **자기 자신 측면** : 불필요한 업무를 제거하거나 단순화하여 업무를 효율적으로 처리하게 됨으로써 자신을 경쟁력 있는 사람으로 만들어 나가는데 문제해결 요구

(2) 문제해결의 기본요소

① 체계적인 교육훈련

② 문제해결방법에 대한 지식

③ 문제에 관련된 해당지식 가용성

④ 문제해결자의 도전의식과 끈기

⑤ 문제에 대한 체계적인 접근

(3) 문제해결 시 갖추어야할 사고

① 전략적 사고

현재 당면하고 있는 문제와 그 해결방법에만 집착하지 말고, 그 문제와 해결방안이 상위 시스템 또는 다른 문제와 어떻게 연결되어 있는지를 생각하는 것이 필요하다.

② 분석적 사고

전체를 각각의 요소로 나누어 그 요소의 의미를 도출한 다음 우선순위를 부여하고 구체적인 문제해결방법을 실행하는 것이 요구된다.

㉠ **성과 지향의 문제** : 기대하는 결과를 명시하고 효과적으로 달성하는 방법을 사전에 구상하고 실행에 옮긴다.

㉡ **가설 지향의 문제** : 현상 및 원인분석 전에 지식과 경험을 바탕으로 일의 과정이나 결과,

결론을 가정한 다음 검증 후 사실일 경우 다음 단계의 일을 수행한다.

㉢ 사실 지향의 문제 : 일상 업무에서 일어나는 상식, 편견을 타파하여 객관적 사실로부터 사고와 행동을 출발한다.

③ 발상의 전환

기존에 갖고 있는 사물과 세상을 바라보는 인식의 틀을 전환하여 새로운 관점에서 바로 보는 사고를 지향한다.

④ 내 · 외부자원의 효과적인 활용

문제해결 시 기술, 재료, 방법, 사람 등 필요한 자원 확보 계획을 수립하고 내 · 외부자원을 효과적으로 활용한다.

(4) 문제해결 시 방해요소

① 문제를 철저하게 분석하지 않는 경우

어떤 문제가 발생하면 직관에 의해 성급하게 판단하여 문제의 본질을 명확하게 분석하지 않고 대책안을 수립하여 실행함으로써 근본적인 문제해결을 하지 못하거나 새로운 문제를 야기하는 결과를 초래할 수 있다.

② 고정관념에 얽매이는 경우

상황이 무엇인지를 분석하기 전에 개인적인 편견이나 경험, 습관으로 증거와 논리에도 불구하고 정해진 규정과 틀에 얽매여서 새로운 아이디어와 가능성을 무시해 버릴 수 있다.

③ 쉽게 떠오르는 단순한 정보에 의지하는 경우

문제해결에 있어 종종 우리가 알고 있는 단순한 정보들에 의존하여 문제를 해결하지 못하거나 오류를 범하게 된다.

④ 너무 많은 자료를 수집하려고 노력하는 경우

무계획적인 자료 수집은 무엇이 제대로 된 자료인지를 알지 못하는 실수를 범할 우려가 많다.

(5) 문제해결 방법

① 소프트 어프로치(Soft approach)

- 대부분의 기업에서 볼 수 있는 전형적인 스타일이다.
- 문제해결을 위해서 직접적인 표현이 바람직하지 않다고 여기며, 무언가를 시사하거나 암시를 통하여 의사를 전달한다.
- 결론이 애매하게 끝나는 경우가 적지 않으나, 그것은 그것대로 이심전심을 유도하여 파악한다.

② 하드 어프로치(Hard approach)

- 서로의 생각을 직설적으로 주장하고 논쟁이나 협상을 통해 서로의 의견을 조정해 가는 방법이다.
- 중심적 역할을 하는 것은 논리, 즉 사실과 원칙에 근거한 토론이다.
- 합리적이긴 하지만 잘못하면 단순한 이해관계의 조정에 그치고 말아서 그것만으로는 창조적인 아이디어나 높은 만족감을 이끌어 내기 어렵다.

③ 퍼실리테이션(Facilitation)

- 깊이 있는 커뮤니케이션을 통해 서로의 문제점을 이해하고 공감함으로써 창조적인 문제해결을 도모한다.
- 구성원의 동기가 강화되고 팀워크도 한층 강화된다는 특징을 보인다.
- 구성원이 자율적으로 실행하는 것이며, 제 3자가 합의점이나 줄거리를 준비해놓고 예정대로 결론이 도출되어 가는 것이어서는 안 된다.

※ 퍼실리테이션에 필요한 기본 역량

① 문제의 탐색과 발견
② 문제해결을 위한 구성원 간의 커뮤니케이션 조정
③ 합의를 도출하기 위한 구성원들 사이의 갈등 관리

3 〉 사고력

(1) 창의적인 사고

① 창의적인 사고란?

당면한 문제를 해결하기 위해 이미 알고 있는 경험과 지식을 해체하여 다시 새로운 정보로 결합함으로써 가치 있고 참신한 아이디어를 산출하는 사고이다.

② 창의적 사고의 특징

㉠ 정보와 정보의 조합이다
㉡ 사회나 개인에게 새로운 가치를 창출한다.
㉢ 창조적인 가능성이다.

③ 창의적 사고 개발 방법

자유 연상법	생각나는 대로 자유롭게 발상	브레인스토밍
강제 연상법	각종 힌트에 강제적으로 연결 지어서 발상	체크리스트
비교 발상법	주제의 본질과 닮은 것을 힌트로 발상	NM법, Synectics

(2) 논리적 사고

① 논리적 사고란?

- 업무 수행 중에 자신이 만든 계획이나 주장을 주위 사람에게 이해시켜 실현시키기 위해 필요로 하는 능력
- 사고의 전개에 있어서 전후의 관계가 일치하고 있는가를 살피고, 아이디어를 평가하는 능력

② 논리적인 사고를 위한 필요한 요소

㉠ 생각하는 습관 ㉡ 상대 논리의 구조화
㉢ 구체적인 생각 ㉣ 타인에 대한 이해
㉤ 설득

③ 논리적인 사고를 개발하는 방법

㉠ 피라미드 구조

허위의 사실이나 현상으로부터 상위의 주장을 만들어나가는 방법

㉡ so what기법

"그래서 무엇이지?"하고 자문자답하는 의미로, 눈앞에 있는 정보로부터 의미를 찾아내어 가치 있는 정보를 이끌어 내는 사고

(3) 비판적 사고

① 비판적 사고란?

- 어떤 주제나 주장 등에 대해서 적극적으로 분석하고 종합하며 평가하는 능동적인 사고이다.
- 어떤 논증, 추론, 증거, 가치를 표현한 사례를 타당한 것으로 수용할 것인가 아니면 불합리한 것으로 거절할 것인가에 대한 결정을 내릴 때 요구되는 사고력이다.
- 제기된 주장에 어떤 오류가 있는가를 찾아내기 위하여 지엽적인 부분을 확대하여 문제로 삼는 것이 아니라, 지식, 정보를 바탕으로 한 합당한 근거에 기초를 두고 현상을 분석하고 평가하는 사고이다.

② 비판적 사고 개발 태도

㉠ 지적 호기심 ㉡ 객관성 ㉢ 개방성
㉣ 융통성 ㉤ 지적 회의성 ㉥ 지적 정직성
㉦ 체계성 ㉧ 지속성 ㉨ 결단력
㉩ 다른 관점에 대한 존중 ㉪ 문제의식 ㉫ 고정관념 타파

4 〉 문제 처리 능력

(1) 문제 처리 능력이란?

목표와 현상을 분석하고 이 분석결과를 토대로 문제를 도출하여 최적의 해결책을 찾아 실행, 평가해가는 활동을 할 수 있는 능력이다.

(2) 문제해결절차

① 문제 인식

해결해야 할 전체 문제를 파악하여 우선순위를 정하고, 선정문제에 대한 목표를 명확히 하는 단계로, '환경 분석 → 주요 과제 도출 → 과제선정'을 통해 수행된다.

절차	환경분석	주요 과제 도출	과제 선정
내용	Business System상 거시 환경 분석	• 분석자료를 토대로 성과에 미치는 영향 • 의미를 검토하여 주요 과제 도출	후보과제를 도출하고 효과 및 실현 가능성 측면에서 평가하여 과제 도출

※ 환경 분석 시 사용되는 기법

- 3C 분석 : 사업 환경을 구성하고 있는 요소인 자사(Company), 경쟁사 (Competitor), 고객(Customer)을 3C라고 하며, 3C에 대한 체계적인 분석을 통해서 환경 분석을 수행할 수 있다.
- SWOT 분석 : 기업내부의 강점(Strengths), 약점(Weaknesses), 외부환경의 기회(Opportunities), 위협요인(Threats)을 분석 · 평가하고 이들을 서로 연관지어 전략을 개발하고 문제해결 방안을 개발하는 방법이다.

② 문제 도출

선정된 문제를 분석하여 해결해야 할 것이 무엇인지를 명확히 하는 단계로 현상에 대하여 문제를 분해하여 인과관계 및 구조를 파악하는 단계이다. '문제 구조 파악 → 핵심 문제 선정'의 절차를 거쳐 수행된다.

절차	문제 구조 파악	핵심 문제 선정
내용	전체 문제를 개별화된 세부 문제로 쪼개는 과정으로 문제의 내용 및 미치고 있는 영향 등을 파악하여 문제의 구조를 도출해내는 것이다.	문제에 큰 영향력을 미칠 수 있는 이슈를 핵심 이슈로 선정한다.

※ 문제 구조 파악 시 사용되는 방법

- Logic Tree 방법 : 해결책을 구체화 할 때 제한된 시간 속에 넓이와 깊이를 추구하는데 도움이 되는 기술로, 주요 과제를 나무모양으로 분해 · 정리하는 기술

③ 원인 분석

파악된 핵심문제에 대한 분석을 통해 근본 원인을 도출하는 단계이다. 'Issue 분석 → Data 분석 → 원인 파악'의 절차로 진행된다.

절차	Issue 분석	Data 분석	원인 파악
내용	• 핵심이슈설정 • 가설설정 • Output이미지 결정	• Data 수집계획 수립 • Data 정리, 가공 • Data 해석	근본원인을 파악하고 원인과 결과를 도출

※ 원인파악의 패턴

- **단순한 인과관계** : 원인과 결과를 분명하게 구분할 수 있는 경우
- **닭과 계란의 인과관계** : 원인과 결과를 구분하기가 어려운 경우
- **복잡한 인과관계** : 위 두 가지 유형이 복잡하게 서로 얽혀 있는 경우

④ 해결안 개발실행 및 평가

문제로부터 도출된 근본원인을 효과적으로 해결할 수 있는 최적의 해결방안을 수립하는 단계이다. '해결안 도출 → 해결안 평가 및 최적안 선정'의 절차로 진행된다.

절차	해결안 도출	해결안 평가 및 최적안 선정
내용	• 문제로부터 최적의 해결안을 도출 • 아이디어를 명확화	• 최적안 선정을 위한 평가기준 선정 • 우선순위 선정을 통해 최적안 선정

⑤ 실행 및 평가

해결안 개발을 통해 만들어진 실행계획을 실제 상황에 적용하는 활동으로 당초 장애가 되는 문제의 원인들을 해결안을 사용하여 제거하는 단계

절차	실행계획 수립	실행	사후관리(Follow-up)
내용	최종 해결안을 실행하기 위한 구체적인 계획 수립	실행계획에 따른 실행 및 모니터	실행 결과에 대한 평가

[01～02] 다음은 식품 A, B의 구성 성분을 모두 분석하여 그 중량 비율에 따라 표시한 성분 비율이다. 이를 토대로 하여 다음 물음에 답하시오.

구 분	A식품 구성 성분(%)	B식품 구성 성분(%)
탄수화물	28.8	7.4
지 방	19.1	5.7
단 백 질	35.6	( )
수 분	( )	65.6
기 타	5.8	8.1

| 한국가스공사 |

01 다음 설명 중 옳지 <u>않은</u> 것은?

① A식품의 수분 비율은 10.7%이다.
② B식품의 단백질 비율은 13.2%이다.
③ A식품에서는 단백질의 비중이, B식품에서는 수분의 비중이 가장 크다.
④ A식품의 중량이 300g일 때 여기에 포함된 탄수화물 성분의 중량은 86.4g이다.
④ B식품의 중량이 500g일 때 여기에 포함된 단백질 성분의 중량은 61g이다.

| 한국가스공사 |

02 B식품에서 수분을 완전히 제거한 후 구성 성분의 비율을 다시 분석할 때, 이 식품 속에 함유된 탄수화물의 성분 비율은 대략 얼마인가?

① 7.4%
② 14.8%
③ 21.5%
④ 30.6%
⑤ 37.0%

| 한국가스공사 |

03 다음은 주요 교통수단별 인구 10만 명당 교통사고 사망자 수를 나타낸 자료이다. 다음 설명 중 가장 옳지 않은 것은?

교통수단＼연도	2015	2017	2019	2021	2023
A	31.5	28.2	25.5	23.3	24.3
B	24.5	22.0	21.4	20.0	21.3
C	14.1	18.9	19.4	21.6	24.4
D	4.2	5.5	6.7	7.3	8.9
E	1.5	2.0	2.2	2.1	4.9
F	5.2	7.0	6.5	5.3	5.1

① 제시된 연도별 교통사고 사망자 수의 경우 모두 A에 의한 경우가 가장 많다.
② 2021년까지 A, B에 의한 교통사고 사망자 수는 감소하는 추세를 보이고 있다.
③ C에 의한 사고의 경우 인구 10만 명당 사망자 수는 지속적으로 증가하고 있다.
④ E에 의한 교통사고 사망자 수는 매년 가장 낮은 수치를 기록하고 있다.
⑤ 2015년에 비해서 2023년 인구 10만 명당 사망자 수가 증가한 것은 C, D, E이다.

| 한국가스공사 |

04 다음 〈표〉는 '갑'국의 8개국 대상 해외직구 반입동향을 나타낸 자료이다. 〈조건〉의 설명에 근거하여 〈표〉의 C, D, E에 해당하는 국가를 순서대로 바르게 나열한 것은?

〈표〉 '갑'국의 8개국 대상 해외직구 반입동향

(단위 : 건, 천 달러)

연도	반입방법＼국가	목록통관		EDI 수입		전체	
		건수	금액	건수	금액	건수	금액
2022	미국	3,254,813	305,070	5,149,901	474,807	8,404,714	779,877
	중국	119,930	6,162	1,179,373	102,315	1,299,303	108,477
	독일	71,687	3,104	418,403	37,780	490,090	40,884
	영국	82,584	4,893	123,001	24,806	205,585	29,699
	프랑스	172,448	6,385	118,721	20,646	291,169	27,031
	일본	53,055	2,755	138,034	21,028	191,089	23,783
	(A)	161	4	90,330	4,082	90,491	4,086
	호주	215	14	28,176	2,521	28,391	2,535

2023	미국	5,659,107	526,546	5,753,634	595,206	11,412,741	1,121,752
	(B)	170,683	7,798	1,526,315	156,352	1,696,998	164,150
	독일	170,475	7,662	668,993	72,509	839,468	80,171
	프랑스	231,857	8,483	336,371	47,456	568,228	55,939
	(C)	149,473	7,874	215,602	35,326	365,075	43,200
	(D)	87,396	5,429	131,993	36,963	219,389	42,392
	뉴질랜드	504	16	108,282	5,283	108,786	5,299
	(E)	2,089	92	46,330	3,772	48,419	3,864

조건

㉠ 2023년 중국 대상 해외직구 반입 전체 금액은 같은 해 독일 대상 해외직구 반입 전체 금액의 2배 이상이다.
㉡ 2023년 영국과 호주 대상 EDI 수입 건수 합은 같은 해 뉴질랜드 대상 EDI 수입 건수의 2배보다 작다.
㉢ 2023년 호주 대상 해외직구 반입 전체 금액은 2022년 호주 대상 해외직구 반입 전체 금액의 10배 미만이다.
㉣ 2023년 일본 대상 목록통관 금액은 2022년 일본 대상 목록통관 금액의 2배 이상이다.

① 중국, 영국, 호주
② 일본, 중국, 호주
③ 중국, 호주, 영국
④ 일본, 영국, 호주
⑤ 일본, 호주, 영국

| 한국가스공사 |

05 다음 〈표〉는 갑, 을, 병 회사의 부서 간 정보교환을 나타낸 것이다. 〈표〉와 〈조건〉을 이용하여 작성한 각 회사의 부서 간 정보교환 형태가 〈그림〉과 같을 때, 〈그림〉의 (A)~(C)에 해당하는 회사를 바르게 나열한 것은?

〈표1〉 '갑' 회사의 부서 간 정보교환

부서	a	b	c	d	e	f	g
a		1	1	1	1	1	1
b	1		0	0	0	0	0
c	1	0		0	0	0	0
d	1	0	0		0	0	0
e	1	0	0	0		0	0
f	1	0	0	0	0		0
g	1	0	0	0	0	0	

〈표2〉 '을' 회사의 부서 간 정보교환

부서	a	b	c	d	e	f	g
a		1	0	0	0	0	1
b	1		1	0	0	0	0
c	0	1		1	0	0	0
d	0	0	1		1	0	0
e	0	0	0	1		1	0
f	0	0	0	0	1		1
g	1	0	0	0	0	1	

〈표3〉 '병' 회사의 부서 간 정보교환

부서	a	b	c	d	e	f	g
a		1	1	0	0	0	0
b	1		0	1	1	0	0
c	1	0		0	0	1	1
d	0	1	0		0	0	0
e	0	1	0	0		0	0
f	0	0	1	0	0		0
g	0	0	1	0	0	0	

※ 갑, 을, 병 회사는 각각 a～g의 7개 부서만으로 이루어지며, 부서 간 정보교환이 있으면 1, 없으면 0으로 표시함

조건

- 점(•)은 부서를 의미한다.
- 두 부서 간 정보교환이 있으면 두 점을 선(—)으로 직접 연결한다.
- 두 부서 간 정보교환이 없으면 두 점을 선(—)으로 직접 연결하지 않는다.

그림

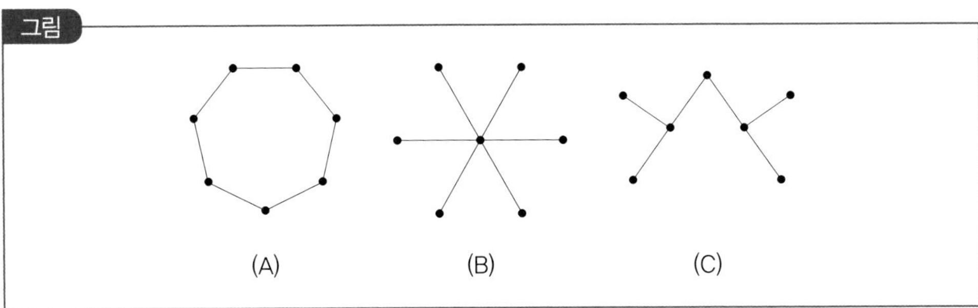

	(A)	(B)	(C)
①	갑	을	병
②	갑	병	을
③	을	갑	병
④	을	병	갑
⑤	병	갑	을

| 한국가스공사 |

06 다음 〈그림〉은 약품 A~C 투입량에 따른 오염물질 제거량을 측정한 자료이다. 이에 대한 〈보기〉의 설명 중 옳은 것만을 모두 고르면?

〈그림〉 약품 A~C 투입량에 따른 오염물질 제거량

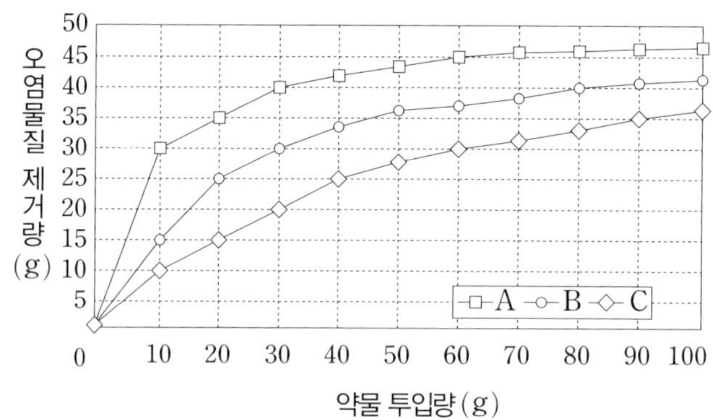

※ 약품은 혼합하여 투입하지 않으며, 측정은 모든 조건이 동일한 가운데 이루어짐

보기

ㄱ. 각 약품의 투입량이 30g일 때와 100g일 때를 비교하면, B의 오염물질 제거량 차이가 가장 크다.
ㄴ. 각 약품의 투입량이 10g일 때, A의 오염물질 제거량은 B와 C의 오염물질 제거량의 합보다 많다.
ㄷ. 오염물질 30g을 제거하기 위해 필요한 투입량이 가장 많은 약품은 C이다.
ㄹ. 약품 투입량이 같으면 B와 C의 오염물질 제거량 차이는 8g 미만이다.

① ㄱ, ㄴ
② ㄴ, ㄷ
③ ㄷ, ㄹ
④ ㄱ, ㄴ, ㄷ
⑤ ㄴ, ㄷ, ㄹ

| 한국가스공사 |

07 서로 성이 다른 3명의 야구선수(김씨, 박씨, 이씨)의 이름은 정우, 선호, 대윤이고, 이들이 맡은 야구팀의 포지션은 1루수, 2루수, 3루수이다. 그리고 이들의 나이는 20세, 23세, 26세이고, 다음과 같은 사실이 알려져 있다. 다음 중 '성씨－이름－포지션－나이'가 제대로 짝지어진 것은?

> ㉠ 2루수는 대윤보다 타율이 높고, 대윤은 김씨 성의 선수보다 타율이 높다.
> ㉡ 1루수는 박씨 성의 선수보다 어리나 대윤보다는 나이가 많다.
> ㉢ 선호와 김씨 성의 선수는 어제 경기가 끝나고 같이 영화를 보러 갔다.

① 김－정우－1루수－20세
② 박－선호－3루수－26세
③ 이－대윤－3루수－20세
④ 박－정우－2루수－26세
⑤ 이－선호－1루수－23세

| 한국가스공사 |

08 다음 〈사업설명서〉를 근거로 판단할 때, 〈보기〉에서 옳은 것만을 모두 고르면?

〈표〉 사업설명서

<table>
<tr><td colspan="2">총지원금</td><td>2023년</td><td colspan="2">14,000백만 원</td><td>2024년</td><td colspan="2">13,000백만 원</td></tr>
<tr><td colspan="2">지원 인원</td><td>2023년</td><td colspan="2">3,000명</td><td>2024년</td><td colspan="2">2,000명</td></tr>
<tr><td rowspan="4">사업 개요</td><td>시작년도</td><td colspan="6">2008년</td></tr>
<tr><td>추진경위</td><td colspan="6">IMF 대량실업사태 극복을 위해 출발</td></tr>
<tr><td>사업목적</td><td colspan="6">실업자에 대한 일자리 제공으로 생활안정 및 사회 안전망 제공</td></tr>
<tr><td>모집시기</td><td colspan="6">연간 2회(5월, 12월)</td></tr>
<tr><td rowspan="3">근로 조건</td><td>근무조건</td><td>월 소정 근로시간</td><td colspan="2">112시간이하</td><td>주당 근로일수</td><td colspan="2">5일</td></tr>
<tr><td rowspan="2">4대 사회보험 보장여부</td><td>국민연금</td><td colspan="2">건강보험</td><td>고용보험</td><td colspan="2">산재보험</td></tr>
<tr><td>○</td><td colspan="2">○</td><td>○</td><td colspan="2">○</td></tr>
<tr><td rowspan="3">참여자</td><td rowspan="2">주된 참여자</td><td>청년(35세 미만)</td><td>중장년(50~64세)</td><td>노인(65세 이상)</td><td>여성</td><td colspan="2">장애인</td></tr>
<tr><td></td><td>○</td><td></td><td></td><td colspan="2"></td></tr>
<tr><td>기타</td><td>우대 요건</td><td colspan="2">저소득층, 장기실업자, 여성가장 등 취업취약계층 우대</td><td>취업 취약계층 목표비율</td><td colspan="2">70%</td></tr>
</table>

보기

ㄱ. 2024년에는 2023년보다 총지원금은 줄었지만 지원 인원 1인당 평균 지원금은 더 많아졌다.
ㄴ. 저소득층, 장기실업자, 여성가장이 아니라면 이 사업에 참여할 수 없다.
ㄷ. 이 사업 참여자들은 4대 사회보험을 보장받지 못한다.
ㄹ. 이 사업은 청년층이 주된 참여자이다.

① ㄱ
② ㄱ, ㄴ
③ ㄴ, ㄷ
④ ㄷ, ㄹ
⑤ ㄱ, ㄷ, ㄹ

| 한국가스공사 |

09 다음 〈표〉는 2022~2024년 A국 농축수산물 생산액 상위 10개 품목에 대한 자료이다. 이에 대한 〈보기〉의 설명 중 옳은 것만을 모두 고르면?

〈표〉 A국 농축수산물 생산액 상위 10개 품목

(단위 : 억 원)

순위 \ 연도 / 구분	2022		2023		2024	
	품목	생산액	품목	생산액	품목	생산액
1	쌀	105,046	쌀	85,368	쌀	86,800
2	돼지	23,720	돼지	37,586	돼지	54,734
3	소	18,788	소	31,479	소	38,054
4	우유	13,517	우유	15,513	닭	20,229
5	고추	10,439	닭	11,132	우유	17,384
6	닭	8,208	달걀	10,853	달걀	13,590
7	달걀	6,512	수박	8,920	오리	12,323
8	감귤	6,336	고추	8,606	고추	9,913
9	수박	5,598	감귤	8,108	인삼	9,412
10	마늘	5,324	오리	6,490	감귤	9,065
농축수산물전체		319,678		350,889		413,643

보기

ㄱ. 2023년에 비해 2024년에 우유 생산액의 순위는 떨어졌으나 우유 생산액이 농축수산물 전체 생산액에서 차지하는 비중은 증가하였다.
ㄴ. 쌀 생산액이 농축수산물 전체 생산액에서 차지하는 비중은 매년 감소하였다.
ㄷ. 상위 10위 이내에 매년 포함된 품목은 8개이다.
ㄹ. 오리 생산액은 매년 증가하였다.

① ㄱ, ㄷ
② ㄴ, ㄷ
③ ㄴ, ㄹ
④ ㄱ, ㄷ, ㄹ
⑤ ㄴ, ㄷ, ㄹ

| 한국가스공사 |

10 다음 〈표〉는 지난 1개월간 패밀리레스토랑 방문경험이 있는 20~35세 여성 113명을 대상으로 연령대별 방문횟수와 직업을 조사한 자료이다. 이에 대한 설명 중 적절하지 않은 것은?

〈표1〉 응답자의 연령대별 방문횟수 조사결과

(단위 : 명)

방문횟수 \ 연령대	20~25세	26~30세	31~35세	합
1회	19	12	3	34
2~3회	27	32	4	63
4~5회	6	5	2	13
6회 이상	1	2	0	3
계	53	51	9	113

〈표2〉 응답자의 직업 조사결과

(단위 : 명)

직업	응답자
학생	49
회사원	43
공무원	2
전문직	7
자영업	9
가정주부	3
계	113

※ 복수응답과 무응답은 없음.

① 전체 응답자 중 20~25세 응답자가 차지하는 비율은 50% 이하이다.
② 전체 응답자 중 26~30세인 전문직 응답자 비율은 5% 이상이다.
③ 31~35세 응답자의 1인당 평균 방문횟수는 2회 이상이다.
④ 전체 응답자 중 직업이 학생 또는 전문직인 응답자 비율은 50% 미만이다.
⑤ 전체 응답자 중 1회 방문한 응답자 비율은 30% 이상이다.

[11～12] 다음은 A, B, C 세 지역에서 평상시의 미생물 밀도와 황사 발생시의 미생물 밀도를 미생물 종류별로 조사한 결과이다. 이를 토대로 다음 물음에 알맞은 답을 고르시오.

구 분		미생물 밀도(개체/mm³)	
		평상시	황사 발생시
A지역	미생물X	270	1,800
	미생물Y	187	2,720
	미생물Z	153	2,120
B지역	미생물X	40	863
	미생물Y	45	1,188
	미생물Z	38	1,060
C지역	미생물X	98	1,340
	미생물Y	86	1,620
	미생물Z	77	1,510

| 한국수력원자력 |

11 다음 설명 중 옳지 않은 것은?

① 황사 발생시에는 지역과 미생물의 종류에 관계없이 평상시보다 미생물 밀도가 높다.

② 미생물 종류에 관계없이 평상시 미생물 밀도가 가장 낮은 지역이 황사 발생시에도 미생물 밀도가 가장 낮다.

③ B지역에서 평상시와 황사 발생시 밀도차가 가장 큰 것은 미생물Y이며, 그 때의 밀도차이는 1,143(개체/㎣)이다.

④ 미생물Z는 지역에 관계없이 다른 미생물에 비해 평상시와 황사 발생시 밀도 차이가 가장 작다.

⑤ 미생물X는 지역에 따라 황사 발생시에 평상시보다 20배 이상의 밀도를 나타내기도 한다.

| 한국수력원자력 |

12 다음 중 C지역에서 평상시에 비해 황사 발생시의 밀도 증가율이 가장 높은 미생물과 그 증가율을 바르게 나열한 것은?

① 미생물X, 1,784%
② 미생물Y, 1,784%
③ 미생물Z, 1,784%
④ 미생물Y, 1,861%
⑤ 미생물Z, 1,861%

| 한국수력원자력 |

13 다음 〈표〉는 OECD 주요 국가별 삶의 만족도 및 관련 지표를 나타낸 것이다. 이에 대한 설명으로 옳지 않은 것은?

〈표〉 OECD 주요 국가별 삶의 만족도 및 관련 지표

(단위 : 점, %, 시간)

구분 국가	삶의 만족도	장시간 근로자비율	여가 · 개인 돌봄시간
덴마크	7.6	2.1	16.1
아이슬란드	7.5	13.7	14.6
호주	7.4	14.2	14.4
멕시코	7.4	28.8	13.9
미국	7.0	11.4	14.3
영국	6.9	12.3	14.8
프랑스	6.7	8.7	15.3
이탈리아	6.0	5.4	15.0
일본	6.0	22.6	14.9
한국	6.0	28.1	14.6
에스토니아	5.4	3.6	15.1
포르투갈	5.2	9.3	15.0
헝가리	4.9	2.7	15.0

※ 장시간근로자비율은 전체 근로자 중 주 50시간 이상 근무한 근로자의 비율임

① 삶의 만족도가 가장 높은 국가는 장시간근로자비율이 가장 낮고 여가 · 개인돌봄시간이 가장 길다.

② 한국의 장시간근로자비율은 삶의 만족도가 가장 낮은 국가의 장시간근로자비율의 10배 이하이다.

③ 삶의 만족도가 한국보다 낮은 국가들의 장시간근로자비율의 산술평균은 이탈리아의 장시간근로자비율보다 낮다.

④ 여가 · 개인돌봄시간이 가장 긴 국가와 가장 짧은 국가의 삶의 만족도 차이는 0.3점 이하이다.

⑤ 장시간근로자비율이 미국보다 낮은 국가의 여가 · 개인돌봄시간은 모두 미국의 여가 · 개인돌봄시간보다 길다.

| 한국수력원자력 |

14 다음 〈표〉는 조선 후기 이후 인구 현황에 대한 자료이다. 이에 대한 〈보기〉의 설명 중 옳은 것만을 모두 고르면?

〈표1〉지역별 인구분포(1648년)

(단위 : 천명, %)

구분	전체	한성	경기	충청	전라	경상	강원	황해	평안	함경
인구	1,532	96	81	174	432	425	54	55	146	69
비중	100.0	6.3	5.3	11.4	28.2	27.7	3.5	3.6	9.5	4.5

〈표2〉 지역별 인구지수

연도＼지역	한성	경기	충청	전라	경상	강원	황해	평안	함경
1648	100	100	100	100	100	100	100	100	100
1753	181	793	535	276	391	724	982	868	722
1789	197	793	499	283	374	615	1,033	888	1,009
1837	213	812	486	253	353	589	995	584	1,000
1864	211	832	505	251	358	615	1,033	598	1,009
1904	200	831	445	216	261	559	695	557	1,087

※ 1) 인구지수 = $\frac{\text{해당연도 해당지역 인구}}{\text{1648년 해당지역 인구}} \times 100$

2) 조선 후기 이후 전체 인구는 9개 지역 인구의 합임.

보기

㉠ 1753년 충청 지역 인구는 1648년 전라 지역 인구와 경상 지역 인구를 합한 수보다 많다.
㉡ 1789년 대비 1837년 인구 감소율이 가장 큰 지역은 평안이다.
㉢ 1864년 인구가 가장 많은 지역은 전라이다.
㉣ 1904년 전체 인구 대비 경기 지역 인구의 비중은 함경 지역 인구의 비중보다 크다.

① ㉠, ㉡
② ㉠, ㉣
③ ㉡, ㉢
④ ㉡, ㉣
⑤ ㉢, ㉣

| 한국수력원자력 |

15 다음 〈그림〉은 국가 A~H의 GDP와 에너지사용량에 관한 자료이다. 이에 대한 설명으로 옳지 않은 것은?

〈그림〉 국가 A~H의 GDP와 에너지사용량

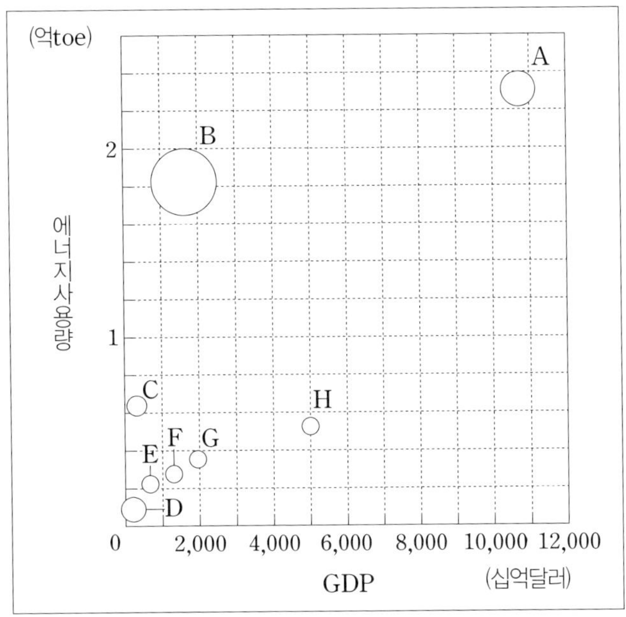

※ 1) 원의 면적은 각 국가 인구수에 정비례함.
2) 각 원의 중심좌표는 각 국가의 GDP와 에너지사용량을 나타냄.

① 에너지사용량이 네 번째로 많은 국가는 H국이고 가장 적은 국가는 D국이다.
② GDP가 가장 낮은 국가는 D국이고 가장 높은 국가는 A국이다.
③ 1인당 GDP는 H국이 B국보다 높다.
④ 1인당 에너지사용량은 E국이 G국보다 많다.
⑤ GDP 대비 에너지사용량은 A국이 B국보다 낮다.

| 한국수력원자력 |

16 다음 〈표〉와 〈정보〉는 2018년 6월 전국 4개 도시에 위치한 한 기업의 공장(A~D)별 실제 가동시간과 가능 가동시간에 관한 자료이다. 이에 근거하여 공장 A와 C가 위치한 도시를 바르게 나열한 것은?

〈표〉 공장별 실제 가동시간 및 가능 가동시간

(단위 : 시간)

구분 \ 공장	A	B	C	D
실제 가동시간	300	150	240	300
가능 가동시간	400	200	300	500

※ 실가동률(%)= $\frac{\text{실제가동시간}}{\text{가능가동시간}} \times 100$

정보

㉠ 부산과 광주 공장의 실제 가동시간 합은 서울과 인천 공장의 실제 가동시간 합보다 작다.
㉡ 서울과 부산 공장의 실가동률은 같다.
㉢ 인천 공장의 가능 가동시간이 가장 길다.

	A가 위치한 도시	C가 위치한 도시
①	서울	광주
②	부산	인천
③	서울	부산
④	부산	광주
⑤	서울	인천

| 한국전력공사 |

17 다음 표는 서울의 한 지역의 산업분류별 한 달간 전력사용량을 파악한 것이다. 이에 대한 설명으로 옳은 것을 〈보기〉에서 모두 고르면?

〈표〉 서울시 ○○구 산업분류별 한 달간 전력사용량

(단위 : kWh, 원/kWh)

산업 분류	사용량	전기 요금
농업, 임업 및 어업	74,000	4,896,000
제조업	1,772,000	233,440,000
전기, 가스, 증기 및 수도 사업	11,455,000	1,504,044,000
건설업	996,000	161,216,000

도매 및 소매업	16,476,000	2,186,639,000
운수업	3,930,000	473,101,000

※ 평균판매단가=전기요금/사용량(소수 둘째자리에서 반올림)

보기

ㄱ. 전기를 가장 많이 사용하는 산업은 전기, 가스, 증기 및 수도 사업이다.
ㄴ. 평균판매단가가 가장 높은 산업은 제조업이다.
ㄷ. 운수업의 전기 요금은 건설업의 전기 요금의 2배 이상이다.
ㄹ. 도매 및 소매업의 평균판매단가는 농업, 임업 및 어업의 평균판매단가의 3배 이하이다.

① ㄷ
② ㄷ, ㄹ
③ ㄱ, ㄴ
④ ㄱ, ㄷ, ㄹ
⑤ ㄴ, ㄷ, ㄹ

| 한국전력공사 |

18 다음 표는 1,000명의 화물운전자들에게 5개 제조회사에서 생산되는 타이어제품에 대해 소비자 선호도를 조사한 결과를 정리한 것이나, 데이터 작업자의 실수로 일부 자료가 삭제되었다. 소비자 선호조사는 1,000명의 화물운전자들에게 5개 제조사 타이어제품 중 1개 제품을 1차 선택하게 한 후, 2일 동안 사용한 후에 다시 1개 제품을 2차 선택하도록 수행되었다. 이 자료에 대한 설명으로 옳은 것을 〈보기〉에서 모두 고르면?

〈표〉 5개 제조사 타이어제품에 대한 소비자 선호조사 결과

(단위 : 개)

1차 선택 \ 2차 선택	A사	B사	C사	D사	E사	계
A사		17	15	23	10	185
B사	22	89	11		14	
C사	17	11		13	12	188
D사	15		21	111	21	202
E사		18	13	15		257
계	185	169			257	1,000

보기

ㄱ. 5개 제조사 타이어제품 중 1차에서 가장 많이 선택된 제품을 나열하면 E사－D사－C사－A사－B사 제품의 순이다.
ㄴ. 5개 제조사 타이어제품 중 1차와 2차에 걸쳐 동시에 가장 많이 선택된 제품을 나열하면 E사－C사－A사－B사－D사 제품의 순이다.
ㄷ. 1차에서 B사 제품을 선택하였으나 2차에서 D사 제품을 선택한 화물운전자의 수는 1차에서 D사 제품을 선택하였으나 2차에서 B사 제품을 선택한 화물운전자의 수보다 더 크다.

① ㄱ
② ㄷ
③ ㄱ, ㄴ
④ ㄴ, ㄷ
⑤ ㄱ, ㄴ, ㄷ

[19～20] 주어진 자료를 보고 질문에 답하시오.

〈표1〉 성별 노인 인구 추이

(단위 : 천명)

구분	2003년	2008년	2013년	2018년	2023년	2028년	2033년
전체	2,195	2,657	3,395	4,383	5,354	7,821	11,899
남자	822	987	1,300	1,760	2,213	3,403	5,333
여자	1,373	1,670	2,095	2,623	3,141	4,418	6,566

※ 노인 인구 : 65세 이상 인구
성비 : 여자 100명당 남자의 수

〈표2〉 노년부양비와 고령화 지수

(단위 : %)

구분	2003년	2008년	2013년	2018년	2023년	2028년	2033년
노년부양비	7.4	8.3	10.1	12.6	14.9	21.8	37.3
고령화지수	20.0	25.2	34.3	47.4	66.8	124.2	214.8

※ 노년부양비 $= \frac{\text{65세 이상 인구}}{\text{15～64세 인구}} \times 100$

고령화지수 $= \frac{\text{65세 이상 인구}}{\text{0～14세 인구}} \times 100$

| 한국전력공사 |

19 다음 표1에 대한 설명으로 〈보기〉 중 옳은 것을 고르면?

보기

ㄱ. 전체 노인 인구는 점차 증가하고 있다.
ㄴ. 2013년 남성 노인 인구의 비율은 10년 전보다 높아졌다.
ㄷ. 2018년 노인 인구의 성비는 10년 전보다 낮아졌다.
ㄹ. 2023년부터 2033년까지 노인 인구의 성비는 점차 줄어들 것이다.

① ㄱ
② ㄱ, ㄴ
③ ㄴ, ㄷ
④ ㄴ, ㄷ, ㄹ
⑤ ㄱ, ㄴ, ㄹ

| 한국전력공사 |

20 다음 표2에 대한 설명으로 옳지 않은 것을 고르면?

① 2013년의 고령화지수는 10년 전보다 2.7% 증가했다.
② 2018년에는 15~64세 인구 약 7.9명이 노인 1명을 부양한다.
③ 2028년에는 15~64세 인구 약 4.6명이 노인 1명을 부양한다.
④ 2028년의 0~14세 인구 100명당 노인 인구는 2003년의 0~14세 인구 100명당 노인 인구의 6배 이상이다.
⑤ 2018년 노년부양비는 10년 전에 비해 4.3% 증가하였고, 2018년에 비해 2028년에는 9.2% 증가할 것이다.

[21~22] 다음 영업팀 6명의 제주도 2박 3일 출장 예상 비용에 관한 자료를 보고 물음에 답하시오.

〈표1〉 1인 왕복 항공료

(단위 : 원)

A항공사	B항공사	C항공사	D항공사
66,000	70,000	65,000	74,000

※ B항공사 결제 시 S카드를 이용하면 본인 포함 동반 1인까지 10% 할인
D항공사 결제 시 S카드를 이용하면 본인 포함 동반 1인까지 20% 할인

〈표2〉 1인 식비 및 숙박비(1일 기준)

(단위 : 원)

구분		P호텔	Q호텔	R호텔
식사	조식	30,000	35,000	38,000
	석식	55,000	59,000	52,000
원룸(최대 2명)		132,000	140,000	134,000
투룸(최대 4명)		250,000	265,000	249,000

※ R호텔은 4인 조식 신청 시 1명 무료
Q호텔 결제 시 L카드 이용하면 숙박비 15% 할인
점심 식사는 밖에서 해결하고 조식과 석식은 호텔에서 한다.
방은 첫날 잡은 곳에서 2박한다.

| 한국전력공사 |

21 한국전력공사 영업팀에 근무하는 6명의 팀원 중 2명이 S카드를 이용해 가장 저렴하게 항공권을 구매했을 경우 항공사와 총비용을 바르게 연결한 것을 고르면?

① B항공사, 360,800원
② B항공사, 378,800원
③ C항공사, 380,000원
④ D항공사, 384,800원
⑤ D항공사, 388,800원

| 한국전력공사 |

22 2박 3일의 출장 기간 동안 L카드를 가지고 있는 팀원을 통해 숙박과 식사를 가장 저렴하게 이용할 수 있는 경우를 바르게 연결한 것을 고르면? (단, 식사는 첫째 날 저녁, 둘째 날 오전, 저녁, 셋째 날 오전까지만 포함한다.)

① P호텔, 1,760,000원
② Q호텔, 1,770,000원
③ Q호텔, 1,780,000원
④ R호텔, 1,770,000원
⑤ R호텔, 1,780,000원

| 한국전력공사 |

23 다음은 흡연 여부에 따른 폐암 발생 현황을 표로 정리한 것이다. 표와 자료에 근거한 설명으로 〈보기〉에서 옳은 것을 고르면?

〈표〉 흡연 여부에 따른 폐암 발생 현황

(단위 : 명)

구분		폐암 발생 여부		계
		발생	비발생	
흡연 여부	흡연	300	700	1,000
	비흡연	300	9,700	10,000
계		600	10,400	11,000

※ 기여율$=\frac{A-B}{A}\times 100$ (위험요인에 노출된 사람 중에서 질병발생률 중 몇 %가 위험요인에 기인한 것인가를 나타냄)

A＝위험요인에 노출된 사람 중에서 질병발생률(%), B＝위험요인에 노출되지 않은 사람 중에서 질병발생률(%)

보기

ㄱ. 흡연자가 비흡연자보다 폐암발생률이 10배 높다.

ㄴ. 흡연자 100명에서 폐암이 발생할 사람 수는 비흡연자 100명에서 폐암이 발생할 사람 수보다 27명 더 많다.

ㄷ. 흡연의 폐암발생 기여율은 90%이다.

ㄹ. 조사 대상의 전체 인구 중 폐암 발생자 비율이 조사 대상의 전체 인구 중 흡연자 비율보다 높게 나타난다.

① ㄱ, ㄴ
② ㄴ, ㄹ
③ ㄷ, ㄹ
④ ㄱ, ㄷ, ㄹ
⑤ ㄱ, ㄴ, ㄷ

[24～25] 다음 표는 육아휴직 이용과 인력대체 현황이다. 물음에 답하시오.

〈표1〉 성별 육아휴직 이용인원 현황(2021년~2023년)

(단위 : 명)

구분	2021년		2022년		2023년	
	대상인원	이용인원	대상인원	이용인원	대상인원	이용인원
남성	18,620	25	15,947	50	15,309	55
여성	9,749	578	8,565	894	9,632	1,133
전체	28,369	603	24,512	944	24,941	1,188

※ 육아휴직 이용률(%)$=\frac{\text{육아휴직 이용인원}}{\text{육아휴직 대상인원}}\times 100$

〈표2〉 육아휴직 이용과 인력대체 현황(2023년)

(단위 : 명)

구분	대상 인원	이용 인원	대체 인원
중앙행정기관	14,929	412	155
지방자치단체	10,012	776	189
계	24,941	1,188	344

※ 육아휴직 인력대체율(%)$=\frac{\text{육아휴직 대체인원}}{\text{육아휴직 이용인원}}\times 100$

| 한국전력공사 |

24 표1에 대한 설명으로 〈보기〉 중 옳은 것을 고르면?

보기

ㄱ. 2022년 여성의 육아휴직 이용률은 약 10.4%이다.
ㄴ. 2023년의 전체 육아휴직 이용률은 2021년에 비해 2배 이상이다.
ㄷ. 전체 육아휴직 이용인원 중 남성의 비중은 매년 증가하였다.
ㄹ. 2021년과 2023년을 비교하였을 때 육아휴직 이용률의 증가폭은 남성이 여성보다 크다.

① ㄱ, ㄴ
② ㄱ, ㄹ
③ ㄴ, ㄹ
④ ㄷ, ㄹ
⑤ ㄱ, ㄴ, ㄷ

| 한국전력공사 |

25 표2에 대한 설명으로 옳지 않은 것을 고르면?

① 육아휴직 이용률은 중앙행정기관이 지방자치단체보다 낮다.
② 전체 육아휴직 대상 인원 중 중앙행정기관의 비율은 약 60%이다.
③ 전체 육아휴직 인력대체율은 약 30%를 넘지 못한다.
④ 육아휴직 인력대체율은 중앙행정기관이 지방자치단체보다 낮다.
⑤ 전체 육아휴직 이용률은 약 4.8%이다.

| 한국철도공사 |

26 어느 기업에서 3명의 지원자(현민, 지현, 준영)에게 5명의 면접위원(A, B, C, D, E)이 평가점수와 순위를 부여하였다. 비율점수법과 순위점수법을 적용한 결과가 표와 같을 때, 이에 대한 설명으로 옳은 것은?

〈표1〉 비율점수법 적용 결과

(단위 : 점)

지원자 \ 면접위원	A	B	C	D	E	전체합	중앙3합
현민	7	8	6	6	1	28	19
지현	9	7	6	3	8	( )	( )
준영	5	8	7	2	6	( )	( )

※ 중앙3합은 5명의 면접위원이 부여한 점수 중 최댓값과 최솟값을 제외한 3명의 점수를 합한 값임.

〈표2〉 순위점수법 적용 결과

(단위 : 순위, 점)

지원자 \ 면접위원	A	B	C	D	E	순위점수합
현민	2	1	2	1	3	11
지현	1	3	3	2	1	( )
준영	3	2	1	3	2	( )

※ 순위점수는 1순위에 3점, 2순위에 2점, 3순위에 1점을 부여함.

① 순위점수합이 가장 큰 지원자는 '현민'이다.
② 비율점수법 중 중앙3합이 가장 큰 지원자는 순위점수합도 가장 크다.
③ 비율점수법 적용 결과에서 평가점수의 전체합과 중앙3합이 큰 값부터 등수를 정하면 지원자의 등수는 각각 같다.
④ 비율점수법 적용 결과에서 평가점수의 전체합이 가장 큰 지원자는 '준영'이다.
⑤ 비율점수법 적용 결과에서 중앙3합이 높은 값부터 등수를 정하면 2등은 '지현'이다.

| 한국철도공사 |

27 다음 그림은 각각 유권자 5명으로 구성된 집단(A~C)의 소득 및 '가' 정당 지지도를 나타낸 것이다. 이에 대한 〈보기〉의 설명 중 옳은 것을 모두 고르면?

〈그림〉 소득 및 '가' 정당 지지도

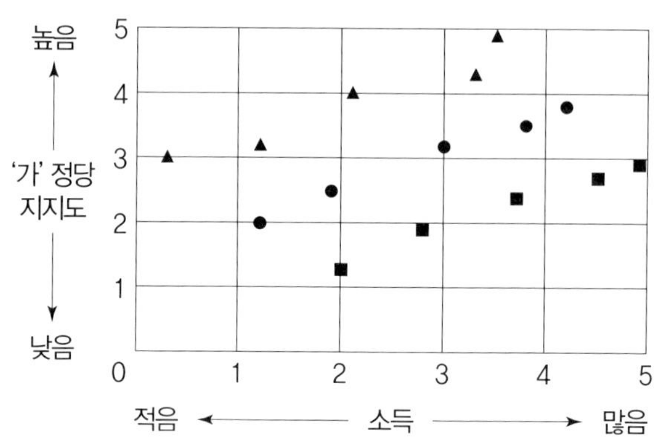

▲ 집단A 유권자 ● 집단B 유권자 ■ 집단C 유권자

보기

ㄱ. 평균소득은 집단A가 집단B보다 적다.
ㄴ. '가' 정당 지지도의 평균은 집단B가 집단C보다 높다.
ㄷ. 소득이 많은 유권자일수록 '가' 정당 지지도가 낮다.
ㄹ. 평균소득이 많은 집단이 평균소득이 적은 집단보다 '가' 정당 지지도의 평균이 높다.

① ㄱ, ㄴ
② ㄱ, ㄹ
③ ㄴ, ㄷ
④ ㄱ, ㄴ, ㄹ
⑤ ㄴ, ㄷ, ㄹ

| 한국철도공사 |

28 다음 표는 지역별 건축 및 대체에너지 설비투자 현황에 관한 자료이다. 이에 대한 〈보기〉의 설명 중 옳은 것을 모두 고르면?

〈표〉 지역별 건축 및 대체에너지 설비투자 현황

(단위 : 건, 억 원, %)

지역	건축 건수	건축 공사비 (A)	대체에너지 설비투자액				대체에너지 설비투자 비율 (B/A)×100
			태양열	태양광	지열	합(B)	
가	12	8,409	27	140	336	503	5.98
나	14	12,851	23	265	390	678	( )

다	15	10,127	15	300	210	525	( )
라	17	11,000	20	300	280	600	5.45
마	21	20,100	30	600	450	1,080	( )

※ 건축공사비 내에 대체에너지 설비투자액은 포함되지 않음.

보기

ㄱ. 건축 건수 1건당 건축공사비가 가장 많은 곳은 '나' 지역이다.
ㄴ. '가'~'마' 지역의 대체에너지 설비투자 비율은 각각 5% 이상이다.
ㄷ. '라' 지역에서 태양광 설비투자액이 210억원으로 줄어도 대체에너지 설비투자 비율은 5% 이상이다.
ㄹ. 대체에너지 설비투자액 중 태양광 설비투자액 비율이 가장 높은 지역은 대체에너지 설비투자 비율이 가장 낮다.

① ㄱ, ㄴ
② ㄱ, ㄷ
③ ㄴ, ㄷ
④ ㄴ, ㄹ
⑤ ㄷ, ㄹ

| 한국철도공사 |

29 다음 표는 A~E 마을 주민의 재산상황을 나타낸 자료이다. 이에 대한 〈보기〉의 설명 중 옳은 것을 모두 고르면?

〈표〉 A~E 마을 주민의 재산상황

(단위 : 가구, 명, ha, 마리)

마을	가구 수	주민 수	재산유형					
			경지		젖소		돼지	
			면적	가구당 면적	개체 수	가구당 개체 수	개체 수	가구당 개체 수
A	244	1,243	( )	6.61	90	0.37	410	1.68
B	130	572	1,183	9.10	20	0.15	185	1.42
C	58	248	( )	1.95	20	0.34	108	1.86
D	23	111	( )	2.61	12	0.52	46	2.00
E	16	60	( )	2.75	8	0.50	20	1.25
전체	471	2,234	( )	6.40	150	0.32	769	1.63

※ 소수점 아래 셋째 자리에서 반올림한 값임

보기

ㄱ. C 마을의 경지면적은 D 마을과 E 마을 경지면적의 합보다 크다.
ㄴ. 가구당 주민 수가 가장 많은 마을은 가구당 돼지 수도 가장 많다.
ㄷ. A 마을의 젖소 수가 80% 감소한다면, A~E 마을 전체 젖소 수는 A~E 마을 전체 돼지 수의 10% 이하가 된다.
ㄹ. 젖소 1마리당 경지면적과 돼지 1마리당 경지면적은 모두 D 마을이 E 마을보다 좁다.

① ㄱ, ㄴ
② ㄱ, ㄷ
③ ㄱ, ㄹ
④ ㄴ, ㄷ
⑤ ㄷ, ㄹ

| 한국철도공사 |

30 다음 표는 A회사 보안요원 5명의 개인암호 및 암호 입력 횟수이다. 5개 알파벳 문자(a, c, e, f, s) 중, 보안요원이 암호를 입력할 때 두 번째로 많이 입력한 알파벳 문자는?

〈표〉 A회사 보안요원 5명의 개인암호 및 암호 입력횟수

보안요원	개인암호	암호 입력횟수
김○태	character_1	83
전○훈	design#2	363
박○영	form%3	503
윤○희	function@4	430
성○진	history#5	165

※ 각 보안요원은 자신의 개인암호만을 입력하고, 입력 시 오류는 없음.

① a
② c
③ e
④ f
⑤ s

| 한국철도공사 |

31 **다음의 표는 S통신사의 광고모델 후보에 대한 자료이다. 아래의 조건을 바탕으로 광고모델을 선정한다고 할 때, 광고모델로 최종 발탁될 수 있는 사람은? (단, 총 광고효과가 가장 큰 사람을 모델로 발탁함)**

〈표〉 광고모델별 1년 계약금 및 광고 1회당 광고효과

(단위 : 만 원)

광고모델	1년 계약금	1회당 광고효과	
		수익증대효과	브랜드가치 증대효과
A	1,000	100	100
B	600	60	100
C	700	60	110
D	800	50	140
E	1,200	110	110

※ 광고효과는 수익 증대 효과와 브랜드 가치 증대 효과로만 구성된다.

조건

- 1회당 광고효과 : 1회당 수익증대효과 + 1회당 브랜드가치 증대효과
- 총 광고효과 : 1회당 광고효과 × 1년 광고횟수
- 1년 광고횟수 : $\frac{\text{1년 광고비}}{\text{1회당 광고비}}$(※ 1회당 광고비는 20만 원으로 고정되어 있다.)
- 1년 광고비 : 고정비용 3,000만 원 − 1년 계약금

① A　　② B

③ C　　④ D

⑤ E

| 한국철도공사 |

32 다음은 전국과 서울에서 자동차에 의해 배출되는 오염물질 배출량을 나타낸 것이다. 주어진 표에 대한 설명으로 옳은 것은?

〈표〉 차종별 대기오염물질 배출량

(단위 : 천 톤/년, %)

지역	차종	대기오염물질									
		일산화탄소		탄화수소		질소산화물		입자상물질		계	
		배출량	구성비	배출량	구성비	배출량	구성비	배출량	구성비	배출량	구성비
전국	A	356	37	44	35	33	7	1	1	434	27
	B	100	11	12	10	15	3	0	0	127	8
	C	124	13	16	12	109	23	18	23	267	16
	D	371	39	54	43	315	67	59	76	799	49
	계	951	100	126	100	472	100	78	100	1,627	100
서울	A	113	48	14	43	10	11	0	0	137	36
	B	33	14	4	13	5	5	0	0	42	11
	C	27	11	4	13	24	26	4	29	59	16
	D	64	27	10	31	54	58	10	71	138	37
	계	237	100	32	100	93	100	14	100	376	100

※ 차종 : 승용차, 택시, 트럭, 버스

① 전국에서 탄화수소 배출량이 가장 많은 차종은 B이다.
② 서울에서 A의 질소산화물 배출량은 B의 2배이다.
③ 전국에서 입자상물질 배출량이 가장 많은 차종은 C이다.
④ 전국과 서울 모두에서 일산화탄소를 가장 적게 배출하는 차종은 D이다.
⑤ 전국에서 차종 중 배출량이 가장 많은 것은 C이다.

| 한국철도공사 |

33 7층 건물에 설치된 엘리베이터 안에는 A, B, C, D, E, F가 타고 있다. 엘리베이터가 1층에서 올라가기 시작하였는데, F는 A보다 늦게 내렸지만 D보다 빨리 내렸다. E는 B보다 한 층 더 가서 내렸고 D보다는 세 층 전에 내렸다. D가 마지막 7층에서 내린 것이 아니라고 할 때, 다음 중 홀수 층에서 내린 사람을 맞게 연결한 것은? (모두 다른 층에 살고 있으며, 1층에서 내린 사람은 없다.)

	3층	5층	7층
①	B	F	C
②	E	A	C
③	E	F	C
④	B	D	C
⑤	C	F	B

| 국민건강보험공단 |

34 다음 표는 1,000명으로 구성된 어느 집단의 투표행위에 대한 예측과 실제 투표결과를 나타낸 것이다. 이에 대한 설명 중 옳은 것을 〈보기〉에서 모두 고른 것은?

〈표〉 투표행위에 대한 예측과 실제 투표결과

(단위 : 명)

구분		실제 투표결과		
		기권	투표	계
예측	기권	150	50	200
	투표	100	700	800
	계	250	750	1,000

※ 기권(투표)에 대한 예측적중률은 기권(투표)할 것으로 예측된 사람들 중 실제 기권(투표)한 사람의 비율이다.

보기

ㄱ. 기권에 대한 예측적중률보다 투표에 대한 예측적중률이 더 높다.
ㄴ. 실제 기권자 250명 중 기권할 것으로 예측된 사람은 200명이다.
ㄷ. 예측된 투표율보다 실제 투표율이 더 낮다.
ㄹ. 예측된 대로 행동하지 않은 사람은 150명이다.

① ㄱ, ㄷ
② ㄴ, ㄹ
③ ㄱ, ㄴ, ㄷ
④ ㄱ, ㄷ, ㄹ

| 국민건강보험공단 |

35 다음 표는 회원이 30명(1번~30번)인 단체의 대표선출 선거에서 후보자로 출마한 A, B, C, D에 대한 회원들의 선호도 조사결과이다. 대표선출 방법은 1차 투표에서 득표수가 많은 상위 두 명을 선택한 후 이 두 후보에 대하여 2차 투표를 실시하여 다득표한 후보를 최종 당선자로 결정하는 방식이다. 예상되는 최종 당선자는? (단, 회원들은 조사된 선호도에 따라 각 투표에서 1명의 후보에게 투표한다.)

조사대상자(총 30명)	1순위	2순위	3순위	4순위
1번~7번(7명)	A	D	B	C
8번~16번(9명)	B	A	C	D
17번~22번(6명)	C	D	B	A
23번~26번(4명)	C	B	A	D
27번~28번(2명)	D	A	B	C
29번~30번(2명)	D	C	B	A

① A　② B

③ C　④ D

| 국민건강보험공단 |

36 신입사원 채용지침과 지원자의 성적은 다음과 같다. 이에 따라 선발될 수 있는 사람(들)은 누구인가?

ㄱ. 모든 조건에 우선하여 어학 성적이 90점 이상인 어학 우수자를 최소한 한 명은 선발해야 한다.
ㄴ. 최대 3명까지만 선발할 수 있다.
ㄷ. A를 선발할 경우 D를 같이 선발해야 한다.
ㄹ. A를 선발할 수 없는 경우 C도 F도 선발할 수 없다.
ㅁ. D를 선발할 경우 B를 선발해야 하지만 C는 선발할 수 없다.
ㅂ. B를 선발하면 F를 선발해야 한다.
ㅅ. 합격한 사람이 불합격한 사람보다 학업성적이 나쁘면 안 된다.
ㅇ. 어느 점수든 70점 미만이 있으면 선발할 수 없다.

지원자	어학성적	학업성적	적성
A	95	90	80
B	80	90	75
C	80	80	75

D	70	95	75
E	95	95	90
F	85	90	70
G	85	85	65

① A, B, D ② A, D, G
③ D, E ④ E

| 국민건강보험공단 |

37 외교통상부의 김 사무관은 중동정세와 관련하여 여러 쟁점들(a~h)에 대한 6개국의 입장을 표와 같은 방식으로 정리하여 〈보기〉와 같은 결론을 도출해 놓고 퇴근했다. 다음 날 아침에 출근해 보니 잉크가 번져서 표의 몇 군데 글씨를 정확히 알아볼 수 없었다. 이를 다시 복구하려고 할 때 해당 칸에 들어갈 수치로 옳은 것은?

국가 \ 쟁점	a	b	c	d	e	f	g	h
이스라엘	1	1	1	1	1	1	1	0
이집트	1	1	㉠	1	㉡	㉢	0	1
팔레스타인	1	1	1	1	0	1	0	1
요르단	1	1	1	1	0	㉣	0	1
시리아	1	1	1	0	0	0	0	㉤
사우디아라비아	1	1	1	1	1	1	0	1

※ 0은 반대하는 입장, 1은 반대하지 않는 입장을 나타냄

보기

- a, b, c 는 모두 같은 값을 가지므로 국가 간 입장 차이를 고려하는 데 제외해도 된다.
- e, f, g 만으로는 요르단과 시리아의 입장을 구별할 수 없다.
- e, f, h 만을 고려하면 모든 국가의 입장을 각각 달리 구별할 수 있다.

	㉠	㉡	㉢	㉣	㉤
①	0	0	1	1	1
②	0	1	0	0	1
③	1	0	1	0	0
④	1	1	0	0	0

| 국민건강보험공단 |

38 **A교수는 월요일부터 목요일까지 강의를 한다. 그는 학생들에게 다음 주 월요일부터 토요일까지 중에서 다음의 정보로부터 추론될 수 있는 요일(들)에 시험을 볼 것이라고 했다. 시험은 며칠에 나누어 볼 수도 있다. 시험을 볼 요일(들)은?**

- 목요일에 시험을 본다면, 토요일에도 시험을 볼 것이다.
- 월요일에 시험을 보지 않는다면, 화요일이나 목요일에 시험을 볼 것이다.
- 월요일에 시험을 본다면, 수요일에 시험을 보지 않을 것이다.
- 화요일에 시험을 본다면, 목요일이나 금요일에는 시험을 볼 것이다.
- A교수가 강의를 하지 않는 날에는 시험을 보지 않을 것이다.

① 월　　② 화
③ 화, 목　　④ 금, 토

| 국민건강보험공단 |

39 **A씨는 고려시대 문헌을 통하여 당시 상류층(왕족, 귀족, 승려)남녀 각각 160명에 대한 자료를 분석하여 다음과 같은 표를 작성하였다. 이 표에 대한 진술 중 옳은 것을 〈보기〉에서 모두 고른 것은?**

〈표〉 고려시대 상류층의 혼인연령, 사망연령 및 자녀수

구분		평균혼인연령(세)	평균사망연령(세)	평균자녀수(명)
승려(80명)	남(50명)	—	69	—
	여(30명)	—	71	—
왕족(40명)	남(30명)	19	42	10
	여(10명)	15	46	3
귀족(200명)	남(80명)	15	45	5
	여(120명)	20	56	6

※ 승려를 제외한 모든 남자는 혼인하였고 이혼하거나 사별한 사례는 없음.

보기

ㄱ. 귀족 남자의 평균 혼인기간은 왕족 남자의 평균 혼인 기간보다 길다.
ㄴ. 귀족의 평균 혼인연령은 왕족보다 높다.
ㄷ. 귀족의 평균 자녀수는 5.5명이다.
ㄹ. 평균 사망연령의 남녀 간 차이는 승려가 귀족보다 작다.

① ㄱ, ㄴ　　② ㄱ, ㄹ
③ ㄴ, ㄷ　　④ ㄱ, ㄷ, ㄹ

| 국민건강보험공단 |

40 어느 부처의 시설과에 A, B, C, D, E, F의 총 6명의 직원이 있다. 이들 가운데 반드시 4명의 직원으로만 팀을 구성하여 회의에 참석해 달라는 요청이 있었다. 만일 E가 불가피한 사정으로 그 회의에 참석할 수 없게 된 상황에서 아래의 조건을 모두 충족시켜야만 한다면 몇 개의 팀이 구성될 수 있는가?

조건

조건1 : A 또는 B는 반드시 참석해야 한다. 하지만 A, B가 함께 참석할 수 없다.
조건2 : D 또는 E는 반드시 참석해야 한다. 하지만 D, E가 함께 참석할 수 없다.
조건3 : 만일 C가 참석하지 않게 된다면 D도 참석할 수 없다.
조건4 : 만일 B가 참석하지 않게 된다면 F도 참석할 수 없다.

① 0개 ② 1개
③ 2개 ④ 3개

| 국민건강보험공단 |

41 첨단도시육성사업의 시범도시로 A, B, C가 후보로 고려되었다. 시범도시는 1개 도시만 선정될 수 있다. 시범도시 선정에 세 가지 조건(조건1, 조건2, 조건3)이 적용되었는데, 이 중 조건3은 알려지지 않았다. 최종적으로 A시만 선정될 수 있는 조건3으로 적절한 것은?

조건1 : A시가 탈락하면 B시가 선정된다.
조건2 : B시가 선정되면 C시는 탈락한다

① A시나 B시 중 하나가 선정된다. ② A시나 C시 중 하나가 선정된다.
③ B시나 C시 중 하나가 탈락된다. ④ C시가 탈락되면 A시도 탈락된다.

| 국민건강보험공단 |

42 A, B, C, D 중에서 어떤 안을 채택하고 어떤 안을 폐기할지를 고려하고 있다. 결정과정에서 다음과 같은 조건들이 모두 충족되어야 한다. 다음 중 옳지 않은 것은?

> 조건1 : A안을 채택하면, B안과 C안 중 적어도 하나를 폐기해야 한다.
> 조건2 : C안과 D안을 동시에 채택하면, B안은 폐기해야 한다.
> 조건3 : A안이나 B안을 채택하면, D안도 채택해야 한다.

① A안과 B안이 동시에 채택되면, D안도 같이 채택되어야 한다.
② A안이 채택되면, C안도 같이 채택될 수 있다.
③ B안이 채택되면, C안도 같이 채택될 수 있다.
④ A안과 B안이 모두 폐기되면, D안이 채택될 수 있다.

| 근로복지공단 |

43 다음 표는 우리나라의 경제활동 동향에 대한 자료이다. 이에 대한 설명 중 〈보기〉에서 옳은 것은?

〈표1〉 전국 경제활동 동향

(단위 : 천명)

구분 / 연도	만 15세 이상 인구	경제 활동 인구			비경제 활동 인구
		인구	취업자	실업자	
2015	38,778	24,735	24,168	567	14,043
2023	43,863	27,336	26,421	915	16,527

〈표2〉 농가 경제활동 동향

(단위 : 천명)

구분 / 연도	만 15세 이상 인구	경제 활동 인구			비경제 활동 인구
		인구	취업률(%)	실업률(%)	
2015	3,758	2,702	99.4	0.6	1,056
2023	2,872	2,150	99.0	1.0	722

※ 만 15세 이상 인구는 경제활동인구와 비경제활동인구로 구성되고, 경제활동인구는 취업자와 실업자로 구성됨

$$취업률(\%)=\frac{취업자\ 수}{경제활동인구}\times 100$$

$$실업률(\%)=\frac{실업자\ 수}{경제활동인구}\times 100$$

$$경제활동참가율(\%)=\frac{경제활동인구}{만\ 15세\ 이상\ 인구}\times 100$$

보기

ㄱ. 전국 실업률은 2015년보다 2023년이 높다.
ㄴ. 농가 취업자 수는 2015년보다 2023년이 적다.
ㄷ. 2023년에는 농가 경제활동참가율이 전국 경제활동참가율보다 낮다.
ㄹ. 2015년과 2023년 사이에 전국 취업자 수의 증가율이 만 15세 이상 인구의 증가율보다 높다.

① ㄱ, ㄴ
② ㄴ, ㄷ
③ ㄱ, ㄷ
④ ㄷ, ㄹ

| 근로복지공단 |

44 **다음 표는 2024년 요양기관 현황에 관한 것이다. 이에 대한 〈보기〉의 설명 중 적절한 것은?**

〈표〉 2024년 요양기관 현황

(단위 : 개)

지역 \ 구분	계	상급종합병원	종합병원	병원	의원
서울	8,392	14	42	332	8,004
부산	2,592	4	25	336	2,227
대구	1,861	4	8	175	1,674
인천	1,621	3	15	126	1,477

보기

ㄱ. 요양기관 중 종합병원의 비율은 서울보다 부산이 더 높다.
ㄴ. 대구의 요양기관 중 병원의 비율은 10%이상이다.
ㄷ. 요양기관 중 의원의 비율이 가장 높은 지역은 인천이다.

① ㄱ
② ㄷ
③ ㄱ, ㄴ
④ ㄱ, ㄴ, ㄷ

[45～46] 다음은 인구구성비 및 부양비의 추이를 표로 제시한 것이다. 물음에 답하시오.

〈표〉 인구구성비 및 부양비의 추이

구분	총인구	유소년인구 (0～14세)	생산가능 인구 (15～64세)	노년인구 (65세이상)	노년인구 구성비(%)	총 부양비 (%)	유소년 부양비(%)	노년 부양비(%)
2000년	43,747,962	10,791,426	30,610,680	2,345,856	(　)	42.9	35.3	7.7
2002년	44,641,540	10,653,446	31,445,602	2,542,492	5.7	42.0	33.9	8.1
2004년	45,524,681	10,403,277	32,326,522	2,794,882	6.1	40.8	32.2	8.6
2006년	46,286,503	10,091,517	33,125,933	3,069,053	6.6	39.7	30.5	9.3
2008년	47,008,111	9,911,229	33,701,986	3,394,896	7.5	39.5	29.4	10.1
2010년	47,615,132	9,725,532	34,110,668	3,778,932	7.9	39.6	28.5	11.1
2012년	48,082,163	9,417,397	34,482,994	4,181,772	8.7	39.4	27.3	12.1
2014년	48,497,166	9,026,009	34,873,924	4,597,233	9.5	39.1	25.9	13.2
2016년	48,877,252	8,522,506	35,334,209	5,020,537	10.3	38.3	24.1	14.2
2018년	49,219,537	8,012,990	35,852,347	5,354,200	A	B	C	(　)
2020년	49,509,512	7,541,068	36,205,397	5,763,047	11.6	36.7	20.8	15.9
2022년	50,724,180	7,126,218	36,367,430	7,230,532	14.3	39.5	19.6	19.9
2024년	51,862,489	6,720,959	37,495,586	7,645,944	14.7	38.3	17.9	20.4

※ 인구는 2022년까지는 확정인구이며, 2023년 이후는 다음 인구추계 시 바뀔 수 있음
부양비 : 생산가능인구(15～64세)가 부양해야 할 유소년인구(0～14세)와 노년인구(65세 이상)의 비율(부양비＝유소년부양비＋노년부양비)
유년부양비(%)＝(유소년인구/생산가능인구)×100
노년부양비(%)＝(노년인구/생산가능인구)×100
소수점 둘째자리에서 반올림하여 계산함

| 근로복지공단 |

45 위의 표에 대한 설명으로 〈보기〉 중 옳지 않은 것은?

보기

ㄱ. 2018년의 노년부양비는 약 15%이다.
ㄴ. 2000년부터 2024년 사이에 유소년인구와 생산가능인구의 구성비는 각각 감소할 것이다.
ㄷ. 노년인구 구성비는 2024년에는 2000년보다 약 9% 증가할 것으로 추정된다.
ㄹ. 2000년 이래 유소년부양비와 노년부양비의 변화추세로 볼 때, 2024년 이후로도 총부양비는 계속 감소할 것이다.

① ㄱ, ㄴ　　② ㄱ, ㄷ
③ ㄴ, ㄹ　　④ ㄷ, ㄹ

| 근로복지공단 |

46 위의 표에서 A+B+C의 값은?

① 약 72.2% ② 약 70.4%
③ 약 68.7% ④ 약 66.1%

| 근로복지공단 |

47 다음 그림과 자료를 통해 B와 D에 해당하는 국가들을 연결한 것으로 옳은 것은?

〈그림〉 각 국가의 연간 강수량 및 여름철 강수량

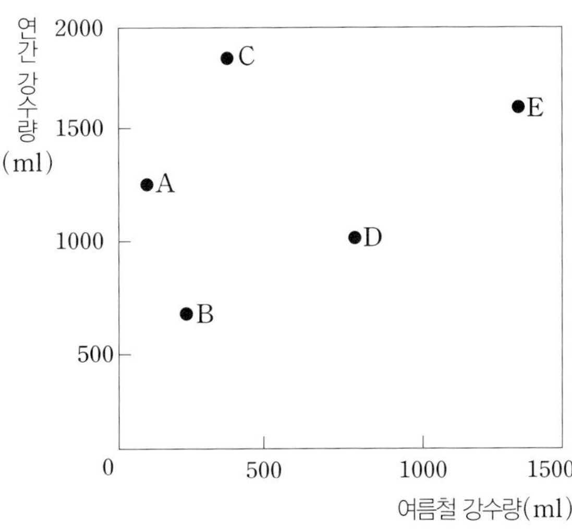

※ 여름철 강수 집중도$=\frac{\text{여름철 강수량}}{\text{연간 강수량}}$

ㄱ. 여름철 강수 집중도는 (라)국가와 (마)국가가 (가)국가나 (나)국가보다 2배 이상 높다.
ㄴ. (나)국가는 (가)국가보다 연간 강수량이 적다.
ㄷ. (라)국가는 (마)국가보다 연간 강수량이 많다.
ㄹ. (나)국가는 (다)국가에 비해서 연간 강수량은 많지만, 여름철 강수량은 적다.

	B	D
①	(가)	(다)
②	(다)	(마)
③	(나)	(마)
④	(나)	(다)

| 근로복지공단 |

48 다음 표는 4개 도시의 생활폐기물 수거현황이다. 표에 대한 설명으로 옳은 것은?

〈표〉 4개 도시 생활폐기물 수거 현황

구분	A시	B시	C시	D시
총가구수(천 가구)	120	150	200	350
수거 가구수(천 가구)	50	75	150	300
수거 인력(명)	123	105	130	133
총 수거 비용(백만 원)	6,443	5,399	6,033	7,928
수거 인력당 수거 가구수(가구/명)	407	714	1,154	2,256
톤당 수거비용(천 원/톤)	76.3	54.0	36.0	61.3
주당 수거빈도(횟수/주)	1	1	2	2

※ 수거비율(%)=$\frac{\text{수거 가구수}}{\text{총 가구수}}\times 100$

① 수거비율이 가장 낮은 도시의 수거 인력이 가장 적다.

② 수거비율이 높은 도시일수록 총수거비용도 많이 든다.

③ 수거 인력당 수거 가구수가 많은 도시일수록 톤당 수거비용이 적게 든다.

④ 수거비율이 두 번째로 높은 도시의 주당 수거빈도는 2회이다.

[49~50] 다음은 퇴직연금에 관한 자료이다. 물음에 답하시오.

〈표〉 근로자 가입 현황

(단위 : 명, %)

구분	전체 가입 근로자	가입 대상 근로자		
			가입 근로자	가입률
2022년	5,344,438	10,469,026	5,013,690	47.9
2023년	5,810,244	10,879,260	5,439,436	(　　)

※ 전체 가입 근로자는 가입 대상 외 근로자를 포함한 것
가입률은 소수점 둘째자리에서 반올림함

〈그림〉 2023년 성 · 연령별 가입률 현황(%)

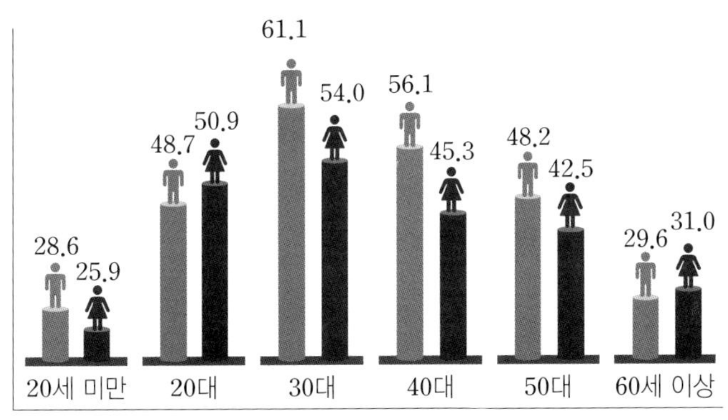

| 근로복지공단 |

49 위의 자료에 대한 설명으로 〈보기〉 중 옳은 것은?

보기

ㄱ. 2023년 가입률은 약 50.0%이다.
ㄴ. 2023년에 가입한 남성 중 40대 가입률이 가장 높다.
ㄷ. 2023년 가입률은 20대 여자보다 30대 여자가 더 높다.
ㄹ. 전체 가입 근로자는 2023년이 전년에 비해 465,906명 늘어났다.

① ㄱ, ㄷ　　② ㄴ, ㄷ
③ ㄴ, ㄹ　　④ ㄷ, ㄹ

| 근로복지공단 |

50 60대 이상 가입 대상 근로자의 남자:여자의 성비가 2:3 일때 위의 자료와 아래 표를 참고하여 60대 이상 퇴직연금에 가입한 남성의 수를 구하면?(단, 소수점 첫째자리에서 반올림한다.)

〈표〉 2023년 연령별 가입자 수

(단위 : 명)

구분	전체 가입자
20대 미만	11,422
20대	775,162
30대	1,833,549
40대	1,784,277
50대	1,044,564
60대 이상	361,270
합계	5,810,244

① 140,420명
② 140,520명
③ 150,420명
④ 150,520명

Chapter 04

자원관리능력, 정보능력, 조직이해능력

- 자원관리능력은 총무, 재무, 인사, 이공계열 등을 바탕으로 실무에 가까운 효율적인 대안을 찾는 능력이 문제로 출제된다.
- 정보능력은 기본적인 컴퓨터를 이용하여 필요한 정보를 수집, 분석, 활용하는 중요한 영역이다.
- 조직이해능력은 정하게 정해진 유형은 없으나 SOWT 분석 문제와 규정문제, 기타 조직 업무와 외국인을 대할 때의 모습을 묻는 문제가 출제된다.

1. 자원관리능력

- 자원이 무엇인지 알아본다.
- 자원관리가 무엇인지 알아본다.
- 자원의 낭비요인이 무엇인지 알아본다.
- 효과적인 자원관리과정의 필요성을 알아본다.

2. 정보능력

- 자료와 정보의 차이점을 알아본다.
- 정보화 사회의 특징을 알아본다.
- 컴퓨터가 활용되는 분야를 알아본다.
- 정보의 처리과정을 알아본다.

3. 조직이해능력

- 조직의 업무와 운영 및 체제에 대해 알아본다.
- 조직의 경영방법과 의사결정 과정을 알아본다.
- 조직의 경영전략과 조직경영 참여에 대해 알아본다.
- 국제 감각의 필요와 국제 문화의 이해에 대해 알아본다.

자원관리능력

1 〉 자원관리능력

(1) 자원관리능력이란?

자원관리능력은 직장생활에서 시간, 예산, 물적자원, 인적자원 등의 자원 가운데 무엇이 얼마나 필요한지를 확인하고, 이용 가능한 자원을 최대한 수집하여 실제 업무에 어떻게 활용할 것인지를 계획하고, 계획대로 업무 수행에 이를 할당하는 능력이다.

(2) 자원의 종류

① **시간관리능력** : 기업 활동에서 필요한 시간자원을 파악하고, 시간자원을 최대한 확보하여 실제 업무에 어떻게 활용할 것인지에 대한 시간계획을 수립하고, 이에 따라 시간을 효율적으로 활용하여 관리하는 능력

② **예산관리능력** : 기업 활동에서 필요한 예산을 파악하고, 예산을 최대한 확보하여 실제 업무에 어떻게 활용할 것인지에 대한 예산계획을 수립하고, 이에 따른 예산을 효율적으로 집행하여 관리하는 능력

③ **물적자원관리능력** : 기업 활동에서 필요한 물적자원(재료, 시설자원 등)을 파악하고, 물적자원을 최대한 확보하여 실제 업무에 어떻게 활용할 것인지에 대한 계획을 수립하고, 이에 따른 물적자원을 효율적으로 활용하여 관리하는 능력

④ **인적자원관리능력** : 기업 활동에서 필요한 인적자원을 파악하고, 인적자원을 최대한 확보하여 실제 업무에 어떻게 배치할 것인지에 대한 예산계획을 수립하고, 이에 따른 인적자원을 효율적으로 배치하여 관리하는 능력

(3) 자원관리의 과정

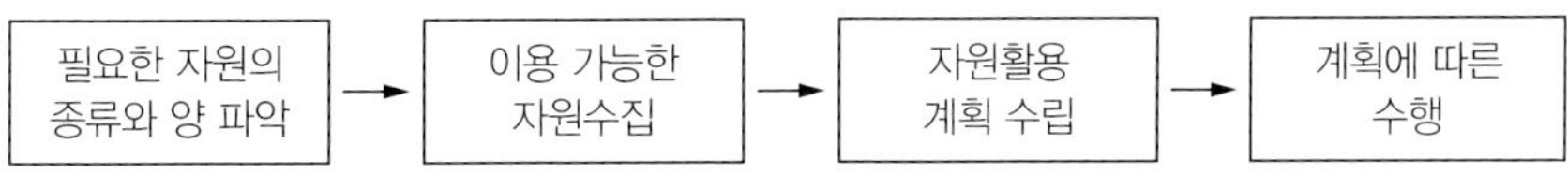

(4) 자원의 낭비 요인

① **비계획적 행동** : 자원 활용에 대한 계획 없이 충동적이고 즉흥적으로 행동하는 경우

② **편리성 추구** : 자원의 활용 시 자신의 편리함을 최우선으로 추구하는 경우

③ **자원에 대한 인식 부재** : 자신이 중요한 자원을 가지고 있다는 인식이 없는 경우

④ **노하우 부족** : 자원관리의 중요성은 알고 있으나 효과적으로 수행하는 방법을 알지 못하는 경우

2 〉 시간관리능력

(1) 시간의 특성

① 시간은 매일 24시간이 반복적으로 주어진다.

② 시간은 일정한 속도로 진행된다.

③ 시간의 흐름은 멈출 수 없다.

④ 시간은 빌리거나 저축할 수 없다.

⑤ 시간을 사용하는 방법에 따라 가치가 달라진다.

⑥ 시절에 따라 밀도와 가치가 다르다.

(2) 시간관리의 효과

① 기업 입장에서 시간관리의 효과

- 생산성 향상
- 가격 인상
- 위험 감소
- 시장 점유율 증가

② 개인 입장에서 시간관리의 효과

- 스트레스 감소
- 균형적인 삶
- 생산성 향상
- 목표 성취

(3) 시간의 낭비요인

① **외적인 요인** : 본인이 조절할 수 없는 외부인이나 외부에서 발생하는 시간에 의한 것

② **내적인 요인** : 계획의 부족이나 우유부단함 등 개인 내부의 습관에 인한 것

(4) 시간 계획

① **의의** : 시간자원을 최대한 활용하기 위하여 가장 많이 반복되는 일에 가장 많은 시간을 분배하고, 최단시간에 최선의 목표를 달성한다.

② 시간계획의 순서

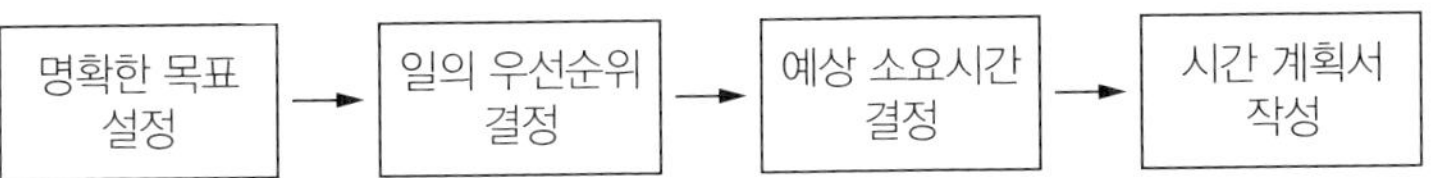

※ 일의 우선순위 판단 매트릭스

구분	긴급함	긴급하지 않음
중요함	• 긴급하면서 중요한 일 – 위기 상황 – 급박한 문제 – 기간이 정해진 프로젝트	• 긴급하지 않지만 중요한 일 – 인간관계 구축 – 새로운 기회 발굴 – 중장기 계획
중요하지 않음	• 긴급하지만, 중요하지 않은 일 – 잠깐의 급한 질문 – 일부 보고서 및 회의 – 눈앞의 급박한 상황	• 긴급하지 않고 중요하지 않은 일 – 하찮은 일 – 우편물, 전화 – 시간 낭비거리

③ 시간계획의 기본원리(60 : 40 Rule) : 계획된 행동 60%, 비계획된 행동 40%(계획 외의 행동 20%, 자발적 행동 20%)로 시간 계획을 세운다.

3 〉 예산관리능력

(1) 예산과 예산관리

① 예산 : 사업이나 활동을 하기 위해 필요한 비용을 미리 계산하는 것, 넓은 의미에서는 개인 및 조직의 수입과 지출에 관한 것도 포함된다.

② 예산관리 : 비용 산정＋예산 수립＋예산 집행(통제)

• 예산은 실제 비용과 가장 비슷하게 책정하는 것이 바람직하다.

책정비용 > 실제비용 ⇨ 경쟁력 손실
책정비용 < 실제비용 ⇨ 적자의 발생
책정비용 = 실제비용 ⇨ 이상적 상태

(2) 직접비용과 간접비용

① 직접비용(Direct Cost) : 제품의 생산이나 서비스를 창출하기 위해 직접 소비된 비용
→ 재료비, 원료와 장비, 시설비, 여행 및 잡비, 인건비 등

② **간접비용(Indirect Cost)** : 생산에 직접 관련되지 않은 비용
→ 보험료, 건물관리비, 광고비, 통신비, 사무비품비, 각종 공과금 등

(3) 예산관리 절차

① **필요한 과업 및 활동 규명** : 예산 범위 내에서 수행해야 하는 활동과 소요예산 정리

② **우선순위 결정** : 우선적으로 예산이 배정되어야 하는 활동을 도출하기 위해 활동별 예산 지출 규모를 확인하고 우선순위 확정

③ **예산 배정** : 우선순위가 높은 활동부터 예산을 배정하고 사용

(4) 과업세부도

① 과제 및 활동계획 수립 시 가장 기본적인 수단으로 활용되는 그래프

② 필요한 모든 일들을 중요한 범주에 따라 체계화해서 구분해 놓음

정보능력

1 〉 정보능력

(1) 정보능력이란?

직장생활에서 컴퓨터를 활용하여 수많은 정보 중에서 필요한 정보를 수집하고, 분석하며, 매일 수십 개의 정보가 생성 · 소멸될 정도로 변화가 빠른 정보화시대에서 정보능력은 필수적이다.

(2) 자료 · 정보 · 지식의 차이

구분	내용	활용예시
자료	• 정보작성을 위하여 필요한 데이터 • 객관적 실제의 반영이며, 그것을 전달 할 수 있도록 기호화 한 것	• 고객의 주소, 성별, 이름, 나이, 스마트폰 기종, 스마트폰 활용 횟수 등
정보	• 자료를 특정한 목적과 문제해결에 도움이 되도록 가공한 것	• 중년층의 스마트폰 기종 • 중년층의 스마트폰 활용 횟수
지식	• 정보를 집적하고 체계화하여 장래의 일반적인 사항에 대비해 보편성을 갖도록 한 것	• 스마트폰 디자인에 대한 중년층의 취향 • 중년층을 주요 타깃으로 신종 스마트폰 개발

(3) 정보화 사회

① 정보화 사회란?

이 세상에서 필요로 하는 정보가 사회의 중심이 되는 사회로서 컴퓨터 기술과 정보통신 기술을 활용하여 사회 각 분야에서 필요로 하는 가치 있는 정보를 창출하고, 보다 유익하고 윤택한 생활을 영위하는 사회로 발전시켜 나가는 것을 의미한다.

② 미래의 사회

㉠ 부가가치 창출요인이 토지, 자본, 노동에서 지식 및 정보 생산 요소로 전환

※ **미래사회를 이끌어갈 주요산업 (6T) :** 정보기술(IT), 생명공학(BT), 나노기술(NT), 환경기술(ET), 문화산업(CT), 우주항공기술(ST)

㉡ 세계화의 진전

세계화는 모든 국가의 시장이 국경 없는 하나의 세계 시장으로 통합됨을 의미한다. 이때 세계 시장에서 실물 상품뿐만 아니라 노동, 자본, 기술 등의 생산요소와 교육과 같은 서비스의 국제 교류도 모두 포함된다.

㉢ 지식의 폭발적인 증가

미래사회에서는 지식 특히, 과학적 지식이 폭발적으로 증가할 것이다. 2050년경이 되면 지식이 급증하여 지금의 지식은 1% 밖에 사용할 수 없게 될 것이라고 전망하는 미래학자도 있다.

③ 정보화 사회에서 필수적으로 해야 할 일

㉠ 정보검색

㉡ 정보관리

㉢ 정보전파

(4) 컴퓨터의 활용

① 기업 경영 분야에서의 활용

생산에서부터 판매, 회계, 재무, 인사 및 조직관리는 물론 금융 업무까지도 활용하고 있다. 특히 경영정보시스템(MIS), 의사결정지원시스템(DSS), 사무자동화(OA), 전자상거래(EC) 등을 이용하여 업무처리의 효율을 높이고 있다.

② 행정 분야에서의 활용

행정기관에서 민원처리, 각종 행정 통계 등의 여러 가지 행정에 관련된 정보를 데이터베이스를 구축하여 활용하고 있다.

③ 산업 분야에서의 활용

공업, 상업 등 각 분야에서 널리 활용될 뿐만 아니라 중요한 역할을 담당하고 있다. 특히 컴퓨터 이용 설계(CAD)와 컴퓨터 이용 생산(CAM)등을 이용하여 제품의 경쟁력을 높이고 있다.

④ 기타 분야에서의 활용

컴퓨터는 교육, 연구소, 출판, 가정, 도서관, 예술 분야 등에서도 널리 활용되고 있다. 특히 교육에서 컴퓨터 보조 교육(CAI), 컴퓨터 관리 교육(CMI)와 복잡한 계산이나 정밀한 분석 및 실험 등의 여러 가지 형태로 이용되고 있다.

2 〉 컴퓨터 활용 능력

(1) 인터넷 서비스

① 전자우편(E-mail) 서비스 : 정보 통신망을 이용하여 다른 사용자들과 편지나 여러 정보를 주고받는 통신 방법을 말한다. 전자우편의 주소는 3개의 기본요소인 이름, @, 도메인 이름을 가지고 있다.

② 인터넷 디스크/웹하드 : 웹 서버에 대용량의 저장 기능을 갖추고 사용자가 개인용 컴퓨터의 하드디스크와 같은 기능을 인터넷을 통하여 이용할 수 있게 하는 서비스를 의미한다.

③ 메신저 : 인터넷에서 실시간으로 메시지와 데이터를 주고받을 수 있는 소프트웨어이다.

④ 전자 상거래(인터넷을 통해 물건 사고팔기) : 좁은 뜻으로는 인터넷이라는 전자적인 매체를 통하여 상품을 사고팔거나 재화나 용역을 거래하는 사이버 비즈니스를 뜻한다. 넓은 뜻으로는 소비자와의 거래뿐만 아니라 거래와 관련된 공급자, 금융기관, 정부기관, 운송기관 등과 같이 거래에 관련되는 모든 기관과의 관련행위를 포함하는 뜻이다.

(2) 정보검색

① 정보검색이란?

여러 곳에 분산되어 있는 수많은 정보 중에서 특정 목적에 적합한 정보만을 신속하고 정확하게 찾아내어 수집, 분류, 축적하는 과정을 뜻한다.

② 정보검색 단계

검색주제 선정 → 정보원 선택 → 검색식 작성 → 결과 출력

③ 검색엔진의 유형

㉠ **키워드 검색 방식** : 찾고자 하는 정보와 관련된 핵심적인 언어인 키워드를 직접 입력하여 이를 검색 엔진에 보내어 검색엔진이 키워드와 관련된 정보를 찾는 방식

㉡ **주제별 검색 방식** : 인터넷상에 존재하는 웹 문서들을 주제별, 계층별로 정리하여 데이터베이스를 구축한 후 이용하는 방식

㉢ **자연어 검색 방식** : 검색엔진에서 문장 형태의 질의어를 형태소 분석을 거쳐 언제, 어디서, 누가, 무엇을, 왜, 어떻게, 얼마나에 해당하는 5W2H를 읽어내고 분석하여 각 질문에 답이 들어있는 사이트를 연결해 주는 검색엔진

㉣ **통합형 검색 방식** : 사용자가 입력하는 검색어들이 연계된 다른 검색 엔진에게 보내고, 이를 통하여 얻어진 검색 결과를 사용자에게 보여주는 방식

(3) 정보검색 연산자

① 검색과 관련 있는 2개 이상의 단어를 연산자로 조합하여 키워드로 사용하는 것이 가장 일반적인 검색 방법

② 연산자는 대/소문자의 구분이 없고, 앞뒤로 반드시 공백을 넣어주어야 한다.

기호	연산자	검색 조건
*, &	AND	두 단어가 모두 포함된 문서를 검색
|	OR	두 단어가 모두 포함되거나, 두 단어 중에서 하나만 포함된 문서를 검색
–, !	NOT	'–'기호나 '!'기호 다음에 오는 단어를 포함하지 않는 문서를 검색
~, near	인접검색	앞/뒤의 단어가 가깝게 인접해 있는 문서를 검색

(4) 검색엔진의 종류 및 특징

① **검색엔진(Search Engine)** : 인터넷상에 산재해 있는 정보를 수집한 후 이를 체계적으로 데이터베이스로 구축하여 사용자가 원하는 정보를 쉽게 찾을 수 있도록 안내자 역할로 도움을 주는 웹 사이트 또는 프로그램을 뜻한다.

② **포털사이트(Portal Site)** : 사용자가 인터넷에서 어떤 정보를 찾으려고 할 때 가장 먼저 접속하는 사이트를 뜻한다.

㉠ **네이버(Naver)** : http://www.naver.com/

㉡ **다음(Daum)** : http://www.daum.net/

㉢ **구글(Google)** : http://www.google.co.kr/

(5) 응용 소프트웨어

① 워드프로세서 : 우리가 보는 책이나 신문, 잡지 등은 여러 가지 형태의 문자와 그림, 표, 그래프 등이 조화롭게 구성되어 만들어진 것이다. 이와 같이 여러 형태의 문서를 작성, 편집, 저장, 인쇄할 수 있는 프로그램을 워드프로세서라고 한다.

② 스프레드시트 : 전자 계산표 또는 표 계산 프로그램으로 워드프로세서와 같이 문서를 작성하고 편집하는 기능 이외에 수치나 공식을 입력하여 그 값을 계산해내고, 계산 결과를 차트로 표시할 수 있는 특별한 기능을 가지고 있다.

③ 프리젠테이션 : 컴퓨터나 기타 멀티미디어를 이용하여 그 속에 담겨있는 각종 정보를 사용자 또는 대상자에게 전달하는 행위를 의미한다. 프리젠테이션 프로그램은 보고, 회의, 상담, 교육 등에서 정보를 전달하는데 널리 활용되는 것으로 파워포인트, 프리랜스 그래픽스 등이 있다.

④ 데이터 베이스 : 대량의 자료를 관리하고 내용을 구조화하여 검색이나 자료관리 작업을 효과적으로 실행하는 프로그램으로, 테이블, 질의, 폼, 보고서 등을 작성할 수 있는 기능을 가지고 있다.

⑤ 그래픽 소프트웨어: 새로운 그림을 그리거나 그림 또는 사진 파일을 불러와 편집하는 프로그램으로 그림확대, 그림 축소, 필터 기능을 가지고 있다.

⑥ 유틸리티 프로그램 : 사용자가 컴퓨터를 좀 더 쉽게 사용할 수 있도록 도와주는 소프트웨어라고 한다. 유틸리티 프로그램은 본격적인 응용 소프트웨어라고 하기에는 크기가 작고 기능이 단순하다는 특징을 가지고 있으며, 사용자가 컴퓨터를 사용하면서 처리하게 되는 여러 가지 작업을 편리하게 할 수 있도록 도와준다.

(6) 데이터베이스

① 데이터베이스란?

파일시스템에서는 하나의 파일은 독립적이고 어떤 업무를 처리하는데 필요한 모든 정보를 가지고 있다. 파일도 데이터의 집합이므로 데이터베이스라고 볼 수도 있으나 일반적으로 데이터베이스라 함은 여러 개의 서로 연관된 파일을 의미한다.

② 데이터베이스의 필요성

㉠ 데이터 중복을 줄인다.

㉡ 데이터의 무결성을 높인다.

㉢ 검색을 쉽게 해준다.

㉣ 데이터의 안정성을 높인다.

㉤ 개발기간을 단축한다.

③ 데이터베이스의 기능

㉠ 입력기능

㉡ 데이터의 검색 기능

㉢ 데이터의 일괄 관리

㉣ 보고서 기능

④ 데이터베이스의 작업 순서

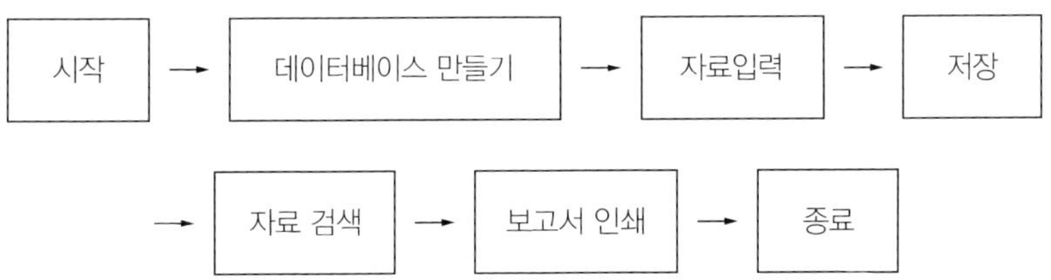

조직이해능력

1 〉 조직 이해 능력

(1) 조직 이해 능력이란?

- 직업인이 속한 조직의 경영과 체제업무를 이해하고, 직장생활과 관련된 국제 감각을 가지는 능력이다.
- 조직은 두 사람 이상이 공동의 목표를 달성하기 위해 의식적으로 구성된 상호작용과 조정을 행하는 행동의 집합체이다.
- 기업은 직장생활을 하는 대표적인 조직으로 노동, 자본, 물자, 기술 등을 투입하여 제품이나 서비스를 산출하는 기관이다.

(2) 조직의 유형

① 공식성

- **공식조직** : 조직의 규모, 기능, 규정이 조직화된 조직
- **비공식조직** : 인간관계에 따라 형성된 자발적 조직

② 영리성

- **영리조직** : 사기업 등
- **비영리조직** : 정보조직, 병원, 대학, 시민단체 등

③ 조직 규모에 따른 유형

- **소규모 조직** : 가족 소유의 상점 등
- **대규모 조직** : 대기업 등

(3) 경영이란?

조직의 목적을 달성하기 위한 전략, 관리, 운영활동

① 경영의 구성요소

- **경영목적** : 조직의 목적을 달성하기 위한 방법이나 과정
- **인적자원** : 조직의 구성원, 인적자원의 배치와 활용
- **자금** : 경영활동에 요구되는 돈, 경영의 방향과 범위 한정
- **경영전략** : 변화하는 환경에 적응하기 위한 경영활동 체계화

② 경영자의 역할

경영자는 조직의 전략, 관리 및 운영활동을 주관하며, 조직구성원들과 의사결정을 통해 조직이 나아갈 방향을 제시하고 조직의 유지와 발전에 대해 책임을 지는 사람이다.

- **대인적 역할** : 조직의 대표자, 조직의 리더, 지도자, 상징자
- **정보적 역할** : 외부환경 모니터, 변화전달, 정보전달자
- **의사결정적 역할** : 문제 조정, 대외적 협상 주도, 분쟁 조정자, 자원 배분자, 협상가

(4) 조직체제

① 조직체제 구성요소

- **조직 목표** : 조직이 달성하려는 장래의 상태
- **조직의 구조** : 조직 내의 부문 사이에 형성된 관계로 조직구성원들의 상호작용
  (규칙과 규정이 정해진 기계적 조직, 의사결정권이 하부구성원에게 많이 위임되고 업무가 고정적이지 않은 유기적 조직)
- **조직 문화** : 조직 구성원들이 생활양식이나 가치를 공유하는 것
- **규칙 및 규정** : 조직의 목표나 전략에 따라 수립, 조직 구성원들의 활동 범위를 제약하고 일관성을 부여함

② 조직변화

㉠ 조직변화 과정 : 환경변화 인지 → 조직변화 방향 수립 → 조직변화 실행 → 변화결과 평가

㉡ 조직 변화 유형

- **제품과 서비스** : 제품이나 서비스를 고객의 요구에 부응하는 것
- **전략과 구조** : 조직의 목적 달성과 효율성을 위해 개선하는 것
- **기술** : 신기술이 도립되는 것
- **문화** : 구성원들의 사고와 가치를 변화시켜 조직의 목적과 일치화 시키는 것

③ 조직 관계

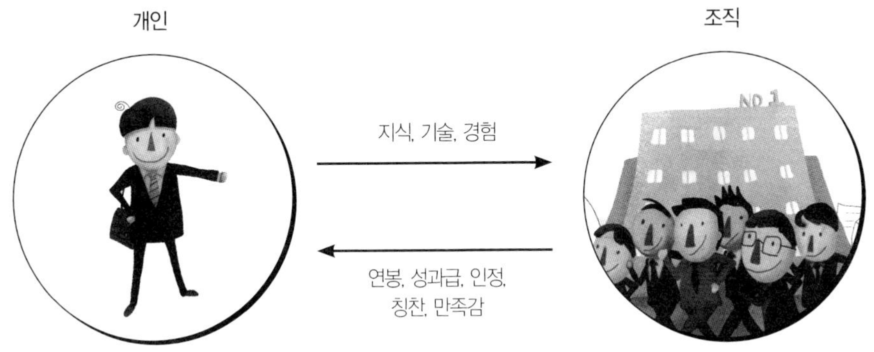

2 〉 경영이해능력

(1) 경영이해능력이란?

직업인이 자신이 속한 조직의 경영 목표와 경영 방법을 이해하는 능력

(2) 경영의 과정

- **경영계획** : 미래상 설정, 대안분석, 실행방안 선정
- **경영실행** : 조직목적 달성
- **경영평가** : 수행결과 감독, 교정 → 피드백

(3) 경영활동 유형

- **외부경영활동** : 조직 외부에서 조직의 효과성을 높이기 위해 이루어지는 활동
- **내부경영활동** : 조직 내부에서 인적, 물적 자원 및 생산기술을 관리하는 활동

(4) 의사결정

① 의사결정 과정

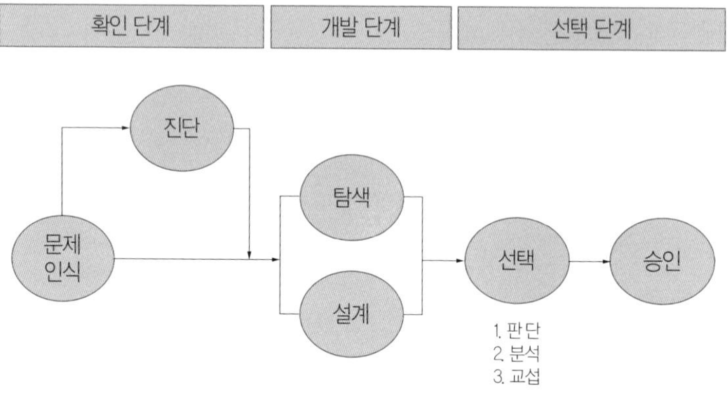

② 집단의사결정의 특징

㉠ 장점

- 한 사람이 가진 지식보다 집단이 가지고 있는 지식과 정보가 더 많아 효과적인 결정을 할 수 있다.
- 집단구성원의 능력이 다르기 때문에 다양한 견해를 가지고 접근할 수 있다.
- 결정된 사항에 대하여 의사결정에 참여한 사람들이 해결책을 수월하게 수용하며, 의사소통의 기회가 향상된다.

㉡ 단점

의견이 불일치하는 경우 결정된 사항에 대하여 의사결정을 내리는데 시간이 특정 구성원에 의해 의사결정이 독점될 가능성이 있다.

③ 브레인스토밍

집단의사결정의 대표적인 방법으로 여러 명이 한 가지의 문제를 놓고 아이디어를 비판 없이 제시하여 그 중에서 최선책을 찾아내는 방법

- 다른 사람의 아이디어를 제시할 때에는 비판하지 않는다.
- 문제에 대한 제안은 자유롭게 이루어질 수 있다.
- 아이디어는 많이 나올수록 좋다.
- 모든 아이디어들이 제안되고 나면 이를 결합하고 해결책을 마련한다.

(5) 경영전략

① 경영전략이란?

조직이 변화하는 환경에 적응하기 위하여 경영활동을 체계화하는 것

② 경영전략 추진과정

㉠ **전략 목표 설정** : 비전설정, 미션 설정

㉡ **환경 분석** : 내부 환경 분석, 외부 환경 분석 (SWOT 분석 기법)

㉢ **경영 전략 도출** : 조직 전략, 사업 전략, 부문 전략

㉣ **경영 전략 실행** : 경영 목적 달성

㉤ **평가 및 피드백** : 경영 전략 결과 평가, 전략 목표 및 경영 전략 재조정

③ 경영 전략 유형

- **차별화 전략** : 조직이 생산품이나 서비스를 차별화하여 고객에게 가치가 있고 독특하게 인식되도록 하는 전략
- **원가우위 전략** : 원가절감을 통해 해당 산업에서 우위를 점하는 전략으로, 이를 위해서는 대량생산을 통해 단위 원가를 낮추거나 새로운 생산기술을 개발하는 전략
- **집중화 전략** : 경정조직들이 소홀히 하고 있는 한정된 시장을 원가우위나 차별화 전략을 써서 집중적으로 공략하는 전략

④ 경영참가제도 유형

㉠ **경영참가** : 경영자의 권한인 의사결정과정에 근로자 또는 노동조합이 참여하는 것

㉡ **이윤참가** : 조직의 경영성과에 대하여 근로자에게 배분하는 것

㉢ **자본참가** : 근로자가 조직 재산의 소유에 참여하는 것

- **장점** : 근로자들이 조직에 소속감을 느끼고 몰입하게 되어 발전적 협력이 가능
- **단점** : 경영 능력이 부족한 근로자가 경영에 참여할 경우 의사 경영이 늦어지고 합리적이지 못할 수 있다./경영자의 고유권한인 경영권이 약화된다./분배문제를 해결함으로써 노동조합의 단체교섭 기능이 약화될 수 있다.

[01～02] 다음 〈표〉는 A～D국 화폐 대비 원화 환율 및 음식가격에 대한 자료이다. 이를 토대로 다음 물음에 알맞은 답을 고르시오

〈표1〉 A～D국 화폐 대비 원화 환율

국가	화폐단위	환율(원/각 국의 화폐 1단위)
A	a	1,200
B	b	2,000
C	c	200
D	d	1,000

〈표2〉 A～D국 판매단위별 음식가격

국가 \ 음식	햄버거	피자	치킨	삼겹살
판매단위	1개	1조각	1마리	1인분
A	5a	2a	15a	8a
B	6b	1b	9b	3b
C	40c	30c	120c	30c
D	10d	3d	20d	9d

| 한국중부발전 |

01 다음 〈보기〉의 설명 중 옳은 것만을 모두 고르면?

보기

㉠ 원화 24,000원으로 가장 많은 피자 조각을 구매할 수 있는 국가는 A국이다.
㉡ B국에서 치킨 2마리의 가격은 햄버거 3개의 가격과 같다.
㉢ C국에서 4인이 삼겹살을 2인분씩 먹는데 드는 비용은 치킨 2마리를 먹는데 드는 비용보다 많다.
㉣ A국의 햄버거 1개 가격은 C국의 삼겹살 1인분의 가격과 같다.

① ㉠, ㉢　② ㉠, ㉣
③ ㉡, ㉢　④ ㉡, ㉣

| 한국중부발전 |

02 D국의 화폐 대비 원화 환율이 1,000원/d에서 1,250원/d로 상승하면, D국에서 원화 500,000원으로 구매할 수 있는 치킨의 마리 수의 증감 비율은 어떻게 변화하는가?

① 20% 감소
② 20% 증가
③ 25% 감소
④ 25% 증가

| 한국중부발전 |

03 다음 〈표〉는 2014~2023년 5개 자연재해 유형별 피해금액에 관한 자료이다. 이에 대한 〈보기〉의 설명 중 옳은 것만을 모두 고르면?

〈표〉 5개 자연재해 유형별 피해금액

(단위 : 억 원)

유형＼연도	2014	2015	2016	2017	2018	2019	2020	2021	2022	2023
태풍	3,416	1,385	118	1,609	9	0	1,725	2,183	8,765	17
호우	2,150	3,520	19,063	435	581	2,549	1,808	5,276	384	1,581
대설	6,739	5,500	52	74	36	128	663	480	204	113
강풍	0	93	140	69	11	70	2	0	267	9
풍랑	0	0	57	331	0	241	70	3	0	0
전체	12,305	10,498	19,430	2,518	637	2,988	4,268	7,942	9,620	1,720

보기

㉠ 5개 자연재해 유형 중 피해금액이 매년 10억 원보다 큰 유형은 3개이다.
㉡ 태풍과 대설 피해금액은 모두 2개 연도에서 자연재해 피해금액 중 가장 크다.
㉢ 2023년 호우 피해금액은 2023년 5개 자연재해 유형 전체 피해금액의 90% 이상이다.
㉣ 2014년부터 10년간 강풍 피해금액 합계는 풍랑 피해금액 합계보다 크다.

① ㉠, ㉡
② ㉠, ㉣
③ ㉡, ㉢
④ ㉢, ㉣

| 한국중부발전 |

04 다음 〈정보〉와 〈표〉는 2024년 A~E기업의 기본생산능력과 초과생산량 및 1~3월 생산이력에 관한 자료이다. 이에 근거하여 기본생산능력이 가장 큰 세 기업을 큰 순서대로 바르게 나열한 것은?

정보

- 각 기업의 기본생산능력(개/월)은 변하지 않는다.
- A기업의 기본생산능력은 20,000개/월이고 C기업과 E기업의 기본생산능력은 동일하다.
- B, C, D기업의 경우 2024년 1~3월 동안 초과생산량이 발생하지 않았다.
- E기업의 경우 2024년 3월에 기본생산능력에 해당하는 생산량 이외에 기본생산능력의 20%에 해당하는 초과생산량이 발생하였다.
- 생산 참여기업의 월 생산량 = 기본생산능력에 해당하는 월 생산량 + 월 초과생산량

〈표〉 2024년 1~3월 생산이력

구 분	1월	2월	3월
생산 참여기업	B, C	B, D	C, E
손실비	0.0	0.5	0.0
총생산량(개)	23,000	17,000	22,000

※ 해당월 총생산량 = 해당월 '생산 참여기업의 월 생산량'의 합 × (1 − 손실비)

① a, b, d
② b, d, a
③ d, a, b
④ d, b, a

[05~06] 다음 글과 〈평가 결과〉를 근거로 하여 물음에 알맞은 답을 고르시오.

갑국에서는 현재 정부 재정지원을 받고 있는 복지시설(A~D)을 대상으로 다섯 가지 항목(환경개선, 복지관리, 복지지원, 복지성과, 중장기 발전계획)에 대한 종합적인 평가를 진행하였다.

평가점수의 총점은 각 평가항목에 대해 해당 시설이 받은 점수와 해당 평가항목별 가중치를 곱한 것을 합산하여 구하고, 총점 90점 이상은 1등급, 80점 이상 90점 미만은 2등급, 70점 이상 80점 미만은 3등급, 70점 미만은 4등급으로 한다.

평가 결과, 1등급 시설은 특별한 조치를 취하지 않으며, 2등급 시설은 관리 정원의 5%를, 3등급 이하 시설은 관리 정원의 10%를 감축해야 하고, 4등급을 받으면 관리 정원의 20% 감축해야 하고 정부의 재정지원도 받을 수 없다.

〈평가 결과〉

평가항목(가중치)	A시설	B시설	C시설	D시설
환경개선(0.2)	80	90	85	90
복지관리(0.2)	95	70	65	55
복지지원(0.2)	95	70	75	80
복지성과(0.2)	95	70	60	60
중장기 발전계획(0.2)	90	95	50	65

| 한국중부발전 |

05 다음 〈보기〉의 내용 중 옳은 것을 모두 고르면?

보기

㉠ A시설은 관리 정원을 감축하지 않아도 된다.
㉡ B시설은 관리 정원의 5%를 감축해야 한다.
㉢ C시설은 평가 등급이 4등급에 해당하는 시설이다.
㉣ D시설은 관리 정원을 감축해야 하고 정부의 재정지원도 받을 수 없다.

① ㉠, ㉡
② ㉠, ㉢
③ ㉡, ㉣
④ ㉢, ㉣

| 한국중부발전 |

06 다음 중 평가항목에서 환경개선의 가중치를 0.3으로, 복지지원의 가중치를 0.1로 바꿀 때 B시설과 D시설의 평가 결과에 따른 조치를 모두 맞게 나열한 것은?

① B시설 : 관리 정원의 10% 감축
D시설 : 관리 정원의 20% 감축, 정부 재정지원을 받을 수 없음
② B시설 : 관리 정원의 5% 감축
D시설 : 관리 정원의 10% 감축
③ B시설 : 관리 정원의 10% 감축
D시설 : 관리 정원의 10% 감축
④ B시설 : 관리 정원의 5% 감축
D시설 : 관리 정원의 20% 감축, 정부 재정지원을 받을 수 없음

| 한국중부발전 |

07 다음 글과 〈상황〉을 근거로 판단할 때, 갑이 A와 B에게 팔게 되는 땅의 면적을 모두 맞게 연결한 것은?

> 한 도형이 다른 도형과 접할 때, 안쪽에서 접하는 것을 내접, 바깥쪽에서 접하는 것을 외접이라고 한다. 이를테면 한 개의 원이 다각형의 모든 변에 접할 때, 그 다각형은 원에 외접한다고 하며 원은 다각형에 내접한다고 한다. 한편 원이 한 다각형의 각 꼭짓점을 모두 지날 때 그 원은 다각형에 외접한다고 하며, 다각형은 원에 내접한다고 한다. 정다각형은 반드시 내접원과 외접원을 가지게 된다.

상황

> 갑은 새로운 사업 수행을 위해 자신이 소유한 땅을 처분해 자금을 마련하기로 하였다. 자신의 땅은 가로, 세로가 모두 100m인 정사각형의 토지이다. 갑은 "정사각형의 내 땅에 내접하는 원을 그리고, 다시 그 원에 내접하는 정사각형을 그린다. 그 내접하는 정사각형에 해당하는 땅을 A에게 팔고, 나머지 부분은 B에게 팔겠다."라고 하였다.

	A에게 팔 땅의 면적	B에게 팔 땅의 면적
①	$3,000m^2$	$7,000m^2$
②	$4,000m^2$	$6,000m^2$
③	$5,000m^2$	$5,000m^2$
④	$6,000m^2$	$4,000m^2$

| 한국중부발전 |

08 다음 〈표〉는 ○○○○공사의 4개 정책(A~D)에 대한 심사위원(갑, 을, 병)의 선호를 나타낸 자료이다. 이 정책들 중 서로 다른 두 정책을 임의로 상정하고 위 3명의 심사위원이 한 표씩 투표하여 다수결원칙에 따라 하나의 정책을 채택한다고 할 때, 〈보기〉의 설명 중 옳은 것을 모두 고르면?

〈표〉 4개 정책에 대한 심사위원의 선호

선호순위 \ 심사위원	갑	을	병
1 순위	C	A	B
2 순위	B	B	C
3 순위	D	C	A
4 순위	A	D	D

※ 각 심사위원은 상정된 두 정책 중 자신의 선호순위가 더 높은 정책에 반드시 투표함.

보기

㉠ 한 정책은 다른 어떠한 정책과 함께 상정되어도 항상 채택된다.
㉡ A 정책과 C 정책이 상정되면 A 정책이 채택된다.
㉢ C 정책이 상정되어 채택되는 경우는 모두 2가지이다.
㉣ D 정책은 다른 정책과 상정되어 채택되는 경우는 1가지뿐이다.

① ㉠, ㉡
② ㉠, ㉢
③ ㉡, ㉣
④ ㉢, ㉣

| 한국중부발전 |

09 **다음 〈표〉는 한 국가의 2020~2024년 연구개발비에 관한 자료이다. 이에 대한 설명으로 옳은 것은?**

〈표〉 연도별 연구개발비

구분 \ 연도	2020	2021	2022	2023	2024
연구개발비(십억 원)	27,346	31,301	34,498	37,929	43,855
전년대비 증가율(%)	13.2	14.5	10.2	9.9	15.6
공공부담 비중(%)	24.3	26.1	26.8	28.7	28.0
인구 만 명당 연구개발비(백만 원)	5,662	6,460	7,097	7,781	8,452

※ 연구개발비=공공부담연구개발비+민간부담 연구개발비

① 연구개발비의 공공부담 비중은 매년 증가하였다.
② 전년에 비해 인구 만 명당 연구개발비가 가장 많이 증가한 해는 2024년이다.
③ 전년대비 연구개발비 증가액이 가장 작은 해는 2022년이다.
④ 연구개발비의 전년대비 증가율이 가장 작은 해와 연구개발비의 민간부담 비중이 가장 큰 해는 같다.

| 한국중부발전 |

10 ○○○○공사는 직원 간 대인관계 개선을 통한 업무 효율성 제고를 위해 사내 상담센터를 운영하고 있다. 다음 〈표〉와 〈정보〉는 공사의 사내 상담센터에서 2024년에 실시한 상담가 유형별 대인관계상담건수에 관한 자료이다. 이에 근거할 때, 2024년 하반기 전문상담가에 의한 대인관계상담건수는?

〈표〉 2024년 상담가 유형별 대인관계상담건수

(단위 : 건)

상담가 유형	대인관계상담건수
일반상담가	160
전문상담가	90

※ 대인관계상담은 일반상담가에 의한 상담과 전문상담가에 의한 상담으로만 구분됨.

정보

- 2024년 대인관계상담의 30%는 상반기에, 70%는 하반기에 실시되었다.
- 2024년 일반상담가에 의한 대인관계상담의 40%는 상반기에, 60%는 하반기에 실시되었다.

① 79건　② 92건
③ 105건　④ 111건

| 한국중부발전 |

11 다음 글을 근거로 판단할 때, 〈보기〉의 A~D 중 사업자등록을 하여야 하는 사람(법인)을 모두 고르면?

다음 요건을 모두 갖춘 경우 사업자등록을 하여야 한다.

- **사업자이어야 한다.**
  사업자란 사업목적이 영리이든 비영리이든 관계없이 사업상 독립적으로 재화 또는 용역을 공급하는 사람(법인 포함)을 말한다.
- **계속성 · 반복성을 가져야 한다.**
  재화나 용역을 계속적이고 반복적으로 공급하여야 한다. 계속적이고 반복적인 공급이란 시간을 두고 여러 차례에 걸쳐 이루어지는 것을 말한다.
- **독립성을 가져야 한다.**
  사업의 독립성이란 사업과 관련하여 재화 또는 용역을 공급하는 주체가 다른 사업자에게 고용되거나 종속되지 않은 경우를 말한다.

보기

A : 해외여행에 필요한 돈을 마련하기 위해 자신이 사용하던 80만 원 가치의 스마트폰 1대를 인터넷 중고매매 카페에 매물로 1회 등록하였다.
B : 대형 식품업체의 3년 차 영업사원으로서, 자사의 제품을 판매하기 위해 열심히 일하고 있다.
C : 비영리법인으로서, 독거노인 돕기 성금모금을 위하여 자원봉사자들이 직접 만든 공예품을 5년째 판매하고 있다.
D : 자신이 개발한 발명품을 10년 동안 직접 판매하면서 생활비 정도를 벌고 있다.

① A, B
② A, C
③ B, C
④ C, D

[12~13] 다음 〈표〉는 시설유형별 에너지 효율화 시장규모의 현황 및 전망에 대한 자료이다. 물음에 알맞은 답을 고르시오.

〈표〉 비율점수법 적용 결과

(단위 : 억 달러)

연도 시설유형	2018	2019	2020	2023	2028(예상)
사무시설	11.3	12.8	14.6	21.7	41.0
산업시설	20.8	23.9	27.4	41.7	82.4
주거시설	5.7	6.4	7.2	10.1	18.0
공공시설	2.5	2.9	3.4	5.0	10.0
전체	40.3	46.0	52.6	78.5	151.4

| 한국중부발전 |

12 다음 설명 중 옳은 것은?

① 2023년 전체 에너지 효율화 시장규모에서 '사무시설' 유형이 차지하는 비중은 30% 이하이다.
② 2018~2020년 동안 '주거시설' 유형의 에너지 효율화 시장규모는 매년 13% 이상 증가하였다.
③ 2019년 '산업시설' 유형의 에너지 효율화 시장규모는 전체 에너지 효율화 시장규모의 50% 이하이다.
④ 2023~2028년 동안 '공공시설' 유형의 에너지 효율화 시장규모는 매년 25% 이상 증가할 것으로 전망된다.

| 한국중부발전 |

13 **2018년 대비 2028년 에너지 효율화 시장규모의 증가율이 가장 높을 것으로 전망되는 시설유형과 가장 낮을 것으로 전망되는 시설유형을 순서대로 바르게 나열한 것은?**

① 산업시설, 사무시설
② 공공시설, 사무시설
③ 산업시설, 주거시설
④ 공공시설, 주거시설

| 한국중부발전 |

14 **다음 〈그림〉은 2014년 1~4월 동안 월별 학교폭력 신고에 대한 자료이다. 이에 대한 설명으로 옳지 않은 것은?**

〈그림1〉 월별 학교폭력 신고 건수

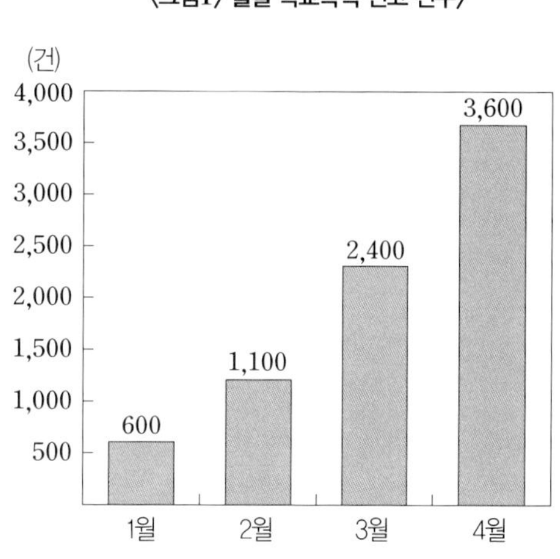

〈그림2〉 월별 학교폭력 주요 신고자 유형별 비율

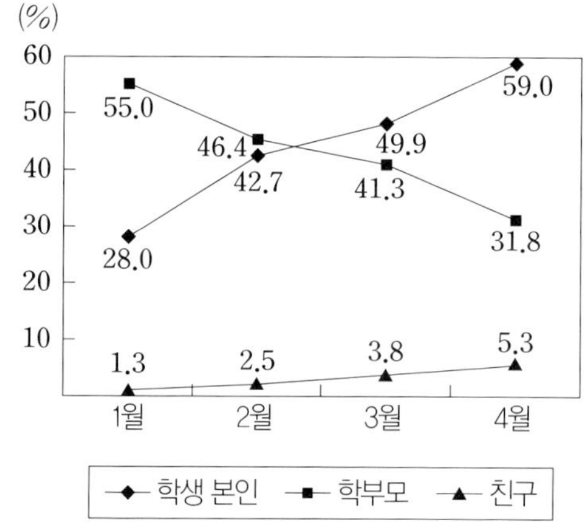

※ 학교폭력 신고자는 학생 본인과 학부모, 친구뿐임.

① 1월에 학부모의 학교폭력 신고 건수는 학생 본인의 학교폭력 신고 건수의 2배 이하이다.
② 학부모의 학교폭력 신고 건수는 매월 감소하였다.
③ 2~4월 중에서 전월대비 학교폭력 신고 건수 증가율이 가장 높은 달은 3월이다.
④ 학생 본인의 학교폭력 신고 건수는 1월이 4월의 10% 이하이다.

| 한국중부발전 |

15 다음 〈표〉는 ○○시 주철 수도관의 파손원인별 파손 건수에 대한 자료이다. 이에 대한 설명으로 옳지 않은 것은?

〈표〉 ○○시 주철 수도관의 파손원인별 파손 건수

(단위 : 건)

파손원인	주철 수도관 유형		합
	A주철	B주철	
시설노후	105	71	176
부분 부식	1	10	11
수격압	51	98	149
외부충격	83	17	100
자연재해	1	1	2
재질불량	6	3	9
타공사	43	22	65
부실시공	1	4	5
보수과정 실수	43	6	49
계	334	232	566

※ 파손원인의 중복은 없음.

① 파손 건수가 50건 이상인 파손원인은 A주철 수도관이 3가지, B주철 수도관이 2가지이다.
② 주철 수도관의 파손원인별 파손 건수에서 '자연재해' 파손 건수가 가장 적다.
③ 주철 수도관의 '시설노후' 파손 건수가 주철 수도관의 총 파손 건수에서 차지하는 비율은 30% 이하이다.
④ A주철 수도관의 '보수과정 실수' 파손 건수가 A주철 수도관의 총 파손 건수에서 차지하는 비율은 10% 이상이다.

| 한국중부발전 |

16 다음 〈표〉는 한 국가의 국회의원들(총 의원정수 435명)을 대상으로 소속정당별 이념성향과 시장개방에 대한 태도를 조사하여 얻은 자료이다. 〈보기〉에서 〈표〉를 통해 얻을 수 있는 결론으로 옳은 것을 모두 고르면?

〈표〉 소속정당별 이념성향과 시장개방에 대한 태도

구분		시장개방에 대한 태도			
		적극 반대	대체로 반대	대체로 찬성	적극 찬성
A당	의원 수(명)	7	23	82	94
	L/C점수평균(점)	70.0	73.5	88.2	89.8
B당	의원 수(명)	170	53	4	2
	L/C점수평균(점)	8.4	14.3	18.8	30.0
계/평균	의원 수(명)	177	76	86	96
	L/C점수평균(점)	10.8	32.2	85.0	88.6

※ L/C점수란 전반적 이념성향을 측정한 점수로 점수가 높을수록 진보적이고, 낮을수록 보수적인 성향이 강함을 의미함.

보기

㉠ A당 의원들은 B당 의원들에 비해 시장개방에 찬성하는 비율이 낮다.
㉡ B당 의원들은 A당 의원들보다 보수적 성향을 나타내고 있다.
㉢ 이 국가의 총 국회의원 중 시장개방에 찬성하는 의원의 비율이 반대하는 의원의 비율보다 높다.
㉣ A당과 B당 모두 시장개방에 반대하는 의원들보다 찬성하는 의원들의 L/C점수평균이 높다.

① ㉠, ㉡
② ㉠, ㉣
③ ㉡, ㉢
④ ㉡, ㉣

| 한국중부발전 |

17 다음 중 조직에 대한 설명으로 옳지 않은 것은?

① 조직은 두 사람 이상으로 자연스럽게 형성된 행동의 집합체이다.
② 직업인들은 자신의 업무를 효과적으로 수행하기 위해 조직이해능력을 기를 필요가 있다.
③ 조직은 공식화 정도에 따라 공식조직과 비공식조직으로 구분되며, 역사적으로 비공식조직으로부터 공식조직으로 발전하였다.
④ 비영리조직에는 병원, 대학, 시민단체, 종교단체 등이 있다.

| 한국중부발전 |

18 경영자의 역할에 대한 다음 설명 중 적절하지 않은 것은?

① 조직의 수직적 체계에 따라 최고경영자와 중간경영자, 하부경영자로 구분된다.
② 중간경영자는 조직의 혁신기능과 의사결정기능을 조직 전체의 수준에서 담당한다.
③ 민츠버그가 분류한 경영자의 역할 중 의사결정적 역할은 협상가, 분쟁조정자, 자원배분자로서의 역할을 의미한다.
④ 정보적 역할은 외부 환경 변화를 모니터링하고 이를 조직에 전달하는 역할을 의미한다.

| 한국중부발전 |

19 조직에서의 의사결정 과정에 대한 설명으로 옳지 않은 것은?

① 조직에서의 의사결정은 부분적 · 점증적 방식보다 혁신적 방식으로 이루어진다.
② 진단 단계는 문제의 심각성에 따라 체계적 또는 비공식적으로 이루어진다.
③ 개발 단계는 확인된 문제에 대하여 해결방안을 모색하는 단계이다.
④ 선택 단계는 실행 가능한 해결안을 선택하는 단계이다.

| 한국중부발전 |

20 조직의 경영전략 추진과정 중 SWOT 분석이 가장 많이 활용되는 과정은 무엇인가?

① 전략목표 설정 ② 환경분석
③ 경영전략 도출 ④ 경영전략 실행

| 한국중부발전 |

21 다음은 조직변화 과정에서 야기될 수 있는 문제점들에 대해 설명한 것이다. 성공적인 조직변화를 이끌어내기 위해서 (가)~(라)의 각 단계별로 취해야 할 조치를 〈보기〉에서 골라 순서대로 나열한 것은?

(가) 조직변화란 조직 구성원들이 잘 알고 있는 현재 상태에서 알 수 없는 새로운 상태로 이동해 가는 것을 의미한다. 미래의 새로운 상태는 불확실하고 사람들의 능력, 가치 그리고 대처 능력에 불리하게 작용할 수 있으므로, 그 변화가 매력적인 것으로 납득이 되지 않는 한 구성원들은 대체로 변화를 지지하지 않는다.

(나) 조직이란 서로 다른 선호와 이해관계를 가진 집단 혹은 개인들이 느슨하게 결합된 연합체이다. 이러한 집단 혹은 연합체들은 희소한 자원 혹은 영향력을 위해 서로 경쟁하는 관계에 놓여 있다. 조직변화의 시도는 집단 간의 기존 세력균형을 위협해서, 결과적으로 정치적 갈등과 분규를 야기할 수도 있다.

(다) 조직변화의 실행은 현재의 조직 상태로부터 바람직한 미래 상태로 이동해 가는 과정을 포함한다. 조직이 현재의 상태에서 바람직한 미래 상태로 변화되어 가는 과도기에는 특별한 활동계획과 관리구조가 필요하다.

(라) 조직은 변화를 끝까지 추진하도록 지속적인 지지를 받지 않으면 과거의 익숙한 상태로 되돌아가려는 경향을 강하게 나타낸다.

보기

㉠ 변화를 추구하는 조직에 대한 후원시스템을 구축할 것
㉡ 조직 구성원들에게 변화 결과에 대한 적극적인 기대를 심어줄 것
㉢ 주요 이해관계자에게 영향을 미쳐서 조직변화에 대한 지지를 확보할 것
㉣ 수행되어야 할 구체적인 활동을 찾아내어 조직변화 목표에 연결시킬 것

	(가)	(나)	(다)	(라)
①	㉠	㉡	㉣	㉢
②	㉠	㉣	㉢	㉡
③	㉡	㉢	㉠	㉣
④	㉡	㉢	㉣	㉠

| 한국중부발전 |

22 다음의 〈기준〉과 〈상황〉을 근거로 판단할 때, ○○공사의 직원 '갑'이 6월 출장여비로 받을 수 있는 총액은?

〈여비 관련 기준〉

- 출장여비 기준 : 출장여비는 출장수당과 교통비의 합이다.
  1) 대전시 출장
    – 출장수당 : 1만 원
    – 교통비 : 3만 원
  2) 대전시 이외 출장
    – 출장수당 : 2만 원(13시 이후 출장 시작 또는 15시 이전 출장 종료 시 1만 원 차감)
    – 교통비 : 4만 원
- 출장수당의 경우 업무추진비 사용 시 1만 원이 차감되며, 교통비의 경우 공용차량 사용 시 1만 원이 차감된다.

〈상황〉

직원 '갑'의 6월 출장내역	출장지	출장 시작 및 종료 시각	비고
출장 1	대전시	14시~16시	공용차량 사용
출장 2	인천시	14시~18시	
출장 3	광주시	09시~16시	업무추진비 사용

① 9만 원
② 11만 원
③ 13만 원
④ 15만 원

| 한국중부발전 |

23 다음 글의 내용과 부합하는 것만을 〈보기〉에서 모두 고르면?

공직의 기강은 상령하행(上令下行)만을 일컫는 것이 아니다. 법으로 규정된 직분을 지켜 위에서 명령하고 아래에서 따르되, 그 명령이 공공성에 기반한 국가 법제를 벗어나지 않았을 때 기강은 바로 설 수 있다. 만약 명령이 법 바깥의 사적인 것인데 그것을 수행한다면 이는 상령하행의 원칙을 잘못 이해한 것이다. 무릇 고위의 상급자라 하더라도 그가 한 개인으로서 하급자를 반드시 복종하게 할 권위가 있는 것은 아니다. 권위는 오직 그 명령이 국가의 법제를 충실히 따랐을 때 비로소 갖춰지는 것이다.

조선시대에는 6조의 수장인 판서가 공적인 절차와 내용에 따라 무엇을 행하라 명령하는데 아랫사람이 시행하지 않으면 사안의 대소에 관계없이 아랫사람을 파직하였다. 그러나 판서가 공적인 절차를 벗어나

법 외로 사적인 명령을 내리면 비록 미관말직이라 해도 이를 따르지 않는 것이 올바른 것으로 인정되었다. 이처럼 공적인 것에 반드시 복종하는 것이 기강이요, 사적인 것에 복종하지 않는 것도 기강이다. 만약 세력에 압도되고 이욕에 이끌려, 부당하게 직무의 분한(分限)을 넘나들며 간섭하고 간섭받게 된다면 공적인 지휘 체계는 혼란에 빠지고 기강은 무너질 것이다. 그러므로 기강을 확립할 때, 그 근간이 되는 상령하행과 공적 직분의 엄수는 둘이 아니라 하나이다. 공직의 기강은 곧 국가의 동맥이니, 이 맥이 찰나라도 끊어지면 어떤 지경에 이를 것인가? 공직자들은 깊이 생각해 보아야 할 것이다.

보기

㉠ 상급자의 직위가 높아야만 명령의 권위가 갖춰진다.
㉡ 조선시대에는 상령하행이 제대로 준수되지 않았다.
㉢ 하급자가 상급자의 명령을 언제나 수행해야 하는 것은 아니다.

① ㉠
② ㉢
③ ㉠, ㉡
④ ㉡, ㉢

| 한국중부발전 |

24 조직목표에 관한 설명 중 옳지 않은 것은?

① 공식적 조직 목표와 실제적 활동을 통해 달성하고자 하는 목표는 일치한다.
② 조직목표는 조직의 정당성과 합법성을 제공하고 조직설계의 기준이 된다.
③ 조직은 다수의 조직목표를 추구할 수 있으며, 조직목표간 위계적 관계가 존재한다.
④ 조직목표들은 계속 지속되는 것이 아니라 다양한 원인들에 의해 변동되거나 없어지기도 한다.

| 한국중부발전 |

25 다음 중 팀에 대한 설명으로 가장 적절하지 않은 것은?

① 팀은 구성원들이 공동 목표 성취를 위해 상호 기술을 공유하는 집단이다.
② 개인적 책임뿐만 아니라 상호 공동 책임을 중요시한다.
③ 다른 집단에 비해 상대적으로 자율성은 낮으나, 신속한 의사결정이 가능하다.
④ 성공적 운영을 위해서는 구성원의 협력의지와 관리자층의 지지가 요구된다.

| 한국중부발전 |

26 다음 글과 〈상황〉을 근거로 판단할 때, 갑국의 A정당 회계책임자가 2022년 1월 1일부터 2023년 12월 31일까지 중앙선거관리위원회에 회계보고를 한 총 횟수는?

> 법 제○○조 정당 회계책임자는 중앙선거관리위원회에 다음 각 호에 정한 대로 회계보고를 하여야 한다.
> 1. 공직선거에 참여하지 아니한 연도
> 매년 1월 1일부터 12월 31일까지의 정치자금 수입과 지출에 관한 회계보고는 다음 연도 2월 15일에 한다.
> 2. 공직선거에 참여한 연도
> 가. 매년 1월 1일부터 선거일 후 20일까지의 정치자금 수입과 지출에 관한 회계보고는 당해 선거일 후 30일(대통령선거는 40일)에 한다.
> 나. 당해 선거일 후 21일부터 당해 연도 12월 31일까지의 정치자금 수입과 지출에 관한 회계보고는 다음 연도 2월 15일에 한다.

상황

- 갑국의 A정당은 위 법에 따라 정치자금 수입과 지출에 관한 회계보고를 했다.
- 갑국에서는 2021년에 공직선거가 없었고, 따라서 A정당은 공직선거에 참여하지 않았다.
- 갑국에서는 2022년 12월 5일에 대통령선거를, 2023년 6월 15일에 지방선거를 실시하였고, 그 밖의 공직선거는 없었다.
- 갑국의 A정당은 2022년 대통령선거에 후보를 공천해 참여하였고, 2023년 지방선거에도 후보를 공천해 참여하였다.

① 2회　　② 3회
③ 4회　　④ 5회

| 한국중부발전 |

27 다음은 한 회사의 <사업 지출 조건>과 <물품 목록>에 대한 내용이다. 이를 토대로 판단할 때 경영지원부의 사업을 위해 허용되는 사업비 지출 품목만을 모두 고른 것은?

> 〈지출 조건〉
> 경영지원부는 직원을 대상으로 한 서비스 영상교육 사업을 운영하고 있다. 원칙적으로 사업비는 사용목적이 '사업 진행'인 경우에만 지출할 수 있다. 다만 다음 중 어느 하나에 해당하면 예외적으로 허용된다. 첫째, 품목당 단가가 10만 원 이하로 사용목적이 '서비스 제공'인 경우에 지출할 수 있다. 둘째, 사용연한이 1년 이내인 경우에 지출할 수 있다.

〈필요 물품 목록〉

품목	단가(원)	사용목적	사용연한
영상 시연 설비	480,000	사업 진행	2년
영상 프로그램 대여	350,000	교육 보고서 작성	10개월
전용 책상	110,000	서비스 제공	5년
컴퓨터	980,000	서비스 제공	3년
클리어파일	2,000	보고서 보관	2년
블라인드	99,000	서비스 제공	5년

① 영상 프로그램 대여, 전용 책상, 클리어파일

② 영상 시연 설비, 전용 책상, 컴퓨터, 블라인드

③ 영상 프로그램 대여, 클리어파일, 블라인드

④ 영상 시연 설비, 영상 프로그램 대여, 블라인드

| 한국중부발전 |

28 **직장 근무 중 외국의 거래처 직원을 만나는 경우 지켜야 할 국제매너나 에티켓에 대한 설명으로 적절하지 않은 것은?**

① 아프리카인들과 대화 시 상대를 똑바로 보는 것보다 코를 보면서 대화하는 것이 좋다.

② 러시아와 라틴아메리카 사람들은 처음 보는 상대라도 가볍게 포옹하는 경우가 흔하다.

③ 미국인들은 낯선 상대와 만나는 경우 친분 표시를 위해 호칭을 편하게 부르는 것이 일반적이다.

④ 아랍인들은 약속시간이 지나도 상대가 기다려줄 것으로 생각한다.

| 한국중부발전 |

29 다음에서 설명하는 집단적 의사결정 및 문제해결 방식으로 가장 알맞은 것은?

> 한 문제에 대해 여러 전문가들의 독립적인 의견을 우편으로 수집한 다음, 이 의견들을 요약 · 정리하여 다시 전문가들에게 배부하여 일반적인 합의가 이루어질 때까지 서로의 아이디어에 대해 논평하게 함으로써 문제를 해결하려는 방법이다.

① 의사결정나무 ② 델파이기법
③ 만장일치 ④ 브레인스토밍

| 한국중부발전 |

30 다음 글을 토대로 할 때, 〈보기〉의 내용 중 옳은 것을 모두 고르면?

> 정부가 시장에 개입하게 되는 주요 논거는 시장의 결함 또는 시장의 실패이다. 시장실패는 여러 가지 원인에 의하여 발생하는데 그 중 하나는 정보의 비대칭성이다. 즉, 시장에 참여한 거래당사자(예를 들어, 생산자와 소비자)간에 쌍방이 동일한 양의 정보를 가지고 있기보다는 한쪽이 더 많은 정보를 가지고 있다는 문제이다. 이로 인해 도덕적 해이와 역선택의 문제가 발생하게 된다. 이를 보험시장에 적용하여 설명해 보자.
>
> 도덕적 해이란, 일반적으로 보험회사가 가입자의 행태를 완벽하게 감시, 감독할 수 없으므로, 보험회사가 생각할 때 가입자가 최상이라고 생각하는 만큼의 노력을 기울이지 않는 현상, 즉 보험가입자가 위험발생을 예방하거나 회피하려는 노력을 소홀히 하여 위험발생 가능성이 높아지는 현상을 말한다. 한편 역선택이란, 시장에서 미래에 발생할 위험에 대한 정보를 충분히 갖고 있지 못한 상황에서, 위험이 발생할 가능성이 높은 사람들이 집중적으로 이러한 보험을 구입하게 되는 현상을 말한다.

보기

㉠ 도덕적 해이와 역선택 문제는 시장의 원활한 작동을 방해한다.
㉡ 보험에 가입한 사람들이 위험을 방지하려는 노력을 줄이는 것은 역선택의 문제이다.
㉢ 보험회사가 건강이 좋지 않은 사람들을 주로 받아들이게 되는 것은 도덕적 해이의 문제이다.
㉣ 역선택 문제가 심각해지면, 민간부문에서 보험시장이 활성화되기 어렵다.

① ㉠, ㉡ ② ㉠, ㉣
③ ㉡, ㉢ ④ ㉢, ㉣

| 한국중부발전 |

31 **다음에 나타난 조직운영원리와 가장 거리가 먼 것은?**

> 식사 후 우리가 샛길을 따라가 보니 연못이 하나 나타났다. 큰 비가 온 직후이기 때문인지, 연못의 물은 넘쳐흐르고 있었고, 간혹 물 속에 잠긴 나무도 있었다. 나무 사이에 비버들이 만든 댐은, 비로 인해 무너진 나뭇가지와 진흙 등으로 엉망이 되어 있었다. 우리가 연못가에서 비버들의 댐을 관찰하기 시작한 지 얼마 후, 젖은 털로 뒤덮인 갈색 머리 하나가 수면 위로 나타났다. 비버가 움직이기 시작한 것이다. 이윽고 몇 마리가 더 모습을 드러내더니 댐 복구 공사를 시작했다.
>
> 비버들은 쉬지 않고 일했다. 수위가 높아진 덕에 나무를 구하는 것은 그다지 어려운 것 같지 않았다. 비버들은 시끄러운 소리를 내면서, 직접 벤 나무를 물 속으로 끌고가 댐을 오르내리며 나뭇가지를 고정시킬 곳을 찾았다. 가끔씩 물이 넘쳐 어렵게 끌고 온 나뭇가지가 물에 휩쓸려가기도 했지만 비버들은 그런 일은 대수롭지 않다는 듯이 다시 나뭇가지를 가지러 돌아가곤 했다.
>
> 나는 비버들의 지치지 않는 열정과 에너지에 매료되어 넋을 놓고 그들을 바라보았다. 이때 내 곁에 섰던 앤디가 조용히 말을 꺼냈다. "여기서 누가 우두머리처럼 보이나요?" 그제서야 나는 어느 놈이 우두머리인가를 살피며 한참을 관찰했지만 누가 우두머리인지 도무지 알 수가 없었다. 목표를 설정하고 일을 배분하는 총지휘관 비버는 없었다. 오히려 비버들은 제각기 보수할 곳을 정하고, 적당한 나뭇가지들을 찾아 작업을 수행하고 있었다.

① 소방청은 신속한 의사결정과 재난재해에 대한 효과적 대응을 위해 통합재난관리시스템을 도입하였다.

② 산업통상자원부는 공무원 자신이 한 해 동안 추진할 업무를 계획하고 목표를 설정하여 이를 내용으로 기관의 장과 협약을 체결하는 직무성과계약제를 실시하고 있다.

③ 교육부에서 추진한 수도권대학 특성화 사업은 기존의 재정지원 사업과는 달리 개별 대학이 특성화 목표와 추진 일정을 제시하도록 하였다.

④ 총액배분예산제도는 부처의 예산 배분 및 활용에 관한 자율성을 신장시키고자 도입되었다.

| 한국중부발전 |

32 **다음은 한 기업의 〈직무전결표〉의 내용 중 일부이다. 이 직무전결표에 따라 업무를 처리할 때 적절하지 않은 것은?**

〈직무전결표〉

직무내용	대표이사	위임전결권자		
		전무	상무	부서장
일반 업무 보고(월별)				○
부서 단위 인수인계업무			○	

해외 관련 업무		○		
1억 원 이상 예산집행업무	○			
1억 원 미만 예산집행업무		○		
운영위원회 위원 위촉	○			
부서장급 인사업무			○	

① 개편된 홍보팀의 업무 인수인계와 관련해 상무이사의 결재를 받아 집행하였다.
② 대표이사 출장시 홍콩에 설치한 사무시설 설비비를 전무이사가 전결하였다.
③ 2억 원이 소요되는 업무를 대표이사 부재로 전무이사가 전결하였다.
④ 영업팀장의 교체건을 상무이사가 전결하였다.

| 한국중부발전 |

33 다음의 (가)와 (나)의 설명에 해당하는 용어를 모두 바르게 연결한 것은?

(가) 먼저, 정치적 · 군사적 지배 관계에 있지 않은 두 문화가 상호 교류를 지속할 때 문화요소들의 자유로운 차용(借用)과 수정이 일어날 수 있다. 새로운 문화요소들은 통합 과정을 거쳐 현존하는 문화체계 속으로 흡수된다. 다음으로, 한 민족이 다른 민족을 정치적 · 군사적으로 지배할 때 일어난다. 북미 인디언들에 대한 백인의 정복, 아프리카에 대한 유럽의 지배를 비롯한 수많은 정치적 팽창과정에서 그 예를 찾아볼 수 있다.
(나) 한 문화권에 속한 사람이 다른 문화를 접하게 되었을 때 체험하는 것으로, 다른 문화권이나 하위문화 집단에서 기대되는 역할을 잘 모를 때 겪게 되는 혼란이나 불안을 의미하기도 한다. 문화는 종종 전체의 90%가 표면 아래 감추어진 빙하에 비유되는데, 우리가 눈으로 볼 수 있는 음악, 음식, 예술, 의복, 디자인, 건축, 정치, 종교 등과 같은 문화는 10% 밖에 해당되지 않는 것이다. 따라서 개인이 자란 문화에서 체험된 방식이 아닌 다른 방식을 느끼게 되면 의식적 혹은 무의식적으로 이질적으로 상대문화를 대하게 되고 불일치, 위화감, 심리적 부적응 상태를 경험하게 된다.

① (가) – 문화지체, (나) – 문화융합
② (가) – 문화지체, (나) – 문화 상대주의
③ (가) – 문화접변, (나) – 문화지체
④ (가) – 문화접변, (나) – 문화충격

| 한국수력원자력 |

34 **다음의 설명에 해당하는 용어로 가장 적절한 것은?**

> • 전신 · 전화 등의 통신 시설에서 통신의 흐름을 지칭하는 용어이다.
> • 통상 어떤 통신장치나 시스템에 걸리는 부하를 의미하는 용어로, 그 양이 지나치게 많으면 서버에 과부하가 걸려 전체적인 시스템 기능에 장애를 일으키게 된다.
> • 어떤 웹페이지에 한꺼번에 많은 사람들이 접속할 경우에 해당 사이트는 이것이 초과되어 차단되었다는 문구가 나오면서 홈페이지가 차단되기도 한다.

① 스팸(Spam)
② 트래픽(Traffic)
③ 해킹(Hacking)
④ 논리폭탄(Logic Bomb)
⑤ 컴퓨터 바이러스

| 한국수력원자력 |

35 **네티켓(netiquette)은 네티즌이 사이버 공간에서 지켜야 할 비공식적인 규약이나 예절이라고 할 수 있는데, 인터넷이라는 가상공간은 익명성과 쌍방향성이라는 특성으로 인해 현실공간에 비해 이러한 예절이 오히려 더 요구된다고 할 수도 있다. 다음의 내용에 해당하는 네티켓(㉠~㉢)을 모두 바르게 연결한 것은 무엇인가?**

> 1. (㉠)
> • 대화방 입장 시 지금까지 진행된 대화의 내용과 분위기를 경청한다.
> • 마주보고 이야기하는 마음가짐으로 임한다.
> • 엔터키를 치기 전에 한 번 더 생각한다.
> • 광고나 홍보 등의 목적으로 악용하지 않는다.
> • 유언비어와 속어, 욕설은 삼가고, 상호비방의 내용은 금한다.
>
> 2. (㉡)
> • 메시지는 가능한 짧게 요점만 쓴다.
> • 제목은 메시지 내용을 함축해 간략하게 쓴다.
> • 가능한 메시지 끝에 signature를 포함시키되, 너무 길지 않게 한다.
> • 쉽게 전파될 수 있으므로, 타인에 대해 말할 때는 정중함을 지켜야 한다.
> • 타인에게 피해를 주는 언어를 쓰지 않는다.
>
> 3. (㉢)
> • 주제와 관련 없는 내용은 올리지 않는다.
> • 글의 내용은 간결하게 요점만 작성하고, 제목에는 내용을 파악할 수 있는 함축된 단어를 쓴다.
> • 글을 쓰기 전에 이미 같은 내용의 글이 없는지 확인한다.
> • 글의 내용 중에 잘못된 점이 있으면 빨리 수정 · 삭제한다.

① ㉠ 온라인 채팅 시의 네티켓　㉡ 전자우편 사용 시의 네티켓　㉢ 게시판을 사용 시의 네티켓
② ㉠ 온라인 채팅 시의 네티켓　㉡ 공개 자료실에서의 네티켓　㉢ 전자우편 사용 시의 네티켓
③ ㉠ 공개 자료실에서의 네티켓　㉡ 전자우편 사용 시의 네티켓　㉢ 게시판을 사용 시의 네티켓
④ ㉠ 공개 자료실에서의 네티켓　㉡ 게시판을 사용 시의 네티켓　㉢ 전자우편 사용 시의 네티켓
⑤ ㉠ 게시판을 사용 시의 네티켓　㉡ 공개 자료실에서의 네티켓　㉢ 온라인 채팅 시의 네티켓

| 한국수력원자력 |

36 다음 시트에서 정상판매수량과 할인판매수량의 합계를 구하기 위해 [B6] 셀에 들어갈 수식으로 알맞은 것은?

	A	B	C
1	일자	정상판매수량	할인판매수량
2	07월 21일	20	6
3	07월 22일	15	
4	07월 23일	35	
5	07월 24일	30	9
6	합계	115	

① =COUNTIF(B2:B5,">=9")
② =CONUTIF(B2,C2,C5)
③ =SUM(B2,C2,C5)
④ =SUM(B2:B5,C2,C5)
⑤ =LEN(B2:B5,3)

| 한국수력원자력 |

37 다음 중 윈도우 단축키의 기능이 잘못 연결된 것은?

① Alt+home : 홈페이지로 이동
② Ctrl+C : 복사하기
③ Alt+Esc : 프로그램 종료
④ Shift+Delete : 영구 삭제
⑤ Ctrl+W : 현재 창 닫기

| 한국수력원자력 |

38 '.한국'은 최초의 완전 한글 도메인으로, '.kr'과 같은 공식적 국가 도메인이다. 다음의 등록 기준을 참고로 할 때, 도메인 이름으로 설정할 수 있는 것은?

〈한국 도메인 등록 기준〉

- 허용 문자 : 한글(11,172자), 영문(A~Z) · (a~z), 숫자(0~9), 하이픈(－)
  - 한글은 1글자 이상 포함하여야 함
  - 허용 문자 외의 문자나 기호는 인정되지 않음
  - 하이픈으로 시작하거나 끝나지 않아야 하며, 세 번째와 네 번째 글자에 하이픈이 연이어 올 수 없음
- 길이 : 음절 기준 1자 이상~17자 이하

① 한국×수력×원자력.한국
② 공사1－K,D,N,P.한국
③ 한국수력원자력2018－.한국
④ Kdnp－공사.한국
⑤ 한국수력원자력*공사.한국

| 한국수력원자력 |

39 다음 글에서 설명하는 용어로 알맞은 것은?

- 온라인 공간에서 사용자 간의 자유로운 의사소통과 정보 공유, 인적 네트워크를 구축할 수 있도록 하는 온라인 서비스를 뜻하는 용어이다.
- 인맥관리서비스 혹은 사회연결망서비스, 커뮤니티형 웹사이트라는 용어로 설명하기도 한다.
- 가장 큰 장점은 누구나 콘텐츠를 생산할 수 있고, 빠른 속도로 많은 사람에게 콘텐츠를 전달할 수 있다는 점이다
- 트위트, 페이스북, 인스타그램 등이 대표적인 웹사이트이다.

① Web hard
② Wi－Fi
③ SNS
④ Blockchain
⑤ Cloud Computing

| 한국수력원자력 |

40 ○○공사의 사원 갑은 엑셀로 관련 업무를 진행하던 중 아래 그림의 경우처럼 하나의 셀 안에서 두 줄 이상의 데이터를 입력해야 하는 경우가 발생하였다. 이때 갑이 눌러야 하는 키로 가장 알맞은 것은?

	A	B	C
1	한국	고리원자력발전소	
2	일본	후쿠시마 원자력발전소	

① Alt + Enter
② Shift + Alt + N
③ Ctrl + Shift + Enter
④ Ctrl + V
⑤ Shift + Enter

| 한국수력원자력 |

41 정보는 일정한 절차에 따라 활용하는 것이 효과적인데, 다음에 제시된 내용이 이용되는 절차로 가장 알맞은 것은?

- WHAT(무엇을) : 정보의 입수대상을 명확히 한다.
- WHERE(어디에서) : 정보의 소스(정보원)를 파악한다.
- WHEN(언제까지) : 정보의 요구(수집) 시점을 고려한다.
- WHY(왜) : 정보의 필요목적을 염두에 둔다.
- WHO(누가) : 정보활동의 주체를 확정한다.
- HOW(어떻게) : 정보의 수집방법을 검토한다.
- HOW MUCH(얼마나) : 정보수집의 효용성을 중시한다.

① 정보의 기획
② 정보의 수집
③ 정보의 관리
④ 정보의 활용
⑤ 정보의 통제

| 한국수력원자력 |

42 다음 중 윈도우(Windows)7에 관한 설명으로 옳지 않은 것은?

① 삭제된 파일은 즉시 복원하는 경우 원래대로 복원할 수 있다.

② [휴지통]에 버려진 파일들은 복원 전에도 실행할 수 있다.

③ [폴더 옵션]에서 숨김 파일을 표시할 수 있다.

④ [인쇄관리자] 창에서 사용 중인 프린터의 기본 설정을 변경할 수 있다.

⑤ 바탕 화면 구성의 테마는 [내 테마]에서 설정할 수 있다.

| 한국전력공사 |

43 다음 중 함수식에 대한 설명으로 옳지 않은 것을 고르면?

① AVERAGE(수, 범위) : 대상값의 평균을 구한다.

② MAX(수, 범위) : 대상 범위에서 순위를 구한다.

③ ROUND(수, N) : 대상값을 지정한 소수 이하 N번째 자리에서 반올림한다.

④ ROUNDUP(수, N) : 대상값을 지정한 소수 이하 N번째 자리에서 올림한다.

⑤ COUNT(값, 범위) : 수치 데이터의 개수를 구한다.

| 한국전력공사 |

44 다음 중 한컴오피스 흔글 프로그램의 단축키에 대한 설명으로 옳지 않은 것을 고르면?

① Ctrl+A : 커서가 위치되어 있는 모든 영역을 선택한다.

② Ctrl+F : 새로운 문서를 만든다.

③ Ctrl+Z : 문서 편집 과정에서 방금 전에 수행한 동작을 다시 원래대로 되돌린다.

④ Alt+P : 현재 편집하고 있는 화면을 인쇄한다.

⑤ Alt+O : 이미 만들어져 있는 파일을 불러 편집 창에 연다.

| 한국전력공사 |

45 다음 제시된 사무용품 구입 현황 시트에 대한 설명으로 옳지 않은 것을 고르면?

	A	B	C	D
1	사무용품 구입 현황			
2				
3				단위 : BOX
4	월별	구분	수량	가격
5	1월	A4용지	150	3,450,000원
6		서류철	80	64,000원
7		볼펜	120	144,400원
8	2월	A4용지	120	2,760,000원
9		서류철	90	72,000원
10		볼펜	75	90,000원
11				

① [A1:D1] 영역은 '병합하고 가운데 맞춤', 밑줄 '이중 실선'으로 지정한다.
② [A4:D4] 영역은 채우기 색 '회색', '왼쪽으로 맞춤'으로 지정한다.
③ [A5:A7], [A8:A10] 영역은 '병합하고 가운데 맞춤'으로 지정한다.
④ [A4:D10] 영역을 '모든 테두리(⊞)'를 적용하여 표시한다.
⑤ [D5:D10] 영역은 사용자 지정 서식을 이용하여 천 단위 구분 기호와 숫자 뒤에 "원"을 표시한다.

| 한국전력공사 |

46 아래의 왼쪽 시트에서 성명 데이터를 오른쪽 시트와 같이 성과 이름 두 개의 열로 분리하기 위해 [텍스트 나누기] 기능을 사용하고자 한다. 다음 중 [텍스트 나누기]의 분리 방법으로 가장 적절한 것을 고르면?

	A
1	김철수
2	박선영
3	최영희
4	한국인

→

	A	B
1	김	철수
2	박	선영
3	최	영희
4	한	국인

① 열 구분선을 기준으로 내용 나누기
② 구분 기호를 기준으로 내용 나누기
③ 공백을 기준으로 내용 나누기
④ 탭을 기준으로 내용 나누기
⑤ 열의 높이를 기준으로 내용 나누기

| 한국전력공사 |

47 다음은 체육대회를 위해 사들인 물품을 스프레드시트 문서로 정리하고 있는 중이다. 다음 중 주어진 5개의 물품의 구매 금액 중 150만 원 이상만 모아서 따로 합계를 내고 싶을 때 사용할 수 있는 올바른 함수식을 고르면?

	A	B	C	D
1	물품 목록	수량	구매 금액	
2	게임 물품1	270	1,300,000	
3	게임 물품2	200	1,501,000	
4	물과 음료	450	1,530,000	
5	도시락	510	3,080,000	
6	팀조끼	500	800,000	
7				
8	150만 원 이상 구매한 총 구매 금액		(　　)	
9				
10				

① =SUM(B2:B6, "〉1,500,000")

② =SUM(C2:C6, "〉=1,500,000")

③ =SUMIF(B2:C6, "〉1,500,000")

④ =SUMIF(C2:C6, "〉=1,500,000")

⑤ =SUMIF(C2:C6, "=1,500,000")

| 한국전력공사 |

48 다음은 A사원이 은행에 적금을 신청하고자 자료를 정리하고 있다. 아래 그림과 같이 연 이율과 월 적금액이 고정되어 있고, 적금기간이 1년, 2년, 3년, 4년, 5년인 경우 각 만기 후의 금액을 확인하기 위한 도구로 적합한 것을 고르면?

	A	B	C	D	E	F
1						
2		연이율	3%		적금기간(연)	만기 후 금액
3		적금기간(연)	1			₩6,083,191
4		월 적금액	500000		1	
5		만기 후 금액	₩6,083,191		2	
6					3	
7					4	
8					5	

① 고급 필터

② 데이터 통합

③ 목표값 찾기

④ 데이터 표

⑤ 외부 데이터 가져오기

| 한국전력공사 |

49 아래 워크시트에서 [A2:B8] 영역을 참조하여 [E3:E7] 영역에 학점별 사원 수를 표시하고자 한다. 다음 중 [E3] 셀에 수식을 입력한 후 채우기 핸들을 이용하여 [E7] 셀까지 계산하려고 할 때 [E3] 셀에 입력해야 할 수식으로 옳은 것을 고르면?

	A	B	C	D	E
1	사내 시험 성적 분포				
2	이름	학점		학점	사원 수
3	김현미	B		A	2
4	조미림	C		B	1
5	심기훈	A		C	2
6	박원석	A		D	1
7	이영준	D		F	0
8	최세종	C			

① =COUNTIF(B3:B8, D3)
② =COUNTIF($B$3:$B$8, D3)
③ =SUMIF(B3:B8, D3)
④ =SUMIF($B$3:$B$8, D3)
⑤ =SUM($B$3:$B$8, D3)

| 근로복지공단 |

50 아래 시트와 같이 평점이 3.0 미만인 행 전체에 셀 배경색을 지정하고자 한다. 다음 중 이를 위해 조건부 서식 설정에서 사용할 수식으로 옳은 것은?

	A	B	C	D
1	학번	학년	이름	평점
2	20114551	4	김혜민	3.38
3	20100178	4	김경식	2.64
4	20110325	4	김병찬	3.45
5	20098745	4	장현지	1.88
6	20091402	4	박동희	3.51
7	20115410	4	이승준	3.75
8	20111120	4	김병훈	2.98
9	20100123	4	강윤수	3.84

① =$D2〈3
② =$D$2〈3
③ =D2〈3
④ =D$2〈3

Part 2

실전모의고사

Chapter 01

실전모의고사 1회

| 영역통합형 | 영역 구별 없이 4, 5지선다형 50문항으로 구성되어 있습니다.

|정답 및 해설| 331p

01 주어진 개요를 읽고 ㉠, ㉡에 들어갈 알맞은 단어를 고른 것은?

제목 : 우리나라의 수출 경쟁력 향상 전략
주제 : 수출 경쟁력 향상을 위해서는 (㉠)과/와 (㉡)을/를 동시에 강화하는 데 힘써야 한다.
서론 : 1. 수출 실적과 수출 경쟁력의 상관성
　　2. 수출 경쟁력의 실태 분석
　　　1) (㉠)
　　　　ㄱ. 제조 원가 상승
　　　　ㄴ. 고금리
　　　　ㄷ. 환율 불안정
　　　2) (㉡)
　　　　ㄱ. 연구 개발 소홀
　　　　ㄴ. 품질 불량
　　　　ㄷ. 판매 후 서비스 부족
　　　　ㄹ. 납기의 지연
결론 : 분석 결과의 요약 및 수출 경쟁력 향상 방안 제시

① ㉠ 가격 경쟁력 요인　㉡ 비가격 경쟁력 요인
② ㉠ 가격 경쟁력 요인　㉡ 수출 경쟁력 요인
③ ㉠ 비수출 경쟁력 요인　㉡ 비가격 경쟁력 요인
④ ㉠ 비수출 경쟁력 요인　㉡ 수출 경쟁력 요인

02 다음은 창업의 그늘에 대한 문서이다. 이 문서에서 잘못 쓰인 글자는 모두 몇 개인가?

서론 : 자영업자의 수는 증가했으나 상인들에게 실질적인 소득이 돌아가지 않는 '자영업 대란'이 이어지고 있다.

본론 : 1. 자영업 대란의 원인

1) 계속된 내수 발전은 자영업 대란의 직접적인 원인이 되고 있다.

2) 재진입이 어려운 정규직 노동시장, 정부의 근시안적 정책, 자영업의 문화의 부재, 허술한 자영업 인프라 등은 자영업 대란에 복합적으로 영향을 미친다.

2. 자영업 창업의 현황

1) 자영업자의 비중은 GDP(1인당 국외 총 생산)가 높을수록 낮아지며, 우리나라의 자영업자 비중은 IMF 이후 높아지고 있다.

2) 정구직으로 재취업하지 못한 명예퇴직자들이 자영업에 뛰어들고 있으나 결과는 좋지 않다.

3) 취업난으로 인해 젊은이들마저 자영업에 뛰어들고 있다.

3. 정부의 근시안적 정책

1) 정부는 IMF 이후 실업률의 통계상 감소에 주력하여 자영업의 창업을 위한 자금을 지원했다.

2) 창업 자금으로 빌린 돈을 갚지 못해 신원불량자가 되는 사례가 증가하고 있다.

4. 시대의 흐름을 거스르는 우리나라의 자영업

1) 소득 수준이 높아지고 정보화가 진전되자 사람들은 유명한 가게를 찾아다니게 되었다.

결론 : 창업과 관련한 시류를 제대로 읽는 것이 중요하다.

① 1개 ② 2개
③ 3개 ④ 4개

03 다음 개요의 흐름상 빈 칸에 들어갈 말로 적절하지 <u>않은</u> 것은?

제목 : 정규직 파트타임제의 도입을 위한 제안

1. 정규직 파트타임제의 의미

2. 정규직 파트타임제의 장점

1) 기업

가) 집중력 향상에 따른 업무 효율성 증대

나) 업무의 활력 향상에 따른 창조적 아이디어 증가

2) 개인

가) 자기 계발 시간 확보

나) 육아 및 가사 문제 해결

3. 정규직 파트타임제 도입 시 발생하는 문제
  1) 기업 : 업무의 연속성 저해 가능성
  2) 개인 : 적은 보수로 인한 불만
4. 정규직 파트타임제의 정착 요건
  1) 직원들의 경제적 삶의 질을 고려하는 기업의 태도
  2) 업무의 연속성을 확보하려는 개인의 노력
5. 정규직 파트타임제 도입의 의의
  1) (   )

① 육아 및 가사 문제 해결에 따른 저출산 문제 해결
② 큰 보수를 통한 업무의 활력 증대
③ 고용 창출 기회의 확대
④ 업무 효율성 증대에 따른 창조적 아이디어

04 다음 두 글에서 밑줄 친 '이것'에 대한 설명으로 가장 적절한 것은?

가. 미국 코넬 대학교 심리학과 연구팀은 본교 32명의 여대생을 대상으로 미국의 식품산업 전반에 대한 의견 조사를 실시했다. 'TV에 등장하는 음식 광고가 10년 전에 비해 줄었는지 아니면 늘었는지'를 중심으로 여러 가지 질문을 던졌다. 모든 조사가 끝난 후 설문에 참가한 여대생들에게 다이어트 여부에 대한 추가 질문을 했다. 식사량에 신경을 쓰고 있는지, 지방이 많은 음식은 피하려고 노력하고 있는지 등에 대한 질문들이었다. 현재 다이어트에 신경 쓰고 있는 여대생들은 그렇지 않은 여대생보다 TV의 식품 광고가 더 늘었다고 인식한 분석 결과가 나타났다. 이들이 서로 다른 TV 프로그램을 봤기 때문일까? 물론 그렇지 않다. 이유는 간단하다. 다이어트를 하는 여대생들은 음식에 대한 '이것'으로 세상을 보고 있었기 때문이다.

나. 코넬 대학교 연구팀은 미국의 한 초등학교 교사와 교직원을 대상으로 아동들이 직면하고 있는 위험 요소가 5년 전에 비하여 증가했는지 감소했는지 조사했다. 그런 다음 응답자들에게 신상 정보를 물었는데, 그 중 한 질문이 첫 아이가 태어난 연도였다. 그 5년 사이에 첫 아이를 낳은 응답자와 그렇지 않은 응답자의 위험 지각 정도를 비교했다. 그 기간 동안에 부모가 된 교사와 직원들이, 그렇지 않은 사람들에 비해 아이들이 직면한 위험 요소가 훨씬 더 늘었다고 답했다. 부모가 되는 순간 세상을 위험한 곳으로 인식하기 시작하는 것이다. 그런 이유로 이들은 영화나 드라마에 등장하는 'F'로 시작하는 욕도 더 예민하게 받아들인다. 이 점에 대해 저널리스트 엘리자베스 오스틴은 이렇게 지적한다. "부모가 되고 나면 영화, 케이블 TV, 음악 그리고 자녀가 없는 친구들과의 대화 중에 늘 등장하는 비속어에 매우 민감해진다." 이처럼 우리가 매일 보고 듣는 말이나 그 내용은 개개인의 '이것'에 의해 결정된다.

① 자기 자신의 관심에 따라 세상을 규정하는 사고방식이다.
② 자기 자신에 의존하여 자신이 모든 것을 결정하려고 하는 욕구이다.
③ 특정한 부분에 순간적으로 집중하여 선택적으로 지각하는 능력이다.
④ 자기 자신의 경험과 인식이 정확하고 객관적이라고 믿는 입장이다.
⑤ 어떤 일에 깊이 몰입해서 자기 자신을 분명하게 자각하려는 태도이다.

05 **다음 글에 제시된 초파리 실험의 결과를 가장 잘 설명할 수 있는 가설은?**

> 초파리는 물리적 자극에 의해 위로 올라가는 성질이 있다. 그런데 파킨슨씨병에 걸린 초파리는 운동성이 결여되어 물리적 자극을 주어도 위로 올라가지 않는다. 이번 실험은 파킨슨씨병에 관련이 있다고 추정되는 유전자 A와 약물 B를 이용하였다. 먼저 정상 초파리와 유전자 A가 돌연변이 된 초파리를 준비하여 각각 약물 B가 들어 있는 배양기와 들어 있지 않은 배양기에 일정 시간 동안 두었다. 이후 물리적 자극을 주어 이들의 운동성을 테스트한 결과, 약물 B가 들어 있는 배양기의 정상 초파리와 약물 B가 들어 있지 않은 배양기의 정상 초파리 모두 위로 올라가는 성질을 보였다. 반면, 유전자 A가 돌연변이 된 초파리는 약물 B를 넣은 배양기에서 위로 올라가지 못하고, 약물 B를 넣지 않은 배양기에서는 위로 올라가는 것을 관찰할 수 있었다.

① 약물 B를 섭취한 초파리의 유전자 A는 돌연변이가 된다.
② 유전자 A가 돌연변이 된 초파리는 약물 B를 섭취하면 파킨슨씨병에 걸린다.
③ 유전자 A가 돌연변이 된 초파리는 약물 B를 섭취하지 않으면 운동성이 결여된다.
④ 물리적 자극에 대한 운동성이 정상인 초파리는 약물 B를 섭취하면 운동성이 결여된다.
⑤ 물리적 자극에 대한 운동성이 비정상인 초파리는 약물 B를 섭취하면 파킨슨씨병에 걸린다.

06 **다음은 한국중부발전(KOMIPO)이 신성장 동력과 글로벌 경쟁력 확보를 위해 추진 중인 에너지신사업에 대한 홍보 내용이다. 에너지신사업 내용에 대한 설명으로 가장 적절하지 않은 것은?**

> 신재생에너지원의 다변화를 위하여 폐기물(하수슬러지, 제지)을 활용한 바이오 연료를 새로이 개발, 발전소의 연료원으로 사용하고 있습니다. 폐기물 고형연료를 이용하여 익산상공에너지와 원주그린열병합 발전소를 운영하고 있으며, 국내 자원 재활용 연료인 유기성 고형 연료를 보령발전본부 연료원으로 활용하고 있습니다.

기존의 표준 석탄화력발전소보다 효율이 높은 초초임계압 화력발전 기술의 최초 국산화로 연간 170만톤의 온실가스 저감이 예상되며, 보령화력 3~6호기 성능개선공사를 통해 연간 105만톤의 온실가스가 저감될 예정입니다.

국내 뿐 아니라 인도네시아와 에너지 선진국인 미국 신재생에너지 시장에도 진출하며 활발한 해외 신재생에너지 사업을 펼치고 있습니다. 인도네시아에 수력발전소를 건설하여 운영하고 있으며, 미국 네바다주 볼더시에 태양광 발전소를 건설 · 운영하고 있습니다.

온배수와 석탄재, CO_2 등 발전소 부산물을 산업별 맞춤형으로 재활용하는 사업도 추진하고 있습니다. 어업 분야에서는 수산종묘배양장 신축과 보령화력 배출 온배수를 활용한 양식장 운영을 예로 들 수 있고, 농업 분야에서의 Eco－Farm 개발 사업은 온배수의 난방열 활용, 석탄회의 원예용 상토 활용 등을 추진하고 있으며, 기타 분야에서는 온배수를 액화천연가스 기화열매체로 활용하거나 동절기 제설작업 시 염화칼슘 대체제로 활용하고 있습니다.

① 폐자원을 활용한 신재생 연료자원 개발 및 운영
② 고효율 발전소 운영을 통한 온실가스 감축
③ 해외 신재생에너지 사업 개발 및 운영
④ 발전소 부산물의 안전한 폐기

07 다음은 사원들이 아래 기사를 읽고 나눈 대화 내용이다. 기사 내용을 정확하게 파악하지 못한 사람은 누구인가?

석면노출로 인한 석면건강영향조사 실시

근로복지공단이 석면노출원 주변 인근 주민을 대상으로 잠재적 석면피해자를 발굴하기 위한 「환경적 석면노출로 인한 석면 건강영향조사」(이하 "석면 건강영향조사")에 참여한다. 환경부에서는 '11년부터 「석면피해구제법」에 따라 석면건강피해자를 조기에 발견하여 구제하기 위해 폐석면 광산, 과거 석면공장 등 석면노출원 주변 인근 주민을 대상으로 건강영향조사를 추진해왔다. 근로복지공단은 환경부의 위탁을 받아 미조사된 석면노출원 중 우선순위가 높은 인천시 일부지역과 슬레이트 공장 지붕이 방치되어 석면피해 위험에 노출된 목포시 일부지역을 대상으로 조사할 예정이다. 이번 조사는 7개월 동안 진행되며, 근로복지공단 소속 3개 병원(인천 · 안산 · 순천병원)에서 21명의 인력이 투입될 예정이다. 근로복지공단 소속 병원은 다년간 의료 · 산업보건사업을 수행하고 있으며, 특히 산업보건사업은 1977년 강원도 태백병원을 시작으로 현재 '인천 · 안산 · 창원 · 순천 · 대전 · 동해병원' 등 전국망을 중심으로 '일반 · 특수 · 종합검진' 등 전문화되고 다양한 검진 프로그램을 운영 중에 있다. "석면 건강영향조사"는 먼저 1차 검진(진찰, 흉부 X－ray 검사 등)을 받게 되고, 1차 검진 결과 석면질환 의심자는 "흉부 CT검사", "폐기능검사" 등 2차 검진을 받게 된다. 석면질환 의심자에 대해서는 관할 시 · 군 · 구에 석면피해인정 신청을 하고 한국환경공단에서 개최하는 석면피해판정위원회의 심의를 거쳐 최종판정이 이루어진다. 금번 석면 건강영향조사는 인천광역시(남동구 논현동) 및 전남 목포시(온금동)에 위치한 석면노출원으로부터 반경 1~2km 이내 지역에 석면비산이 직접적으로 발생한 기간에 속한 날을 포함하여 10년 이상 거주하고 만 20세 이상인 사람을 대상으로 이루어진다. 근로복지공단은 보다 많은 인원이 검진을 받을 수 있도록 대중교통 및 케이블TV 홍보, 주민설명회 등을 계획하고 있으며, 인천지역과 목포지역에서 첫 실시되는 석면 건강영향조사인 만큼 지자체의 적극적인 참여가 절실히 요구되고 있다. 근로복지공단은 이번 석면 건강영향조사 참여를 통해 석면노출에 따른 피해자를 발굴 · 구제하기 위해 최선을 다하고, 공공의료기관으로서의 역할과 책임을 다해나갈 것이다.

① A사원 : 목포의 어떤 슬레이트 공장 지붕이 방치되어 석면피해 위험하다고 해요.
② B사원 : 맞아요. 근처 사는 모든 주민들은 석면 건강영향조사를 받아야겠어요.
③ C사원 : 1차 검진 후 질환 의심자는 2차 검진까지 받게 된다고 하네요.
④ D사원 : 다행이에요. 대중교통 및 케이블 TV 홍보 등을 계획하고 있어서 보다 많은 인원이 검진을 받을 수 있을 것 같아요.

08 다음 글에서 궁극적으로 강조하는 내용으로 가장 적절한 것은?

로마는 '마지막으로 보아야 하는 도시'라고 합니다. 장대한 로마 유적을 먼저 보고 나면 다른 관광지의 유적들이 상대적으로 왜소하게 느껴지기 때문일 것입니다. 로마의 자부심이 담긴 말입니다. 그러나 나는 당신에게 제일 먼저 로마를 보라고 권하고 싶습니다. 왜냐하면 로마는 문명이란 무엇인가라는 물음에 대해 가장 진지하게 반성할 수 있는 도시이기 때문입니다. 문명관(文明觀)이란 과거 문명에 대한 관점이 아니라 우리의 가치관과 직결되어 있는 것입니다. 그리고 과거 문명을 바라보는 시각은 그대로 새로운 문명에 대한 전망으로 이어지기 때문입니다.

① 문명을 반성적으로 볼 수 있는 가치관이 필요하다.
② 여행할 때는 로마를 가장 먼저 보는 것이 좋다.
③ 문화 유적에 대한 로마인의 자부심은 본받을 만하다.
④ 과거 문명에서 벗어나 새로운 문명을 창조해야 한다.

09 다음 글의 전개 방식에 대한 설명으로 가장 적절한 것은?

유럽의 18~19세기는 혁신적 지성의 열기로 가득 찬 시대였다. 혁신적 지성은 정치적, 경제적, 사회적 여건의 성숙과 더불어 서양 근대 사회의 확립에 주도적 역할을 하였다. 수많은 개혁 사상과 혁명 사상의 제공자는 물론이요, 실천면에서도 개혁가와 혁명가는 지성인 출신이었다. 그들은 새로운 미래를 제시하고, 그것을 뒷받침할 이데올로기를 마련하고, 그것을 실현할 구체적인 방안을 제시하는 동시에, 현실의 모순을 과감하게 비판하고 몸소 실천에 뛰어들기도 하였다.

하지만 20세기에 이르러 사태는 달라지기 시작하였다. 근대 사회 성립에 주도적 역할을 담당했던 혁신적 지성은 그 혁신적 성격과 개혁적 정열을 점차로 상실하고, 직업적이고 기술적인 지성으로 변모하였다. 이는 근대 사회가 완성되고 성숙함에 따른 당연한 귀결일지도 모르며, 오늘날 고도로 발달한 서구 사회에 직업적이고 기술적인 지성이 필요 불가결하기도 하다. 그러나 지성이 고도로 발달한 사회에서 직업적이고 전문적인 지식과 기술을 제공하는 것으로 만족할 것인가의 문제는 다시 한 번 생각해 봄직하다.

만일 서구 사회가 현재에 안주하고 현상 유지를 계속할 수가 있다면 문제는 다르다. 그러나 그것은 사회의 전면적인 침체를 가지고 올 것이며, 그것은 또한 불길한 몰락의 징조일지도 모른다.

현재의 모순과 문제를 파헤치고 이를 개혁하여 새로운 미래로 나아가는 구체적 방안을 모색하는 임무는 누가 져야 할 것인가? 그것은 역시 지성의 임무이다. 지성은 거의 영구불변의 기능이라고 할 수 있는 문화 창조의 기능을 가져야 한다. 현대의 지성은 전문 지식과 기술을 제공하는 데 그치지 말고, 현실을 비판하며 실현 가능한 구체적 방안을 모색하여 새로운 미래를 제시하는 혁신적 성격을 상실해서는 안 될 것이다.

① 자신의 주장을 밝히고 이와 상반된 견해를 반박하고 있다.
② 상호 대립된 견해를 제시하고 자신의 입장을 밝히고 있다.
③ 시대적 변천 양상을 살피면서 바람직한 방향을 제시하고 있다.
④ 용어에 대한 개념 차이를 밝히며 자신의 주장을 펼치고 있다.

10 다음 설명을 통해 알 수 있는 내용으로 적절한 것은?

동의보감에서는 인간을 생식(生殖)을 할 수 있는 자와 그렇지 못한 자로 대별하였다. 남자 16세 이상, 여자 14세 이상의 성인과 그렇지 못한 소아의 구분이 그것으로, 남자는 16세 이상이 되어야 정(精)을 생산할 수 있고 여자의 경우 14세 이상이어야 월경을 통해 임신할 수 있는 능력이 형성되기 때문이다. 생식을 통해 후세를 이어 갈 수 있는 인간만이 참된 인간으로 정의된 것이다.

여기서 남정(男精)과 모혈(母血)의 개념이 중요하게 대두된다. 이러한 남녀의 구분법은 단순히 생리적인 성 차이를 드러낼 뿐만 아니라 생식을 중시한 표현이었다. 남정의 개념이 생식 가능한 남자를 중심에 놓고 있는 것처럼, 모혈 역시 생식 가능한 여성만을 고려한 표현이다. 이에 따라 남성에게는 정(精)이, 여성에게는 혈(血)과 자궁 (子宮)이 중요한 기능으로 파악되었다.

① 혼인이라는 사회적 의례가 매우 중요하다.
② 성인이라 하여도 자녀를 생산할 수 없다면 진정한 인간이 될 수 없다.
③ 인간의 사회적 중요도는 '성인 남자 → 성인 여자 → 어린이'의 순서이다.
④ 동의보감에서는 질병의 원인에 따라 병을 분류한다.

11 다음 글의 '시'에 대한 견해 중에서 밑줄 친 칸트의 입장과 부합하는 것은?

미적인 것이란 내재적이고 선험적인 예술 작품의 특성을 밝히는 데서 더 나아가 삶의 풍부하고 생동적인 양상과 가치, 목표를 예술 형식으로 변환한 것이다. 미(美)는 어떤 맥락으로부터도 자율적이기도 하지만 타율적이다. 미에 대한 자율적 견해를 지닌 칸트도 일견 타당하지만, 미를 도덕이나 목적론과 연관시킨 톨스토이나 마르크스도 타당하다. 우리가 길을 지나다 이름 모를 곡을 듣고서 아름답다고 느끼는 것처럼 순수미의 영역이 없는 것은 아니다. 하지만 그 곡이 독재자를 열렬히 지지하기 위한 선전곡이었음을 안 다음부터 그 곡을 혐오하듯 미(美) 또한 사회 경제적, 문화적 맥락의 영향을 받기도 한다.

① 시는 정제된 시어와 운율을 통하여 감상해야 한다.
② 시는 사회의 모순을 고발할 수 있고, 개혁의 전망도 제시할 수 있다.
③ 시를 읽으면 시인과의 대화를 통해 정서적 성장을 도모할 수 있다.
④ 시를 감상하기 위해서는 당시의 사회 상황을 알아야 한다.

12 다음 글의 내용과 부합하지 않는 것은?

윤리학은 규범에 관한 진술을 연구하는 학문이다. 우리가 하나의 규범을 진술하고 있는지 아니면 가치 판단을 진술하고 있는지에 관한 문제는 단지 설명 방식의 차이에 불과하다. 규범은 예를 들어 "살인하지 마라."와 같은 명령 형식을 가지고 있다. 이 명령에 대응하는 가치 판단은 "살인은 죄악이다."와 같은 것이다. "살인하지 마라."와 같은 규범은 문법적으로 명령 형식이며, 따라서 참이거나 거짓으로 드러날 수 있는 사실적 진술로 간주되지 않을 것이다. 그러나 "살인은 죄악이다."와 같은 가치 판단은 규범의 경우와 마찬가지로 단지 어떤 희망을 표현하는 것에 불과하지만 문법적으로는 서술문의 형식을 가지고 있다. 일부 사람들은 이러한 형식에 속아 넘어가서 가치 판단이 실제로는 하나의 주장이며, 따라서 참이거나 거짓이 되어야만 한다고 생각한다. 그러므로 이들은 자신의 가치 판단에 관한 근거를 제시하고 이를 반대하는 사람들의 주장을 논박하려고 노력한다. 그러나 실제로 가치 판단은 오해의 소지가 있는 문법적 형식을 가진 명령이다. 그것은 사람들의 행위에 영향을 미칠 수 있으며 이러한 영향은 우리들의 희망에 부합하거나 부합하지 않을 뿐이지 참이거나 거짓이라고 할 수 없다.

① 가치 판단은 그 문법적 형식에서 규범에 관한 진술과 구별된다.
② "도둑질하지 마라."와 같은 규범은 사실적 진술로 간주해서는 안 된다.
③ 윤리학은 사실적 진술을 다루는 경험과학과 그 연구대상의 성격이 차별화되지 않는다.
④ "도둑질은 나쁜 일이다."와 같은 진술은 참이거나 거짓이라고 할 수 없으며, 사람들의 태도와 행동에 영향을 미칠 수 있다.

[13～14] 다음 글을 읽고 물음에 알맞은 답을 고르시오.

2015년 한국직업능력개발원 보고서에 따르면 전체 대졸 취업자의 전공 불일치 비율이 6년 간 3.6%p 상승했다. 이는 우리 대학교육이 취업 환경의 급속한 변화를 따라가지 못하고 있음을 보여준다. 기존의 교육 패러다임으로는 오늘 같은 직업생태계의 빠른 변화에 대응하기 어려워 보인다. 중고등학교 때부터 직업을 염두에 둔 맞춤 교육을 하는 것이 어떨까? 그것은 두 가지 점에서 어리석은 방안이다. 한 사람의 타고난 재능과 역량이 가시화되는 데 훨씬 더 오랜 시간과 경험이 필요하다는 것이 첫 번째 이유이고, 사회가 필요로 하는 직업 자체가 빠르게 변하고 있다는 것이 두 번째 이유이다.

그렇다면 학교는 우리 아이들에게 무엇을 가르쳐야 할까? 교육이 아이들의 삶뿐만 아니라 한 나라의 미래를 결정한다는 사실을 고려하면 이것은 우리 모두의 운명을 좌우할 물음이다. 문제는 세계의 환경이 급속히 변하고 있다는 것이다. 2030년이면 현존하는 직종 가운데 80%가 사라질 것이고, 2011년에 초등학교에 입학한 어린이 중 65%는 아직 존재하지도 않는 직업에 종사하게 되리라는 예측이 있다. 이런 상황에서 교육이 가장 먼저 고려해야 할 것은 변화하는 직업 환경에 성공적으로 대응하는 능력에 초점을 맞추는 일이다.

이미 세계 여러 나라가 이런 관점에서 교육을 개혁하고 있다. 핀란드는 2020년까지 학교 수업을 소통, 창의성, 비판적 사고, 협동을 강조하는 내용으로 개편한다는 계획을 발표했다. 이와 같은 능력들은 빠르게 현실화되고 있는 '초연결 사회'에서의 삶에 필수적이기 때문이다. 말레이시아의 학교들은 문제해결 능력, 네트워크형 팀워크 등을 교과과정에 포함시키고 있고, 아르헨티나는 초등학교와 중학교에서 코딩을 가르치고 있다. 우리 교육도 개혁을 생각하지 않으면 안 된다.

13 다음 중 글의 내용과 부합하지 않는 것은?

① 전공과 무관한 직업을 택하는 대졸 취업자가 증가하고 있다.
② 2030년 이후 대학 졸업자는 대부분 현재 존재하지 않는 직업에 종사하게 될 것이다.
③ 급속한 취업 환경 변화에 대응하기 위해 학교에서의 직업 맞춤형 교육이 필요하다.
④ 교육에서도 소통과 협력적 네트워크의 중요성이 점차 증가하고 있다.

14 다음 글의 중심 내용으로 가장 적절한 것은?

① 한 국가의 교육은 당대의 직업구조의 영향을 받는다.
② 미래에는 현존하는 직업 중 대부분이 사라지는 큰 변화가 있을 것이다.
③ 빠르게 변하는 불확실성의 세계에서는 미래의 유망 직업을 예측하는 일이 중요하다.
④ 교육은 다음 세대가 사회 환경의 변화에 대응하는 데 필요한 역량을 함양하는 방향으로 변해야 한다.

15 같은 회사의 '갑'과 '을'은 함께 사내 걷기대회에 함께 참가하였다. '갑'은 시속 4.62km, '을'은 3.3km의 속력으로 걷는다고 할 때, '갑'이 5시간 후 목표지점에 도착하였다면, '을'은 '갑'이 도착한 뒤 얼마 후에 도착하는가? (단, 출발부터 도착까지 쉬는 시간은 없으며, 출발지에서 도착지까지 모두 같은 코스를 걷는다고 가정한다.)

① 40분 후
② 1시간 20분 후
③ 2시간 후
④ 2시간 40분 후

16 다음 중 4시간 48분은 몇 일(日)에 해당하는가?

① $\frac{1}{6}$일
② $\frac{1}{5}$일
③ $\frac{2}{9}$일
④ $\frac{1}{4}$일

17 도로의 가로수를 심으려 한다. 300m 거리의 도로 양쪽에 12m 간격으로 처음부터 끝까지 가로수를 심을 때 모두 몇 그루를 심게 되는가?

① 25그루
② 26그루
③ 50그루
④ 52그루

[18~19] 다음의 〈표〉는 어느 나라의 기업 기부금 순위 상위 기업의 현황과 연도별 기부금 추이를 나타낸 것이다. 물음에 알맞은 답을 고르시오.

〈표 1〉 2024년 기부금 순위 상위 5개 기업 현황

순위	기업명	총기부금(억 원)	현금기부율(%)
1	A	350	20
2	B	300	24
3	C	280	26
4	D	250	15
5	E	240	29

〈표 2〉 연도별 기부금 추이

구분 \ 연도	2020	2021	2022	2023	2024
기부금 총액(억원)	5,520	6,240	7,090	7,820	8,220
기업 기부금 총액(억원)	1,980	2,190	2,350	2,610	2,760

18 다음 중 2024년의 현금기부금 액수가 가장 많은 기업은 어디인가?

① A기업
② B기업
③ C기업
④ E기업

19 다음 〈보기〉의 설명 중 옳은 것을 모두 고르면?

보기

㉠ 기부금 총액과 기업의 기부금 총액은 매년 지속적으로 증가하였다.
㉡ 기부금 총액에서 기업의 기부금이 차지하는 비중은 매년 지속적으로 증가하였다.
㉢ 2024년 상위 5개 기업의 총기부금은 기부금 총액의 17% 이하이다.

① ㉠
② ㉢
③ ㉠, ㉢
④ ㉡, ㉢

20 같은 팀 영업사원인 '갑, 을'은 지난 달 두 사람이 합해서 250대의 에어컨을 판매했다. 이번 달에 '갑'은 전달 대비 에어컨 판매수량이 30% 증가했고, '을'은 20% 감소했으며, 두 사람이 합해서 20% 증가했다. 이번 달 '을'의 에어컨 판매수량은?

① 40대
② 44대
③ 50대
④ 60대

21 위조지폐일 가능성이 있는 10장의 지폐 중 진짜 위조지폐는 3장이 있다고 한다. 위조지폐에 대한 전문지식이 없는 '갑'과 '을' 두 사람이 순서대로 지폐를 한 장씩 고를 때, 두 장 모두 위조지폐일 확률은? (단, 먼저 고른 지폐는 다시 섞지 않는다.)

① $\frac{3}{50}$
② $\frac{1}{15}$
③ $\frac{1}{10}$
④ $\frac{2}{9}$

[22~23] 다음은 2024년 극한기후 유형별 발생일수와 발생지수에 관한 자료이다. 물음에 알맞은 답을 고르시오.

〈표〉 2024년 극한기후 유형별 발생일수와 발생지수

유형	폭염	한파	호우	대설	강풍
발생일수(일)	16	5	3	0	1
발생지수	5.00	( )	( )	1.00	( )

※ 극한기후 유형은 폭염, 한파, 호우, 대설, 강풍만 존재함.

〈산정식〉

극한기후 발생지수 $=4\times\left(\frac{A-B}{C-B}\right)+1$

A = 당해년도 해당 극한기후 유형 발생일수
B = 당해년도 폭염, 한파, 호우, 대설, 강풍의 발생일수 중 최솟값
C = 당해년도 폭염, 한파, 호우, 대설, 강풍의 발생일수 중 최댓값

22 〈표〉와 〈산정식〉에 따라 2024년 극한기후 유형별 발생지수를 산출할 때, 이에 대한 설명으로 옳은 것은?

① 발생지수가 가장 높은 유형은 한파이다.
② 호우의 발생지수는 2.00 이상이다.
③ 호우와 강풍의 발생지수의 합은 한파의 발생지수보다 크다.
④ 폭염의 발생지수는 강풍의 발생지수의 5배 이상이다.

23 제시된 5가지 극한기후 유형별 발생지수의 평균은 얼마인가?

① 2.25 ② 2.50
③ 2.75 ④ 3.00

24 다음 〈표〉는 과목 등급 산정기준과 과목별 이수단위 및 '갑'의 과목별 석차에 대한 자료이다. 〈표〉와 〈평균등급 산출 공식〉에 따라 산정한 '갑'의 4개 과목 평균등급을 M이라 할 때, M의 범위로 옳은 것은?

〈표 1〉 과목 등급 산정기준

등급	과목석차 백분율
1	0% 초과 4% 이하
2	4% 초과 11% 이하
3	11% 초과 23% 이하
4	23% 초과 40% 이하
5	40% 초과 60% 이하
6	60% 초과 77% 이하
7	77% 초과 89% 이하
8	89% 초과 96% 이하
9	96% 초과 100% 이하

※ 과목석차 백분율(%)$=\frac{\text{과목석차}}{\text{과목이수인원}}\times 100$

〈표 2〉 과목별 이수단위 및 민수의 과목별 석차

과목 \ 구분	이수단위(단위)	석차(등)	이수인원(명)
국어	3	270	300
영어	3	44	300
수학	2	27	300
과학	3	165	300

〈평균등급 산출 공식〉

평균등급$=\frac{(\text{과목별 등급}\times\text{과목별 이수단위})\text{의 합}}{\text{과목별 이수단위의 합}}$

① $3 \le M < 4$　　② $4 \le M < 5$
③ $5 \le M < 6$　　④ $6 \le M < 7$

25 다음 〈표〉는 '갑'국의 2024년 복지종합지원센터, 노인복지관, 자원봉사자, 등록노인 현황에 관한 자료이다. 이에 대한 설명 중 옳은 것은?

〈표〉 복지종합지원센터, 노인복지관, 자원봉사자, 등록노인 현황

(단위 : 개소, 명)

지역 \ 구분	복지종합 지원센터	노인복지관	자원봉사자	등록노인
A	20	1,336	8,252	397,656
B	2	126	878	45,113
C	1	121	970	51,476
D	2	208	1,388	69,395
E	1	164	1,188	59,050
F	1	122	1,032	56,334
G	2	227	1,501	73,825
H	3	362	2,185	106,745
I	1	60	529	27,256
전국	69	4,377	30,171	1,486,980

① 전국의 노인복지관, 자원봉사자 중 A지역의 노인복지관, 자원봉사자의 비중은 각각 30% 이상이다.
② A~I지역 중 복지종합지원센터 1개소당 노인복지관 수가 100개소 이하인 지역은 A, B, D, I이다.
③ 노인복지관 1개소당 자원봉사자 수는 H지역이 C지역보다 많다.
④ A~I지역 중 복지종합지원센터 1개소당 자원봉사자 수가 가장 많은 지역과 복지종합지원센터 1개소당 등록노인 수가 가장 많은 지역은 동일하다.

26 다음 〈표〉는 3개 기업(A~C)의 반기별 수익률에 관한 자료이다. 다음 〈조건〉을 근거로 하여 '☆△□'에 해당하는 수치로 적절한 것은?

〈표〉 기업의 반기별 수익률

(단위 : %)

기업 \ 기간	상반기	하반기
A	☆△□	☆○△
B	□☆○	□△☆
C	○□☆	○△☆

조건

- 각 기호는 서로 다른 한 자리 자연수를 나타낸다.
- 수익률 중 가장 높은 값은 532이다.
- A의 수익률은 상반기보다 하반기에 높다.
- B의 수익률은 하반기보다 상반기에 높다.
- C의 수익률은 상반기보다 하반기에 높다.

① 312
② 321
③ 512
④ 521

[27~28] 다음 〈표〉와 〈그림〉은 2016~2023년 동안 A국의 비행단계별, 연도별 항공기사고 발생 건수에 대한 자료이다. 물음에 알맞은 답을 고르시오.

〈표〉 비행단계별 항공기사고 발생 건수(2016~2023년)

(단위 : 건, %)

단계	발생 건수	비율
지상이동	4	6.9
이륙	2	3.4
상승	7	12.1
순항	22	37.9
접근	6	10.3
착륙	17	29.4
계	58	100.0

〈그림〉 연도별 항공기사고 발생 건수

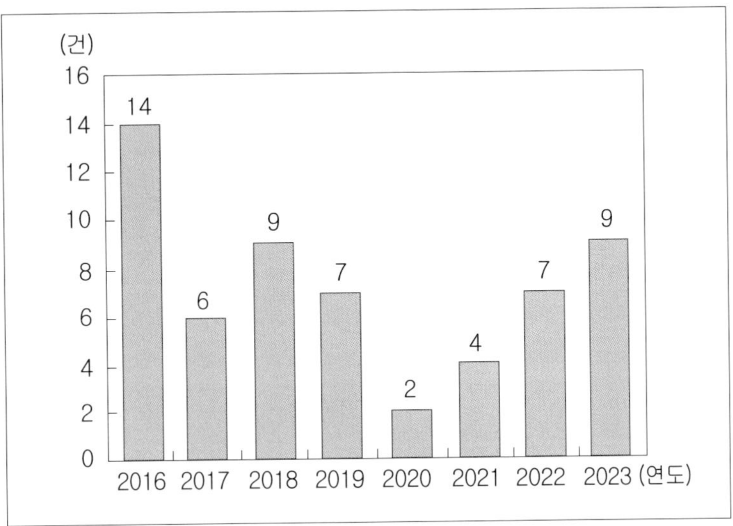

27 다음 〈보기〉의 설명 중 옳은 것만을 모두 고르면?

보기
- ㉠ 2020년 이후 항공기사고 발생 건수는 매년 증가하였다.
- ㉡ 비행단계별 항공기사고 발생 건수가 많은 것부터 순서대로 나열하면 순항, 착륙, 접근, 상승 순이다.
- ㉢ 순항단계와 착륙단계의 항공기사고 발생 건수의 합은 총 항공기사고 발생 건수의 65% 이하이다.

① ㉠
② ㉢
③ ㉠, ㉡
④ ㉡, ㉢

28 다음 중 항공기사고 발생 건수의 전년대비 증가율이 가장 높은 연도는?

① 2018년
② 2021년
③ 2022년
④ 2023년

29 다음 〈표〉는 한 국가의 2017~2024년 7개 도시 실질 성장률에 대한 자료이다. 이에 대한 설명으로 옳은 것은?

〈표〉 7개 도시 실질 성장률

(단위 : %)

연도 / 도시	2017	2018	2019	2020	2021	2022	2023	2024
A	9.0	3.4	8.0	1.3	1.0	2.2	4.3	4.4
B	5.3	7.9	6.7	4.8	0.6	3.0	3.4	4.6
C	7.4	1.0	4.4	2.6	3.2	0.6	3.9	4.5
D	6.8	4.9	10.7	2.4	3.8	3.7	6.8	7.4
E	10.1	3.4	9.5	1.6	1.5	6.5	6.5	3.7
F	9.1	4.6	8.1	7.4	1.6	2.6	3.4	3.2
G	8.5	0.5	15.8	2.6	4.3	4.6	1.9	4.6

① 2018년 각 도시의 실질 성장률은 2017년에 비해 감소하였다.

② 2021년과 2022년 실질 성장률이 가장 높은 도시는 동일하다.

③ 2022년 A, B, E의 실질 성장률은 각각 2021년의 2배 이상이다.

④ 2019년 대비 2020년 실질 성장률이 5%p 이상 감소한 도시는 모두 3개이다.

30 다음 〈그림〉은 우리나라의 직장어린이집 수에 대한 자료이다. 이에 대한 설명으로 옳은 것은?

〈그림 1〉 2000~2010년 전국 직장어린이집 수

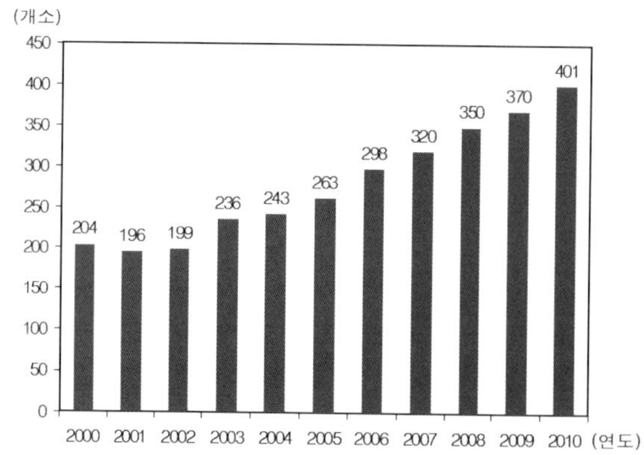

〈그림 2〉 2010년 지역별 직장어린이집 수

(단위:개소)

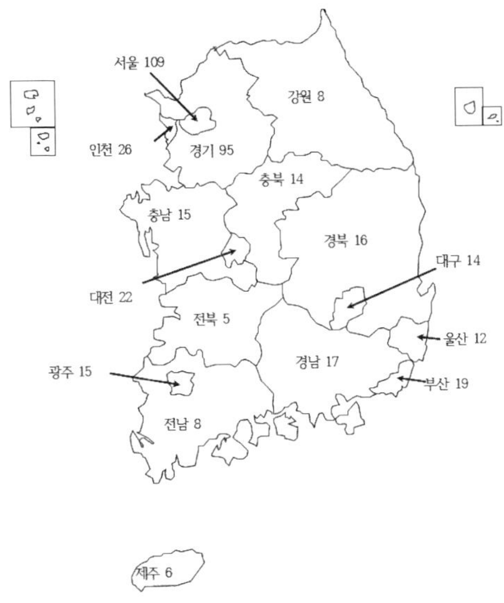

① 2006년 대비 2008년 전국 직장어린이집 수는 20% 이상 증가하였다.

② 2010년 인천 지역 직장어린이집 수는 2010년 전국 직장어린이집 수의 5% 이하이다.

③ 2010년 서울과 경기 지역 직장어린이집 수의 합은 2010년 전국 직장어린이집 수의 절반 이하이다.

④ 2000~2010년 동안 전국 직장어린이집 수의 전년대비 증가율이 10% 이상인 연도는 2003년과 2006년 두 번뿐이다.

31 **다음 〈표〉는 AIIB(Asian Infrastructure Investment Bank)의 지분율 상위 10개 회원국의 지분율과 투표권 비율에 대한 자료이다. 이에 대한 설명 중 옳지 않은 것은?**

〈표〉 지분율 상위 10개 회원국의 지분율과 투표권 비율

(단위 : %)

회원국	지역	지분율	투표권 비율
중국	A	30.34	26.06
인도	A	8.52	7.51
러시아	B	6.66	5.93
독일	B	4.57	4.15
한국	A	3.81	3.50

호주	A	3.76	3.46
프랑스	B	3.44	3.19
인도네시아	A	3.42	3.17
브라질	B	3.24	3.02
영국	B	3.11	2.91

※ (1) 회원국의 지분율(%)$=\frac{\text{해당회원국이 AIIB에 출자한 자본금}}{\text{AIIB의 자본금 총액}}\times 100$

(2) 지분율이 높을수록 투표권 비율이 높아짐.

① 지분율 상위 3개 회원국의 투표권 비율을 합하면 40% 이하이다.

② 지분율 상위 10개 회원국 중 지분율과 투표권 비율의 차이가 가장 큰 회원국은 중국이고, 가장 작은 회원국은 영국이다.

③ AIIB의 자본금 총액이 2,500억 달러라면, 독일과 프랑스가 AIIB에 출자한 자본금의 합은 200억 달러 이하이다.

④ 지분율 상위 10개 회원국 중에서, A지역 회원국의 지분율 합은 B지역 회원국의 지분율 합의 2배 이상이다.

[32～33] 다음 〈표〉는 2024년 한 도시의 5개 구(區) 주민의 닭고기 소비량에 관한 자료이다. 〈표〉와 〈조건〉을 토대로 하여 물음에 알맞은 답을 고르시오.

〈표〉 5개 구 주민의 닭고기 소비량 통계

(단위 : kg)

구(區)	평균(1인당 소비량)	표준편차
A	(㉠)	5.0
B	(㉡)	4.0
C	30.0	6.0
D	12.0	4.0
E	(㉢)	8.0

※ 변동계수(%)$=\frac{\text{표준편차}}{\text{평균}}\times 100$

조건

- A구의 1인당 소비량과 B구의 1인당 소비량을 합하면 C구의 1인당 소비량과 같다.
- A구의 1인당 소비량과 D구의 1인당 소비량을 합하면 E구 1인당 소비량의 2배와 같다.
- E구의 1인당 소비량은 B구의 1인당 소비량보다 6.0kg 더 많다.

32 다음 중 ㉠~㉢에 해당하는 1인당 닭고기 소비량(kg)을 바르게 연결한 것은?

	㉠	㉡	㉢
①	10	20	26
②	14	16	22
③	16	14	20
④	20	10	16

33 변동계수가 가장 큰 구(區)와 가장 작은 구(區)를 모두 바르게 연결한 것은?

	변동계수가 가장 큰 구	변동계수가 가장 작은 구
①	B	A
②	E	C
③	B	C
④	E	A

34 다음 〈표〉는 산업재산권 유지를 위한 등록료에 관한 자료이다. 다음 중 권리 유지비용이 가장 많이 드는 것은?

〈표〉 산업재산권 등록료

(단위 : 원)

구분 / 권리	설정등록료(1~3년분)		연차등록료						
			4~6 년차	7~9 년차	10~12 년차	13~15 년차	16~18 년차	19~21 년차	22~25 년차
특허권	기본료	81,000	매년 60,000	매년 120,000	매년 240,000	매년 480,000	매년 960,000	매년 1,920,000	매년 3,840,000
	가산료 (청구범위의 1항마다)	54,000	매년 25,000	매년 43,000	매년 55,000	매년 68,000	매년 80,000	매년 95,000	매년 120,000
실용 신안권	기본료	60,000	매년 40,000	매년 80,000	매년 160,000	매년 320,000	–		
	가산료 (청구범위의 1항마다)	15,000	매년 10,000	매년 15,000	매년 20,000	매년 25,000			
디자인권	75,000		매년 35,000	매년 70,000	매년 140,000	매년 280,000	–		
상표권	211,000(10년분)		10년 연장시 256,000						

※ 권리 유지비용은 설정등록료와 연차등록료의 합으로 구성됨.
※ 특허권, 실용신안권의 기본료는 청구범위의 항 수와는 무관하게 부과되는 비용임. 예를 들어, 청구범위가 1항인 경우 기본료와 1항에 대한 가산료가 부과됨.

① 청구범위가 1항인 특허권에 대한 4년간의 권리 유지
② 청구범위가 3항인 실용신안권에 대한 5년간의 권리 유지
③ 한 개의 디자인권에 대한 6년간의 권리 유지
④ 한 개의 상표권에 대한 10년간의 권리 유지

35 표준 업무시간이 80시간인 업무를 각 부서에 할당해 본 결과, 다음과 같은 〈표〉를 얻었다. 어느 부서의 업무효율이 가장 높은가?

〈표〉 부서별 업무시간 분석결과

부서명	투입인원(명)	개인별 업무시간(시간)	회의	
			횟수(회)	소요시간(시간/회)
A	2	41	3	1
B	3	30	2	2
C	4	22	1	4
D	4	17	3	2

※ (1) 업무효율 $=\frac{\text{표준업무시간}}{\text{총투입시간}}$
(2) 총 투입시간은 개인별 투입시간의 합임.
개인별 투입시간 = 개인별 업무시간 + 회의 소요시간
(3) 부서원은 업무를 분담하여 동시에 수행할 수 있음.
(4) 투입된 인원의 개인별 업무능력과 인원 당 소요시간이 동일하다고 가정함.

① A부서 ② B부서
③ C부서 ④ D부서

36 다음 글을 근거로 판단할 때, 재산등록 의무자의 재산등록 대상으로 옳은 것은?

재산등록 및 공개 제도는 재산등록 의무자가 본인, 배우자 및 직계존 · 비속의 재산을 주기적으로 등록 · 공개하도록 하는 제도이다. 이 제도는 재산등록 의무자의 재산 및 변동사항을 국민에게 투명하게 공개함으로써 부정이 개입될 소지를 사전에 차단하여 공직 사회의 윤리성을 높이기 위해 도입되었다.

- 재산등록 의무자 : 대통령, 국무총리, 국무위원, 지방자치단체장 등 국가 및 지방자치단체의 정무직 공무원, 4급 이상의 일반직 · 지방직 공무원 및 이에 상당하는 보수를 받는 별정직 공무원, 대통령령으로 정하는 외무공무원 등
- 등록대상 친족의 범위 : 본인, 배우자, 본인의 직계존 · 비속. 다만, 혼인한 직계비속인 여성, 외증조부모, 외조부모 및 외손자녀, 외증손자녀는 제외한다.
- 등록대상 재산 : 부동산에 관한 소유권 · 지상권 및 전세권, 자동차 · 건설기계 · 선박 및 항공기, 합명회사 · 합자회사 및 유한회사의 출자 지분, 소유자별 합계액 1천만 원 이상의 현금 · 예금 · 증권 · 채권 · 채무, 품목당 5백만 원 이상의 보석류, 소유자별 연간 1천만 원 이상의 소득이 있는 지식재산권

※직계존속 : 부모, 조부모, 증조부모 등 조상으로부터 자기에 이르기까지 직계로 이어 내려온 혈족
※직계비속 : 자녀, 손자, 증손 등 자기로부터 아래로 직계로 이어 내려가는 혈족

① 시청에 근무하는 4급 공무원 A의 동생이 소유한 아파트
② 시장 B의 결혼한 딸이 소유한 1,500만 원의 정기예금
③ 도지사 C의 아버지가 소유한 연간 600만 원의 소득이 있는 지식재산권
④ 정부부처 4급 공무원 상당의 보수를 받는 별정직 공무원 D의 아들이 소유한 승용차

37 다음을 읽고 글에서 주장하는 핵심적인 내용을 가장 적절하게 추론한 것은?

어떤 사람들은 경제적 효율성의 달성을 다른 가치에 비하여 중시하고, 또 다른 사람들은 구성원들 간의 형평성을 중시한다. 사람들은 대개 자신이 처해 있는 상황에 따라 효율성과 형평성 중에서 선택하는 것으로 보인다. 그러나 이것이 반드시 사실이 아닐 수도 있다. 예컨대, 피자만을 생산하는 두 개의 국가, A와 B가 있다고 가정하자. 국가 A는 매우 가난하기 때문에 스몰 사이즈의 피자를 만들어 낸다. 한편 국가 B는 매우 부유하여 라지 사이즈의 피자를 만들어 낸다. 그러나 국가 A에서는 사람들이 비교적 평등하게 피자를 나누어 갖는 시스템을 갖추고 있기 때문에 부자들이 5쪽을 갖고 나머지 3쪽을 가난한 사람들이 갖는다. 한편 국가 B에서는 매우 큰 피자를 만들어 내지만 상대적으로 불평등하게 나누어 갖는다. 국가 B에서는 부자들이 7쪽을 갖고 가난한 사람들이 나머지 한 쪽을 갖는다. 그런데 국가 B에서 가난한 사람들이 갖는 한 쪽의 피자가 국가 A의 피자 전체와 크기가 비슷하거나 그것보다 더 크기 때문에 반드시 국가 A가 더 바람직하다고 할 수도 없다. 가난한 입장에 처해 있는 사람들로서는 만약 국가 A와 국가 B 중에서 선택해야 하는 상황에 직면한다면 난감하게 될 것이다. 말하자면 큰 나라의 1/8을 취해야 할 것인지 작은 나라의 3/8을 취해야 할 것인지 고민할 것이고, 결국 각자의 판단으로 결정하게 될 것이다.

① 가난한 사람들은 형평성을 선호하는 경향이 있다.
② 부유한 사람들은 효율성을 중시하는 경향이 있다.
③ 효율성과 형평성을 선호하는 기준은 개인의 성향과 연계되어 있다.
④ 효율성과 형평성을 선호하는 기준은 자신의 경제수준에 따라 결정된다.

38 사회적 불안이 발생하는 원인에 대한 다음의 관점과 일치하지 않는 것은?

'기대하는 욕구만족'과 '현실적인 욕구만족'이 모두 같은 비율로 증가하는 시기에도 기대수준이 현실적인 충족수준 보다 높기는 하지만 사람들이 심각한 박탈감을 느끼지는 않는다. 그러나 기대수준은 급격히 상승함에도 불구하고 그러한 기대를 충족시킬 수 있는 사회적 여건이 그에 상응하지 못할 경우에는 기대수준과 현실에 대한 만족도 간의 격차가 확대된다. 이러한 격차가 현저하게 드러날 때 사람들은 상대적 박탈감을 느끼고 좌절이 커져 사회적 불안이 나타난다.

① 저개발국가의 국민들은 공업화 정책이 가져올 풍요로운 삶에 대한 희망을 갖게 되었다. 그러나 경제적 성과가 지속되지 않거나 그러한 성과가 분배로 연결되지 않아서 새로운 긴장이 발생했다.

② 1960년대 초 미국 경제의 호황과 존슨 대통령의 '빈곤과의 전쟁' 선언은 흑인들의 기대를 급격하게 상승시키는 요인이 되었다. 그러나 흑인들의 삶의 수준에는 변화가 없었기 때문에 '빈곤과의 전쟁' 선언은 좌절의 근원이 되었다.

③ 1980년 '서울의 봄'은 민주화에 대한 국민들의 열망을 크게 확산시켰다. 그러나 뒤이은 권위주의 정권의 등장으로 다시 시민들의 정치적 권리가 박탈되어 정치적 불만이 누적되었다.

④ 1987년 노동자, 학생, 농민, 청년 등 다양한 운동단체들이 조직적으로 참여하여 민주화운동을 전개하였다. 그러나 민주화 이후 그들의 운동은 여성, 인권, 환경, 문화 등의 다양한 방향으로 분화되었다.

39 다음 글에 제시된 세 가지 행정 원칙과 아래 〈보기〉의 적용 사례를 모두 바르게 연결한 것은?

〈행정의 일반원칙〉

A 행정작용에 의해 국민의 자유와 권리를 침해하는 경우에는 공익목적 달성에 적합하고 유용한 수단을 선택하여야 한다. 그 중에서도 최소한의 침해를 가져오는 수단을 선택하여야 하고, 침해로 인해 달성되는 공익과 침해되는 사익 간에 상당한 비례관계가 유지되어야 한다.

B 행정작용에 있어서는 합리적 사유가 없는 한, 국민을 평등하게 대우하여야 한다.

C 행정기관의 적극적 · 소극적 행위가 지니는 정당성 · 지속성에 대하여 개인이 가지고 있는 신뢰 중에서 국가 입장에서 합리적으로 보호해 주어야 한다고 판단되는 신뢰는 보호되어야 한다.

보기

㉠ 택시운전사가 운전면허정지 기간 중에 운전을 하다가 적발되어 형사처벌을 받았으나, 행정청으로부터 아무런 행정조치가 없어 안심하고 계속 운전업무에 종사하던 중, 3년이 지나 운전면허를 취소하는 행정처분을 받는 것은 불합리하다.

ⓛ 당직근무 대기 중 심심풀이로 돈을 걸지 않고 점수따기 화투놀이를 한 사실이 징계사유에 해당되더라도 징계처분으로 파면을 택한 것은 화투놀이를 함께 한 3명을 견책에 처하기로 한 사실을 고려하면 그 재량의 범위를 벗어난 것이므로 위법이다.

ⓒ 도로교통법상 음주운전은 면허취소와 1년 이내의 면허정지 중 하나의 벌칙을 받게 되어 있다. 원고에게 이 중 무거운 면허취소처분을 한 것은 가혹할지 모르지만, 음주운전으로 인한 교통사고 방지라는 공익적 필요가 크기 때문에 면허취소가 지나치다고는 볼 수 없다. 원고가 자동차 운전을 생업으로 삼고 있는 사정이 있지만 이 경우에는 더욱 음주운전을 예방해야 할 필요가 있다.

	A	B	C
①	㉠	㉡	㉢
②	㉡	㉢	㉠
③	㉢	㉡	㉠
④	㉠	㉢	㉡

40 다음의 두 조건을 모두 충족시키는 상황은 다음 중 어느 것인가?

- 조건 1 : 첫 번째 목표의 달성률이 높아질수록 두 번째 목표의 달성률은 낮아진다.
- 조건 2 : 두 번째 목표의 달성이 첫 번째 목표의 달성에 저해가 되지 않는다.

※ 다만, 첫 번째 목표를 달성하기 위해 사용된 수단만이 두 번째 목표를 달성하는 데 사용된다.

① 정부는 담배 소비를 억제하기 위해 담배 가격을 대폭 인상하였다. 한편 정부는 추가 이익금을 인체에 무해한 담배를 개발하기 위한 연구기금으로 사용하기로 하였다.

② 정부는 고가의 외제 승용차의 구매를 억제하기 위해 수입 외제차에 대한 관세를 높이기로 하였다. 한편 정부는 이를 통해 거두어들인 세금을 결식아동의 복지수준을 향상시키기 위해 사용하기로 하였다.

③ 어느 우체국에서 고객의 급행우편배달 수요를 억제하기 위해 급행우편에 대해 매우 비싼 할증금을 부과하였다. 한편 그 우체국은 할증금을 급행우편배달 서비스 수준의 향상을 위해 사용하기로 하였다.

④ 어느 피자 배달점에서 매상을 늘리기 위해 열 번 주문한 고객에게는 한 번의 공짜 주문이 가능하도록 하였다. 한편 이 피자 배달점에서는 이러한 방법을 통해 늘어난 이익금을 불우 이웃을 돕기 위해 성금으로 기탁하기로 하였다.

41 한 정부는 자국의 석탄 가격 안정을 위해서 정부보유량을 방출할 계획을 가지고 있다. 석탄 방출시 정부는 아래와 같은 공급 절차를 적용한다. 다음 중 각 보관소에서 도시로 공급하는 석탄의 양을 바르게 제시한 것은?

〈석탄 공급 절차〉

1. 수송비용표에서 톤당 수송비가 가장 적은 경우를 골라 공급 및 수요 조건의 범위 내에서 가능한 한 많은 양을 할당한다.
2. 그 다음으로 톤당 수송비가 적은 경우를 골라 공급 및 수요 조건의 범위 내에서 가능한 한 많은 양을 할당한다.
3. 위 과정을 공급량과 수요량이 충족될 때까지 계속한다. 만일 두 개 이상의 경우에서 톤당 수송비가 같으면 더 많은 양을 할당할 수 있는 곳에 우선적으로 할당한다.

〈표 1〉 도시별 수요량과 보관소별 공급량

(단위 : 톤)

도시	수요량	보관소	공급량
A	140	갑	120
B	300	을	200
C	60	병	180
합계	500	합계	500

〈표 2〉 톤당 수송비용

(단위 : 10유로)

구분	A도시	B도시	C도시
갑 보관소	40	18	10
을 보관소	12	20	36
병 보관소	4	15	12

① 갑 보관소는 C도시에 석탄 60톤을 공급한다.
② 을 보관소는 A도시에 석탄 100톤을 공급한다.
④ 을 보관소는 B도시에 석탄 140톤을 공급한다.
⑤ 병 보관소는 C도시에 석탄 20톤을 공급한다.

42 **다음 글은 조세정책에 관해 '갑'과 '을'이 벌인 논쟁이다. 이 글에 나타난 정책방향에 비추어 볼 때 '을'의 주장과 부합하는 정책으로 가장 적절한 것은?**

> 갑이 9조 원 감세안을 주장하면서 감세 논쟁이 불거졌다. 갑은 '서민을 위한 감세'로 소득세율 2%포인트 감세안을 주장하였다. 그러나 을은 이 안이 '부자를 위한 조세 정책'이라고 비판하였다. 이미 직장인의 47%, 자영업자의 51%가 소득세 면제 대상자이기 때문에 이들에게는 실질적 도움이 되지 않는다는 것이다. 또 다른 분석결과에 따르면 일률적인 2%포인트 감세안을 적용할 경우 1천만 원 이하 소득자는 최대 9만원이 절감되지만, 8천만 원 초과 소득자는 최소 3백 9십만 원이 인하되어 오히려 부자들이 큰 혜택을 본다고 한다. 따라서 을은 갑이 제시한 감세안에 대해 반대하며 서민에게 더 유리한 조세정책이 수립되어야 한다고 주장한다.

① 소형 임대아파트 거주자의 주민세를 면제한다.
② 소득세 면제 대상자를 줄인다.
③ 차량 10부제 참여시 자동차세를 10% 감면한다.
④ 주택거래에 대한 취득세 및 등록세의 세율을 0.5%포인트 인하한다.

[43～44] 다음의 〈상황〉을 토대로 물음에 알맞은 답을 고르시오.

> **〈상황 A〉**
> '갑'은 3년 전에 1,000만원을 들여 기계를 구입하였으나 현재 이 기계는 노후되어 정상적으로 사용하기 위해서는 수리가 필요한 실정이다. 현재 시장상황을 확인하여 보니 선택 가능한 대안은 다음과 같다.
>
> 가. 500만원을 지불하고 일부 수리할 경우 기계를 이용하여 100만원짜리 상품 10개를 생산하여 판매할 수 있다. 생산이 끝난 기계는 중고상에 200만원에 팔 수 있다.
> 나. 1,000만원을 들여 기계를 완벽하게 수리할 경우 1,800만원에 중고상에 팔 수 있다.
>
> **〈상황 B〉**
> '을'은 여의도 증권가에서 10년째 식당을 운영하고 있다. 어느 날 인근 증권사에서 매월 200그릇의 설렁탕을 한 그릇 당 1만원에 판매해 줄 것을 요청하였다. 관련 비용을 확인해 본 결과, 재료비는 그릇 당 2,000원이며 설렁탕을 추가 준비하기 위해서는 월급이 150만원인 종업원 한 명을 새로 고용해야 한다. '을'이 선택할 수 있는 대안은 다음과 같다.
>
> 가. 신규주문을 수락한다.
> 나. 신규주문을 거절한다.

〈상황 C〉

'병'은 목재 450만원어치 중 1/3로 의자 10개를 생산하고 나머지로는 식탁 10개를 생산하였다. 시장에서 의자 가격은 개당 5만원에, 식탁 가격은 개당 40만원에 형성되어 있다. 만약에 의자와 식탁에 각각 개당 3만원과 5만원의 비용을 추가로 들여 장식하면, 의자 판매가격은 12만원, 식탁 판매가격은 50만원이 된다. '병'이 선택할 수 있는 대안은 다음과 같다.

가. 의자와 식탁 모두 추가장식 없이 판매한다.
나. 의자와 식탁 모두 추가장식을 하여 판매한다.
다. 의자는 추가장식 없이 팔고 식탁은 추가장식을 하여 판매한다.
라. 의자는 추가장식을 하여 팔고 식탁은 추가장식 없이 판매한다.

43 '갑'과 '을'이 모두 순이익을 극대화하는 결정을 하였다고 할 때, 선택한 대안을 모두 바르게 연결한 것은? ('순이익＝총수익－총비용'이라 가정한다.)

① 갑 － 가, 을 － 가
② 갑 － 나, 을 － 가
③ 갑 － 가, 을 － 나
④ 갑 － 나, 을 － 나

44 '병'이 선택할 수 있는 대안 중 순이익이 두 번째로 큰 대안은? ('순이익＝총수익－총비용'이라 가정한다.)

① 가
② 나
③ 다
④ 라

[45～46] 다음 글을 읽고 물음에 알맞은 답을 고르시오.

A국과 B국은 대기오염 정도를 측정하여 통합지수를 산정하고 이를 바탕으로 경보를 한다.

A국은 5가지 대기오염 물질 농도를 각각 측정하여 대기환경지수를 산정하고, 그 평균값을 통합지수로 한다. 통합지수의 범위에 따라 호흡 시 건강에 미치는 영향이 달라지며, 이를 기준으로 그 등급을 아래와 같이 6단계로 나눈다.

〈A국 대기오염 등급 및 경보기준〉

등급	좋음	보통	민감군에게 해로움	해로움	매우 해로움	심각함
통합지수	0~50	51~100	101~150	151~200	201~300	301~500
경보색깔	초록	노랑	주황	빨강	보라	적갈
행동지침	외부활동 가능		외부활동 자제			

※민감군 : 노약자, 호흡기 환자 등 대기오염에 취약한 사람

B국은 A국의 5가지 대기오염 물질을 포함한 총 6가지 대기오염 물질의 농도를 각각 측정하여 대기환경지수를 산정하고, 이 가운데 가장 높은 대기환경지수를 통합지수로 사용한다. 다만 오염물질별 대기환경지수 중 101 이상인 것이 2개 이상일 경우에는 가장 높은 대기환경지수에 20을 더하여 통합지수를 산정한다. 통합지수는 그 등급을 아래와 같이 4단계로 나눈다.

〈B국 대기오염 등급 및 경보기준〉

등급	좋음	보통	나쁨	매우 나쁨
통합지수	0~50	51~100	101~250	251~500
경보색깔	파랑	초록	노랑	빨강
행동지침	외부활동 가능		외부활동 자제	

45 A국의 5가지 대기오염 물질의 대기환경지수가 각각 '80, 50, 110, 90, 70'이고, B의 대기환경지수 산정에서 추가된 대기오염 물질의 대기환경지수가 '110'이라 할 때, A국과 B국의 통합지수를 모두 맞게 연결한 것은?

	A국 통합지수	B국 통합지수
①	80	85
②	110	105
③	110	110
④	80	130

46 다음 <보기>에서 옳은 설명을 모두 맞게 고른 것은?

보기

㉠ A국과 B국의 통합지수가 동일하더라도, 각 대기오염 물질의 농도는 다를 수 있다.
㉡ A국이 대기오염 등급을 '해로움'으로 경보한 경우, 그 정보만으로는 특정 대기오염 물질 농도에 대한 정확한 수치를 알 수 없다.
㉢ B국 국민이 A국에 방문하여 경보색깔이 노랑인 것을 확인하였다면, B국의 경보기준을 따를 때 외부 활동이 가능하다.

① ㉠, ㉡
② ㉠, ㉢
③ ㉡, ㉢
④ ㉠, ㉡, ㉢

47 다음 글을 근거로 판단할 때, <보기>에서 옳은 것만을 모두 고르면?

갑과 을이 '사냥게임'을 한다. 1, 2, 3, 4의 번호가 매겨진 4개의 칸이 아래와 같이 있다.

1	2	3	4

여기에 갑은 네 칸 중 괴물이 위치할 연속된 두 칸을 정하고, 을은 네 칸 중 화살이 명중할 하나의 칸을 정한다. 갑과 을은 동시에 자신들이 정한 칸을 말한다. 그 결과 화살이 괴물이 위치하는 칸에 명중하면 을이 승리하고, 명중하지 않으면 갑이 승리한다.

예를 들면 갑이 [1 | 2], 을이 [1] 또는 [2]를 선택한 경우 괴물이 화살에 맞은 것으로 간주하여 을이 승리한다. 만약 갑이 [1 | 2], 을이 [3] 또는 [4]를 선택했다면 괴물이 화살을 피한 것으로 간주하여 갑이 승리한다.

보기

㉠ 괴물이 위치할 칸을 갑이 무작위로 정할 경우 을은 [1]보다는 [2]를 선택하는 것이 승리할 확률이 높다.
㉡ 화살이 명중할 칸을 을이 무작위로 정할 경우 갑은 [2 | 3]보다는 [3 | 4]를 선택하는 것이 승리할 확률이 높다.
㉢ 이 게임에서 갑과 을이 무작위로 정할 경우 을이 선택할 수 있는 경우의 수가 많으므로, 승리할 확률이 높다.

① ㉠
② ㉡
③ ㉠, ㉢
④ ㉡, ㉢

48 다음 숫자의 배열 (가)~(다)에 나타난 공통적인 특성만을 아래 〈보기〉에서 모두 맞게 고른 것은?

(가) 1, 5, 2, 3, 4, 9, 0
(나) 2, 3, 6, 5, 1, 4, 7
(다) 7, 3, 2, 5, 1, 9, 6

보기

㉠ 홀수가 두 번 연이어 나온 경우 다음은 무조건 짝수가 나온다.
㉡ 동일한 숫자는 반복하여 사용되지 않았다.
㉢ 짝수 다음에 짝수가 연이어 나오지 않는다.
㉣ 1을 제외하고는 어떤 숫자 바로 다음에 그 숫자의 배수가 나오지 않는다.

① ㉠, ㉡
② ㉠, ㉣
③ ㉡, ㉢
④ ㉢, ㉣

49 다음 〈규칙〉과 〈결과〉에 근거하여 판단할 때, '갑'과 '을' 중 승리한 사람과 '갑'이 사냥한 동물의 종류 및 수량으로 가능한 조합은?

〈규칙〉

- 이동한 거리, 채집한 과일, 사냥한 동물 각각에 점수를 부여하여 합계 점수가 높은 사람이 승리하는 게임이다.
- 게임시간은 1시간이며, 주어진 시간 동안 이동을 하면서 과일을 채집하거나 사냥을 한다.
- 이동거리 1미터 당 1점을 부여한다.
- 사과는 1개 당 5점, 복숭아는 1개 당 10점을 부여한다.
- 토끼는 1마리 당 30점, 여우는 1마리 당 50점, 사슴은 1마리 당 100점을 부여한다.

〈결과〉

- 갑의 합계점수는 1,590점이다. 갑은 과일을 채집하지 않고 사냥에만 집중하였으며, 총 1,400미터를 이동하는 동안 모두 4마리의 동물을 잡았다.
- 을은 총 1,250미터를 이동했으며, 사과 2개와 복숭아 5개를 채집하였다. 또한 여우를 1마리 잡고 사슴을 2마리 잡았다.

	승리한 사람	갑이 사냥한 동물의 종류 및 수량
①	갑	토끼 2마리와 여우 2마리
②	갑	토끼 3마리와 사슴 1마리
③	을	토끼 2마리와 여우 2마리
④	을	토끼 3마리와 여우 1마리

50 **다음 〈표〉는 세계 주요 터널화재 사고인 'A~F'에 관한 자료이다. 이에 대한 설명으로 옳은 것은?**

〈표〉 세계 주요 터널화재 사고 통계

구분 사고	터널길이(km)	화재규모(MW)	복구비용(억원)	복구기간(개월)	사망자(명)
A	50.5	350	4,200	6	1
B	11.6	40	3,276	36	39
C	6.4	120	72	3	12
D	16.9	150	312	2	11
E	0.2	100	570	10	192
F	1.0	20	18	8	0

① 터널길이가 길수록 사망자가 많다.
② 화재규모가 클수록 복구기간이 길다.
③ 사고 A를 제외하면 복구기간이 길수록 복구비용이 크다.
④ 사망자가 30명 이상인 사고를 제외하면 화재규모가 클수록 복구비용이 크다.

Chapter 02

실전모의고사 2회

| 영역통합형 | 영역 구별 없이 5지선다형 50문항으로 구성되어 있습니다.

|정답 및 해설| 340p

01 다음 글을 근거로 판단할 때 옳은 것을 〈보기〉에서 모두 고르면?

제○○조(국민공천배심원단)
① 공정하고 투명한 국회의원 후보자 선발을 위하여 국민공천배심원단을 둔다.
② 국민공천배심원단은 국회의원 후보자 중 비전략지역 후보자를 제외한 전략지역 및 비례대표 후보자를 심사대상으로 한다.
제○○조(지역구 국회의원 후보자의 확정)
① 지역구 국회의원 후보자는 공천위원회의 추천을 받아 최고위원회의 의결로 확정한다.
② 공천위원회는 후보자의 적격여부에 대한 심사를 거쳐 단수 후보자를 최고위원회에 추천하거나 복수의 후보자를 선정한다.
③ 공천위원회는 제2항에 따라 선정된 복수의 후보자를 대상으로 여론조사를 실시하여 결정된 단수 후보자를 최고위원회에 추천한다.
④ 국민공천배심원단은 공천위원회에서 추천한 전략지역 후보자에 대해 적격여부를 심사하여 부적격하다고 판단할 경우, 재적 3분의 2 이상의 의결로 최고위원회에 재의요구를 권고할 수 있다.
제○○조(비례대표 국회의원 후보자 확정) 비례대표 국회의원 후보자는 공천위원회에서 지역 및 직역별로 공모를 실시한 후 후보자와 그 순위를 정하고, 국민공천배심원단의 심사를 거쳐 최고위원회의 의결로 확정한다.

보기

㉠ 국민공천배심원단은 전략지역 국회의원 후보자를 추천할 수 있다.
㉡ 최고위원회는 공천위원회의 추천을 받아 비전략지역 국회의원 후보자를 의결로 확정한다.
㉢ 전략지역 국회의원 후보자에 대하여 최고위원회에 재의요구를 권고할 수 있는 국민공천배심원단의 의결정족수는 재적 3분의 2 이상이다.
㉣ 국민공천배심원단은 비례대표 국회의원 후보자에 대한 심사를 거쳐 최종적으로 확정한다.

① ㉠, ㉡
② ㉠, ㉣
③ ㉡, ㉢
④ ㉡, ㉣
⑤ ㉢, ㉣

02 다음 글의 내용에 부합하지 않는 것은?

은하수로부터 오는 전파는 일종의 잡음으로 나타나는데, 천둥이 치는 동안 라디오에서 들리는 배경 잡음과 흡사하다. 전파 안테나에 잡히는 전파 잡음은 전파 안테나 자체의 구조에서 생기는 잡음, 안테나의 증폭회로에서 불가피하게 생기는 잡음, 지구의 대기에서 생기는 잡음과 쉽게 구별되지 않는다. 별처럼 작은 전파원의 경우는 안테나를 파원 쪽으로 돌렸다가 다시 그 부근의 허공에 번갈아 돌려보며 비교함으로써 안테나의 구조나 지구의 대기에서 비롯되는 잡음을 제거할 수 있다. 이러한 잡음은 안테나가 파원을 향하는지 또는 파원 주위의 허공을 향하는지에 상관없이 거의 일정하기 때문이다.

펜지어스와 윌슨은 은하수로부터 오는 고유한 전파를 측정하려 했기 때문에, 장치 내부에서 생길 수 있는 일체의 잡음을 확인하는 것이 중요했다. 그들은 이 문제를 해결하기 위해 '냉부하 장치'라는 것을 사용했다. 이것은 안테나의 전파 출력을 냉각된 인공 파원에서 나오는 출력과 비교하는 것인데, 이를 통해 증폭회로에서 불가피하게 생긴 잡음을 쉽게 찾아낼 수 있다.

펜지어스와 윌슨은 지구의 대기로부터 전파 잡음이 발생할 수 있지만, 그것은 안테나의 방향에 따라 차이가 날 것이라고 예상했다. 실제로 그 잡음은 안테나가 가리키는 방향의 대기의 두께에 비례한다. 예를 들어, 안테나가 천정(天頂) 쪽을 향하면 더 작고, 지평선 쪽을 향하면 더 크다. 이렇게 생기는 잡음은 별의 경우처럼 안테나의 방향을 바꾸어 봄으로써 찾아낼 수 있다. 이 잡음을 빼고 나면, 이로부터 안테나의 구조에서 생기는 잡음이 무시할 수 있을 정도로 작다는 것을 확인할 수 있다.

1964년 봄, 펜지어스와 윌슨은 놀랍게도 7.35센티미터의 파장에서 방향에 무관하게 상당한 양의 전파 잡음이 잡힌다는 것을 알았다. 그들은 또 이 전파 잡음이 하루 종일 그리고 계절의 변화와 무관하게 늘 일정하다는 것을 발견했다. 관측된 전파 잡음이 방향과 무관하다는 사실은 이 전파가 펜지어스와 윌슨의 원래 기대와는 달리 은하수가 아니라 우주의 훨씬 더 큰 부분에서 온다는 것을 아주 강하게 암시했다.

① 지구 대기에 의해 발생하는 잡음은 방향 의존성을 갖는다.
② '냉부하 장치'를 사용하면 안테나의 구조 때문에 발생하는 잡음이 없어진다.
③ 펜지어스와 윌슨은 은하수가 고유한 전파를 방출하고 있을 것으로 예상했다.
④ 지구의 공전 및 자전과 관계없이 7.35센티미터의 파장에서 전파 잡음이 감지된다.
⑤ 전파원과 그 주변의 허공에서 나오는 전파를 비교하여 전파원의 고유 전파를 더 정확하게 알 수 있다.

03 **19세기 유럽의 경제성장에 대한 보고서를 작성하기 위해 관련된 〈경제 이론〉과, 19세기 유럽 경제에 관한 〈역사적 사실〉을 다음과 같이 수집 · 정리하였다. 〈경제 이론〉과 〈역사적 사실〉로부터 추론할 수 없는 것은?**

〈경제 이론〉

1. 생산 요소는 자원 · 노동 · 자본으로 삼분할 수 있다.
2. 생산성의 결정요인 중 인적자본은 지식 또는 숙련에 대한 투자에서 창출된다.
3. 인구는 기하급수적으로 증가하나 식량 공급은 산술급수적으로 증가하는 경향이 있기 때문에 결국 인간은 최저생활수준을 영위할 수밖에 없다.
4. 경제성장을 분석하기 위해서는 생산의 결정요인을 다양하게 분류할 필요가 있다. 총생산은 자원 · 인구 · 자본 · 기술 · 제도의 함수로 상정될 수 있다.
5. 한 사회가 자원을 최대한 사용하고 있을 경우, 경제성장을 위해서는 생산성을 높이는 기술적 · 제도적 측면에서 혁신이 필요하다.
6. 농업 생산성이 증가하면 적은 노동력만 농업 부문에 투입할 수 있게 되어 타 부문에 투입될 수 있는 잉여노동력이 생기게 된다.

〈역사적 사실〉

㉠ 유럽의 인구는 1730년경부터 증가하기 시작하여 19세기에 들어서 약 2억 명에 달하였다.
㉡ 유럽에는 광물자원이 풍부하고, 새로운 자원 확보를 위한 활동도 활발하였다. 한편 의무교육의 원리가 프랑스 혁명에 의해 보급되었으나, 19세기 말까지는 유럽 각국에서 큰 발전을 이루지는 못했다.
㉢ 증기기관의 제작기술은 19세기에 들어 중대한 발전을 이룩하여 증기기관의 동력과 열효율이 대폭 증대되었다.
㉣ 프랑스 혁명으로 봉건제의 잔재가 일소되었으며, 나폴레옹 법전에 의하여 보다 합리적인 법률 제도가 구축되었다.

① 19세기 유럽의 경제성장의 원인으로 인적자본의 축적에 의한 생산성 증가를 제시하기는 어렵다.
② 19세기 유럽의 경제성장은 풍부한 인구와 자원을 바탕으로 기술 · 제도적 혁신이 뒷받침되어 가능하였다.
③ 경제 이론 4와 5를 따른다면 경제 이론 1은 19세기 유럽 경제성장의 주요 원인을 충분히 설명할 수 없다.
④ 19세기 유럽에서 경제 이론 3에 의한 현상이 〈역사적 사실〉에 나타나지 않은 것은 경제 이론 4 또는 5에 의해서 설명할 수 있다.
⑤ 19세기 유럽의 경제성장의 원인으로 농업 생산성 증가로 인한 농업 종사자 비율 감소가 타 산업 부문의 성장을 유발한 것을 들 수 있다.

04 다음 글을 읽은 독자의 반응으로 적절한 것은?

인문학은 세상에 대한 종합적이고 비판적인 해석과 시각을 제공한다. 인문학이 해석하는 세상은 지금 우리가 살고 있는 세상이다. 현대 사회는 사회의 복잡성이 비교할 수 없을 정도로 증가함에 따라 위험과 불확실성이 커졌으며, 다양한 정보 통신 기술이 정보와 지식의 생산, 유통, 소비를 혁신적으로 바꾸면서 사람들 사이의 새로운 상호 의존 관계를 만들어낸다는 점에서 과거와는 다른 차별성을 지니고 있다. 이것은 현대 사회가 불확실하고 복잡하며 매일 매일 바쁘게 돌아가는 세상이 되었다는 것, 나아가 지구 구석 구석에 존재하는 타인과의 상호 관계가 내 삶에 예기치 못한 영향을 미치는 세상이 되었다는 것을 의미한다. 이러한 세상을 살아가는 데에 인문학은 실질적인 지침을 제공해야 한다.

① 현대 사회에서 인문학이 담당해야 할 역할에 대해 말하고 있어.
② 정보 통신 기술은 과거보다 사람들 간의 의존성을 더 심화시키고 있어.
③ 현대 사회의 문제점을 부각시키면서 바람직한 해결 방안을 구체화하고 있어.
④ 과거와 현대 사회의 모습을 구체적으로 대조하면서 현대 사회의 특징을 드러내고 있어.
⑤ 사회의 복잡성으로 인해 타인과의 소통에 장애가 생긴다는 점을 현대 사회의 주요한 특징으로 말하고 있어.

05 다음 글의 제목으로 가장 적절한 것은?

평화로운 시대에 시인의 존재는 문화의 비싼 장식일 수 있다. 그러나 시인의 조국이 비운에 빠졌거나 통일을 잃었을 때 시인은 장식의 의미를 떠나 민족의 예언가가 될 수 있고, 민족혼을 불러일으키는 선구자적 지위에 놓일 수도 있다. 예를 들면 스스로 군대를 가지지 못한 채 제정 러시아의 가혹한 탄압 아래 있던 폴란드 사람들은 시인의 존재를 민족의 재생을 예언하고 굴욕스러운 현실을 탈피하도록 격려하는 예언자로 여겼다. 또한 통일된 국가를 가지지 못하고 이산되어 있던 이탈리아 사람들은 시성 단테를 유일한 '이탈리아'로 숭앙했고, 제1차 세계대전 때 독일군의 잔혹한 압제 하에 있었던 벨기에 사람들은 베르하렌을 조국을 상징하는 시인으로 추앙하였다.

① 시인의 생명
② 시인과 조국의 운명
③ 시인의 예언가적 지위
④ 시인의 애국심
⑤ 시인의 사명(使命)

06 다음 글에 대한 설명으로 가장 적절한 것은?

사회자 : 이번 시간에는 '유명인의 사생활 보장이 국민의 알권리에 우선되어야 하는가?'를 논제로 하여 찬반 양측 토론자 각 두 분씩과 배심원들을 모시고 토론해 보겠습니다. 토론자 두 분은 인사를 나누시죠!

사회자 : 그럼, 먼저 찬성 측 첫 번째 토론자가 자신들의 입장과 그 이유에 대하여 입론해 주십시오.

찬성 측 토론자 : 저희 측에서는 국민의 알권리보다 유명인의 사생활 보호가 우선이라고 생각합니다. 여기서 '유명인'은 말뜻 그대로 사회적으로 널리 알려진 사람을 가리킵니다. 또 '사생활'은 개인의 사적인 생활 영역과 그와 관련된 개인적인 정보 등을 포함하는 개념이며, '알권리'는 국민이 공공의 이익을 위해서 정보를 요구할 수 있는 권리입니다. 여기서 '사생활'은 '개인의 사적인 생활 영역'에 관계되므로, '알권리'의 대상에 해당하지 않습니다. '알권리'란 공공의 문제에 적용되는 개념 아닙니까? 유명인의 사생활은 공적활동이 아니므로 알권리의 대상에 해당되지 않습니다. 또한 사생활을 보장받을 권리는 한 인간으로서 부여받은 가장 기본적인 권리입니다. 사생활을 보장받을 최소한의 인권은 보장되어야 합니다.

사회자 : 찬성 측의 입론을 잘 들었습니다. 이어서 반대 측에서 준비해 온 입론을 듣겠습니다.

반대 측 토론자 : 저희는 유명인의 사생활보다 국민의 알권리가 우선이라고 봅니다. 여기서 '유명인'은 그 지명도를 바탕으로 사회에 큰 영향력을 행사하는 사람이고, '사생활'과 '알권리'는 찬성 측의 개념과 같습니다. 우리는 유명인이 유명하다는 것 자체보다도 사회에 큰 영향력을 행사한다는 점에 주목해야 한다고 생각합니다. 유명 정치인의 경우, 그가 사적으로 어떤 말을 하고 행동을 하는지가 정치활동의 형태로 공공에 영향을 미칠 수 있습니다. 유명연예인 또한 그의 행동 하나하나가 사회에 큰 영향을 끼치지 않습니까? 그가 감추고 싶은 비밀이라도 공익을 위해 필요하다면 국민들이 알아야 합니다.

① 사회자가 토론자들의 발언 순서를 통제하고 있다.
② 사회자가 논제에 대한 자신의 찬반 여부를 표명하고 있다.
③ 찬성 측과 반대 측 모두 논제에 대한 상대방의 입장을 수용하고 있다.
④ 찬성 측은 입론 단계에서 논제와 관련된 구체적 사례를 제시하고 있다.
⑤ 반대 측은 기본적인 개념 정의에 있어 찬성 측과 차이를 보이고 있다.

07 다음 글 다음에 나올 내용으로 가장 적절한 것은?

재작년이던가 여름날에 있었던 일이다. 날씨가 화창하여 밀린 빨래를 해치웠었다. 성미가 비교적 급한 나는 빨래를 하더라도 그날로 풀을 먹여 다려야지 그렇지 않으면 찜찜해서 심기가 홀가분하지 않다. 그날도 여름 옷가지를 빨아 다리고 나서 노곤해진 몸으로 마루에 누워 쉬려던 참이었다. 팔베개를 하고 누워서 서까래 끝에 열린 하늘을 무심히 바라보고 있었다. 그러다가 모로 돌아누워 산봉우리에 눈을 주었다. 갑자기 산이 달리 보였다. 하, 이것 봐라 하고 나는 벌떡 일어나, 이번에는 가랑이 사이로 산을 내다보았다. 우리들이 어린 시절 동무들과 어울려 놀이를 하던 그런 모습으로. 하늘은 호수가 되고 산은 호수에 잠긴 그림자가 되었다. 바로 보면 굴곡이 심한 산의 능선이 거꾸로 보니 훨씬 유장하게 보였다. 그리고 숲의 빛깔은 원색이 낱낱이 분해되어 멀고 가까움이 선명하게 드러나 얼마나 아름다운지 몰랐다. 나는 하도 신기해서 일어서서 바로 보다가 다시 거꾸로 보기를 되풀이했다.

① 자연 속에서 무소유의 교훈을 찾아야 한다.
② 성실한 삶의 자세를 가져야 한다.
③ 종교적 의지를 통해 현실을 초월해야 한다.
④ 틀에 박힌 고정관념을 극복해야 한다.
⑤ 자연의 아름다움은 제대로 표현하기가 쉽지 않다.

08 다음 글의 중심 내용으로 가장 적절한 것은?

책 없이도 인간은 기억하고 생각하고 상상하고 표현한다. 그런데 책과 책 읽기는 인간이 이 능력을 키우고 발전시키는 데 중대한 차이를 가져온다. 책을 읽는 문화와 책을 읽지 않는 문화는 기억, 사유, 상상, 표현의 층위에서 상당히 다른 개인들을 만들어 내고, 상당한 질적 차이를 가진 사회적 주체들을 생산한다. 누구도 맹목적인 책 예찬자가 될 필요는 없다. 그러나 중요한 것은 인간을 더욱 인간적이게 하는 소중한 능력들을 지키고 발전시키기 위해서는 책은 결코 희생할 수 없는 매체라는 사실이다. 그 능력의 지속적 발전에 드는 비용은 싸지 않다. 무엇보다도 책 읽기는 손쉬운 일이 아니다. 거기에는 상당량의 정신 에너지가 투입돼야 하고, 훈련이 요구되고, 읽기의 즐거움을 경험하는 정신 습관의 형성이 필요하다.

① 인간의 기억과 상상의 표현
② 독서의 필요성과 어려움
③ 맹목적인 책 예찬론의 위험성
④ 독서 훈련을 통한 즐거움의 경험
⑤ 책 읽기 능력 개발에 드는 비용

09 다음 글의 내용과 부합하지 않는 것은?

2007년부터 시작되어 역사상 유례없는 전 세계의 동시 불황을 촉발시킨 금융 위기로 신자유주의의 권위는 흔들리기 시작했고, 향후 하나의 사조로서 신자유주의는 더 이상 주류적 지위를 유지하지 못하고 퇴조해갈 것이 거의 확실하다. 경제정책으로서의 신자유주의 역시 앞으로 대부분의 국가에서 예전과 같은 지지를 받기는 어려울 것이다.

세계 각국은 금융 위기로부터의 탈출과 함께 조속한 경기 회복을 위한 대책을 강구하는 데 총력을 기울일 것이다. 이 과정에서 기존의 경제 시스템을 각국의 실정에 부합하도록 전환하기 위한 다양한 모색도 활발해질 것으로 보인다. 국가별로 내부 시스템의 전환을 위한 모색이 방향을 잡아감에 따라 새로운 국제 경제 질서에 대한 논의도 동시에 진행될 것이다.

그렇다면 각국은 내부 경제 시스템의 전환과 위기 탈출을 위해 어떤 선택을 할 수 있을까? 물론 모든 문제를 해결하는 보편적 해법은 없다. 변형된 신자유주의부터 1929년 대공황 이후 약 40년 간 세계 경제를 지배했던 케인즈주의, 신자유주의의 이식 정도가 낮아서 금융 위기의 충격을 덜 받고 있는 북유럽 모델, 그리고 남미에서 실험되고 있는 21세기 사회주의까지 대단히 폭넓은 선택지를 두고 생존을 위한 실험이 시작될 것이다.

그렇다면 우리나라는 신자유주의 이후의 모델을 어디서부터 모색할 것인가? 해답은 고전적 문헌 속이나 기상천외한 이론에 있지 않다. 경제는 오늘과 내일을 살아가는 수많은 사람들의 삶의 틀을 규정하는 문제이기 때문이다. 새로운 모색은 현재 벌어지고 있는 세계적 금융 위기의 현실과 경제 침체가 고용대란으로 이어질 가능성마저 보이고 있는 우리 경제의 현실에서 이루어져야 한다.

① 신자유주의의 권위는 세계적 불황을 촉발시킨 금융 위기로 인해 위협받고 있다.
② 우리는 신자유주의의 후속 모델을 현재의 세계적 금융 위기의 현실에서 찾아야 한다.
③ 신자유주의의 이식 정도가 낮은 북유럽에서는 금융 위기에 의한 충격을 상대적으로 덜 받고 있다.
④ 각국은 경제 위기를 극복하기 위해 새로운 단일 경제체제를 공동 개발하는 방안을 활발히 논의하고 있다.
⑤ 경기 회복 대책 수립 과정에서 기존의 경제 시스템을 새로운 시스템으로 전환하는 방안이 활발하게 검토될 것이다.

10 **다음 글은 18세기 원자 이론의 한 형태이다. 글의 내용에서 추론할 수 있는 것을 〈보기〉에서 모두 고르면?**

모든 물질은 일찍이 데모크리토스가 간파했던 것처럼 최소 단위인 원자들로 구성되어 있다. 그러나 원자의 종류는 세상에 존재하는 물질의 종류보다 적다. 즉 원자의 종류와 물질의 종류 사이에는 일대일 대응이 성립하지 않는다. 왜 그런가?

A, B, C 세 종류의 원자가 있다고 해 보자. 이 경우 먼저 한 종류의 원자로 이루어진 물질 (A), (B), (C)가 있다. A와 B가 결합하여 만들어지는 물질을 (A+B)로 표현하면, (A+C)와 (B+C)도 각각 물질의

종류가 될 것이고, 세 종류의 원자가 모두 포함된 (A+B+C)도 또 다른 물질이 된다. 결국 세 가지 원자로 만들 수 있는 물질의 종류는 모두 일곱 가지인 셈이다.

가장 단순하고 더 이상 나눌 수도 파괴할 수도 없는 최소의 알갱이인 원자는 종류마다 고유의 크기와 성질을 지니고 있다. 원자가 너무 작기 때문에 우리의 눈으로는 볼 수가 없지만 만일 원자를 볼 수 있는 도구가 개발된다면 우리는 그것들이 종류마다 특정한 형태를 가지고 있는 것을 발견할 수도 있다.

모든 원자가 다른 모든 종류의 원자들과 결합할 수 있는 것은 아닐지도 모른다. 만일 원자들의 결합이 이루어지기도 하고 실패하기도 한다면 그 이유는 필경 결합에 참여하는 원자들의 성질, 특히 그 원자의 입체적 모양이 서로의 결합을 용이하게 하는지 그렇지 않은지에 달려있다고 보아야 할 것이다.

보기

㉠ 네 종류의 원자로 만들 수 있는 물질의 종류는 모두 14가지이다.
㉡ 원자 A에 원자 B를 결합시켜 만든 물질과 원자 B에 원자 A를 결합시켜 만든 물질은 다른 종류이다.
㉢ 크기를 확실히 알 수 없는 어떤 미세한 알갱이가 특정한 물질에서 방출되는 것이 확인되었다 해도 그 것이 원자 안에 들어있을 리는 없다.
㉣ 원자의 결합은 결합에 참여하는 원자들의 성질이나 모양에 따라 그 성패가 결정된다고 볼 수 있다.

① ㉠, ㉡
② ㉡, ㉣
③ ㉢, ㉣
④ ㉠, ㉡, ㉢
⑤ ㉠, ㉢, ㉣

[11~12] 다음 글을 읽고 물음에 알맞은 답을 고르시오.

디지털 이미지는 사용자가 가장 손쉽게 정보를 전달할 수 있는 멀티미디어 객체이다. 일반적으로 디지털 이미지는 화소에 의해 정보가 표현되는데, M×N 개의 화소로 이루어져 있다. 여기서 M과 N은 가로와 세로의 화소 수를 의미하며, M 곱하기 N을 한 값을 해상도라 한다.

무선 네트워크와 모바일 기기의 사용이 보편화되면서 다양한 스마트 기기의 보급이 진행되고 있다. 스마트 기기는 그 사용 목적이나 제조 방식, 가격 등의 요인에 의해 각각의 화면 표시 장치들이 서로 다른 해상도와 화면 비율을 가진다. 이에 대응하여 동일한 이미지를 다양한 화면 표시 장치 환경에 맞출 필요성이 발생했다. 하나의 멀티미디어의 객체를 텔레비전용, 영화용, 모바일 기기용 등 표준적인 화면 표시 장치에 맞추어 각기 독립적인 이미지 소스로 따로 제공하는 것이 아니라, 하나의 이미지 소스를 다양한 화면 표시 장치에 맞도록 적절히 변환하는 기술을 요구하고 있다.

이러한 변환 기술을 '이미지 리타겟팅'이라고 한다. 이는 A×B의 이미지를 C×D 화면에 맞추기 위해 해상도와 화면 비율을 조절하거나 이미지의 일부를 잘라 내는 방법 등으로 이미지를 수정하는 것이다. 이러한 수정에서 입력 이미지에 있는 콘텐츠 중 주요 콘텐츠는 그대로 유지되어야 한다. 즉 리타겟팅 처리 후에도 원래 이미지의 중요한 부분을 그대로 유지하면서 동시에 왜곡을 최소화하는 형태로 주어진 화면에 맞게 이미지를 변형하여야 한다. 이러한 조건을 만족하기 위해 ㉠ 다양한 접근이 일어나고 있는데, 이미지의 주요한 콘텐츠 및 구조를 분석하는 방법과 분석된 주요 사항을 바탕으로 어떤 식으로 이미지 해상도를 조절하느냐가 주요 연구 방향이다.

11 다음 중 글의 내용과 일치하지 않는 것은?

① 디지털 이미지는 가로와 세로의 화소 수에 따라 해상도가 결정된다.

② 무선 네트워크와 모바일 기술을 이용한 스마트 기기의 경우 그 사용 목적이나 제조 방식 등에 따라 화면 표시 장치의 해상도와 화면 비율이 다양하다.

③ 스마트 기기에 대응하기 위해서는 하나의 이미지 소스를 표준적인 화면 표시 장치에 맞추어 개별적으로 제공할 필요가 있다.

④ 이미지 리타겟팅은 이미지를 다양한 화면 표시 장치에 맞도록 변환하는 기술을 말한다.

⑤ 이미지 리타겟팅 처리 이후에도 이미지의 중요 콘텐츠는 그대로 유지하는 것이 필요하다.

12 다음 글의 ㉠의 사례로 보기 어려운 것은?

① 광고 사진에서 화면 전반에 걸쳐 흩어져 있는 콘텐츠를 무작위로 추출하여 화면을 재구성하는 방법

② 풍경 사진에서 전체 풍경에 대한 구도를 추출하고 구도가 그대로 유지될 수 있도록 해상도를 조절하는 방법

③ 인물 사진에서 얼굴 추출 기법을 사용하여 인물의 주요 부분을 왜곡하지 않고 필요 없는 부분을 잘라 내는 방법

④ 정물 사진에서 대상물의 영역은 그대로 두고 배경 영역에 대해서는 왜곡을 최소로 하며 이미지를 축소하는 방법

⑤ 상품 사진에서 상품을 충분히 인지할 수 있을 정도의 범위 내에서 가로와 세로의 비율을 화면에 맞게 조절하는 방법

13 한 사회복지사가 〈보기〉를 토대로 근무지 인근의 빈민 지역에 거주하는 결식아동의 상황 개선을 위한 〈보고서〉를 작성하였다. 다음 〈보고서〉의 빈칸에 들어갈 내용으로 가장 적절한 것은?

> 보기
>
> ○○동 빈민 지역의 결식아동에게 밥을 제공하는 '△△복지원'을 후원하는 '□□□ 선교회'에서 해마다 여는 글잔치에 응모한 글의 심사를 맡았다가 빈민 지역에 거주하는 한 아이의 글을 읽게 되었다.
>
> 엔날 엔 하라버지 랑 도라가서서 아빠 엄마언니 박에 엄써다 그런대 점신시 간이다 돼다 그런데 밥 이 업써다 그래서 엽집에서 밥을 먹 엇다 그래도 배 가고파 다 밥을 아무리 먹어 도배 가고 판다 병원에가 도 문 이 잠겨져 잇 었다 그래서 집에 간는 대 아무 도업었다. (김◇◇, 7세)

> 〈보고서〉
>
> Ⅰ. 현황 : 문제 제기
>
> Ⅱ. 추진 단계 : 대책 마련을 위한 사전 조사
>
> 〈1단계〉 아동이 처한 환경 조사
>
> 〈2단계〉 아동이 도움 받을 수 있는 자원 조사 : 구체적 조사 항목
>
> (   )
>
> 〈3단계〉 아동에게 시급히 지원해야 할 문제 조사
>
> Ⅲ. 해결 방안 및 대안

① 빈민 지역 결식아동의 상황 개선을 위해 담당 부서의 인원과 예산을 확보한다.

② 아이의 주변 이웃을 통해 도움과 후원이 가능한지 조사한다. 주변 이웃의 후원이 가능하다면 이웃의 후원을 자치단체를 통해 관리하도록 해당 부처에 협조를 요청한다.

③ 아이의 부모가 처한 경제적 문제를 해결하기 위한 근본 대책을 세우는 것이 시급하다. 이를 위해 결식아동 부모의 안정된 직업을 위한 취업 교육 프로그램을 활성화한다.

④ 아이가 거주하는 지역 내에 미취학 아동의 결식 문제를 해결하기 위한 시민 단체가 있는지 조사하고, 이와 관련하여 이 시민 단체와 아이를 연결시킬 수 있는 방안들의 우선순위를 정한다.

⑤ 어린이집 등 아이의 생활공간을 조사한다. 이를 통해 미취학 아동을 위한 해당 지역 사설 교육 시설에서 결식 문제에 대한 지원이나 후원이 어떻게 이루어지고 있는지 조사한다.

14 다음 글을 읽고 알 수 있는 내용으로 적절하지 않은 것은?

현대 심신의학의 기초를 수립한 연구는 1974년 심리학자 애더에 의해 이루어졌다. 애더는 쥐의 면역계에서 학습이 가능하다는 주장을 발표하였는데, 그것은 면역계에서는 학습이 이루어지지 않는다고 믿었던 당시의 과학적 견해를 뒤엎는 발표였다. 당시까지는 학습이란 뇌와 같은 중추신경계에서만 일어날 수 있을 뿐 면역계에서는 일어날 수 없다고 생각했다.

애더는 시클로포스파미드가 면역세포인 T세포의 수를 감소시켜 쥐의 면역계 기능을 억제한다는 사실을 알고 있었다. 어느 날 그는 구토를 야기하는 시클로포스파미드를 투여하기 전 사카린 용액을 먼저 쥐에게 투여했다. 그러자 그 쥐는 이후 사카린 용액을 회피하는 반응을 일으켰다. 그 원인을 찾던 애더는 쥐에게 시클로포스파미드는 투여하지 않고 단지 사카린 용액만 먹여도 쥐의 혈류 속에서 T세포의 수가 감소된다는 것을 알아내었다. 이것은 사카린 용액이라는 조건자극이 T세포 수의 감소라는 반응을 일으킨 것을 의미한다.

심리학자들은 자극–반응 관계 중 우리가 태어날 때부터 가지고 있는 것을 '무조건자극–반응'이라고 부른다. '음식물–침 분비'를 예로 들 수 있고, 애더의 실험에서는 '시클로포스파미드–T세포 수의 감소'가 그 예이다. 반면에 무조건자극이 새로운 조건자극과 연결되어 반응이 일어나는 과정을 '파블로프의 조건형성'이라고 부른다. 애더의 실험에서 쥐는 조건형성 때문에 사카린 용액만 먹여도 시클로포스파미드를 투여 받았을 때처럼 T세포 수의 감소 반응을 일으킨 것이다. 이런 조건형성 과정은 경험을 통한 행동의 변화라는 의미에서 학습과정이라 할 수 있다.

이 연구 결과는 몇 가지 점에서 중요하다고 할 수 있다. 심리적 학습은 중추신경계의 작용으로 이루어진다. 그런데 면역계에서도 학습이 이루어진다는 것은 중추신경계와 면역계가 독립적이지 않으며 어떤 방식으로든 상호작용한다는 것을 말해준다. 이 발견으로 연구자들은 마음의 작용이나 정서 상태에 의해 중추신경계의 뇌세포에서 분비된 신경전달물질이나 호르몬이 우리의 신체 상태에 어떠한 영향을 끼치게 되는지를 더 면밀히 탐구하게 되었다.

① 애더의 실험에서 사카린 용액은 새로운 조건자극의 역할을 한다.
② 쥐에게 시클로포스파미드를 투여하면 T세포 수가 감소한다.
③ 애더의 실험 이전에는 중추신경계에서 학습이 가능하다는 것이 알려지지 않았다.
④ 애더의 실험은 면역계가 중추신경계와 상호작용할 수 있음을 보여준다.
⑤ 애더의 실험에서 사카린 용액을 먹은 쥐의 T세포 수가 감소하는 것은 면역계의 반응이다.

15 다음 글의 (가)~(다)에 대한 분석으로 옳은 것만을 〈보기〉에서 모두 고르면?

바람직한 목적을 지닌 정책을 달성하기 위해 옳지 않은 수단을 사용하는 것이 정당화될 수 있는가? 공동선의 증진을 위해 일반적인 도덕률을 벗어난 행동을 할 수밖에 없을 때, 공직자들은 이러한 문제에 직면한다. 이에 대해서 다음과 같은 세 가지 주장이 제기되었다.

(가) 공직자가 공동선을 증진하기 위해 전문적 역할을 수행할 때는 일반적인 도덕률이 적용되어서는 안 된다. 공직자의 비난받을 만한 행동은 그 행동의 결과에 의해서 정당화될 수 있다. 즉 공동선을 증진하는 결과를 가져온다면 일반적인 도덕률을 벗어난 공직자의 행위도 정당화될 수 있다.

(나) 공직자의 행위를 평가함에 있어 결과의 중요성을 과장해서는 안 된다. 일반적인 도덕률을 어긴 공직자의 행위가 특정 상황에서 최선의 것이었다고 하더라도, 그가 잘못된 행위를 했다는 것은 부정할 수 없다. 공직자 역시 일반적인 도덕률을 공유하는 일반 시민 중 한 사람이며, 이에 따라 일반 시민이 가지는 도덕률에서 자유로울 수 없다.

(다) 민주사회에서 권력은 선거를 통해 일반 시민들로부터 위임 받은 것이고, 이에 의해 공직자들이 시민들을 대리한다. 따라서 공직자들의 공적 업무 방식은 일반 시민들의 의지를 반영한 것일 뿐만 아니라 동의를 얻은 것이다. 그러므로 민주사회에서 공직자의 모든 공적 행위는 정당화될 수 있다.

보기

㉠ (가)와 (나) 모두 공직자가 공동선의 증진을 위해 일반적인 도덕률을 벗어난 행위를 하는 경우는 사실상 일어날 수 없다는 것을 전제하고 있다.

㉡ 어떤 공직자가 일반적인 도덕률을 어기면서 공적 업무를 수행하여 공동선을 증진했을 경우, (가)와 (다) 모두 그 행위는 정당화될 수 있다고 주장할 것이다.

㉢ (나)와 (다) 모두 공직자도 일반 시민이라는 것을 주요 근거로 삼고 있다.

① ㉠
② ㉡
③ ㉠, ㉢
④ ㉡, ㉢
⑤ ㉠, ㉡, ㉢

16 다음 문장들을 미괄식 문단으로 구성하고자 할 때 문맥상 전개 순서로 가장 옳은 것은?

㉠ 숨 쉬고 마시는 공기와 물은 이미 심각한 수준으로 오염된 경우가 많고, 자원의 고갈, 생태계의 파괴는 더 이상 방치할 수 없는 지경에 이르고 있다.

㉡ 현대인들은 과학 기술이 제공하는 물질적 풍요와 생활의 편리함의 혜택 속에서 인류의 미래를 낙관적으로 전망하기도 한다.

㉢ 자연 환경의 파괴뿐만 아니라 다양한 갈등으로 인한 전쟁의 발발 가능성은 도처에서 높아지고 있어서, 핵전쟁이라도 터진다면 인류의 생존은 불가능해질 수도 있다.

㉣ 이런 위기들이 현대 과학 기술과 밀접한 관계가 있다는 사실을 알게 되는 순간, 과학 기술에 대한 지나친 낙관적 전망이 얼마나 위험한 것인가를 깨닫게 된다.

㉤ 오늘날 주변을 돌아보면 낙관적인 미래 전망이 얼마나 가벼운 것인지를 깨닫게 해 주는 심각한 현상들을 쉽게 찾아볼 수 있다.

① ㉠ – ㉢ – ㉤ – ㉣ – ㉡
② ㉠ – ㉤ – ㉢ – ㉡ – ㉣
③ ㉡ – ㉣ – ㉤ – ㉠ – ㉢
④ ㉡ – ㉤ – ㉠ – ㉢ – ㉣
⑤ ㉢ – ㉠ – ㉣ – ㉤ – ㉡

17 한 도시에 A, B, C, D, E 다섯 개의 마트가 있다. 〈보기〉의 조건에 따를 때 문을 연 마트는?

보기

㉠ A와 B 모두 문을 열지는 않았다.
㉡ A가 문을 열었다면, C도 문을 열었다.
㉢ A가 문을 열지 않았다면, B가 문을 열었거나 C가 문을 열었다.
㉣ C는 문을 열지 않았다.
㉤ D가 문을 열었다면, B가 문을 열지 않았다.
㉥ D가 문을 열지 않았다면, E도 문을 열지 않았다.

① A
② B
③ A, E
④ D, E
⑤ B, D, E

18 다음 글에서 경계하고자 하는 태도와 유사한 것은?

비판적 사고는 지엽적이고 시시콜콜한 문제를 트집 잡아 물고 늘어지는 것이 아니라 문제의 핵심을 중요한 대상으로 삼는다. 비판적 사고는 제기된 주장에 어떤 오류나 잘못이 있는가를 찾아내기 위해 지엽적인 사항을 확대하여 문제로 삼는 태도나 사고방식과는 거리가 멀다.

① 격물치지(格物致知)
② 본말전도(本末顚倒)
③ 유명무실(有名無實)
④ 선공후사(先公後私)
⑤ 돈오점수(頓悟漸修)

19 다음과 같은 뜻의 속담은?

임시변통은 될지 모르나 그 효력이 오래가지 못할 뿐만 아니라 결국에는 사태가 더 나빠진다는 것을 말한다.

① 빈대 잡으려다 초가삼간 태운다.
② 구슬이 서 말이라도 꿰어야 보배라
③ 언 발에 오줌 누기
④ 여름 불도 쬐다 나면 서운하다.
⑤ 밑 빠진 독에 물 붓기

20 다음 문장의 밑줄 친 부분과 같은 의미로 사용된 것은?

자기 앞 공출량도 제대로 못 감당해 나가는 소작인들한테 식량을 의탁할 수는 없는 것이었다.

① 이번 외상값은 이 친구 앞으로 달아 놓게.
② 어려운 현실 앞에서는 그도 어쩔 도리가 없었다.
③ 지금은 무엇보다 앞을 내다볼 수 있는 자세가 요구된다.
④ 앞선 세대의 조언을 참고할 필요가 있다.
⑤ 연병장 앞에는 드넓은 해안선이 이어져 있다.

21 다음 중 문맥에 따른 글의 배열순서로 가장 적절한 것은?

가. 그러나 사람들은 소유에서 오는 행복은 소중히 여기면서 정신적 창조와 인격적 성장에서 오는 행복은 모르고 사는 경우가 많다.
나. 소유에서 오는 행복은 낮은 차원의 것이지만 성장과 창조적 활동에서 얻는 행복은 비교할 수 없이 고상한 것이다.
다. 부자가 되어야 행복해진다고 생각하는 사람은 스스로 부자라고 만족할 때까지는 행복해지지 못한다.
라. 하지만 최소한의 경제적 여건에 자족하면서 정신적 창조와 인격적 성장을 꾀하는 사람은 얼마든지 차원 높은 행복을 누릴 수 있다.
마. 자기보다 더 큰 부자가 있다고 생각될 때는 불만과 불행에 사로잡히기 때문이다.

① 나－가－라－다－마
② 나－라－다－마－가
③ 다－가－마－라－나
④ 다－라－마－가－나
⑤ 다－마－라－나－가

22 갑은 회사에서 차로 출발하여 오늘 미팅이 있는 a지점까지 40km/h의 속력으로 갔다. 그런데 미팅 장소가 b지점인 것을 알고 다시 30km/h 속력으로 b지점까지 이동했다. a지점에서 b지점까지의 거리는 회사에서 a지점까지의 거리보다 61.5km가 더 멀다고 한다. 갑이 회사에서 a지점을 거쳐 b지점까지 이동한 시간이 모두 합쳐 4시간 30분이라고 할 때, 갑이 이동한 총거리는 얼마인가? (단, '이동거리＝속력×시간'이 성립하며, 회사와 a, b지점은 모두 일직선상에 있다고 가정한다.)

① 130.5km
② 135.5km
③ 140.5km
④ 145.5km
⑤ 150.5km

23 한 해의 43번째 수요일은 어느 달에 속하는가?

① 9월
② 9월 또는 10월
③ 10월
④ 10월 또는 11월
⑤ 11월

[24～25] 다음은 한 은행의 입사시험에서 서류전형을 통과한 200명의 지원자들이 취득한 NCS점수와 면접점수의 분포수를 표시한 것이다. 물음에 알맞은 답을 고르시오.

〈표〉 ○○은행 신입사원모집 지원자 점수 분포

(단위 : 명)

NCS점수 \ 면접점수	10점	20점	30점	40점	50점
50점	3	8	10	7	3
40점	6	8	9	12	8
30점	7	10	15	9	10
20점	8	7	13	11	6
10점	3	6	11	6	4

24 다음의 〈조건〉에 따를 때 합격자 수는 몇 명인가?

> **조건**
> ㉠ 면접점수와 NCS점수의 총점이 80점 이상인 사람만 합격자로 결정한다.
> ㉡ 합격자의 면접점수와 NCS점수는 각각 40점 이상이어야 한다.
> ㉢ NCS점수가 50점인 경우는 면접점수가 30점 이상이면 합격자가 된다.

① 18명　　② 30명
③ 40명　　④ 50명
⑤ 58명

25 면접점수와 NCS점수의 총점이 높은 순으로 합격자를 선발한 결과 서류전형을 통과한 지원자 중 25%가 합격하였다고 한다. 합격자의 총점 평균을 구하면? (단, 소수점 첫째 자리에서 반올림한다.)

① 83점　　② 84점
③ 85점　　④ 88점
⑤ 90점

26 다음 〈표〉는 2021~2024년 A 추모공원의 신규 안치건수 및 매출액 현황을 나타낸 자료이다. 이에 대한 〈보기〉의 설명 중 옳은 것만을 모두 고르면?

〈표〉 A 추모공원의 신규 안치건수 및 매출액 현황

(단위 : 건, 만원)

안치유형 \ 구분		신규 안치건수		매출액	
		2021~2023년	2024년	2021~2023년	2024년
개인단	관내	719	606	291,500	289,000
	관외	176	132	160,000	128,500
부부단	관내	632	557	323,900	330,000
	관외	221	134	291,800	171,000
계		1,748	1,429	1,067,200	918,500

보기

㉠ 2021~2023년 개인단의 신규 안치건수는 2021~2024년 개인단 신규 안치건수의 50% 이상이다.
㉡ 2021~2024년 신규 안치건수의 합은 개인단과 부부단 모두 관내가 관외보다 크다.
㉢ 개인단과 부부단의 관내와 관외 모두 2021~2023년 매출액 합계보다 2024년 매출액이 감소하였다.
㉣ 2021~2024년 4개 안치유형 중 신규 안치건수의 합이 가장 큰 안치유형은 부부단 관내이다.

① ㉠, ㉡
② ㉠, ㉣
③ ㉡, ㉢
④ ㉡, ㉣
⑤ ㉢, ㉣

27 다음 〈표〉는 농산물을 유전자 변형한 GMO 품목 가운데 전세계에서 승인받은 200개 품목의 현황에 관한 자료이다. 〈보기〉의 설명 중 옳은 것만을 바르게 고른 것은?

〈표〉 승인받은 GMO 품목 현황

(단위 : 개)

구분	승인 국가 수	전세계 승인 품목			국내 승인 품목		
		합	A유형	B유형	합	A유형	B유형
콩	21	20	18	2	11	9	2
옥수수	22	72	32	40	51	19	32
면화	14	35	25	10	18	9	9
유채	11	22	19	3	6	6	0

사탕무	13	3	3	0	1	1	0
감자	8	21	21	0	4	4	0
알팔파	8	3	3	0	1	1	0
쌀	10	4	4	0	0	0	0
아마	2	1	1	0	0	0	0
자두	1	1	1	0	0	0	0
치커리	1	3	3	0	0	0	0
토마토	4	11	11	0	0	0	0
파파야	3	2	2	0	0	0	0
호박	2	2	2	0	0	0	0

※ 전세계 승인 품목은 국내 승인 품목을 포함함.

보기

㉠ 승인 품목이 하나 이상인 국가는 모두 120개이다.
㉡ 국내에서 92개, 국외에서 108개 품목이 각각 승인되었다.
㉢ 전세계 승인 품목 중 국내에서 승인되지 않은 품목의 비율은 50% 이상이다.
㉣ 전세계 승인 품목 중 B유형이 A유형보다 많은 농산물은 옥수수가 유일하다.

① ㉠, ㉡
② ㉠, ㉣
③ ㉡, ㉢
④ ㉡, ㉣
⑤ ㉢, ㉣

28 다음 〈표〉는 한 국가 고등학생의 주당 운동시간 현황을 조사한 자료이다. 이에 대한 〈보기〉의 설명 중 옳은 것만을 모두 고르면?

〈표〉 고등학생의 주당 운동시간 현황

(단위 : %, 명)

구분		남학생			여학생		
		1학년	2학년	3학년	1학년	2학년	3학년
1시간 미만	비율	10.0	5.7	7.6	18.8	19.2	25.1
	인원수	118	66	87	221	217	281
1시간 이상 2시간 미만	비율	22.2	20.4	19.7	26.6	31.3	29.3
	인원수	261	235	224	312	353	328

2시간 이상 3시간 미만	비율	21.8	20.9	24.1	20.7	18.0	21.6
	인원수	256	241	274	243	203	242
3시간 이상 4시간 미만	비율	34.8	34.0	23.4	30.0	27.3	14.0
	인원수	409	392	266	353	308	157
4시간 이상	비율	11.2	19.0	25.2	3.9	4.2	10.0
	인원수	132	219	287	46	47	112
합계	비율	100.0	100.0	100.0	100.0	100.0	100.0
	인원수	1,176	1,153	1,138	1,175	1,128	1,120

보기

㉠ '1시간 이상 2시간 미만' 운동하는 3학년 남학생 수는 '4시간 이상' 운동하는 3학년 여학생 수의 2배이다.

㉡ 남학생과 여학생 각각, 학년이 높아질수록 3시간 이상 운동하는 학생의 비율이 낮아진다.

㉢ 남학생 3학년의 학생 중 '1시간 미만' 운동하는 학생의 수는 '4시간 이상' 운동하는 학생 수의 30% 이하이다.

㉣ 동일 학년의 남학생과 여학생을 비교하면, 남학생 중 '2시간 이상 3시간 미만' 운동하는 남학생의 비율이 여학생 중 '2시간 이상 3시간 미만' 운동하는 여학생의 비율보다 각 학년에서 모두 높다.

① ㉠, ㉡
② ㉠, ㉣
③ ㉡, ㉢
④ ㉡, ㉣
⑤ ㉢, ㉣

[29~30] 다음 〈표〉는 A국에서 2023년에 채용된 공무원 인원에 관한 자료이다. 물음에 알맞은 답을 고르시오.

〈표〉 A국의 2023년 공무원 채용 인원

(단위 : 명)

공무원구분 \ 채용방식	공개경쟁채용	경력경쟁채용	합
1~2급(고위공무원)	–	73	73
3급	–	17	17
4급	–	99	99
5급	296	205	501

6급	–	193	193
7급	639	509	1,148
8급	–	481	481
9급	3,000	1,466	4,466
연구직	17	357	374
지도직	–	3	3
우정직	302	297	599
전문경력관	–	104	104
전문임기제	–	241	241
한시임기제	–	743	743
전체	3,952	5,090	9,042

※ (1) 채용방식은 공개경쟁채용과 경력경쟁채용으로만 이루어짐.
(2) 공무원구분은 〈표〉에 제시된 것으로 한정됨.

29 다음 〈보기〉의 설명 중 옳은 것만을 모두 고르면?

보기

㉠ 2023년에 공개경쟁채용을 통해 채용이 이루어진 공무원구분은 총 5개이다.
㉡ 2023년 연구직과 지도직, 우정직의 전체 채용 인원은 8급 채용 인원의 2배 이상이다.
㉢ 2023년에 공개경쟁채용을 통해 채용이 이루어진 공무원의 경우 모두 공개경쟁채용 인원이 경력경쟁채용 인원보다 많다.
㉣ 2023년 9급 채용 인원은 전체 채용 인원의 50% 이상이다.

① ㉠, ㉡
② ㉡, ㉢
③ ㉡, ㉣
④ ㉠, ㉡, ㉢
⑤ ㉠, ㉢, ㉣

30 2024년부터 공무원 채용 인원 중 9급 공개경쟁채용 인원만을 해마다 전년대비 10%씩 늘리고 나머지 채용 인원을 2023년과 동일하게 유지하여 채용한다면, 2025년 전체 공무원 채용 인원 중 9급 공개경쟁채용 인원의 비중은 얼마가 되는가? (단, 소수점 아래 첫째 자리에서 반올림한다.)

① 33%
② 35%
③ 36%
④ 38%
⑤ 39%

31 다음 〈그림〉은 '갑'소독제 소독실험에서 소독제 누적주입량에 따른 병원성미생물 개체수의 변화를 나타낸 것이다. 〈그림〉과 〈실험정보〉에 근거하여 아래 〈보기〉의 설명 중 옳은 것만을 모두 고르면?

〈그림〉 소독제 누적주입량에 따른 병원성미생물 개체수 변화

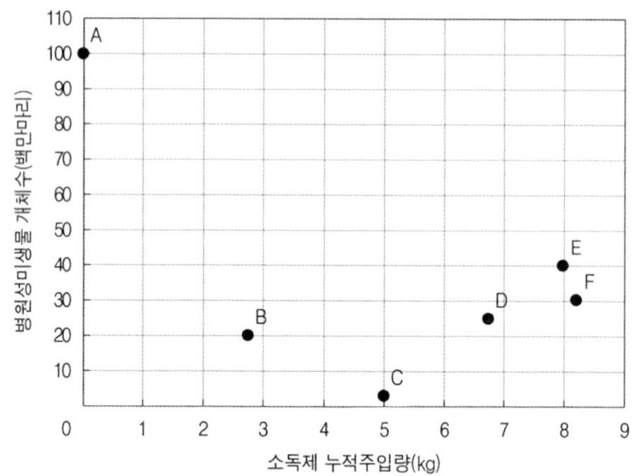

〈실험정보〉

- 이 실험은 1회 시행한 단일 실험임.
- 실험 시작시점(A)에서 측정한 값과, 이후 5시간 동안 소독제를 주입하면서 매 1시간이 경과하는 시점을 순서대로 B, C, D, E, F라고 하고 각 시점에서 측정한 값을 표시하였음.
- 소독효율(마리/kg) $= \dfrac{\text{시작시점(A) 병원성 미생물 개체수} - \text{측정시점 병원성 미생물 개체수}}{\text{측정시점의 초독제 누적 주입량}}$
- 구간 소독속도(마리/시간)

$$= \frac{\text{구간의 시작시점 병원성 미생물 개체수} - \text{구간의 종료시점 병원성 미생물 개체수}}{\text{두 측정 구간 사이의 시간}}$$

보기

㉠ 소독효율은 D가 E보다 높다.
㉡ 실험시작 후 2시간이 경과한 시점의 소독효율이 가장 높다.
㉢ 구간 소독속도는 E~F 구간이 B~C 구간보다 높다.

① ㉠
② ㉢
③ ㉠, ㉡
④ ㉠, ㉢
⑤ ㉡, ㉢

32 다음 〈표〉와 〈그림〉은 2023년 '갑'국의 자동차 매출에 관한 자료이다. 이에 대한 설명으로 옳은 것은?

〈표〉 2023년 10월 월매출액 상위 10개 자동차의 매출 현황

(단위 : 억원, %)

순위	자동차	월매출액	시장점유율	전월대비 증가율
1	A	1,139	34.3	60
2	B	1,097	33.0	40
3	C	285	8.6	50
4	D	196	5.9	50
5	E	154	4.6	40
6	F	149	4.5	20
7	G	138	4.2	50
8	H	40	1.2	30
9	I	30	0.9	150
10	J	27	0.8	40

※ 시장점유율(%)$=\frac{\text{해당 자동차 월 매출액}}{\text{전체 자동차 월 매출 총 액}}\times 100$

〈그림〉 2023년 I 자동차 누적매출액

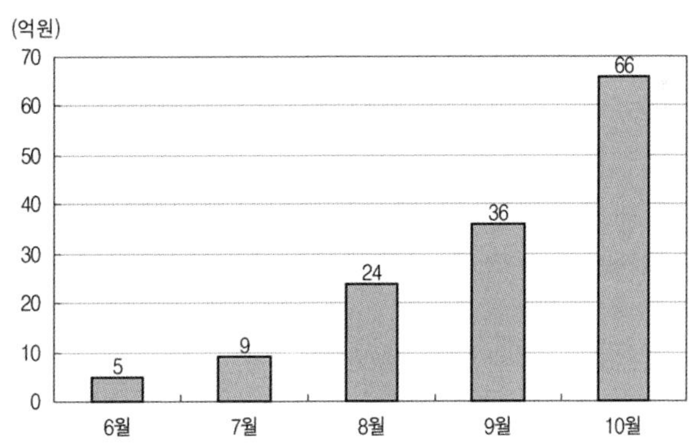

※ 월매출액은 해당 월 말에 집계됨.

① 2023년 9월 A 자동차의 월매출액은 700억원 이하이다.

② 2023년 10월 월매출액 상위 5개 자동차의 순위는 전월과 동일하다.

③ 2023년 6월부터 2023년 9월 중 I 자동차의 월매출액이 가장 큰 달은 9월이다.

④ 2023년 10월 '갑'국의 전체 자동차 매출액 총액은 4,000억원 이상이다.

⑤ 2023년 10월 월매출액 1~3위 자동차의 10월 월매출액 기준 시장점유율은 4~6위 자동차의 시장점유율의 5배 이상이다.

[33～34] 다음 〈표〉는 한 국가의 주요 범죄 발생건수 및 검거건수에 대한 자료이다. 물음에 알맞은 답을 고르시오.

〈표 1〉 2019～2023년 4대 범죄 발생건수 및 검거건수

(단위 : 건, 천명)

연도 \ 구분	발생건수	검거건수	총인구	인구 10만명당 발생건수
2019	15,693	14,492	49,194	31.9
2020	18,258	16,125	49,346	(㉠)
2021	19,498	16,404	49,740	39.2
2022	19,670	16,630	50,051	39.3
2023	22,310	19,774	50,248	44.4

〈표 2〉 2023년 4대 범죄 유형별 발생건수 및 검거건수

(단위 : 건)

범죄 유형 \ 구분	발생건수	검거건수
강도	5,753	5,481
살인	132	122
절도	14,778	12,525
방화	1,647	1,646
계	22,310	19,774

33 다음 중 〈표 1〉의 빈칸 ㉠에 들어갈 수치로 가장 알맞은 것은? (단, 소수점 아래 첫째 자리에서 반올림한다.)

① 35(건)
② 36(건)
③ 37(건)
④ 38(건)
⑤ 39(건)

34 다음 〈보기〉의 설명 중 옳은 것을 모두 고르면?

보기

㉠ 2020년 이후, 전년대비 4대 범죄 발생건수 증가율이 가장 낮은 연도와 전년대비 4대 범죄 검거건수 증가율이 가장 낮은 연도는 동일하다.

ⓛ 2023년 발생건수 대비 검거건수 비율이 가장 낮은 범죄 유형은 '살인'이다.
ⓒ 2023년 강도와 살인 발생건수의 합이 4대 범죄 발생건수에서 차지하는 비율은 2023년 강도와 살인 검거건수의 합이 4대 범죄 검거건수에서 차지하는 비율보다 높다.
ⓔ 4대 범죄의 발생건수와 검거건수는 매년 증가하고 있다.

① ㉠, ㉡
② ㉠, ㉣
③ ㉡, ㉢
④ ㉡, ㉣
⑤ ㉢, ㉣

35 다음 〈보고서〉와 〈표〉는 2023년 '갑'국의 국제개발원조에 대한 자료이다. 이에 대한 〈보기〉의 설명 중 옳은 것만을 모두 고르면?

〈보고서〉

2023년 갑국이 공여한 전체 국제개발원조액은 19억 1,430만 달러로 GDP 대비 0.13%를 기록하였다. 개발원조액의 지역별 배분을 살펴보면 북아프리카 5.4%, 사하라 이남 아프리카 20.0%, 오세아니아 · 기타 아시아 32.4%, 유럽 0.7%, 중남미 7.5%, 중앙아시아 · 남아시아 21.1%, 기타 지역 12.9%로 나타났다.

〈표〉 2023년 갑국 국제개발원조 수원액 상위 10개국 현황

(단위 : 백만달러)

순위	국가명	수원액
1	베트남	215
2	아프가니스탄	93
3	탄자니아	68
4	캄보디아	68
5	방글라데시	61
6	모잠비크	57
7	필리핀	55
8	스리랑카	52
9	에티오피아	35
10	인도네시아	34
계		738

보기

㉠ '오세아니아 · 기타 아시아'에 대한 국제개발원조액은 '사하라 이남 아프리카', '북아프리카', '중남미'에 대한 국제개발원조액 합보다 크다.
㉡ 2023년 수원액 상위 10개국의 수원액 합은 갑국 GDP의 0.05% 이상이다.
㉢ '중앙아시아 · 남아시아'에 대한 국제개발원조액은 수원액 상위 10개국의 수원액 합보다 크다.
㉣ 수원액 상위 10개국을 제외한 국가들의 수원액 합은 아프가니스탄 수원액의 10배 이상이다.

① ㉠, ㉡
② ㉠, ㉣
③ ㉡, ㉢
④ ㉡, ㉣
⑤ ㉢, ㉣

36 다음 〈표〉는 한 국가의 2023년도 월별 화재현황 자료이다. 이에 대한 설명으로 옳은 것을 〈보기〉에서 모두 고르면?

〈표〉 2023년도 월별 화재현황

구분	화재건수(건)	사망자수(명)	부상자수(명)	재산피해액(백만원)	이재가구수(가구)	이재민수(명)
1월	3,357	74	177	17,627	178	438
2월	2,826	54	131	14,387	167	395
3월	3,438	33	170	15,139	16	394
4월	2,658	43	187	12,072	111	278
5월	2,394	35	139	11,256	85	200
6월	2,176	31	130	10,373	116	296
7월	1,969	33	135	8,131	55	13
8월	2,323	20	114	9,836	101	215
9월	2,241	25	134	10,090	114	325
10월	2,537	28	147	11,518	277	469
11월	2,638	29	118	14,418	121	298
12월	3,221	41	152	15,945	149	389
계	31,778	446	1,734	150,792	1,635	3,836

보기

㉠ 화재건수가 가장 많은 달의 건수는 전체 화재건수의 10% 이상이다.
㉡ 이재가구당 재산피해액이 가장 적은 달의 이재가구당 재산피해액은 5천만원 이하이다.

ⓒ 동절기(12, 1, 2월)에 화재로 부상을 입은 인원은 2017년에 화재로 부상을 입은 전체인원 수의 30% 이상이다.
ⓓ 가장 많은 재산피해를 입은 달의 재산피해액은 가장 적은 재산피해를 입은 달의 재산피해액의 2배 이하이다.

① ㉠, ㉡
② ㉠, ㉣
③ ㉡, ㉢
④ ㉡, ㉣
⑤ ㉢, ㉣

37 다음 〈표〉는 행복의 가장 중요한 요건에 대한 설문조사 결과이다. 이에 대한 설명으로 옳은 것을 〈보기〉에서 모두 고르면?

〈표〉 행복의 가장 중요한 요건

(단위 : 명, %)

구분		응답자 수(명)	건강(%)	가족간 화목(%)	돈(%)	인간관계(%)	사회적 지위(%)
전체		1,634	60.3	18.1	10.6	3.2	2.5
성별	남자	813	56.7	16.7	13.5	3.2	3.8
	여자	821	63.8	19.6	7.7	3.2	1.3
연령별	10대	161	34.4	19.5	13.9	15.1	3.1
	20대	336	47.9	17.7	17.3	4.1	5.4
	30대	346	65.7	16.7	9.9	1.2	3.1
	40대	339	63.8	23.5	8.1	1.0	0.5
	50세 이상	452	72.0	14.9	6.7	1.4	1.3

보기

㉠ 응답자의 나이가 많을수록 건강을 중요한 요건으로 선택하는 비중이 높다.
㉡ 사회적 지위를 가장 중요하게 생각하는 응답자 수는 10대와 30대가 같다.
㉢ 인간관계의 중요성을 다른 연령대보다 낮게 생각하는 연령대에서, 가족간 화목을 중요한 요건으로 답한 응답자 수는 70명 이상이다.
㉣ 10대이면서 인간관계를 가장 중요하게 생각하는 응답자는 전체 응답자의 1.5% 이하이다.

① ㉠, ㉡
② ㉠, ㉣
③ ㉡, ㉢
④ ㉡, ㉣
⑤ ㉢, ㉣

[38～39] 다음 〈표〉는 한 국가의 2015년부터 2023년까지 보육시설 수 및 보육아동 수 현황에 관한 자료이다. 물음에 알맞은 답을 고르시오.

〈표〉 연도별 보육시설 수 및 아동 수 현황

(단위 : 개소(%), 명)

연도	보육시설 수(비중)								보육 아동 수
	국공립	개인	법인 외	법인	직장	놀이방	부모 협동	계	
2015	1,029 (11.3)	3,175 (34.9)	22 (0.3)	928 (10.2)	87 (1.0)	3,844 (42.3)	–	9,085 (100.0)	293,747
2016	1,158 (7.5)	6,388 (41.6)	150 (1.0)	1,634 (10.6)	158 (1.0)	5,887 (38.3)	–	15,375 (100.0)	520,959
2017	1,295 (6.7)	8,970 (46.5)	324 (1.7)	2,010 (10.4)	204 (1.1)	6,473 (33.6)	–	19,276 (100.0)	686,000
2018	1,306 (6.5)	9,490 (47.2)	313 (1.6)	1,991 (9.9)	196 (1.0)	6,801 (33.8)	–	20,097 (100.0)	734,192
2019	1,330 (6.0)	10,471 (47.0)	575 (3.0)	1,633 (7.0)	199 (1.0)	7,939 (36.0)	–	22,147 (100.0)	800,991
2020	1,329 (5.5)	11,225 (46.5)	787 (3.3)	1,632 (6.8)	236 (1.0)	8,933 (37.0)	–	24,142 (100.0)	858,345
2021	1,349 (5.0)	12,225 (45.4)	966 (3.6)	1,537 (5.7)	243 (0.9)	10,583 (39.4)	–	26,903 (100.0)	930,252
2022	1,473 (5.2)	12,769 (45.0)	979 (3.5)	1,495 (5.3)	263 (0.9)	11,346 (40.0)	42(0.1)	28,367 (100.0)	989,390
2023	1,643 (5.6)	12,864 (44.0)	1,066 (3.6)	1,475 (5.0)	298 (1.0)	11,828 (40.5)	59(0.2)	29,233 (100.0)	1,040,361

38 다음 〈보기〉의 설명 중 옳은 것을 모두 고르면?

보기

㉠ 2021년부터 2023년까지 법인보육시설을 제외한 모든 보육시설의 수가 증가하였으며, 이 기간 동안 법인보육시설은 60개소 이상이 감소하였다.

㉡ 개인보육시설이 차지하는 비중은 매년 국공립보육시설과 법인보육시설을 합한 비중보다 크고, 놀이방 보육시설의 비중보다 크다.

㉢ 2023년 국공립보육시설의 수는 2015년 대비 50% 이상 증가하였으며, 국공립보육시설의 수는 2015년 이후 매년 증가하였다.

㉣ 2015년에 비해 2023년의 보육아동 수와 보육시설 1개소당 보육아동 수는 모두 증가하였다.

① ㉠, ㉡
② ㉠, ㉣
③ ㉡, ㉢
④ ㉡, ㉣
⑤ ㉢, ㉣

39 다음 중 2023년의 전년대비 보육시설 수의 증가율이 가장 큰 시설의 전년대비 증가율을 구하면? (단, 소수점 아래 둘째 자리에서 반올림한다.)

① 11.5%
② 13.3%
③ 28.8%
④ 40.5%
⑤ 45.2%

40 18%의 소금물 300g에 물을 추가하여 소금물의 농도를 10%로 만들려고 한다. 얼마만큼의 물을 추가해야 하는가? (단, '소금물의 농도(%) $=\frac{\text{소금의 양}}{\text{소금물의 양}}\times 100$'이다.)

① 180g
② 210g
③ 240g
④ 270g
⑤ 300g

41 다음 밑줄 친 숫자들의 공통된 규칙이 있다고 할 때, ㉠에 들어갈 숫자로 알맞은 것은?

320 8 $\frac{1}{2}$ 20	12 8 ㉠ 4	9.3 3 5 15.5

① $\frac{3}{2}$
② 2
③ $\frac{5}{2}$
④ $\frac{8}{3}$
⑤ $\frac{10}{3}$

42 다음 그림의 숫자들이 일정한 규칙이 있다고 할 때, ㉠에 들어갈 숫자로 가장 알맞은 것은?

1	3	8	11
13			5
㉠			4
9	7	4	3

① 0
② 2
③ 4
④ 8
⑤ 10

43 다음 글을 근거로 할 때 아래 〈보기〉의 설명 중 옳은 것만 고르면?

온돌(溫突)은 조선시대 건축에서 가장 일반적으로 사용된 바닥구조로 아궁이, 고래, 구들장, 불목, 개자리, 바람막이, 굴뚝 등으로 구성된다.

아궁이는 불을 때는 곳이고, 고래는 아궁이에서 발생한 열기와 연기가 흐르는 곳이다. 고래는 30cm 정도의 깊이로 파인 여러 개의 골이고, 그 위에 구들장을 올려놓는다. 아궁이에서 불을 지피면 고래를 타고 흐르는 열기와 연기가 구들장을 데운다. 고래 바닥은 아궁이가 있는 아랫목에서 윗목으로 가면서 높아지도록 경사를 주는데, 이는 열기와 연기가 윗목 쪽으로 쉽게 들어갈 수 있도록 하기 위한 것이다.

불목은 아궁이와 고래 사이에 턱이 진 부분으로 불이 넘어가는 고개라는 뜻이다. 불목은 아궁이 바닥과 고래 바닥을 연결시켜서 고래로 가는 열기와 연기를 분산시킨다. 또한 아궁이에서 타고 남은 재가 고래 속으로 들어가지 못하도록 막아준다. 고래가 끝나는 윗목 쪽에도 바람막이라는 턱이 있는데, 이 턱은 굴뚝에서 불어내리는 바람에 의해 열기와 연기가 역류되는 것을 방지한다.

바람막이 뒤에는 개자리라 부르는 깊이 파인 부분이 있다. 개자리는 굴뚝으로 빠져 나가는 열기와 연기를 잔류시켜 윗목에 열기를 유지하는 기능을 한다. 개자리가 깊을수록 열기와 연기를 머금는 용량이 커진다.

보기

㉠ 고래 바닥은 아랫목에서 윗목으로 갈수록 낮아질 것이다.
㉡ 개자리가 깊을수록 윗목의 열기를 유지하기가 더 용이할 것이다.
㉢ 불목은 아랫목 쪽에 가깝고, 바람막이는 윗목 쪽에 가까울 것이다.
㉣ 바람막이는 타고 남은 재가 고래 안에 들어가지 못하도록 하는 기능을 할 것이다.

① ㉠, ㉡　　② ㉠, ㉣
③ ㉡, ㉢　　④ ㉡, ㉣
⑤ ㉢, ㉣

44 동산 A를 '갑, 을, 병' 세 사람이 공유하고 있다. 다음의 〈관련 규정〉을 근거로 판단할 때, 〈보기〉에서 옳은 것만을 모두 고르면?

〈관련 규정〉

제○○조(물건의 공유)

① 물건이 지분에 의하여 여러 사람의 소유로 된 때에는 공유로 한다.

② 공유자의 지분은 균등한 것으로 추정한다.

제○○조(공유지분의 처분과 공유물의 사용, 수익) 공유자는 자신의 지분을 다른 공유자의 동의 없이 처분할 수 있고 공유물 전부를 지분의 비율로 사용, 수익할 수 있다.

제○○조(공유물의 처분, 변경) 공유자는 다른 공유자의 동의 없이 공유물을 처분하거나 변경하지 못한다.

제○○조(공유물의 관리, 보존) 공유물의 관리에 관한 사항은 공유자의 지분의 과반수로써 결정한다. 그러나 보존행위는 각자가 할 수 있다.

제○○조(지분포기 등의 경우의 귀속) 공유자가 그 지분을 포기하거나 상속인 없이 사망한 때에는 그 지분은 다른 공유자에게 각 지분의 비율로 귀속한다.

보기

㉠ 갑, 을, 병은 A에 대해 각자 1/3씩 지분을 갖는 것으로 추정된다.

㉡ 병은 단독으로 A에 대한 보존행위를 할 수 없다.

㉢ 을이 A에 대한 자신의 지분을 처분하기 위해서는 갑과 병의 동의를 얻어야 한다.

㉣ 갑이 상속인 없이 사망한 경우, A에 대한 갑의 지분은 을과 병에게 각 지분의 비율에 따라 귀속된다.

① ㉠, ㉡　　② ㉠, ㉣
③ ㉡, ㉢　　④ ㉡, ㉣
⑤ ㉢, ㉣

45 다음 글을 근거로 판단할 때, 〈사례〉에서 갑이 을에게 청구하여 받을 수 있는 최대 손해배상액은?

채무자가 고의 또는 과실로 인하여 채무의 내용에 따른 이행을 하지 않으면 채권자는 채무자에게 손해배상을 청구할 수 있다. 채권자가 채무불이행을 이유로 채무자로부터 손해배상을 받으려면 손해의 발생사실과 손해액을 증명하여야 하는데, 증명의 어려움을 해소하기 위해 손해배상액을 예정하는 경우가 있다.

손해배상액의 예정은 장래의 채무불이행 시 지급해야 할 손해배상액을 사전에 정하는 약정을 말한다. 채권자와 채무자 사이에 손해배상액의 예정이 있으면 채권자는 실손해액과 상관없이 예정된 배상액을 청구할 수 있지만, 실손해액이 예정액을 초과하더라도 그 초과액을 배상받을 수 없다. 그리고 손해배상액을 예정한 사유가 아닌 다른 사유로 발생한 손해에 대해서는 손해배상액 예정의 효력이 미치지 않는다. 따라서 이로 인한 손해를 배상받으려면 별도로 손해의 발생사실과 손해액을 증명해야 한다.

〈사례〉

갑과 을은 다음과 같은 공사도급계약을 체결하였다.

- 계약당사자 : 갑(A건물 소유주)/을(건축업자)
- 계약내용 : A건물의 리모델링
- 공사대금 : 1억 원
- 공사기간 : 2017. 11. 2.~2018. 4. 2.
- 손해배상액의 예정 : 공사기간 내에 A건물의 리모델링을 완료하지 못할 경우, 지연기간 1일당 위 공사대금의 0.1%를 을이 갑에게 지급

그런데 을의 과실로 인해 A건물 리모델링의 완료가 30일이 지연되었고, 이로 인해 갑은 400만 원의 손해를 입었다. 또한 을이 고의로 불량자재를 사용하여 부실공사가 이루어졌고, 이로 인해 갑은 800만 원의 손해를 입었다. 갑은 각각의 손해발생사실과 손해액을 증명하여 을에게 손해배상을 청구하였다.

① 300만 원　　② 700만 원
③ 1,100만 원　　④ 1,200만 원
⑤ 1,500만 원

46 다음 〈조건〉을 근거로 판단할 때, A의 오른쪽에 앉은 사람과 노란 모자를 쓰고 있는 사람으로 순서대로 모두 바르게 나열한 것은?

조건

㉠ A, B, C, D 네 명이 정사각형 테이블의 각 면에 한 명씩 둘러앉아 있다.
㉡ 초록, 빨강, 파랑, 노랑 색깔의 모자 4개가 있다. A, B, C, D는 이 중 서로 다른 색깔의 모자 하나씩을 쓰고 있다.

ⓒ A와 B는 여자이고 C와 D는 남자이다.
ⓔ A 입장에서 왼편에 앉은 사람은 파란 모자를 쓰고 있으며, 맞은편에는 C가 있다.
ⓜ C 맞은편에 앉은 사람은 빨간 모자를 쓰고 있다.
ⓑ D 맞은편에 앉은 사람은 노란 모자를 쓰고 있지 않다.
ⓢ B 입장에서 왼편에 앉은 사람(A)은 초록 모자를 쓰고 있지 않다.
ⓞ 노란 모자를 쓴 사람과 초록 모자를 쓴 사람 중 한 명은 남자이고 한 명은 여자이다.

① B, C
② B, D
③ C, A
④ C, D
⑤ D, C

47 '갑'국의 공무원 A는 다음 〈표〉와 추가적인 자료를 이용하여 과학기술 논문 발표현황에 관한 〈보고서〉를 작성하였다. 작성을 위해 추가로 필요한 자료만을 〈보기〉에서 모두 고르면?

〈표〉 갑국의 SCI 과학기술 논문 발표현황

(단위 : 편, %)

연도	2017	2018	2019	2020	2021	2022	2023
발표수	29,565	34,353	37,742	41,481	45,588	49,374	51,051
세계 점유율	2.23	2.40	2.50	2.62	2.68	2.75	2.77

〈보고서〉

최근 갑국은 과학기술 분야의 연구에 많은 투자를 하고 있다. 2023년도 갑국의 SCI 과학기술 논문 발표수는 51,051편으로 전년대비 약 3.40% 증가했다. 갑국 SCI 과학기술 논문 발표수의 세계 점유율은 2017년 2.23%에서 매년 증가하여 2023년 2.77%가 되었다. 이는 2017년 이후 기초 · 원천기술연구에 대한 투자규모의 지속적인 확대로 SCI 과학기술 논문 발표수가 꾸준히 증가하고 있는 것으로 분석된다. 2023년의 논문 1편당 평균 피인용횟수는 4.55회로 SCI 과학기술 논문 발표수 상위 50개 국가 중 32위를 기록했다.

보기

ⓐ 2017년 이후 세계 총 SCI 과학기술 학술지 수
ⓛ 2019~2023년 갑국 SCI 과학기술 논문 발표수의 전년대비 증가율
ⓒ 2017년 이후 갑국 기초 · 원천기술연구 투자규모 현황
ⓔ 2019~2023년 연도별 SCI 과학기술 논문 발표수 상위 50개 국가의 논문 1편당 평균 피인용횟수

① ㉠, ㉡
② ㉠, ㉣
③ ㉡, ㉢
④ ㉡, ㉣
⑤ ㉢, ㉣

48 다음 글을 근거로 판단할 때 옳은 것을 〈보기〉에서 모두 고르면?

최초의 자전거는 1790년 시브락 백작이 발명한 '셀레리페르'라는 것이 정설이다. 이후 1813년 만하임의 드라이스 폰 자이에르브론 남작이 '드레지엔'을 선보였다. 방향 전환이 가능한 핸들이 추가된 이 자전거는 1817년 파리 티볼리 정원의 구불구불한 길을 단번에 통과한 후 인기를 끌었다. 19세기 중엽에는 '벨로시페드'라는 자전거가 등장했는데, 이 자전거는 앞바퀴 쪽에 달려 있는 페달을 밟아 이동이 가능했다. 이 페달은 1861년 에르네스트 미쇼가 드레지엔을 수리하다가 아이디어를 얻어 발명한 것이었다.

자전거가 인기를 끌자, 1868년 5월 생클루드 공원에서는 처음으로 자전거 스피드 경주가 열렸다. 이 대회의 우승은 제임스 무어가 차지했다. 그는 다음 해 열린 파리–루앙 간 최초의 도로 사이클 경주에서도 우승했다.

이로부터 상당한 시일이 흐른 후 금속제 자전거가 등장했다. 1879년에는 큰 기어와 뒷바퀴 사이에 체인이 달린 자전거가, 그리고 1885년에는 안전 커버가 부착되고 두 바퀴의 지름이 똑같은 자전거가 발명되었다. 1888년에는 스코틀랜드의 수의사 던롭이 공기 타이어를 고안했으며, 이후 19세기 말 유럽의 길거리에는 자전거가 붐비기 시작했다.

보기

㉠ 셀레리페르는 핸들로 방향 전환이 가능한 최초의 자전거였다.
㉡ 벨로시페드의 페달은 드레지엔의 수리과정에서 얻은 아이디어를 바탕으로 발명되었다.
㉢ 대중적으로 자전거의 인기가 높아지자 19세기 초에 도로 사이클 경주가 개최되었다.
㉣ 두 바퀴의 지름이 동일한 자전거는 공기 타이어가 부착된 자전거보다 먼저 발명되었다.

① ㉠, ㉡
② ㉠, ㉣
③ ㉡, ㉢
④ ㉡, ㉣
⑤ ㉢, ㉣

49 다음 〈그림〉은 어느 도시의 미혼남과 미혼녀의 인원수 추이 및 미혼남녀의 직업별 분포를 나타낸 자료이다. 이에 대한 〈보기〉의 설명 중 옳은 것을 모두 고르면?

〈그림 1〉 2011~2017년 미혼남과 미혼녀의 인원수 추이

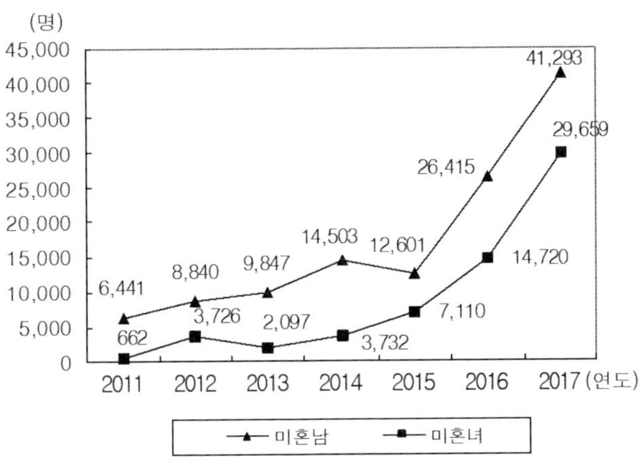

〈그림 2〉 2017년 미혼남녀의 직업별 분포

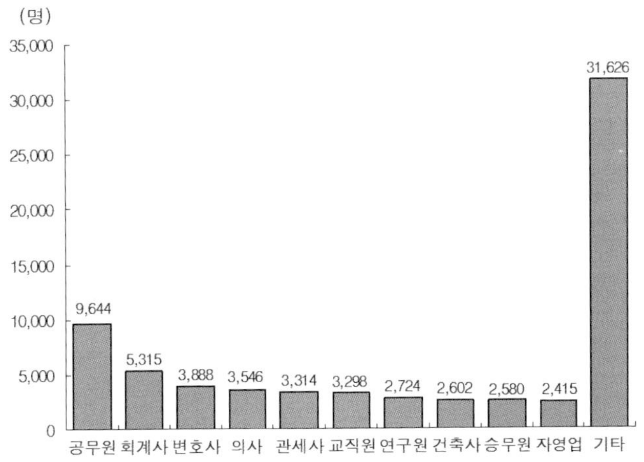

보기

㉠ 2015년 이후 미혼남의 인원수와 2014년 이후 미혼녀의 인원수는 매년 증가하였다.
㉡ 2016년 미혼녀 인원수는 2015년 미혼녀 인원수의 2배 이하이다.
㉢ 2017년 미혼남녀의 직업별 분포에서 회계사 수는 연구원 수의 2배 이상이다.
㉣ 2016년 미혼녀와 미혼남의 인원수 차이는 2017년의 차이보다 50명 이상 많다.

① ㉠, ㉡
② ㉠, ㉣
③ ㉡, ㉢
④ ㉡, ㉣
⑤ ㉢, ㉣

50 다음 글을 근거로 판단할 때, 〈보기〉에서 같이 사용하면 부작용을 일으키는 화장품의 조합만을 모두 고른 것은?

> 화장품 간에도 궁합이 있다. 같이 사용하면 각 화장품의 효과가 극대화 되거나 보완되는 경우가 있는 반면 부작용을 일으키는 경우도 있다. 요즘은 화장품에 포함된 모든 성분이 표시되어 있으므로 기본 원칙만 알고 있으면 제대로 짝을 맞춰 쓸 수 있다.
>
> 트러블의 원인이 되는 묵은 각질을 제거하고 외부 자극으로부터 피부 저항력을 키우는 비타민 B 성분이 포함된 제품을 트러블과 홍조 완화에 탁월한 비타민 K 성분이 포함된 제품과 함께 사용하면, 양 성분의 효과가 극대화되어 깨끗하고 건강하게 피부를 관리하는데 도움이 된다.
>
> 일반적으로 세안제는 알칼리성 성분이어서 세안 후 피부는 약알칼리성이 된다. 따라서 산성에서 효과를 발휘하는 비타민 A 성분이 포함된 제품을 사용할 때는 세안 후 약산성 토너로 피부를 정리한 뒤 사용해야 한다. 한편 비타민 A 성분이 포함된 제품은 오래된 각질을 제거하는 기능도 있다. 그러므로 각질관리 제품과 같이 사용하면 과도하게 각질이 제거되어 피부에 자극을 주고 염증을 일으킨다.
>
> AHA 성분은 각질 결합을 느슨하게 해 묵은 각질이나 블랙헤드를 제거하고 모공을 축소시키지만, 피부의 수분을 빼앗고 탄력을 떨어뜨리며 자외선에 약한 특성도 함께 지니고 있다. 따라서 AHA 성분이 포함된 제품을 사용할 때는 보습 및 탄력관리에 유의해야 하며 자외선 차단제를 함께 사용해야 한다.

보기

㉠ 비타민 A 성분이 포함된 주름개선 제품+비타민 B 성분이 포함된 각질관리 제품
㉡ 보습기능이 있는 자외선 차단제+AHA 성분이 포함된 모공축소 제품
㉢ 비타민 B 성분이 포함된 로션+비타민 K 성분이 포함된 영양크림

① ㉠
② ㉡
③ ㉢
④ ㉠, ㉡
⑤ ㉡, ㉢

Chapter 03

실전모의고사 3회

| 영역분리형 | 의사소통능력 20문항, 문제해결능력 20문항, 수리능력 10문항으로 구성되어 있습니다.

|정답 및 해설| 350p

[의사소통능력]

01 다음 글을 통해 알 수 있는 내용으로 적절하지 않은 것은?

지구, 달, 태양의 운동이 매우 잘 알려져 있기 때문에 일식은 비교적 먼 미래까지 분 단위 이하의 정확도로 예측할 수 있다. 일식은 사로스 주기라고 알려져 있는 6585.32일, 다시 말해서 약 223 삭망월마다 반복된다. 한 사로스 주기마다 일정한 비율로 일식과 월식이 일어난다(월식 29회, 개기 일식 10회, 부분 일식 14회, 금환 일식 17회). 만일 사로스 주기가 정확히 6585일이라면 사로스 주기마다 지구상의 같은 지점에서 일식이 일어날 것이다. 그러나 0.32일(약 8시간)의 차이가 있기 때문에 그 시간 동안 지구가 117°만큼 더 자전하므로 일식이 일어나는 지점도 달라진다. 따라서 일식 자체는 주기적으로 일어나는 현상이지만 이를 쉽게 알아챌 수 없게 된다.

개기 일식을 관찰할 수 있다는 것은 매우 우연적인 결과이다. 지구의 위성인 달이 태양보다 1/400 정도로 그 크기가 작지만, 현재 시점에서 달은 태양보다 우리에게 400배 정도 가까이에 위치해 있다. 그러므로 하늘에 떠 있는 달과 태양은 겉보기 크기가 거의 비슷하여 개기 일식을 연출할 수 있는 것이다. 태양계 내의 행성이나 위성의 궤도는 그들 간의 상호 작용 또는 혜성의 근접에 의해 변화될 가능성이 있다. 우리 태양계에서는 지구와 명왕성을 제외하고 개기 일식을 볼 수 있는 행성이 없다. 그러나 명왕성은 지구에 비해 태양에서 아주 멀리 떨어져 있기 때문에 그곳에서는 지구에서와 같은 장관을 보기는 어려울 것이다. 화성, 목성, 토성 등의 다른 행성에서는 위성의 크기가 너무 작거나 또는 너무 멀리 떨어져 있기 때문에 위성이 태양을 완전히 가리는 것은 불가능하다.

① 개기 일식은 미래의 상당한 기간 동안 비교적 정확하게 예측할 수 있다.
② 일식 위치가 매번 바뀌는 현상은 사로스 주기의 소수 부분 0.32와 관련이 있다.
③ 명왕성에서도 일식이 일어날 수 있으며, 그 주기는 사로스 주기와 같을 것이다.
④ 만일 달이 현재의 위치보다 지구에서 두 배 더 멀리 떨어져 있다면 개기 일식은 일어날 수 없을 것이다.

02 다음의 발표에서 사용한 전략으로 적절하지 않은 것은?

여러분은 지금부터 제 질문에 "받아들일 만하다!"와 "불공정하다!"의 두 가지 대답 중 하나만을 선택할 수 있습니다. 첫 번째 질문은 다음에 관한 내용입니다. 어떤 자동차가 매우 잘 팔려서 물량이 부족한 상황입니다. 이에 한 자동차 대리점은 지금까지와는 달리 상품 안내서에 표시된 가격에 20만 원을 덧붙여서 팔기로 했습니다. 자동차 대리점의 결정은 받아들일 만한 것일까요, 아니면 불공정한 것일까요?

두 번째 질문은 다음과 같습니다. 어떤 자동차가 매우 잘 팔려서 물량이 부족한 상황입니다. 20만 원 할인된 가격으로 차를 팔아 왔던 한 자동차 대리점이 할인을 중단하고 원래 가격대로 팔기로 했습니다. 이러한 결정은 받아들일 만한 것일까요, 아니면 불공정한 것일까요?

실제로 캐나다에서 130명을 상대로 이러한 질문을 했습니다. 그 결과에 따르면, 첫 번째 질문에 불공정하다고 답한 응답자는 71%인 반면, 두 번째 질문에 불공정하다고 답한 응답자는 42%에 불과합니다. 두 경우 모두 가격을 20만 원 올렸는데, 이러한 차이가 발생한 이유는 무엇일까요? 이에 대해 노벨 경제학상을 받은 대니얼 카너먼은 가격을 올리는 방식에 대해 정반대의 생각을 하기 때문이라고 했습니다. 기존의 가격에서 인상하는 것은 손해로, 할인을 없애는 것은 이득을 볼 기회를 잃어버리는 것으로 여긴다는 것입니다.

① 전문가의 견해를 인용하고 있다.
② 물음을 통해 청중의 주의를 환기하고 있다.
③ 구체적인 사례와 조사 결과를 제시하고 있다.
④ 매체의 특성을 고려해 발표 내용을 조절하고 있다.

03 다음 글과 같은 방식으로 논리를 전개한 것은?

진리가 사상의 체계에 있어 제일의 덕이듯이 정의는 사회적 제도에 있어 제일의 덕이다. 하나의 이론은 그것이 아무리 멋지고 간명한 것이라 하더라도 만약 참되지 않다면 거부되거나 수정되어야 한다. 이와 마찬가지로 법과 제도는 그것이 아무리 효율적으로 잘 정비되어 있다고 하더라도 만약 정의롭지 않다면 개혁되거나 폐기되어야 한다.

① 인생은 여행과 같다. 간혹 험난한 길을 만나기도 하고, 예상치 않은 일을 당하기도 한다. 우연히 누군가를 만나고 그들과 관계를 맺기도 한다. 여행을 끝내고 집으로 돌아왔을 때 편안함을 느끼는 것처럼 생을 끝내고 죽음을 맞이할 때 우리는 더없이 편안해질 것이다.
② 여자는 생각하는 것이 남자와 다른 데가 있다. 남자는 미래를 생각하지만 여자는 현재의 상태를 더 소중하게 여긴다. 남자가 모험, 사업, 성 문제를 중심으로 생각한다면 여자는 가정, 사랑, 안정성에 비중을 두어 생각한다.

③ 우리 강아지는 배를 문질러 주면 등을 바닥에 대고 누워 버려. 그리고 정말 기분 좋은 듯한 표정을 짓지. 그런데 내 친구 강아지도 그렇더라고. 아마 모든 강아지가 그런 속성을 가지고 있는 것 같아.

④ 의지의 자유가 없는 사람에게는 책임을 물을 수 없다. 그런데 인간에게는 책임을 물을 수 있다. 그러므로 인간의 의지는 자유롭다고 보아야 한다.

04 **다음은 '청소년의 디지털 중독의 폐해와 해결 방안'이라는 주제로 글을 쓰기 위한 개요이다. 이를 수정 · 보완하기 위한 방안으로 적절하지 않은 것은?**

Ⅰ. 서론 : 청소년 디지털 중독의 심각성
Ⅱ. 본론
　1. 청소년 디지털 중독의 폐해 ········· ㉠
　　가. 타인과의 관계를 원활하게 하지 못하는 사회 부적응 야기
　　나. 다양한 기능과 탁월한 이동성을 가진 디지털 기기의 등장 ········· ㉡
　2. 청소년 디지털 중독에 영향을 미치는 요인
　　가. 디지털 중독의 심각성에 대한 개인적, 사회적 인식 부족
　　나. 뇌의 기억 능력을 심각하게 퇴화시키는 디지털 치매의 심화 ········· ㉢
　　다. 신체 활동을 동반한 건전한 놀이를 위한 시간 및 프로그램의 부족
　　라. 자극적이고 중독적인 디지털 콘텐츠의 무분별한 유통
　3. 청소년 디지털 중독을 해결하기 위한 방안
　　가. 디지털 중독의 심각성에 대한 교육과 홍보를 위한 전문기관 확대
　　나. 학교, 지역 사회 차원에서 신체 활동을 위한 시간 및 프로그램의 확대
　　다. (　　　　　　　　　　　　　　) ········· ㉣
Ⅲ. 결론 : 청소년 디지털 중독을 줄이기 위한 개인적, 사회적 노력의 촉구

① ㉠의 하위 항목으로 '우울증이나 정서 불안 등의 심리적 질환 초래'를 추가한다.

② ㉡은 'Ⅱ－1'과 관련된 내용이 아니므로 삭제한다.

③ ㉢은 'Ⅱ－2'의 내용과 어울리지 않으므로, 'Ⅱ－1'의 하위 항목으로 옮긴다.

④ ㉣에는 'Ⅱ－2'와의 관련성을 고려하여 '청소년을 대상으로 디지털 기기의 사용 시간 제한'이라는 내용을 넣는다.

05 다음의 밑줄 친 '정상 과학의 시기'에 대한 설명으로 가장 적절한 것은?

하나의 패러다임의 형성은 당초에는 불완전하며, 다만 이후 연구의 방향을 제시하고 소수 특정 부분의 성공적인 결과를 약속할 수 있을 뿐이다. 그러나 패러다임의 정착은 연구의 정밀화, 집중화 등을 통하여 자기 지식을 확장해 가며 차츰 폭 넓은 이론 체계를 구축한다.

이처럼 과학자들이 패러다임을 기반으로 하여 연구를 진척시키는 것을 쿤은 '정상 과학'이라고 부른다. 기초적인 전제가 확립되었으므로 과학자들은 이 시기에 상당히 심오한 문제의 작은 영역들에 집중함으로써, 그렇지 않았더라면 상상조차 못했을 자연의 어느 부분을 깊이 있게 탐구하게 된다. 그에 따라 각종 실험 장치들도 정밀해지고 다양해지며, 문제를 해결해 가는 특정 기법과 규칙들이 만들어진다. 연구는 이제 혼란으로서의 다양성이 아니라, 이론과 자연 현상을 일치시켜 가는 지식의 확장으로서의 다양성을 이루게 된다.

그러나 정상 과학은 완성된 과학이 아니다. 과학적 사고방식과 관습, 기법 등이 하나의 기반으로 통일돼 있다는 것일 뿐 해결해야 할 과제는 무수하다. 패러다임이란 과학자들 사이의 세계관의 통일이지 세계에 대한 해석의 끝은 아닌 것이다.

그렇다면 <u>정상 과학의 시기</u>에는 어떤 연구가 어떻게 이루어지는가? 정상 과학의 시기에는 이미 이론의 핵심 부분들은 정립돼 있다. 따라서 과학자들의 연구는 근본적인 새로움을 좇아가지는 않으며, 다만 연구의 세부 내용이 좀 더 깊어지거나 넓어질 뿐이다. 이러한 시기에 과학자들의 열정과 헌신성은 무엇으로 유지될 수 있을까? 연구가 고작 예측된 결과를 좇아갈 뿐이고, 예측된 결과가 나오지 않으면 실패라고 규정되는 상태에서 과학의 발전은 어떻게 이루어지는가?

쿤은 이 물음에 대하여 '수수께끼 풀이'라는 대답을 준비한다. 어떤 현상의 결과가 충분히 예측된다 할지라도 정작 그 예측이 달성되는 세세한 과정은 대개 의문 속에 있게 마련이다. 자연 현상의 전 과정을 우리가 일목요연하게 알고 있는 것은 아니기 때문이다. 이론으로서의 예측 결과와 실제의 현상을 일치시켜 보기 위해서는 여러 복합적인 기기적, 개념적, 수학적인 방법이 필요하다. 이것이 수수께끼 풀이이다.

① 여러 가지 상반된 시각의 학설이 등장하여 이론이 다양해지고 풍성해진다.
② 과학적 패러다임의 정착으로 이론의 핵심 부분들이 정립되어 있다.
③ 이 시기의 패러다임의 형성은 처음에는 불완전하나 후속 연구를 통해 세계를 완전히 해석할 수 있는 과학으로 발전된다.
④ 예측된 결과만을 좇을 수밖에 없기 때문에 과학자들의 열정과 헌신성이 낮아진다.

06 다음 글의 중심 내용으로 가장 적절한 것은?

행랑채가 퇴락하여 지탱할 수 없게끔 된 것이 세 칸이었다. 나는 마지못하여 이를 모두 수리하였다. 그런데 그중의 두 칸은 앞서 장마에 비가 샌 지가 오래되었으나, 나는 그것을 알면서도 이럴까 저럴까 망설이다가 손을 대지 못했던 것이고, 나머지 한 칸은 비를 한 번 맞고 샜던 것이라 서둘러 기와를 갈았던 것이다. 이번에 수리하려고 본즉, 비가 샌 지 오래된 것은 그 서까래, 추녀, 기둥, 들보가 모두 썩어서 못 쓰게 되었던 까닭으로 수리비가 엄청나게 들었고, 한 번밖에 비를 맞지 않았던 한 칸의 재목들은 완전하여 다시 쓸 수 있었던 까닭으로 그 비용이 많이 들지 않았다.

나는 이에 느낀 것이 있었다. 사람의 몸에 있어서도 마찬가지라는 사실을. 잘못을 알고서도 바로 고치지 않으면 곧 그 자신이 나쁘게 되는 것이 마치 나무가 썩어서 못 쓰게 되는 것과 같으며, 잘못을 알고 고치기를 꺼리지 않으면 해(害)를 받지 않고 다시 착한 사람이 될 수 있으니, 저 집의 재목처럼 말끔하게 다시 쓸 수 있는 것이다. 뿐만 아니라 나라의 정치도 이와 같다. 백성을 좀먹는 무리들을 내버려두었다가는 백성들이 도탄에 빠지고 나라가 위태롭게 된다. 그런 연후에 급히 바로잡으려 하면 이미 썩어 버린 재목처럼 때는 늦은 것이다. 어찌 삼가지 않겠는가.

① 모든 일에 기초를 튼튼히 해야 한다.
② 청렴한 인재 선발을 통해 정치를 개혁해야 한다.
③ 잘못을 알게 되면 바로 고쳐 나가는 자세가 중요하다.
④ 훌륭한 위정자가 되기 위해서는 매사 삼가는 태도를 지녀야 한다.

07 다음 글에 대한 이해로 적절하지 않은 것은?

한국 건축은 '사이'의 개념을 중요시한다. 그리고 '사이'의 크기는 기능과 사회적 위계에 영향을 받는다. 또 공간, 시간, 인간 모두 사이의 한 동류로 보기도 한다. 서양의 과학적 사고가 물체를 부분들로 구성되었다고 보고 불변하는 요소들을 분석함으로써 본질 파악을 추구하였다면, 동양은 사이, 즉 요소들 간의 관련성에 초점을 두고, 거기에서 가치와 의미의 원천을 찾았던 것이다. 서양의 건축이 내적 구성, 폐쇄적 조직을 강조한 객체의 형태를 추구했다면, 동양의 건축은 그보다 객체의 형태와 그것이 놓이는 상황 및 자연환경과의 어울림을 통해 미를 추구하였던 것이다.

동양의 목재 가구법(낱낱의 재료를 조립하여 구조물을 만드는 법)에 의한 건축 구성 양식에서 '사이'의 중요성을 알 수 있다. 이 양식은 조적식(돌 · 벽돌 따위를 쌓아 올리는 건축 방식)보다 환경에 개방적이고 우기에 환기를 좋게 할 뿐 아니라, 내 · 외부 공간의 차단을 거부하고 자연과의 대화를 늘 강조한다. 그로 인해 건축이 무대나 액자를 설정하고 자연이 끝을 내주는 기분을 느끼게 한다.

① 동양과 서양 건축의 차이를 요소들 간의 관련성으로 설명하고 있다.

② 동양의 건축 재료로 석재보다 목재가 많이 쓰인 이유를 알 수 있다.
③ 한국 건축에서 '사이'의 개념은 공간, 시간, 인간 모두를 포함하고 있다.
④ 동양의 건축은 자연환경에 개방적이지만 인공 조형물에 대해서는 폐쇄적이다.

08 다음 글의 (가)~(다)에 들어갈 진술을 〈보기〉에서 골라 짝지은 것으로 가장 적절한 것은?

비어즐리는 '제도론적 예술가'와 '낭만주의적 예술가'의 개념을 대비시킨다. 낭만주의적 예술가는 사회의 모든 행정과 교육의 제도로부터 독립하여 작업하는 사람이다. 그는 자기만의 상아탑에 칩거하며, 혼자 캔버스 위에서 일하고, 자신의 돌을 깎고, 자신의 소중한 서정시의 운율을 다듬는다.

그러나 사회와 동떨어져 혼자 작업하더라도 예술가는 작품을 만드는 동안 예술제도로부터 단절될 수 없다. [(가)] 즉 예술가는 특정 예술제도 속에서 예술의 사례들을 경험하고, 예술적 기술의 훈련이나 교육을 받음으로써 예술에 대한 배경지식을 얻게 된다. 그리고 이와 같은 배경지식이 예술가의 작품 활동에 반영된다.

낭만주의적 예술가 개념은 예술 창조의 주도권이 완전히 개인에게 있으며 예술가가 문화의 진공 상태 안에서 작품을 창조할 수 있다고 가정한다. 하지만 그런 낭만주의적 예술가는 사실상 존재하기 어렵다. 심지어 어린 아이들의 그림이나 놀이조차도 문화의 진공 상태에서 이루어지지 않는다. [(나)]

어떤 사람이 예술작품을 전혀 본 적 없는 상태에서 진흙으로 어떤 형상을 만들어냈다고 가정해 보자. 이것이 지금까지 본 적이 없던 새로운 형상이라 하더라도, 그 사람은 예술작품을 창조한 것이라 볼 수 없다. [(다)] 비어즐리의 주장과는 달리 예술가는 아무 맥락 없는 진공 상태에서 창작하지 않는다. 예술은 어떤 사람이 문화적 역할을 수행한 산물이며, 언제나 문화적 주형(鑄型) 안에 존재한다.

보기

㉠ 왜냐하면 어떤 사람이 예술작품을 창조하였다고 하기 위해서는 그는 예술작품이 무엇인가에 대한 개념을 가지고 있어야 하기 때문이다.
㉡ 왜냐하면 사람은 두세 살만 되어도 인지구조가 형성되고, 이 과정에서 문화의 영향을 받을 수밖에 없기 때문이다.
㉢ 왜냐하면 예술가들은 예술작품을 만들 때 의식적이든 무의식적이든 예술교육을 받으면서 수용한 가치 등을 고려하는데, 그러한 교육은 예술제도 안에서 이루어지기 때문이다.

	(가)	(나)	(다)
①	㉡	㉠	㉢
②	㉡	㉢	㉠
③	㉢	㉠	㉡
④	㉢	㉡	㉠

09 다음의 (가)~(라)에 대한 설명으로 적절한 것만을 아래 〈보기〉에서 모두 고르면?

최근 우리 사회에는 인문학 열풍이 불고 있는데, 이 열풍을 바라보는 여러 다른 시각이 존재한다. 다음은 그러한 사례들의 일부이다.

(가) 한 방송국 PD는 인문학 관련 대중 강좌가 인기를 끌고 있는 현상에 대해 교양 있는 삶에 대한 열망을 원인으로 꼽는다. 그는 "직장 내 교육 프로그램은 어학이나 컴퓨터 활용처럼 직능 향상을 위한 것으로, 노동시간의 연장이다. 삶이 온통 노동으로 채워지는 상황에서 정신적 가치에 대한 성찰의 기회를 박탈당한 직장인들의 갈증을 인문학 관련 대중 강좌가 채워주고 있다."고 한다.

(나) 한 문학평론가는 인문학 열풍이 인문학을 시장 논리와 결부시켜 상품화하고 있다고 본다. 그는 "삶의 가치에 대해 근본적인 문제제기를 함으로써 정치적 시민의 복권을 이루는 것이 인문학의 본질적인 과제 중 하나인데, 인문학이 시장의 영역에 포섭됨으로써 오히려 말랑말랑한 수준으로 전락하고 있다."고 주장한다.

(다) A구청 공무원은 최근 불고 있는 인문학 열풍에 따라 '동네 인문학'이라는 개념을 주민자치와 연결시키고 있다. 그는 "동네 인문학은 동네라는 공간에서 지역 주민들이 담당 강사의 지속적인 지도 아래 자기 성찰의 기회를 얻고, 삶에 대한 지혜를 얻어 동네를 살기 좋은 공동체로 만드는 과정이다."라고 말한다.

(라) B대학에서는 세계적인 기업인, 정치인들 중에 인문학 마니아가 많이 탄생해야 한다는 취지로 CEO 인문학 최고위 과정을 개설했다. 한 교수는 이를 인문학 열풍의 하나로 보고, "진정한 인문학적 성찰을 바탕으로 다양한 학문 분야에 몰두해야 할 대학이 오히려 인문학의 대중화를 내세워 인문학을 상품화한다."고 평가한다.

보기

㉠ (가)의 PD와 (나)의 평론가는 인문학 열풍이 교양 있는 삶에 대한 동경을 지닌 시민들 중심으로 일어난 자발적 현상이라 보고 있다.

㉡ (가)의 PD와 (다)의 공무원은 인문학 열풍이 개인의 성찰을 넘어 공동체의 개선에까지 긍정적인 영향을 미친다고 보고 있다.

㉢ (나)의 평론가와 (라)의 교수는 인문학 열풍이 인문학을 상품화한다는 시각에서 이 열풍을 부정적으로 바라보고 있다.

① ㉠ ② ㉠, ㉡
③ ㉢ ④ ㉡, ㉢

[10~11] 다음 글을 읽고 물음에 알맞은 답을 고르시오.

이미지란 우리가 세계에 대해 시각을 통해 얻는 표상을 가리킨다. 상형문자나 그림문자를 통해서 얻은 표상도 여기에 포함된다. 이미지는 세계의 실제 모습을 아주 많이 닮았으며 그러한 모습을 우리 뇌 속에 복제한 결과이다. 그런데 우리의 뇌는 시각적 신호를 받아들일 때 시야에 들어온 세계를 한꺼번에 하나의 전체로 받아들이게 된다. 즉 대다수의 이미지는 한꺼번에 지각된다. 예를 들어 우리는 새의 전체 모습을 한꺼번에 지각하지 머리, 날개, 꼬리 등을 개별적으로 지각한 후 이를 머릿속에서 조합하는 것이 아니다.

표음문자로 이루어진 글을 읽는 것은 이와는 다른 과정이다. 표음문자로 구성된 문장에 대한 이해는 그 문장의 개별적인 문법적 구성요소들로 이루어진 특정한 수평적 연속에 의존한다. 문장을 구성하는 개별 단어들, 혹은 각 단어를 구성하는 개별 문자들이 하나로 결합되어 비로소 의미 전체가 이해되는 것이다. 비록 이 과정이 너무도 신속하고 무의식적으로 이루어지기는 하지만 말이다. 알파벳을 구성하는 기호들은 개별적으로는 아무런 의미도 가지지 않으며 어떠한 이미지도 나타내지 않는다. 일련의 단어군은 한꺼번에 파악될 수도 있겠지만, 표음문자의 경우 대부분 언어는 개별 구성 요소들이 하나의 전체로 결합되는 과정을 통해 이해된다.

남성적인 사고는, 사고 대상 전체를 구성요소 부분으로 분해한 후 그들 각각을 개별화시키고 이를 다시 재조합하는 과정으로 진행된다. 그에 비해 여성적인 사고는, 분해되지 않은 전체 이미지를 통해서 의미를 이해하는 특징을 지닌다. 그림문자로 구성된 글의 이해는 여성적인 사고 과정을, 표음문자로 구성된 글의 이해는 남성적인 사고 과정을 거친다. 여성은 대체로 여성적 사고를, 남성은 대체로 남성적 사고를 한다는 점을 고려할 때 <u>표음문자 체계의 보편화는 여성의 사회적 권력을 약화시키는 결과를 낳게 된다.</u>

10 다음 중 글의 내용과 부합하지 <u>않는</u> 것은?

① 표음문자로 이루어진 문장은 개별 문자들이 하나로 결합되는 과정을 통해 의미 파악이 가능하다.
② 원앙은 시각을 통해 뇌 속에 전체 모습이 한 번에 받아들여진다.
③ 알파벳 기호는 개별적으로 어떤 이미지만을 나타낼 뿐이며, 그 자체가 아무런 의미를 가지지 않는다.
④ 남성적 사고는 사고 대상의 분해 과정을 거치나, 여성적 사고는 이 과정을 거치지 않는다.

11 제시된 글의 밑줄 친 결론을 이끌어내기 위해 추가해야 할 전제로 적절한 것을 아래 〈보기〉에서 모두 고르면?

보기

㉠ 글을 읽고 이해하는 능력은 사회적 권력에 영향을 미친다.
㉡ 그림문자를 쓰는 사회에서는 남성의 사회적 권력이 여성의 그것보다 우월하였다.
㉢ 표음문자 체계는 기능적으로 분화된 복잡한 의사소통을 가능하도록 하였다.

① ㉠ ② ㉢
③ ㉠, ㉡ ④ ㉡, ㉢

12 다음 글의 내용과 가장 가까운 것은?

정보의 가장 기본적인 원천은 인간이 체험하는 감각이다. 돌이 단단하고 물이 부드럽다는 것은 감각을 통해서 알 수 있다. 그러나 감각이 체계적인 지식으로 발전하는 데는 문제가 있다. 그것은 바로 감각이 주관적이어서 사람과 시기에 따라 동일하지 않기 때문이다. 그래서 예로부터 철학자들은 감각을 중시하지 않았지만, 존 로크와 같은 경험론자들은 감각의 기능을 포기하지 않았다. 왜냐하면 감각을 통하지 않고서는 어떤 구체적인 것도 얻을 수 없다고 생각했기 때문이다.

① 나는 생각한다. 그러므로 나는 존재한다.
② 마음을 다하면 인간의 본성을 알게 되고, 인간의 본성을 알게 되면 천명을 알게 될 것이다.
③ 종 치는 것을 보지 못했다면 종을 치면 소리가 난다는 것을 모를 것이다.
④ 세계의 역사는 다름이 아니라 바로 자유 의식의 진보이다.

13 다음 글을 읽고 추론한 내용으로 가장 적절한 것은?

한 연구원이 어떤 실험을 계획하고 참가자들에게 이렇게 설명했다.

"여러분은 지금부터 둘씩 조를 지어 함께 일을 하게 됩니다. 여러분의 파트너는 다른 작업장에서 여러분과 똑같은 일을, 똑같은 노력을 기울여 할 것입니다. 이번 실험에 대한 보수는 각 조당 5만 원입니다."

실험 참가자들이 작업을 마치자 연구원은 참가자들을 세 부류로 나누어 각각 2만 원, 2만 5천 원, 3만 원의 보수를 차등 지급하면서, 그들이 다른 작업장에서 파트너가 받은 액수를 제외한 나머지 보수를 받은 것으로 믿게 하였다.

그 후 연구원은 실험 참가자들에게 몇 가지 설문을 했다. '보수를 받고 난 후에 어떤 기분이 들었는지, 나누어 받은 돈이 공정하다고 생각하는지'를 묻는 것이었다. 연구원은 설문을 하기 전에 3만 원을 받은 참가자가 가장 행복할 것이라고 예상했다. 그런데 결과는 예상과 달랐다. 3만 원을 받은 사람은 2만 5천 원을 받은 사람보다 덜 행복해 했다. 자신이 과도하게 보상을 받아 부담을 느꼈기 때문이다. 2만 원을 받은 사람도 덜 행복해 한 것은 마찬가지였다. 받아야 할 만큼 충분히 받지 못했다고 생각했기 때문이다.

① 인간은 공평한 대우를 받을 때 더 행복해 한다.
② 인간은 남보다 능력을 더 인정받을 때 더 행복해 한다.
③ 인간은 타인과 협력할 때 더 행복해 한다.
④ 인간은 상대를 위해 자신의 몫을 양보했을 때 더 행복해 한다.

14 다음 대담에 대한 설명으로 적절하지 않은 것은?

진행자 : 오늘은 우리의 전통 선박에 대해 재미있게 설명한 책인 '우리나라 배'에 대해 교수님과 이야기를 나눠보겠습니다. 김 교수님, 우리나라 전통 선박에 담긴 선조들의 지혜를 설명한 책 내용이 참 흥미롭던데요, 구체적인 사례 하나만 소개해 주시겠습니까?

김교수 : 판옥선에 담긴 선조들의 지혜를 소개해 드릴까 합니다. 혹시 판옥선에 대해 들어 보셨나요?

진행자 : 자세히는 모르지만 임진왜란 때 사용된 선박이라고 들었습니다.

김교수 : 네, 판옥선은 임진왜란 때 활약한 전투함인데, 우리나라 해양 환경에 적합한 평저 구조로 만들어졌습니다.

진행자 : 아, 그렇군요. 교수님, 평저 구조가 무엇인지 말씀해 주시겠습니까?

김교수 : 네, 그건 밑 부분이 넓고 평평하게 만든 구조입니다. 그 때문에 판옥선은 수심이 얕은 바다에서는 물론, 썰물 때에도 운항이 가능했죠. 또한 방향 전환도 쉽게 할 수 있었습니다.

진행자 : 결국 섬이 많고 수심이 얕으면서 조수 간만의 차가 큰 우리나라 바다 환경에 적합한 구조라는 말씀이시군요?

김교수 : 네. 그렇습니다.

진행자 : 선조들의 지혜가 참 대단합니다. 이런 특징을 가진 판옥선이 전투 상황에서는 얼마나 위력적이었는지 궁금한데, 더 설명해 주시겠습니까?

① 진행자는 김교수에게 추가 설명을 요청하고 있다.
② 김교수는 진행자의 의견에 동조하며 자신의 견해를 수정하고 있다.
③ 김교수는 진행자의 부탁에 따라 소개할 내용을 선정하여 제시하고 있다.
④ 진행자는 김교수의 설명을 듣고 자신의 이해가 맞는지 질문을 하고 있다.

15 다음 글의 빈칸 ㉠~㉤에 들어갈 말을 아래 〈보기〉에서 골라 순서대로 바르게 나열한 것은?

언어의 다섯 가지 기능을 살펴보자. (㉠) 기능은 누구나 가장 중요한 것으로 인정하는데, 의미 전달에 필요한 개념적 의미가 지배적으로 작용한다. 언어는 (㉡) 기능을 가질 수도 있어 화자(話者)의 감정과 태도를 드러내는데 쓰이며 (㉡)의 기능에는 감정적 의미가 중요하다. 세 번째의 기능으로는 우리가 다른 사람들의 행동이나 태도에 영향을 미치고자 할 때 쓰게 되는 (㉢) 기능을 들 수 있다. 이와 같은 사회통제의 기능은 발신자 쪽보다 수신자 쪽에 더 중점을 둔다. 이러한 기능 이외에도 언어 자체의 속성을 활용하여 즐거움을 추구하는 (㉣) 기능이 있다. 이 기능은 감정적 의미와 관련이 깊지만, 그에 못지않게 개념적 의미와도 관계가 있다. 언어의 또 다른 기능은, 일반적으로 사람들이 대수롭게 여기지 않는 것으로 이른바 (㉤) 기능이다. 낯선 사람들이 만났을 때 날씨 이야기로 대화를 시작하는 것이 그 좋은 예이다.

보기

가. 미적(美的)　　나. 지령적(指令的)
다. 표현적(表現的)　　라. 친교적(親交的)
마. 정보적(情報的)

① 나 – 가 – 다 – 라 – 마　　② 나 – 다 – 마 – 가 – 라
③ 마 – 가 – 나 – 다 – 라　　④ 마 – 다 – 나 – 가 – 라

16 다음 중 “A는 결혼을 하지 않았다.”는 진술과 모순되는 진술을 이끌어 내기 위해 필요한 전제를 아래 〈보기〉에서 모두 맞게 고른 것은?

보기

㉠ A는 야구를 좋아한다.
㉡ A가 결혼을 하지 않았다면 A는 서울 출신이다.
㉢ A가 야구를 좋아했다면, A는 서울 출신이 아니다.
㉣ A가 염색을 했다면, A는 서울 출신이다.
㉤ A는 야구를 좋아하거나 염색을 했다.

① ㉠, ㉡, ㉢　　② ㉠, ㉡, ㉣
③ ㉡, ㉢, ㉣　　④ ㉡, ㉢, ㉤

17 한 실험실에서 광자, 전자, 양성자, 중성자, D 입자를 발생시켰다. 만들어진 입자들의 종류를 구별하기 위하여 입자 검출장치 A, B, C를 차례대로 지나가게 하였다. 다음 〈보기〉의 진술이 모두 참이라고 할 때, 반드시 참이라고 볼 수 없는 것은?

보기

㉠ 같은 종류의 입자는 동일한 질량을 갖는다.
㉡ 가벼운 입자란 광자와 전자만을 말하며, 양성자와 중성자는 무거운 입자에 속한다.
㉢ 광자와 중성자의 전하는 0이고, 전자와 양성자의 전하는 0이 아니다.
㉣ D 입자 중에는 전하가 0인 것과 0이 아닌 것이 있다.
㉤ A는 전하가 0이 아닌 입자만을 휘게 한다.
㉥ B는 가벼운 입자만을 멈추게 한다.
㉦ C는 무거운 입자와 D 입자만을 멈추게 한다.

① 양성자는 A에서 휘고 C에서 멈춘다.
② 광자는 A에서 휘지 않고 B에서 멈춘다.
③ A에서 휘고 B에서 멈추었다면, 그것은 전자이다.
④ A에서 휘지 않고 C에서 멈추었다면, 그것은 중성자이다.

18 아래와 같은 메모가 각각 붙어있는 3개의 상자가 있다. 그 중 2개의 상자에는 적정한 선물과 과도한 뇌물이 각각 들어 있으며, 나머지 한 상자는 비어 있다. 뇌물이 들어 있는 상자의 메모는 거짓이며, 3개의 메모 중 단 하나만 참이라고 할 때, 다음 중 가장 올바른 결론은 어느 것인가?

〈메모〉
- 상자 A의 메모 : 상자 B에는 뇌물이 들어 있다.
- 상자 B의 메모 : 이 상자는 비어 있다.
- 상자 C의 메모 : 이 상자에는 선물이 들어 있다.

① 상자 A에는 반드시 선물이 들어 있다.
② 상자 B에는 선물이 들어 있을 수 있다.
③ 뇌물을 피하려면 상자 B를 택하면 된다.
④ 상자 C에는 반드시 뇌물이 들어 있다.

19 다음 글의 내용과 일치하지 않는 것은?

지난 300만 년 동안 우리 뇌는 3배나 커져 고등한 존재가 됐으나 골반은 오히려 좁아졌다. 인간은 직립보행을 하게 되면서 다리와 다리 사이가 좁혀졌고 골반도 따라서 좁아진 것이다. 이 때문에 겪은 출산의 부작용은 엄청났다. '커진 두뇌', '좁아진 골반'이라는 딜레마를 우리 조상은 '미숙아 출산 전략'으로 풀었다.

보통 포유류는 뇌가 성체 뇌 용적의 45% 정도 됐을 때 세상에 나온다. 하지만 인간은 어른의 뇌 용적보다 불과 25%일 때 태어난다. 만일 다른 동물처럼 태아가 충분히 성숙한 상태에서 세상에 나온다면 사람의 임신기간은 21개월은 되어야 한다고 한다. 태어난 아기는 태아의 뇌와 같은 속도로 뇌가 급성장하다가 생후 1년 무렵부터 뇌의 성장이 둔화되며, 이 때 비로소 걷기 시작한다.

원시시대에 태아에게 인큐베이터 노릇을 한 것은 부모의 강한 결속과 보살핌이었다. '미숙아'를 키우면서 자유분방한 난교가 일부일처제로 바뀌었다고 진화학자들은 본다. 가정을 이뤄 자녀를 잘 돌보는 유전자를 가진 종족만이 생존했고 자손을 남긴 것이다.

포유류 가운데는 일부일처제가 3~5%에 불과하다. 소나 말 같은 대부분의 포유류는 낳자마자 걸어 다녀 굳이 일부일처제가 필요 없다. 반면 지구상에서 자식에게 가장 공을 많이 들이는 동물인 새는 90%가 일부일처제다.

일부일처제 동물은 암컷의 '배란 은폐'가 특징이다. 암컷이 배란기가 언제인지 숨김으로써 발정기가 아닌 때도 성교가 가능해졌다는 설명도 있다. 자주 성교를 하는 게 공고한 일부일처제 가정을 이루는데 도움이 되는 것은 분명했던 것 같다.

① 인류는 직립보행, 뇌 용적의 증가, '미숙아' 출산 등으로 인해 일부일처제로 진화하게 되었다.
② 인류의 뇌 용적이 크게 늘어난 것은 '미숙아' 출산 전략과 일부일처제의 정착에서 비롯되었다.
③ 인류의 경우 일부일처제는 종족 보존에 기여했다.
④ 배란 은폐는 일부일처제 정착과 연관성이 높다.

20 다음 글의 전체 흐름과 맞지 않는 한 곳을 ㉠~㉣에서 찾아 수정하려고 할 때, 가장 적절한 것은?

소아시아 지역에 위치한 비잔틴 제국의 수도 콘스탄티노플이 이슬람교를 신봉하는 오스만인들에 의해 함락되었다는 소식이 인접해 있는 유럽 지역에까지 전해지자 그 곳 교회의 한 수도원 서기는 "㉠ 지금까지 이보다 더 끔찍했던 사건은 없었으며, 앞으로도 결코 없을 것이다."라고 기록했다. 1453년 5월 29일 화요일, 해가 뜨자마자 오스만 제국의 군대는 난공불락으로 유명한 케르코포르타 성벽의 작은 문을 뚫고 진군하기 시작했다. 해가 질 무렵, 약탈당한 도시에 남아있는 모든 것들은 그들의 차지가 되었다. 비잔틴 제국의 86번째 황제였던 콘스탄티노스 11세는 서쪽 성벽 아래에 있는 좁은 골목에서 전사하였다. 이것으로 ㉡ 1,100년 이상 존재했던 소아시아 지역의 기독교도 황제가 사라졌다.

잿빛 말을 타고 화요일 오후 늦게 콘스탄티노플에 입성한 술탄 메흐메드 2세는 우선 성소피아 대성당으로 갔다. 그는 이 성당을 파괴하는 대신 이슬람 사원으로 개조하라는 명령을 내렸고, 우선 그 성당을 철저하게 자신의 보호 하에 두었다. 또한 학식이 풍부한 그리스 정교회 수사에게 격식을 갖추어 공석중인 총대주교직을 수여하고자 했다. 그는 이슬람 세계를 위해 ⓒ 기독교의 제단뿐만 아니라 그 이상의 것들도 활용했다. 역대 비잔틴 황제들이 제정한 법을 그가 주도하고 있던 법제화의 모델로 이용하였던 것이다. 이러한 행위들은 ⓔ 단절을 추구하는 정복왕 메흐메드 2세의 의도에서 비롯된 것이라고 할 수 있다.

① ㉠을 '지금까지 이보다 더 영광스러운 사건은 없었으며'로 고친다.
② ㉡을 '1,100년 이상 존재했던 소아시아 지역의 이슬람 황제가 사라졌다'로 고친다.
③ ㉢을 '기독교의 제단뿐만 아니라 그 이상의 것들도 파괴했다'로 고친다.
④ ㉣을 '연속성을 추구하는 정복왕 메흐메드 2세의 의도에서 비롯된 것'으로 고친다.

[문제해결능력]

21 다음을 읽고 특수체육에 관한 정책을 입안할 때, 적응체육의 입장에 가장 부합되는 방안은?

> 일반체육 수업에 안전하게 참여할 수 없거나 기대되는 효과를 얻지 못하는 학생의 경우에는 특수체육이 제공되어야 한다. 특수체육(special physical education)은 특별한 요구를 가진 학생들에게 적정한 프로그램을 제공하기 위해 발달된 체육의 하위 분야이다. 특수 체육의 프로그램은 대략 적응체육, 교정체육, 발달체육으로 나뉜다.
>
> 적응체육(adapted physical education)은 장애를 가진 사람들에게 안전하고 성공적이며 만족스러운 참여의 기회를 제공하기 위하여 전통적인 체육활동을 변형하는 것이다. 교정체육(corrective physical education)은 주로 기능적 자세와 신체 구조의 결함에 대하여 훈련 또는 재활하는 것을 말한다. 마지막으로 발달체육(developmental physical education)은 장애학생의 능력을 또래의 일반학생 수준까지 향상시키기 위한 점진적인 건강 체력 프로그램을 말한다.

① 깁스를 제거한 후 위축된 신체부위의 재활을 위한 방안을 마련하도록 한다.
② 장애인 올림픽대회에 일반 올림픽대회에는 없는 특수한 종목을 신설하도록 노력한다.
③ 일반학생 대상 체육수업에 장애학생이 참여하여 동일한 조건에서 교과를 수행하도록 한다.
④ 소프트볼이나 볼링 등의 경기에서 기존의 장비 외에 부수적인 장비를 제작하여 사용하도록 한다.

22 다음 글을 근거로 판단할 때 옳지 않은 내용은?

> 방사선은 원자핵이 분열하면서 방출되는 것으로 우리의 몸속을 비집고 들어오면 인체를 구성하는 분자들에 피해를 준다. 인체에 미치는 방사선 피해 정도는 'rem'이라는 단위로 표현된다. 1rem은 몸무게 1g당 감마선 입자 5천만 개가 흡수된 양으로 사람의 몸무게를 80kg으로 가정하면 4조 개의 감마선 입자에 해당한다. 감마선은 방사선 중에 관통력이 가장 강하다. 체르노빌 사고 현장에서 소방대원의 몸에 흡수된 감마선 입자는 각종 보호 장구에도 불구하고 400조 개 이상이었다.
>
> 만일 우리 몸이 방사선에 100rem 미만으로 피해를 입는다면 별다른 증상이 없다. 이처럼 가벼운 손상은 몸이 스스로 짧은 시간에 회복할 뿐만 아니라, 정상적인 신체 기능에 거의 영향을 미치지 않는다. 이 경우 '문턱효과'가 있다고 한다. 일정량 이하 바이러스가 체내에 들어오는 경우 우리 몸이 스스로 바이러스를 제거하여 질병에 걸리지 않는 것도 문턱효과의 예라 할 수 있다. 방사선에 200rem 정도로 피해를 입는다면 머리카락이 빠지기 시작하고, 몸에 기운이 없어지고 구역질이 난다. 항암 치료로 방사선 치료를 받는 사람에게 이런 증상이 나타나는 것을 본 적이 있을 것이다. 300rem 정도라면 수혈이나 집중적인 치료를 받지 않는 한 방사선 피폭에 의한 사망 확률이 50%에 달하고, 1,000rem 정도면 한 시간 내에 행동불능 상태가 되어 어떤 치료를 받아도 살 수 없다.

※ 모든 감마선 입자의 에너지는 동일하다.

① 몸무게 50kg인 사람이 500조 개의 감마선 입자에 해당하는 방사선을 흡수한 경우 머리카락이 빠지기 시작하고 구역질을 할 것이다.
② 인체에 유입된 일정량 이하의 유해 물질이 정상적인 신체 기능에 거의 영향을 주지 않으면서 우리 몸에 의해 자연스럽게 제거되는 경우 문턱효과가 있다고 할 수 있다.
③ 몸무게 120kg 이상인 사람은 60kg인 사람과 달리 방사선에 300rem 정도로 피해를 입은 경우 수혈을 받지 않아도 사망할 확률이 거의 없다.
④ 체르노빌 사고 현장에 투입된 몸무게 80kg의 소방대원 A가 입은 방사선 피해는 100rem 이상이었다.

23 다음 글에서 제시된 역사의식과 다른 관점에서 기술된 우리나라 역사서(갑~정)의 내용을 고르면?

옛날에 고씨는 북쪽에 살며 고구려라 하였고, 부여씨는 서남쪽에 살며 백제라 하였고, 박 · 석 · 김씨는 동남쪽에 살며 신라라 하였는데, 이를 삼국이라 한다. 그 삼국의 역사가 있는 것이 마땅하므로 고려가 이를 편찬한 것은 옳은 일이다. 부여씨와 고씨가 망하자 김씨가 그 남쪽을 차지하였으며, 대씨가 그 북쪽을 차지하고 이를 발해라 하였다. 이를 남북국이라 할 수 있으니, 남북국사가 마땅히 있어야 하는데 고려가 그것을 편찬하지 않은 것은 매우 잘못된 일이다. 대저 대씨는 어떤 사람인가, 고구려 사람이다. 그 소유한 땅은 어떠한 땅인가, 고구려의 땅이다. 그 동 · 서 · 북쪽을 넓혀 광대하게 만들었다. 김씨와 대씨가 망하자 왕씨가 아울러서 소유하고는 고려라 하였다. 그 남쪽으로 김씨의 땅은 온전하게 가지게 되었으나 북쪽 대씨의 땅은 온전히 가지지 못하였다. 이 때를 맞아 고려를 위하여 세워야 할 계책은 마땅히 급히 발해사를 편찬하는 것이었다.

그러나 고려가 발해사를 편찬하지 아니하였으므로 토문(土門) 이북 압록 서쪽의 땅이 누구의 땅인지를 모르게 되었다. 여진을 책망하려 해도 할 말이 없고, 거란을 책망하려해도 할 말이 없다. 고려가 약한 나라가 된 것은 발해의 땅을 얻지 못했기 때문이니 가히 탄식할 일이다.

① '갑'은 발해가 고구려의 옛 땅을 회복하였고 부여의 풍속을 이어받았다고 주장하였다.
② '을'은 발해가 고구려 옛 땅에 자리 잡았고 우리나라 땅의 경계와 서로 접해 있는 이웃나라라고 기술하였다.
③ '병'은 발해의 역사를 단군 · 기자 · 위만 조선과 삼한 · 예맥 · 부여 · 옥저와 고구려 · 백제 · 신라 및 고려 등의 역사와 대등하게 서술하였다.
④ '정'은 일본이 발해에 국서를 보낼 때 발해왕을 고구려왕이라 칭했다고 기록하였다.

24 형사재판의 과정은 '사실관계 판단, 유무죄 판단, 양형(형량을 정하는 것)'의 순서로 진행된다. 이를 기반으로 할 때 다음 글에 나타난 형사재판의 유형과 〈보기〉의 찬반논거가 옳지 않게 연결된 것은?

〈형사재판의 유형〉
- A유형 : 법관이 전적으로 사실관계 판단, 유무죄 판단, 양형을 하는 형태
- B유형 : 추첨에 의하여 선정된 일반시민이 참여하여 사실관계 판단 및 유무죄 판단을 하고, 법관은 이들 일반시민의 판단을 기초로 하여 양형만을 하는 형태
- C유형 : 일반시민 중에서 선정된 당해 사건에 관한 비법조 전문가들과 법관이 사실관계 판단, 유무죄 판단, 양형 모두를 함께 하는 형태

보기

(가) 재판과정에 일반시민이 참여하면 재판이 지연되거나 재판비용이 증가될 염려가 있다.
(나) 재판과정에 일반시민의 참여는 사법부의 폐쇄성을 극복하고 사법의 민주화에 기여한다.
(다) 당해 사건과 관련된 분야의 전문가를 재판에 참여시키면 사건에 대한 법관의 전문지식 결여를 보완할 수 있다.
(라) 일반시민이 재판에 참여하면 재판이 여론의 영향을 받게 될 것이 염려된다.

① A유형에 대한 반대논거 – (라)
② B유형에 대한 반대논거 – (가)
③ B유형에 대한 찬성논거 – (나)
④ C유형에 대한 찬성논거 – (다)

25 다음과 같은 실험결과가 사회현상에 동일하게 적용된다고 가정할 때, 다음 중 적절하게 추론한 것은?

어떤 생물학자가 완두콩을 심고 관찰하였다. 일정한 시간이 흐른 후 생산된 콩의 크기를 관찰하였더니 작은 콩과 큰 콩이 골고루 발견되었다. 이들 모두를 다시 심고 관찰하였더니 큰 콩의 씨앗이 큰 콩을 생산하였고 작은 콩의 씨앗이 작은 콩을 생산하는 것을 알았다. 그런데 큰 콩의 씨앗에서 생산된 콩은 전체의 평균보다는 크지만 원래의 씨앗보다는 작았다. 반대로 작은 콩의 씨앗에서 생산된 콩은 전체의 평균보다는 작지만 원래의 씨앗보다는 크다는 사실도 발견하였다.

① 사회집단의 속성은 시간이 지날수록 이질적이 될 것이다.
② 국가 간 빈부격차는 시간이 흐를수록 더욱 심화될 것이다.
③ 부유한 가정에서 태어난 사람은 평균 이하의 가난한 사람이 되지 않을 것이다.
④ 기업의 2세 경영인은 창업주 때보다 더 많은 이익을 창출할 것이다.

26 다음 글의 내용에 부합하는 것을 아래 〈보기〉에서 모두 고르면?

정부는 근로자 본인은 물론 연간 소득이 1백만 원 이하인 배우자와 직계존비속(부모, 자녀)이 사용한 5천원 이상의 현금 지출을 합산해 소득공제 혜택을 주기로 했다. 정부는 현금영수증 방식으로 지출한 금액이 총급여액의 10%를 넘을 경우 초과분의 20%(5백만 원 한도)를 근로소득에서 공제하기로 했다. 현금영수증 사용금액은 국세청으로 자동 통보되기 때문에 소득공제를 받기 위한 목적으로 영수증을 모아둘 필요는 없다.

소득공제 대상 지출은 음식 · 숙박비와 유흥업소 이용비, 농축수산물 · 가전제품 · 의류 구입비, 주유금액과 기타 서비스요금 등이다. 그러나 보험료와 수업료, 각종 세금과 공과금 등은 공제대상에서 제외된다.

자영업자는 근로자가 아니기 때문에 소득공제를 받을 수 없으나 업무연관성이 있는 경우에는 사업비용으로 인정받을 수 있다. 현금영수증 가맹사업자는 매출액의 1%를 부가가치세 납부액에서 공제받을 수 있게 되었다.

보기

㉠ 근로자 A와 B가 함께 먹은 음식 값 9,000원에 대하여 소득공제용 현금영수증을 각자 받았다.
㉡ 근로자 C가 현금영수증 방식으로 지불한 옷 값 5,000원은 소득공제를 받을 수도 있다
㉢ 연간 근로소득이 3,000만원인 근로자 D가 현금영수증 방식으로 올해 500만원을 지출한 경우 이에 따른 소득 공제액은 100만원이다.
㉣ 사업자는 현금영수증 가맹사업 등록에 따른 세제혜택과 세원노출로 인한 세부담 증가액을 비교하여 가맹여부를 결정할 것이다.

① ㉠, ㉢
② ㉠, ㉣
③ ㉡, ㉢
④ ㉡, ㉣

27 다음은 저작물과 편집물, 편집저작물 등을 보호하는 저작권법 규정과 관련 용어의 의미를 정리한 것이다. 이에 따라 판단할 때, 아래 〈보기〉 중 저작권법에 의하여 보호되는 것으로만 바르게 묶은 것은?

〈저작권법 규정〉

제○○조 다음 각 호의 1에 해당하는 것은 이 법에 의한 보호를 받지 못한다.
1. 헌법 · 법률 · 조약 · 명령 · 조례 및 규칙
2. 국가 또는 지방자치단체의 고시 · 공고 · 훈령 그 밖의 이와 유사한 것
3. 법원의 판결 · 결정 · 명령 및 심판이나 행정심판절차 그 밖의 이와 유사한 절차에 의한 의결 · 결정 등
4. 국가 또는 지방자치단체가 작성한 것으로서 제1호 내지 제3호에 규정된 것의 편집물 또는 번역물
5. 사실의 전달에 불과한 시사보도

〈용어의 의미〉

- 저작물 : 문학 · 학술 또는 예술의 범위에 속하는 창작물을 말한다.
- 편집물 : 저작물이나 부호 · 문자 · 음성 · 음향 · 영상 그 밖의 형태의 자료(소재)의 집합물을 말하되, 데이터베이스를 포함한다.
- 편집저작물 : 편집물로서 그 소재의 선택 · 배열 또는 구성에 창작성이 있는 것을 말한다.

보기

㉠ 대법원장이 집필한 판례연구논문집
㉡ 공정거래위원회가 펴낸 심판결정 사례집
㉢ 법제처가 간행한 대한민국 헌법의 영문 번역본
㉣ 헌법재판소 결정에 대한 일간지의 사설

① ㉠, ㉡ ② ㉠, ㉣
③ ㉡, ㉢ ④ ㉢, ㉣

28 다음에 설명된 위기유형과 아래 〈보기〉의 위기관리방법을 적절하게 연결한 것은? (다만 예측가능성이 높은 위기일 경우, 예방효과성이 높은 것으로 가정한다.)

효율적인 위기관리 시스템을 구축하기 위해 재난발생의 예측가능성과 피해발생정도(피해규모 또는 횟수)에 따라 4가지 위기 유형을 상정할 수 있다. 위기유형 Ⅰ은 재난발생의 예측가능성은 상대적으로 낮으나 피해발생정도는 높은 유형이다. 위기유형 Ⅱ는 재난발생의 예측가능성은 상대적으로 높고 피해발생정도도 높은 유형이다. 위기유형Ⅲ은 재난발생의 예측가능성이 상대적으로 낮으며 피해발생정도도 낮은 유형이다. 위기유형 Ⅳ는 재난발생의 예측가능성은 높으나 피해발생정도는 낮은 유형이다.

보기

A : 사전예방보다 사후수습에 중점을 두어 관리한다.
B : 사후수습보다는 사전예방에 중점을 두어 관리한다.
C : 사전예방과 사후수습 모두에 중점을 두어 관리한다.
D : 특정한 위기관리지침을 두지 않고 일반관리지침에 따라 관리한다.

	위기유형 Ⅰ	위기유형 Ⅱ	위기유형 Ⅲ	위기유형 Ⅳ
①	A	B	C	D
②	A	C	D	B
③	C	A	D	B
④	C	B	A	D

29 비슷한 크기의 두 국가인 갑, 을은 상호 무역장벽을 완전히 철폐하기 위한 자유무역 협상을 진행하고 있다. 다음과 같은 〈가정〉 하에서 양국이 자유무역 협정을 효과적으로 유지, 실현할 수 있는 방안으로 가장 적절하지 않은 것은?

> 〈가정〉
> - 각 국가는 상대국의 무역장벽을 철폐하고 싶어 한다.
> - 각 국가는 상대국이 무역장벽을 철폐하고 자기 나라의 무역장벽은 그대로 유지하는 경우 가장 큰 혜택을 보며 이런 상황을 원한다.
> - 각 국가는 상대국이 무역장벽을 은밀하게 유지하는데 자기 나라만 일방적으로 무역장벽을 없애는 경우를 가장 우려한다.
> - 협정 체결에도 불구하고 자국만 독자적으로 무역장벽을 유지하고 싶은 유혹은 계속해서 존재한다.

① 양국이 각각 자국의 자유무역 협정 준수를 감독할 기구를 자국 내에 설치한다.

② 양국의 무역장벽 철폐여부를 감시할 독립적이고 규제 가능한 국제기구를 설치한다.

③ 한 국가가 협정을 위반하면 다른 국가도 이에 상응하는 보복 조치를 취할 수 있도록 양국이 합의한다.

④ 갑국은 A 산업 분야에서, 을국은 B 산업 분야에서 먼저 무역장벽을 철폐하기로 하고, 갑국은 B 산업에 대해 그리고 을국은 A 산업에 대해 상대방의 무역장벽 철폐여부에 따라 그에 상응하는 조치를 취한다.

[30～31] 다음에 제시된 법의 신구대조표를 보고 물음에 알맞은 답을 고르시오.

현행법	법 개정안
제1조 (목적) 이 법은 집단적, 상습적 또는 야간에 폭력행위 등을 자행하는 자 등을 처벌함을 목적으로 한다. 제2조 (폭행 등) ① 상습적으로 형법 제257조 제1항(상해), 제260조 제1항(폭행), 제276조 제1항(체포, 감금), 제283조 제1항(협박), 제319조(주거침입, 퇴거불응), 제324조(폭력에 의한 권리행사방해), 제350조(공갈) 또는 제366조(손괴)의 죄를 범한 자는 3년 이상의 유기징역에 처한다. ② 야간 또는 2인 이상이 공동하여 제1항에 열거된 죄를 범한 때에는 각 형법 본조에 정한 형의 2분의 1까지 가중한다. 제3조 (집단적 폭행 등) ① 단체나 다중의 위력으로써 또는 단체나 집단을 가장하여 위력을 보임으로써 제2조 제1항에 열거된 죄를 범한 자 또는 흉기 기타 위험한 물건을 휴대하여 그 죄를 범한 자는 3년 이상의 유기징역에 처한다. 제4조 (단체 등의 구성 · 활동) ① 이 법에 규정된 범죄를 목적으로 한 단체 또는 집단을 구성하거나 그러한 단체 또는 집단에 가입한 자는 다음의 구별에 의하여 처벌한다. 제5조 (단체 등의 이용 · 지원) ① 제4조 제1항의 단체나 집단을 이용하여 이 법 또는 기타 형벌 법규에 규정된 죄를 범하게 한 자는 그 죄에 대한 형 중 가장 중한 형으로 처벌한다.	제1조 (목적) 이 법은 집단적 또는 상습적으로 폭력행위 등을 범하거나 흉기 그 밖의 위험한 물건을 휴대하여 폭력행위 등을 범한 자 등을 처벌함을 목적으로 한다. 제2조 (폭행 등) ① 상습적으로 다음 각 호의 죄를 범한 자는 다음의 구분에 따라 처벌한다. 1. 형법 제260조 제1항(폭행), 제283조 제1항(협박), 제319조(주거침입, 퇴거불응) 또는 제366조(재물손괴 등)의 죄를 범한 자는 1년 이상의 유기징역 2. 형법 제260조 제2항(존속폭행), 제276조 제1항(체포, 감금), 제283조 제2항(존속협박) 또는 제324조(강요)의 죄를 범한 자는 2년 이상의 유기징역 3. 형법 제257조 제1항(상해) · 제2항(존속상해), 제276조 제2항(존속체포, 존속감금) 또는 제350조(공갈)의 죄를 범한 자는 3년 이상의 유기징역 ② 2인 이상이 … 제1항 각 호에 …. 제3조 (집단적 폭행 등) ① … 제2조 제1항 각 호의 예에 따라 처벌한다. 제4조 (단체 등의 구성 · 활동) ① … 가입하거나 그 구성원으로 활동한 자 …. 제5조 (단체 등의 이용 · 지원) ① … 그 죄에 대한 형의 장기 및 단기의 2분의 1까지 가중한다.

30 다음 중 이 법의 개정과 관련된 내용과 부합하지 않는 것은?

① 범죄단체 등을 이용하여 범죄를 사주한 사람에 대한 형량기준이 변하였다.
② 상습적인 공갈사건의 경우 법개정 전후 양형 기준에 변화가 없다.
③ 집단적 폭행의 경우 법 개정 전후 양형 기준에 변화가 있다.
④ 개정안에 의하면 야간에 2인 이상이 공동으로 폭행을 한 경우는 처벌할 수 없게 된다.

31 이 법의 개정으로 예상할 수 있는 상황만을 다음 〈보기〉에서 맞게 고른 것은?

보기

㉠ 조직폭력집단의 수익원이 노출되어 그 활동이 어려워질 것이다.
㉡ 상습적으로 폭행을 범한 자에 대한 선고형량이 낮아질 수 있다.
㉢ 상습적인 주거침입사건에 대한 선고형량 선택의 범위가 개정 전에 비해 확대될 것이다.
㉣ 존속을 상대로 한 폭행은 개정안에 의해 비로소 처벌할 수 있을 것이다.

① ㉠, ㉡
② ㉠, ㉣
③ ㉡, ㉢
④ ㉢, ㉣

[32~33] 다음의 〈상황〉을 토대로 하여 물음에 알맞은 답을 고르시오.

〈상황〉

- 갑은 같은 온실에서 5가지 식물(A~E)을 하나씩 동시에 재배하고자 한다.
- A~E의 재배가능 온도와 각각의 상품가치는 다음과 같다.

식물 종류	재배가능 온도(℃)	상품가치(원)
A	0 이상 20 이하	10,000
B	5 이상 15 이하	25,000
C	25 이상 45 이하	30,000
D	20 이상 30 이하	15,000
E	15 이상 25 이하	35,000

- 준석이는 온도만 조절할 수 있으며, 식물의 상품가치를 결정하는 유일한 것은 온도이다.
- 온실의 온도는 한 번 설정하면 변경할 수 없다.

32 다음 중 갑이 가장 많은 식물을 재배할 수 있는 온도로 가장 알맞은 것은? (단, 주어진 조건 외에 다른 조건은 고려하지 않는다.)

① 13℃
② 17℃
③ 21℃
④ 25℃

33 다음 중 갑이 얻을 수 있는 상품가치의 총합이 가장 큰 온도와 그때의 상품가치의 총합을 모두 바르게 나열한 것은? (단, 주어진 조건 외에 다른 조건은 고려하지 않는다.)

① 15℃, 70,000원
② 20℃, 80,000원
③ 25℃, 80,000원
④ 30℃, 70,000원

34 다음 〈상황〉을 근거로 판단할 때, 갑이 보유한 A통장의 잔액은 얼마인가? (이자나 수수료 등은 없는 것으로 한다.)

〈상황〉

- 갑이 보유한 통장 잔액의 합은 다음 〈표〉와 같다.
- 갑은 이 은행에서 각각의 통장을 하나씩만 보유하고 있다.

통장 종류	통장 잔액의 합(만원)
㉠ : A통장, B통장	㉠ : 1,700
㉡ : C통장, D통장	㉡ : 2,000
㉢ : A통장, E통장	㉢ : 1,400
㉣ : B통장, C통장	㉣ : 1,800
㉤ : D통장, E통장	㉤ : 2,100

① 500만원
② 600만원
③ 700만원
④ 800만원

35 다음 글을 근거로 판단할 때, '갑'씨름단이 선발할 수 있는 출전선수 조합의 총 가짓수는?

조건

- '갑'씨름단과 '을'씨름단이 씨름시합을 한다.
- 시합은 일대일 대결로 총 3라운드로 진행되며, 한 명의 선수는 하나의 라운드에만 출전할 수 있다.
- '을'씨름단은 1라운드에는 '가'를, 2라운드에는 '나'를, 3라운드에는 '다'를 출전시킨다.
- '갑'씨름단은 각 라운드별로 이길 수 있는 확률이 0.6 이상이 되도록 7명의 선수(A~G) 중 3명을 선발한다.
- A~G가 '가, 나, 다'에 대하여 이길 수 있는 확률은 다음 〈표〉와 같다.

선수	가	나	다
A	0.42	0.67	0.31
B	0.35	0.82	0.49
C	0.81	0.72	0.15
D	0.13	0.19	0.76
E	0.66	0.51	0.59
F	0.54	0.28	0.99
G	0.59	0.11	0.64

① 15가지 ② 16가지
③ 17가지 ④ 18가지

36 다음 〈설명〉을 근거로 〈수식〉을 계산한 값은?

〈설명〉

연산자 A, B, C, D는 다음과 같이 정의한다.

A : 좌우에 있는 두 수를 더한다. 단, 더한 값이 10 이하이면 좌우에 있는 두 수를 곱한다. (예 : 3 A 2=6)

B : 좌우에 있는 두 수 가운데 큰 수에서 작은 수를 뺀다. 단, 두 수가 같거나 뺀 값이 10 이하이면 두 수를 곱한다.

C : 좌우에 있는 두 수를 곱한다. 단, 곱한 값이 10 이하이면 좌우에 있는 두 수를 더한다.

D : 좌우에 있는 두 수 가운데 큰 수를 작은 수로 나눈다. 단, 두 수가 같거나 나눈 값이 10 이하이면 두 수를 곱한다.

※ 연산은 '( )', '{ }'의 순으로 한다.

〈수식〉

{(2 A 3) B (3 C 4)} D 6

① 10 ② 12
③ 360 ④ 432

37 다음 글을 근거로 판단할 때, 아래 〈보기〉에서 옳은 것만을 모두 고르면?

- 갑 은행의 친선 농구대회는 아래와 같은 대진표에 따라 진행되며, 11개의 참가팀은 추첨을 통해 동일한 확률로 A부터 K까지의 자리 중에서 하나를 배정받아 대회에 참가한다.

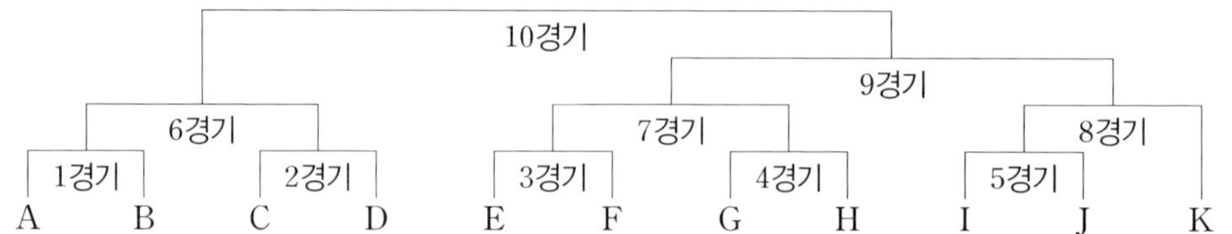

- 대회는 첫째 날에 1경기부터 시작되어 10경기까지 순서대로 매일 하루에 한 경기씩 쉬는 날 없이 진행되며, 매 경기에서는 무승부 없이 승자와 패자가 가려진다.
- 각 경기를 거듭할 때마다 패자는 제외시키면서 승자끼리 겨루어 최후에 남은 두 팀 간에 우승을 가리는 승자 진출전 방식으로 대회를 진행한다.

보기

㉠ 이틀 연속 경기를 하지 않으면서 최소한의 경기로 우승할 수 있는 자리는 총 5개이다.
㉡ 첫 번째 경기에 승리한 경우 두 번째 경기 전까지 3일 이상을 경기 없이 쉴 수 있는 자리에 배정될 확률은 50% 미만이다.
㉢ 총 4번의 경기를 치러야 우승할 수 있는 자리에 배정될 확률이 총 3번의 경기를 치르고 우승할 수 있는 자리에 배정될 확률보다 높다.

① ㉠
② ㉢
③ ㉠, ㉡
④ ㉡, ㉢

38 다음 글을 충족하기 위해 전제되는 조건을 〈보기〉에서 모두 고르면?

(가) '갑'은 어제까지 만 17세이고 한국 나이로는 18세이다.
(나) '갑'은 어제부터 366일 후에는 한국 나이로 20세가 되어서 입사 시험에 응시할 수 있다.

보기

㉠ 올해는 윤년이어야 한다.
㉡ 어제는 12월 31일이어야 한다.
㉢ 양력으로 계산하여야 한다.
㉣ 어제부터 366일 후에는 1월 2일이 되어야 한다.

① ㉠, ㉡ ② ㉠, ㉢
③ ㉡, ㉢ ④ ㉡, ㉣

39 다음 글을 근거로 판단할 때, 〈보기〉에서 옳은 것만을 모두 고르면?

제1조
① 개발부담금을 징수할 수 있는 권리(개발부담금 징수권)와 개발부담금의 과오납금을 환급받을 권리(환급청구권)는 행사할 수 있는 시점부터 5년간 행사하지 아니하면 소멸시효가 완성된다.
② 제1항에 따른 개발부담금 징수권의 소멸시효는 다음 각 호의 어느 하나의 사유로 중단된다.
1. 납부고지
2. 납부독촉
3. 교부청구
4. 압류
③ 제2항에 따라 중단된 소멸시효는 다음 각 호의 어느 하나에 해당하는 기간이 지난 시점부터 새로이 진행한다.
1. 고지한 납부기간
2. 독촉으로 재설정된 납부기간
3. 교부청구 중의 기간
4. 압류해제까지의 기간
④ 제1항에 따른 환급청구권의 소멸시효는 환급청구권 행사로 중단된다.

※ 개발부담금이란 개발이익 중 국가가 부과 · 징수하는 금액을 말한다.
※ 소멸시효는 일정한 기간 권리자가 권리를 행사하지 않으면 권리가 소멸하는 것을 말한다.

보기

㉠ 국가가 개발부담금을 징수할 수 있는 날로부터 3년이 경과한 후 납부의무자에게 납부고지하면, 개발부담금 징수권의 소멸시효가 중단된다.
㉡ 개발부담금 징수권의 소멸시효는 고지한 납부기간이 지난 시점부터 중단된다.
㉢ 납부의무자가 개발부담금을 기준보다 많이 납부한 경우, 그 환급을 받을 수 있는 때로부터 환급청구권을 3년간 행사하지 않으면 소멸시효가 완성된다.

① ㉠ ② ㉢
③ ㉠, ㉡ ④ ㉡, ㉢

40 다음 글을 근거로 판단할 때, 〈보기〉의 빈칸에 들어가는 것을 옳게 연결한 것은?

A국에서는 1~49까지 숫자를 셀 때 다음과 같은 명칭과 규칙을 사용한다. 1~5는 아래와 같이 표현한다.

1 → tai
2 → lua
3 → tolu
4 → vari
5 → luna

6에서 9까지의 수는 위 명칭에 '새로운'이라는 뜻을 가진 'o'를 앞에 붙여 쓰는데, 6은 otai(새로운 하나), 7은 olua(새로운 둘), 8은 otolu(새로운 셋), …(으)로 표현한다.

10은 5가 두 개 더해진 것이므로 '두 개의 다섯'이란 뜻에서 lualuna(2×5), 15는 '세 개의 다섯'이란 뜻에서 toluluna(3×5), 20은 variluna(4×5), …(으)로 표현한다. 즉, 5를 포함하는 두 개 숫자의 곱이다.

11부터는 '더하기'라는 뜻을 가진 'i'를 중간에 넣고, 그 다음에 1~4 사이의 숫자 하나를 순서대로 넣어서 표현한다. 따라서 11은 lualuna i tai(2×5+1), 12는 lualuna i lua(2×5+2), …, 16은 toluluna i tai(3×5+1), 17은 toluluna i lua(3×5+2), …(으)로 표현한다.

보기

(가) 30은 (　　　)로 표현한다.
(나) ovariluna i tolu는 숫자 (　　　)이다.

	(가)	(나)
①	tolulualuna	23
②	tolulualuna	48
③	otailuna	23
④	otailuna	48

[수리능력]

[41～42] 다음 〈표〉는 임차인 A～E의 전 · 월세 전환 현황에 대한 자료이다. 물음에 알맞은 답을 고르시오.

〈표〉 임차인 A~E의 전 · 월세 전환 현황

(단위 : 만원)

임차인	전세금	월세보증금	월세
A	(　　)	25,000	50
B	42,000	30,000	60
C	60,000	(　　)	70
D	38,000	30,000	80
E	58,000	53,000	(　　)

※ 전 · 월세 전환율(%) $= \frac{\text{월세} \times 12}{\text{전세금} - \text{월세보증금}} \times 100$

41 다음 중 B와 D의 전 · 월세 전환율을 모두 바르게 연결한 것은?

	B의 전 · 월세 전환율	D의 전 · 월세 전환율
①	6%	12%
②	6%	10%
③	8%	12%
④	8%	10%

42 다음 〈보기〉의 설명 중 옳은 것만을 모두 고르면?

보기

㉠ A의 전 · 월세 전환율이 6%라면, 전세금은 3억원이다.
㉡ C의 전 · 월세 전환율이 3%라면, 월세보증금은 3억 2천만원이다.
㉢ E의 전 · 월세 전환율이 12%라면, 월세는 50만원이다.

① ㉠
② ㉢
③ ㉠, ㉡
④ ㉡, ㉢

43 다음 〈표〉는 지역별, 등급별, 병원유형별 요양기관 수를 나타낸 자료이다. 이에 대한 〈보기〉의 설명 중 옳지 않은 것은?

〈표 1〉 지역별, 등급별 요양기관 수

(단위 : 개소)

지역 \ 등급	1등급	2등급	3등급	4등급	5등급
서울	22	2	1	0	4
경기	17	2	0	0	1
경상	16	0	0	1	0
충청	5	2	0	0	2
전라	4	2	0	0	1
강원	1	2	0	1	0
제주	2	0	0	0	0
계	67	10	1	2	8

〈표 2〉 병원유형별, 등급별 요양기관 수

(단위 : 개소)

병원유형 \ 등급	1등급	2등급	3등급	4등급	5등급	합
상급종합병원	37	5	0	0	0	42
종합병원	30	5	1	2	8	46

① 1등급 '상급종합병원' 요양기관 수는 5등급을 제외한 '종합병원' 요양기관 수의 합보다 적다.

② 경상지역 요양기관 중 1등급 요양기관의 비중은 서울지역 요양기관 중 1등급 요양기관의 비중보다 작다.

③ 5등급 요양기관 중 서울지역 요양기관의 비중은 2등급 요양기관 중 충청지역 요양기관의 비중보다 크다.

④ '상급종합병원' 요양기관 중 1등급 요양기관의 비중은 1등급 요양기관 중 '상급종합병원' 요양기관의 비중보다 크다.

44 다음 〈표〉와 〈그림〉은 묘목(A~E)의 건강성을 평가하기 위한 자료이다. 아래의 〈평가방법〉에 따라 묘목의 건강성 평가점수를 계산할 때, 평가점수가 가장 높은 묘목과 가장 낮은 묘목을 바르게 연결한 것은?

〈표〉 묘목의 활착률과 병해충 감염여부

구분 \ 묘목	A	B	C	D	E	합
활착률	0.7	0.7	0.7	0.9	0.8	42
병해충 감염여부	감염	비감염	비감염	감염	비감염	46

〈그림〉 묘목의 줄기길이와 뿌리길이

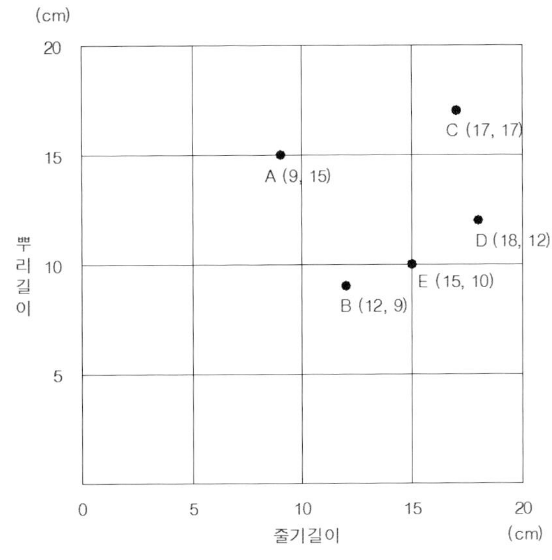

※ (,) 안의 수치는 각각 해당묘목의 줄기길이, 뿌리길이를 의미함.

〈평가방법〉

- 묘목의 건강성 평가점수＝활착률 × 30 + $\frac{\text{뿌리길이}}{\text{줄기길이}}$ × 30 + 병해충 감염여부 × 40
- '병해충 감염여부'는 '감염'이면 0, '비감염'이면 1을 부여함.

	가장 높은 묘목	가장 낮은 묘목
①	A	D
②	B	A
③	C	D
④	E	A

45 다음 글을 근거로 판단할 때, 〈보기〉에서 방정식 '$x^3+4x+2=0$'의 표현으로 옳지 않은 것은?

> 과거에는 방정식을 현재의 표현 방식과는 다르게 표현하였다.
> 갑은 x를 reb^{9}라고 쓰고 x^3을 cub^{9}라고 했으며 +를 p:과 같이 써서 $x^3+6x=18$을 cub^{9}p : 6reb^9 ae$\bar{q}$lis 18이라고 했다.
> 을은 $x^3+3=2x+6$을 1^{③}+3 egales $\acute{a}$ 2^{①}+6이라고 썼다. 여기서 egales $\acute{a}$는 =를 나타낸다.
> 병은 x를 (1), x^2을 (2), x^3을 (3)과 같이 사용했다. 즉, $x^3+21x^2+4=0$을 1(3)+21(2)+4=0이라고 쓴 것이다.
> 정은 $x^3+3x=0$을 $xxx+3\cdot x=0$과 같이 표현했다.

① 갑은 cub^{9}p : 4red^{9}p : 2 ae$\bar{q}$lis 0이라고 썼을 것이다.
② 을은 1^{③}+4^{①}+2 egales $\acute{a}$ 0이라고 썼을 것이다.
③ 병은 1(2)+4(1)+2=0이라고 썼을 것이다.
④ 정은 $xxx+4\cdot x+2=0$이라고 썼을 것이다.

[46~47] 다음 〈표〉는 2024년 '갑'국 지방법원(A~E)의 배심원 출석 현황에 관한 자료이다. 물음에 알맞은 답을 고르시오.

〈표〉 2024년 '갑'국 지방법원(A~E)의 배심원 출석 현황

(단위 : 명)

지방 법원 \ 구분	소환인원	송달 불능자	출석취소 통지자	출석의무자	출석자
A	1,880	533	573	(㉠)	411
B	1,740	495	508	(㉡)	453
C	716	160	213	343	189
D	191	38	65	88	57
E	420	126	120	174	115

※ (1) 출석의무자 수=소환인원−송달불능자 수−출석취소통지자 수

(2) 출석률(%)$=\frac{\text{출석자수}}{\text{소환인원}}\times 100$

(3) 실질출석률(%)$=\frac{\text{출석자수}}{\text{출석의무자수}}\times 100$

46 다음 중 '㉠+㉡'의 값으로 가장 알맞은 것은?

① 1,491
② 1,511
③ 1,531
④ 1,551

47 다음 〈보기〉의 설명 중 옳지 않은 것만을 모두 고르면?

> **보기**
> ㉠ D 지방법원의 출석률은 30% 이상이다.
> ㉡ C~E 중 실질출석률이 가장 높은 것은 E 지방법원이다.
> ㉢ A~E 지방법원 전체 소환인원에서 A 지방법원의 소환인원이 차지하는 비율은 35% 이상이다.

① ㉠
② ㉢
③ ㉠, ㉡
④ ㉡, ㉢

48 다음 〈그림〉은 2006~2010년 동남권의 양파와 마늘 재배면적 및 생산량 추이를 나타낸 것이고, 〈표〉는 2010년, 2011년 동남권의 양파와 마늘 재배면적의 지역별 분포를 나타낸 것이다. 이에 대한 설명으로 옳은 것은?

〈그림〉 동남권의 양파와 마늘 재배면적 및 생산량 추이

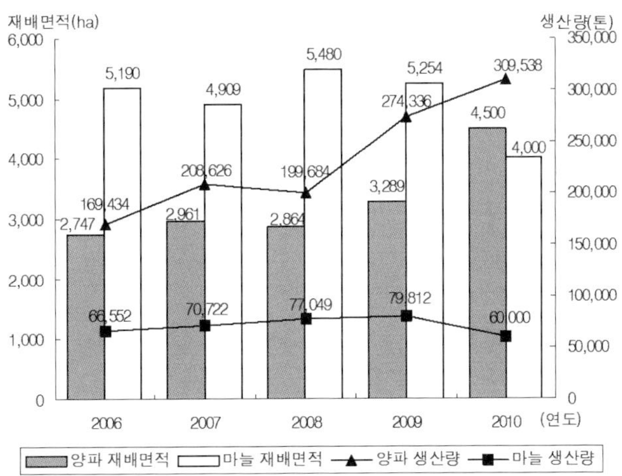

〈표〉 동남권의 양파와 마늘 재배면적의 지역별 분포

(단위 : ha)

재배작물	지역	연도	
		2010	2011
양파	부산	56	40
	울산	(　)	(　)
	경남	4,100	4,900
	소계	(　)	5,100
마늘	부산	24	29
	울산	42	66
	경남	3,934	4,905
	소계	4,000	5,000

※ 동남권은 부산, 울산, 경남으로만 구성됨.

① 2006~2010년 동안 동남권의 마늘 생산량은 매년 증가하였다.

② 2011년 울산의 양파 재배면적은 전년에 비해 증가하였다.

③ 2006~2011년 동안 동남권의 마늘 재배면적은 양파 재배면적보다 매년 크다.

④ 2011년 동남권의 단위 재배면적당 마늘 생산량이 2010년과 동일하다면 2011년 동남권의 마늘 생산량은 75,000톤이다.

49 다음 〈표〉는 '갑'국의 2023년 지급유형별 · 아동월령별 양육수당 월 지급금액과 신청가구별 아동 현황에 대한 자료이다. 이 〈표〉와 〈2023년 양육수당 지급조건〉에 근거하여 2023년 5월분의 양육수당이 많은 가구부터 순서대로 바르게 나열한 것은?

〈2023년 양육수당 지급조건〉
- 만 5세 이하 아동을 양육하고 있는 가구를 대상으로 함.
- 양육수당 신청시점의 지급유형 및 아동월령에 따라 양육수당 지급함.
- 양육수당 신청일 현재 90일 이상 해외에 체류하고 있는 아동은 지급대상에서 제외함.
- 가구별 양육수당은 수급가능한 모든 자녀의 양육수당을 합한 금액임.
- 양육수당은 매월 15일에 신청받아 해당 월 말일에 지급함.

〈표 1〉 지급유형별 · 아동월령별 양육수당 월 지급금액

(단위 : 만원)

지급유형 \ 아동월령	12개월 이하	12개월 초과 24개월 이하	24개월 초과 36개월 이하	36개월 초과 48개월 이하	48개월 초과 60개월 이하
일반	20.0	15.0	10.0	10.0	10.0
농어촌	20.0	17.7	15.6	12.9	10.0
장애아동	22.0	20.5	18.0	16.5	15.0

〈표 2〉 신청가구별 아동 현황(2023년 5월 현재)

신청 가구	자녀		지급 유형	비고
	구분	아동월령(개월)		
가	A	22	일반	
나	B	16	농어촌	
	C	2	농어촌	
다	D	23	장애아동	
라	E	40	일반	
	F	26	일반	
마	G	58	일반	2017년 1월부터 해외 체류 중
	H	35	일반	
	I	5	일반	

① 나 – 마 – 다 – 라 – 가
② 나 – 마 – 라 – 다 – 가
③ 마 – 나 – 라 – 가 – 다
④ 마 – 나 – 다 – 가 – 라

50 다음 〈표〉는 같은 지역에 사는 A~E가 동네 은행에 예금한 예금총액을 나타낸 것이다. 아래의 〈조건〉에 따를 때, '㉠+㉡+㉢'으로 알맞은 것은? (단, 모두 지역의 한 은행에만 예금한다고 가정한다.)

〈표〉 5명의 예금총액 및 예금은행

(단위 : 만원)

사람	예금총액	예금은행
A	6,000	갑
B	(㉠)	을
C	3,600	병
D	(㉡)	정
E	(㉢)	을

조건

- B의 예금총액과 D의 예금총액의 합은 C 예금총액의 2배이다.
- D의 예금총액은 E 예금총액의 3배보다 400만원이 적다.
- A~E 중 같은 은행에 예금한 사람들의 예금총액은 서로 같다.

① 8,800만원　　② 8,900만원

③ 9,100만원　　④ 9,200만원

Part 3

정답 및 해설

의사소통능력

01 ④	02 ④	03 ④	04 ②	05 ③	06 ④	07 ①	08 ④	09 ①	10 ①
11 ②	12 ④	13 ①	14 ④	15 ②	16 ④	17 ②	18 ③	19 ③	20 ③
21 ③	22 ③	23 ②	24 ⑤	25 ②	26 ①	27 ②	28 ①	29 ④	30 ⑤
31 ⑤	32 ③	33 ③	34 ①	35 ①	36 ④	37 ①	38 ②	39 ④	40 ①
41 ⑤	42 ④	43 ⑤	44 ②	45 ⑤	46 ①	47 ④	48 ②	49 ③	50 ①

01 정답 ④

공여국은 실제 도움이 절실한 개인에게 우선적으로 혜택이 돌아가기를 바라지만, 수혜국에서는 자국의 경제 개발에 필요한 부문에 우선적으로 지원하고자 하므로 서로 입장 차이를 보인다.

① 공여국은 개인들에게 우선적으로 원조의 혜택이 돌아가기를 원한다.
② 수혜국은 자국 경제 개발에 필요한 부문에 우선적으로 원조의 혜택이 돌아가기를 원한다.
③ 수혜국의 집단주의적 경향은 언급되었으나, 공여국의 개발 원조 계획 참여가 저조한 것과의 연관성은 언급되지 않았다.

02 정답 ④

ㄱ. 비흡연자들의 폐암 발병률이 낮다는 결과를 실험을 통해 얻었다는 것은 담배를 피우지 않을수록 폐암 발병률이 낮다는 의미이므로 제시문의 실험을 통해 얻은 결론을 강화할 수 있을 것이다.
ㄷ. 제시문에서 언급된 실험은 흡연과 폐암 사이의 관계를 연구하고 있다.
ㄹ. 흡연 의존성을 야기하는 원인이 흡연과 관련하여 존재한다면 흡연의 감소는 어려울 것이다. 그러나 제시문의 실험에서 규명하고자 하는 것은 흡연과 폐암 발병 간의 관계이지 흡연 의존성의 위험 등이 아니다. 그러므로 흡연 의존성의 원인은 제시문의 실험 결과를 통해 얻은 결론을 약화시키지도 강화시키지도 않는다.

03 정답 ④

C방법은 일반인을 대상으로 한 측정방법 중 가장 좋은 방법이나 측정에 있어 경험 많은 측정자가 요구된다고 하였으므로, ㄹ의 경우와 같이 종합병원에서 신입사원의 심전도 측정에 사용될 수 있는 적절한 방법이라 할 수 있다.

① B방법은 수영이나 달리기와 같은 종류의 동작을 측정하기는 어렵다고 했으므로, ㄱ을 측정하는 방법으로 적절하지 않다.
② A방법은 신뢰성 있는 심전도 결과를 얻기 어렵다고 했으므로, ㄴ의 심전도 측정방법으로는 적절하지 않다.
③ D방법은 측정대상자가 정적인 운동을 하는 사람인 경우 주로 실시한다고 했으므로, 이종 격투기와 같은 격한 운동을 하는 사람을 대상으로 이 방법을 사용하는 것은 적절하지 않다.

04 정답 ②

제시된 글은 올해부터 국민건강보험공단이 공공기관 최초로 비대면 감사시스템에 대한 특허를 취득했다는 내용이다. 첫 문장 이후 개진된 내용들이 이를 뒷받침해주고 있다. 따라서 이 글의 제목으로 가장 적절한 것은 '건보, 공공기관 최초로 비대면 감사시스템 및 감사방법 특허 취득하다'이다.

05 정답 ③

제시된 글에서 틀린 단어의 개수는 2개이다.
비타민 D는 혈액 내 칼슘과 인의 농도를 조절하고, 장에서 칼슘이 흡수되도록 도와 뼈를 튼튼하게 만들고 성장하도록 하는 역할(역활)을 담당한다.
비타민 D는 다양한 세포의 증식이나 분화 조절에 관여하는데, 특히 암세포가 증식하는 것을 억제(지지)하고 암세포의 사멸에도 영향을 미친다는 것이다.

06 정답 ④

내일채움공제는 중소기업 핵심인력의 장기재직을 유도하기 위해 출범한 공제 사업이므로 중소기업의 핵심인력이 대상이며, 가입한 핵심인력이 만기공제금 수령 시 소득세의 50%를 감면해주도록 세법이 개정되었다(마지막 문장). 따라서 ④가 글의 핵심 내용이 된다.

07 정답 ①

뉴스에서는 알츠하이머병이 효소 Y의 활동과 관계가 있다고 설명하였다. 통상적으로 술이 약한 사람들은 효소 Y의 활동이 약하지만 술을 전혀 마시지 않는다고 해서 효소 Y의 활동이 꼭 약할 것이라고 단정 할 수는 없으므로 선호의 반응은 논리적이라고 할 수 없다.

08 정답 ④

둘째 문단에서 음주운전에 대한 단속강화의 경우 그것이 '지속적으로 이루어진다면' 음주운전의 억제 효과가 있다고 보았고, 셋째 문단에서도 음주운전에 대한 '일상적인 단속'이 필요하다고 하였다. 따라서 연 2회 '음주운전집중단속주간'을 선정하여 음주운전을 단속하는 것과 같은 일시적 · 집중적 · 단발적 단속은 제시문의 연구결과에서 도출될 수 있는 예방대책과는 차이가 있다.

09 정답 ①

일자리 안정자금 지원사업은 사업주의 인건비 부담을 경감시키고 노동자의 최저임금을 보장하기 위하여 정부가 약 3조원의 예산을 편성하여 사업주에게 인건비를 지원해주는 사업이다.

10 정답 ①

둘째 단락에서 'A는 거대 기업에 대항하기 위해 … 경제권력을 분산시키는 것을 대안으로 내세웠다. 그는 산업 민주주의를 옹호했는데 그 까닭은 그것이 노동자들의 소득을 증진시키기 때문이 아니라 자치에 적합한 시민의 역량을 증진시키기 때문이었다'라고 하였으므로, A가 경제권력을 분산시키는 방식을 택한 것은 시민의 소득 증진을 위해서가 아니라 시민의 역량을 증진시키기 위해서라는 것을 알 수 있다. 따라서 ①은 글의 내용과 부합하지 않는다.

11 정답 ②

두 번째 단락에서 '지방자치단체와 시민단체, 기업 등을 중심으로 감정노동자 보호를 위한 대안들이 나오고 있다'고 하였다는 점에서, 지방자치단체나 기업이 감정노동자 관련 법령이 개정되지 않는 것은 아니다. 마지막 단락에서 제시한 바와 같이 재계와 산재보험료 인상을 우려한 기업들이 법령의 개정에 반대하고 있다.

12 정답 ④

1문단에서 도덕적 선택의 순간에 직면했을 때 상대방에게 개인적 선호를 드러내는 행동이 과연 도덕적으로 정당할지 의문을 제기하며 화제를 제시하고 있다. 이어 사례를 통해 도덕적 정당성에 대한 공평주의자들의 견해에 대해 다루고 있으므로 개인적 선호의 도덕적 정당성을 중심 화제로 삼고 있다고 볼 수 있다.

① 7문단에서 강경한 공평주의와 온건한 공평주의의 적용 방식이 언급되긴 하지만 글의 제목은 아니다.
② 이 글은 도덕적 정당성의 의미를 다루는 것이 아니라 도덕적 선택의 순간에 대한 개인적 선호의 정당성을 다루고 있다.
③ 공평주의의 개념과 의의는 언급하지 않았다.

13 정답 ①

제시문의 마지막 문장에서 책 읽기에는 상당량의 정신 에너지와 훈련이 요구된다고 하였으므로 별다른 훈련이나 노력 없이 책 읽기가 가능하다는 것은 이 글의 내용과 부합하지 않는다.

② 첫 번째 문단에서 인간의 뇌는 애초부터 책을 읽으라고 설계된 것이 아니라고 하면서 책을 쓰고 읽는 것은 덤으로 얻어진 기능이라고 하였다.
③ 두 번째 문단에서 책과 책읽기는 인간이 이 능력을 키우고 발전시키는 데 중대한 차이를 낳는다고 하였다.
④ 두 번째 문단에서 책을 읽는 문화와 책을 읽지 않는 문화는 기억, 사유, 상상, 표현의 층위에서 상당한 질적 차이를 가진 사회적 주체들을 생산한다고 하였다.

14 정답 ④

언론 자유에 대한 절대주의 시각이란 언론 자유를 절대적으로 중요한 것으로 여겨 그 제한을 전혀 인정하지 않거나 극히 제한된 경우에만 인정하는 입장이다. 하지만 제시문은 우리나라 헌법이 다른 기본권 보장과 비교형량해서 언론 자유가 제한될 수 있음을 분명히 하고 있다.

① 언론 자유 제한에 대한 두 번째 원칙에서 추론되는 내용이다.
② 언론 자유 제한 원칙 '첫째'에서 추론되는 내용이다. 사전억제를 최후의 가능성으로 두는 것은 사전억제를 할 때 그만큼 언론자유가 제한되는 정도가 크기 때문이다.
③ 글의 뒷부분에서 '공적 인물보다 사적 개인들에 대한 기본적 인격권 보호가 더 강조된다'고 했는데 인격권보호가 강조되면 그만큼 자유롭게 보도할 언론의 자유는 줄어든다. 그러므로 사적 개인보다는 공적 인물에 대해 언론의 자유가 더 인정된다고 볼 수 있다.

15 정답 ②

대중교통 · 자가용 · 도보 · 자전거 등 다양한 교통수단을 이용하여 누구나 이용할 수 있다고 인정되는 통상적인 경로로 출퇴근을 하는 중 발생하는 사고는 출퇴근재해로 인정된다.

① 신입사원 교육을 들으러 가는 것은 '일상생활에 필요한 행위'에 해당되므로 사고가 발생하면 이는 출퇴근재해로 볼 수 있다.
③ 개인택시기사는 주거지 출발부터 업무가 개시되는 경우 사실상 출퇴근재해의 혜택은 받기 어렵고 보험료만 부담할 우려가 있으

므로 출퇴근재해에 한해 적용 제외하여 일반 산재보험료만 부담하고 출퇴근재해 보험료는 부담하지 않도록 하였다.

④ 출근길에 집회로 인해 우회하는 것은 '통상적인 경로와 방법'에 해당하므로 사고가 발생하면 이는 출퇴근재해로 볼 수 있다.

16 정답 ④

주어진 뜻풀이에 해당하는 단어는 '사변적(思辨的)'이다. 비슷한 말로는 '철학적(哲學的)'을 들 수 있다.

① **사색적(思索的)** : 어떤 것에 대하여 깊이 생각하고 이치를 따지는 것

② **사유적(思惟的)** : 철학에서 개념, 구성, 판단, 추리 따위를 행하는 인간의 이성 작용 또는 대상을 두루 생각하는 일

③ **사상적(思想的)** : 철학에서 논리적 정합성을 가진 통일된 판단 체계 또는 어떠한 사물에 대하여 가지고 있는 구체적인 사고나 생각

17 정답 ②

기본형은 '들르다'이며 '들르-+-시-+-었-+-다 → 들르셨다'의 활용은 어법에 맞다. '들르다'의 주요 활용 형태는 '들른다, 들렀다, 들르셨다, 들러, 들른, 들르고' 등이 된다. '들르다'는 '지나는 길에 잠깐 들어가 머무르다'라는 의미이다.

① **무릎쓰고 → 무릅쓰고** : '무릅쓰다'는 '힘들고 어려운 일을 참고 견디다'라는 의미이다.

③ **띈 → 띤** : '감정이나 기운 따위를 나타내다'라는 의미를 가진 '띠다'는 '띤'으로 활용한다.

④ **벌렸다가 → 벌였다** : '벌이다'는 '일을 계획하여 시작하거나 펼쳐 놓다'라는 의미이다.

18 정답 ③

제시된 글은 소장이 감독조를 통해 인부를 통솔하도록 하고, 쟁의에 참가한 인부들을 점차 해고해 나감으로써 파업상황을 원상 복구하려는 의도를 서술한 것이다. 따라서 감독조를 해체하여 상황을 원상 복구한 계획이라는 내용은 적절하지 않다. 이는 제시문의 전반부의 '감독조를 짐짓 3공사장으로 보내길 잘했다고 그는 생각했다. 사실은 그들이 없으면 인부들을 통솔하기가 매우 어려운 실정이었다'라는 내용과, 후반부의 '따라서 인상되었던 노임을 차츰 낮추며 도급을 계속시키면서 인부들이 모르는 사이에 전과 같이 나가면 어항에 물 갈아 넣는 것처럼 인부들은 모두 새 사람으로 바뀔 것이었다'라는 내용을 통해 확인할 수 있다.

19 정답 ③

제시된 기사의 둘째 단락에서 '연탄 · 석유보다 열효율이 높고 배관으로 공급돼 수송 수단, 저장 공간도 필요 없다'라고 하였으므로, 천연가스는 석유보다 열효율이 높고 배관으로 공급되는 에너지이므로, 따로 저장 공간이 필요 없다는 것을 알 수 있다. 따라서 ③과 같이 배관설비가 필요하지 않다는 것은 올바른 설명이 아니다.

① 첫째 단락에서 '지구온난화를 막고 미세먼지를 감축하기 위해 천연가스 확대 노력에 나섰다'고 하였고, 둘째 단락의 첫 번째 문장에서 '천연가스는 액화과정에서 분진 · 황 · 질소 등이 제거돼 공해물질이 거의 발생하지 않는 친환경 에너지다'라고 하였다. 따라서 천연가스는 미세먼지 감축에 기여하고 액화과정에서 공해물질을 거의 발생시키지 않는 친환경 에너지라는 것을 알 수 있다.

② 둘째 단락에서 '발화온도가 높아 폭발 위험이 적은데다'라는 내용에서 알 수 있는 내용이다.

④ 셋째 단락의 '가스공사도 LNG발전 비중을 올해 1652만t에서 2031년 1709만t으로 확대하겠다는 정부 정책에 맞춰 산업용 천연가스 요금을 종전대비 10.2% 인하하기로 했다'에서 알 수 있는 내용이다.

⑤ 기사의 마지막 문장 '선박용 LNG연료를 공급하는 LNG벙커링 등 신사업 기반도 구축할 예정이다'에서 알 수 있다. 일반적으로 LNG벙커링은 액화천연가스(LNG)를 선박용 연료로 주입하는 것을 의미한다.

20 정답 ③

첫 번째와 두 번째 단락에서는 우리 사회에서 높은 대학 진학률이 지속되고 있는 이유를 설명하고 있다. 그리고 세 번째 단락은 이것이 한쪽 측면에서 단순하게 고려할 문제가 아니며, 그것은 경제적 요인과 사회적 요인을 비롯한 여러 요인이 함께 고찰되어야 한다고 하였다. 따라서 글의 주제문 또는 중심문장으로 가장 알맞은 것은 ③이다.

21 정답 ③

제시된 글의 논지는 스마트폰을 사용하여 인지 능력이 보강된 사람의 경우 보강된 인지 능력을 그 자신의 것으로 볼 수 있다는 것이다. 그런데 미리 적어 놓은 메모를 참조해 기억력 시험 문제에 답하는 경우 그 누구도 그것을 인정하지 않는다는 것은 위의 논지를 비판하는 진술이 될 수 있다. 따라서 ③은 글에 대한 적절한 비판이 된다.

① 종이와 연필이라는 도구의 도움을 받은 연산 능력을 자신의 인지 능력으로 인정하는 것은, 스마트폰의 도움으로 인지 능력이 보강된 것을 자신의 인지 능력으로 인정하는 위의 글의 내용과 부합된다. 따라서 ①은 적절한 비판이 될 수 없다.

정답 해설

② 스마트폰을 원격으로 접속하여 정보를 알아낼 수 있는 것은 곧 그 스마트폰을 손에 가지고 있는 것과 같다는 내용은 위의 글을 비판하는 내용으로 볼 수 없다. 이는 다른 기기를 통한 스마트폰에 대한 접근성과 관련된 내용으로, 오히려 위의 논지를 뒷받침하기 위한 설명이 될 수 있다.
④ 제시된 글의 논지는 스마트폰을 잘 활용하는 사람의 능력을 그 사람 자체의 능력으로 볼 수 있다는 것이며, 이를 뒷받침하기 위한 기준으로 스마트폰의 메커니즘이 K의 두뇌 속에서 작동하고 있다는 가정을 하고 있다. 따라서 ④와 같이 스마트폰의 기능을 두뇌 속에서 작동하게 하는 것이 두뇌 밖에서 작동하게 하는 경우보다 기억력과 인지 능력을 향상시키지 않는다는 내용은 글의 논지를 비판하는 진술로 보기 어렵다. 결국 스마트폰을 잘 활용하는 것을 그의 능력으로 인정하는 사실 자체를 부정하는 내용이 아니기 때문이다.
⑤ 글의 논지를 강화하는 예라 할 수 있다.

22 정답 ③

제시된 글에서 '적어도 여성 한 명을 임용해야 한다. 이번 임용 시험에 응시한 여성은 갑과 을 둘 밖에 없다. 또한 지원자들 중에서 병과 을이 동일 지역 출신이므로, 만약 병이 임용된다면 을은 임용될 수 없다'고 하였는데, 이를 통해 '갑과 을' 중에서 반드시 한 명만이 임용될 수 있고, '을과 병'은 함께 임용될 수 없음을 알 수 있다. 그런데 빈칸 다음에서 '따라서 병은 전문관으로 임용되지 못할 것이다'라고 하였으므로, 앞에서는 을이 임용되는 경우가 전제되어야 함을 알 수 있다. 을이 임용되는 경우는 ③과 같이 갑이 조사 결과 부적격 판정을 받는 경우이므로, ③이 빈칸에 적절하다.

①·② 갑이 전문관으로 임용되는 경우와 을이 전문관으로 임용되지 못하는 경우는 모두 갑만이 임용되는 경우로 동일하다. 갑이 전문관으로 임용되는 경우 병이 전문관으로 임용되지 못하는 것이 아니므로, ①·② 모두 적절하지 않다.
④ 빈칸 다음의 내용인 '병은 전문관으로 임용되지 못할 것이다'가 성립하는 것은 동일 지역의 지원자인 '을'이 임용되는 경우이므로, ④는 빈칸에 적절한 내용으로는 볼 수 없다.
⑤ 갑이 조사 결과 적격 판정을 받는 경우 전문관으로 임용될 수 있으나, 이로 인해 병이 전문관으로 임용되지 못하는 것이 아니다. 따라서 이도 적절하지 않다.

23 정답 ②

제시된 글은 외부성으로 인해 발생하는 비효율성 문제를 예를 들어 설명하였고, 이에 대한 해결책으로 전통적인 경제학에서 제시한 보조금 또는 벌금과 같은 정부의 개입을 제시하였다. 따라서 글의 주제문으로 가장 알맞은 것은 ②이다.

24 정답 ⑤

둘째 단락에서 '참주정은 군주정의 타락한 형태이다. 양자 모두 일인 통치 체제이긴 하지만 그 차이는 엄청나다'라고 하였고, 넷째 단락에서 '민주정은 다수가 통치하는 체제이다. 민주정은 금권정으로부터 나온다. 금권정 역시 다수가 통치하는 체제인데'라고 하였다. 따라서 군주정과 참주정은 일인 통치체제이고, 제헌정(금권정)과 민주정은 다수의 통치체제라 할 수 있다.

① 글의 첫 번째 문장인 '아리스토텔레스는 정치체제를 세 가지로 구분하는데, 군주정, 귀족정, 제헌정(금권정)이 그것이다'에서 정치체제가 크게 세 가지로 구분한다는 것을 알 수 있다. 또한 이 세 가지 정치체제의 타락한 형태까지를 포함하더라도 정치 형태는 여섯 가지가 되므로, ①은 옳지 않다.
② 첫째 단락의 '이것들 가운데 최선은 군주정이며 최악은 금권정이다'의 내용과 배치되는 내용이다. 즉, 민주정은 금권정에서 나온 형태이므로, 민주정이 군주정보다 나쁜 정치체제라 할 수 있다.
③ 둘째 단락의 마지막 문장인 '참주정은 최악의 정치체제이다'라는 내용과 차이가 있다. 즉, 아리스토텔레스가 제시한 군주정, 귀족정, 제헌정의 세 정치체제 중 최악의 정치체제는 제헌정이나, 세 정치체제의 타락한 형태로 각각 참주정, 과두정, 민주정을 제시하였고, 이 중 참주정이 최악의 정치체제라 하였다.
④ 금권정에서 타락한 형태는 민주정이고 귀족정에서 타락한 형태가 과두정인데, 넷째 단락에서 '타락한 정치체제 중에서는 민주정이 가장 덜 나쁜 것이다'라고 하였다. 따라서 ④도 옳지 않다.

25 정답 ②

둘째 단락에서 원형 감옥에 대해 '감시하는 사람들을 죄수는 볼 수가 없다', '즉 감시하는지 안 하는지 모르기 때문에 항상 감시당하고 있다고 생각해야 하는 것이다. 따라서 모든 규칙을 스스로 지키지 않을 수 없는 것이다'라고 하였다. 따라서 이러한 원형 감옥은 결국 감시자(타자)와 죄수(자신)가 스스로 통제하는 이중 감시 장치라 볼 수 있다. 따라서 ②는 추론할 수 있는 내용으로 적절하다.

① 원형 감옥은 감시자는 죄수를 관찰할 수 있지만 죄수는 감시자를 볼 수 없는 장치일 뿐이다. 따라서 서로의 시선을 차단하는 장치로 볼 수는 없다.
③ 첫째 단락에서 원형 감옥은 받아들여지지 않았다고 했으므로, 이후 이것이 다른 사회 부분에 적용되었다고 보기는 어렵다.
④ 원형 감옥은 관찰자를 전지전능한 신의 위치로 격상시키는 장치가 아니다. 첫째 단락에서 벤담은 '원형 감옥이 사회 개혁을 가능케 해주는 가장 효율적인 수단이 될 수 있다'라고 생각했다고 하였다.
⑤ 원형 감옥은 피관찰자인 죄수들이 감시받는지 여부를 알 수 없어

언제나 감시받고 있다는 느낌을 가지게 함으로써 죄수 스스로를 감시하는 효과까지 얻는 장치이다. 따라서 관찰자가 느끼는 불확실성을 수단으로 활용해 피관찰자를 복종하도록 하는 장치는 아니다.

26 정답 ①

제시된 글은 우리말을 적당히 표현하기 위해 마지못해 들여온 외국말이 우리말을 대신하게 되었다는 내용이다. 따라서 이에 가장 적합한 속담은 ①이다. '굴러 온 돌이 박힌 돌 뺀다'는 것은 외부에서 새로 들어온 사람이 본래 있던 사람을 내쫓거나 해를 입힌다는 것을 비유적으로 이르는 속담이다.

② '발 없는 말이 천 리 간다'는 순식간에 멀리까지 퍼져 나가므로 말을 삼가야 함을 비유적으로 이르는 속담이다.
③ '낮말은 새가 듣고 밤말은 쥐가 듣는다'는 것은 비밀은 결국 지켜지지 않고 남의 귀에 들어간다는 뜻으로, 항상 말조심을 해야 함을 비유적으로 이르는 속담이다.
④ '말은 해야 맛이고 고기는 씹어야 맛이다'는 마땅히 할 말은 해야 한다는 것을 의미하는 속담이다.
⑤ '홍시 먹다가 이 빠진다'는 것은 일이 안 되거나 꼬이는 경우를 비유적으로 이르거나, 또는 쉽게 생각했던 일이 뜻밖에 어려워 힘이 많이 들거나 실패한 경우를 이르는 속담이다.

27 정답 ②

첫째 단락의 첫 문장에서 고리 4호기는 4월 14일 오전 9시에 발전을 재개했다고 하였는데, 둘째 단락의 첫 문장에서 16일 오전 9시께 100% 출력에 도달할 예정이라고 하였다. 따라서 재개 당일 100% 출력에 도달한다는 설명은 옳지 않다.

① 첫째 단락의 두 번째 문장인 '이번 재개는 지난 12일 원자력안전위원회가 고리 4호기의 냉각재 누설 사건을 조사하면서 … 등을 점검한 후 재가동 승인을 내린데 따른 것이다'에서 알 수 있는 내용이다.
③ 마지막 문장인 '고리 4호기가 수동 정지된 것은 작년 3월 28일 냉각재가 과다하게 누설되는 일이 발생한 것이 원인이 됐다'에서 냉각제의 과다 누설이 정지의 원인임을 알 수 있다.
④ 셋째 단락의 첫 문장에서 고리 4호기의 경우 원자력안전법과 전기사업법에 따른 검사 및 주요 기기와 설비에 대한 점검 · 정비를 마쳤다고 했다.
⑤ 첫 문장에서 고리 4호기는 4월 14일 오전 9시에 발전을 재개했다고 하였고, 마지막 문장에서 작년 3월 28일 수동 정지되었다고 했으므로, 대략 1년 만에 발전을 재개한 것이 된다.

28 정답 ①

둘째 단락에서 '핵력의 강도가 겨우 0.5% 다르거나 전기력의 강도가 겨우 4% 다를 경우에도 탄소나 산소는 우주에서 합성되지 않는다. 따라서 생명 탄생의 가능성도 사라진다.'라고 하였는데, 이를 통해 탄소의 존재가 생명 탄생에 영향을 미침을 알 수 있다. 따라서 ①은 글의 결론에 부합하지 않는다.

② 글의 첫 문장에서 지구와 태양 사이의 거리도 인간의 생존에 영향을 미친다고 하였다. 중력의 특성상 지구가 태양에 지나치게 가까이 있거나 중력법칙이 현재와 달라지는 경우 지구가 태양의 중력에 의해 태양으로 빨려 들어갈 수 있을 것이다.
③ · ⑤ 둘째 단락의 내용을 통해 추론할 수 있는 내용이다.
④ 첫째 단락의 내용을 통해 '골디락스 영역'은 행성에 생명이 존재할 수 있도록 별과 적당한 거리에 떨어져 있는 영역을 의미한다는 것을 알 수 있다. 이 영역 안에 있을 때 행성이 너무 뜨겁거나 차갑지 않아 행성에 생명이 생존할 수 있다. 태양계 내부만 보더라도 행성이 골디락스 영역에 위치할 확률은 낮으며, 현재 지구는 이 영역에 위치해 생명이 존재하고 있다. 따라서 ④는 글의 내용과 부합한다.

29 정답 ④

첫째 단락의 후반부에서 '복지체계란 하나의 탈상품화 체계이며, 비자발적으로 시장에서 밀려난 자들이 자신의 노동력을 상품화하지 않고도 최소 생활을 영위할 수 있게 하는 사회적 장치'라 하였고, 둘째 단락에서 민간 보험상품은 저변 계급 혹은 만성적 복지 의존 계층에게 현재적 소비자원을 희생해야만 구입이 가능한 사치품일 뿐이며, 글에서 다루는 복지국가란 '국가'의 복지와 관련된 개념이라 하였다. 따라서 민간 보험상품에 대한 지나친 규제는 합리적인 완화가 필요한 부분이긴 하지만, 복지체계를 강화하기 위해 민간 보험상품에 대한 규제를 완화해야 한다는 것은 글을 통해 추론할 수 있는 방향과는 거리가 멀다.

30 정답 ⑤

제시문은 지구의 조수 현상의 원인을 설명하고, 빈칸 다음에서 조수 현상의 원인이 지구의 물과 달 사이에 작용하는 인력이라는 결론을 내리고 있다. 먼저 둘째 단락에서 제시된 조수 현상의 원인을 설명하는 이론(가설)은 다음과 같다.

A : 지구의 물과 달 사이에 중력이나 자기력 같은 인력이 작용한다.
B : 지구와 달 사이에 유동 물질이 있고 그 물질이 지구를 누른다.
C : 지구가 등속도로 자전하지 않아 지구 전체가 흔들거린다.

셋째 단락에서는 각각의 가설을 비교하고 있는데, 빈칸의 바로 앞에서 '이 설명들 가운데 지구 전체의 흔들거림 때문에 조수가 생긴다는 설명보다 지구와 달 사이의 물질이 지구를 누르기 때문에 조수가 생긴다는 설명이 더 낫다'라고 하였다. 이는 "C<B"로 표현할 수 있다. 그리고 빈칸 다음에서 '우리는 조수 현상의 원인이 지구의 물과 달 사이에 작용하는 인력이라고 결론 내릴 수 있다'라고 하였다. 이는 '원인은 결론적으로 "A"이다'로 표현할 수 있다. 따라서 빈칸에는 삼단논법의 전개상 "B<A"가 오는 것이 맞다. 따라서 빈칸에 들어갈 내용으로 가장 적절한 것은 ⑤이다.

31 정답 ⑤

제시문의 첫째 단락의 '교수의 말 한 마디 한 마디에 주의를 집중하면서 열심히 들을 것. 둘째, 얼굴에는 약간 미소를 띠면서 눈을 반짝이며 고개를 끄덕이기도 하고 간혹 질문도 하면서 강의가 매우 재미있다는 반응을 겉으로 나타내며 들을 것' 등이 의미하는 것은 학생들이 교수의 강의에 공감하고 적절히 반응하며 참여하는 것으로 볼 수 있다. 그리고 둘째 단락에서, 이러한 긍정적인 자세가 결국 수업의 재미를 높이고 교수와 학생에 긍정적으로 작용하게 되었다고 하였다. 따라서 ①~⑤ 중 제목으로 가장 적절한 것은 ⑤이다.

① · ② 제시문의 실험 내용은 학생들 간 또는 교수들 간의 의사소통에 대한 것이 아니라, 교수와 학생 사이에서의 듣기의 태도와 그에 따른 변화에 대한 것이다.
③ 제시문은 언어적 메시지가 아니라 "집중하며 듣기" 또는 "긍정적인 반응하며 듣기" 등 비언어적 메시지의 중요성에 대해 이야기하고 있다. 따라서 ③도 글의 제목으로 적절하지 않다.
④ 제시문의 실험은 공감하며 듣는 태도를 통해 발생하는 긍정적인 변화를 보여주는 것이다. 강의 방식의 변화는 이러한 긍정적인 변화의 하나로 볼 수 있으나, 그 자체가 글의 내용을 포괄하는 핵심 내용이라 볼 수는 없으므로 제목으로는 적절하지 않다.

32 정답 ③

(다) : 제시된 첫째 단락에서 '아이가 욕을 배워 친구 앞에서 욕을 하는 것은 어른 세계에 대한 반항이자 거기서 벗어나고 싶다는 표현이다'라고 하여 아이가 욕을 하는 이유에 대해 설명하였는데, (다)의 첫 문장인 '1968년 이탈리아에서 학생운동이 시작되었을 당시, 학생들이 귀에 담기에 힘든 폭언을 내뱉은 것도 같은 이유에서였다'의 "같은 이유"는 앞의 이유와 연결될 수 있다. 또한 (다)의 이유에 해당하는 '자신들은 규범을 깨뜨릴 것이며 이제 기성세대에, 국가 권력에 따르지 않겠다'는 것은 첫째 단락의 '어른 세계에 대한 반항이자 거기서 벗어나고 싶다'와 내용상 연결된다. 따라서 첫째 단락에 바로 연결될 수 있는 것은 '(다)'이다.

(가) : 첫 문장인 '그들이 집회에서 내뱉는 폭언은 자신들과 기성세대의 차이를 분명하게 구분 짓는 행동 양식이었다'에서 말하는 "그들"은 글의 내용상 (다)의 "학생들"이 된다. 따라서 (다) 다음에는 (가)가 연결되어야 한다.

(라) : (가) 단락의 '기성세대와는 다른 그들만의 독자성을 가진 집단'에서 "집단"과 연결되는 내용은 (라)이다. 내용상 (라)의 '어떤 집단이나 직업에도 특수한 말이 있다. … 타 분야와 확실히 구별을 짓고 싶기 때문이다'는 것도 (가)와 관련된 부연 설명이 된다.

(나) : (나)의 '그러나 욕은 특수 용어가 아니다. 특수 용어는 개념을 더 정확하게 나타내고 미묘한 뉘앙스 차이를 분명하게 한다'는 부분에서 사용된 "특수 용어"는 내용상 (라)의 "특수 용어"에 대한 설명과 연결된다.

따라서 이어질 글의 순서를 적절히 배열한 것은 ③이다.

33 정답 ③

제시문에서 언급된 주민지원사업의 추진방향은 형평성에 맞는 사업 배분 및 내실 있는 사업 추진, 주민 소득증대 및 생활환경 개선 유도, 환경농업육성 · 오염물질정화지원사업 등 상수원수질보전정책에 부합하는 사업 시행의 3가지로 요약할 수 있다. 그런데 주민대표를 대상으로 외국의 우수 환경사례 견학을 실시하여 환경의식을 고취하는 것은 이러한 주민지원사업의 3가지 추진방향과는 거리가 멀다.

34 정답 ①

제시문의 정책은 왕(국가)이 가난하고 곤궁한 사람에게 무상으로 옷과 음식을 나누어 주어 구휼하는 것을 말한다. 이는 오늘날의 사회보장 정책 중 생활 능력이 없는 사람에게 최저한도의 생활수준을 보장하기 위해 실시하는 공공부조 정책과 성격이 유사하다고 할 수 있다. 이러한 공공부조 성격의 복지정책은 당장의 생계가 곤란한 사람을 대상으로 무상으로 지원되는 것이므로, 보험료를 납부한 자의 보험 기여분과는 관련이 없다. 따라서 ①은 예상하기 어려운 현상에 해당한다.

35 정답 ①

지속가능한 기술이란 태양 에너지와 같이 고갈되지 않는 자연 에너지를 활용하는 기술이므로, 석탄 · 석유와 같은 고갈되는 화석 연료 활용하는 기술이라 할 수 없다. 지속가능한 기술은 이용 가능한 자원과 에너지를 고려하고, 자원이 사용되고 그것이 재생산되는 비율의 조화를 추구하며, 이러한 자원의 질을 생각하고, 자원이 생산적인 방식으로 사용되는가에 주의를 기울이는 기술이다.

② 지속가능한 발전은 지금 지구촌의 현재와 미래를 포괄하는 개념이므로, 지금 우리의 현재 욕구를 충족시키지만 동시에 후속 세대의 욕구 충족을 침해하지 않는 발전을 의미한다. 이러한 지속가능한 발전은 경제적 활력과 사회적 평등, 환경의 보존을 동시에 충족시키는 발전을 의미하며, 지속가능한 발전에서 발전은 현재와 미래 세대의 발전과 환경적 요구를 충족하는 방향으로 이루어져

야 하며, 따라서 환경보호가 발전의 중심적인 요소가 되어야 한다.

③ 지속가능한 발전은 의식주만을 해결하는 상태를 바람직하다고 보지 않는데, 이는 지금 지구의 전 인구가 선진국 수준의 풍요를 누리려면 지구에서 사용 가능한 모든 자원의 세 배 이상을 소모해야 하기 때문이다. 우리는 이러한 지속가능한 발전을 가능케 하는 기술을 '지속가능한 기술(sustainable technology)'이라고 정의할 수 있다.

④ 지속가능한 기술은 되도록 태양 에너지와 같이 고갈되지 않는 자연 에너지를 활용하며, 낭비적 소비 형태를 지양하고, 기술적 효용만이 아닌 환경효용(eco-efficiency)을 추구한다.

⑤ 지속가능한 발전(sustainable development)이라는 개념은 1970년대를 통해 기업과 정부에서 인구와 산업의 발전이 무한히 계속될 수 없다는 문제를 제기하면서 등장한 개념으로, 1987년의 세계경제발전위원회(WCED)의 보고서가 "환경보호와 경제적 발전이 반드시 갈등 관계에 있는 것만은 아니다"라고 하면서 널리 퍼지게 되었다.

36 정답 ④

결재권자가 휴가나 출장 등으로 상당 기간 부재중일 때나 긴급한 문서를 결재권자의 사정에 의해 받을 수 없는 경우에는 '대결'이 이루어진다. 따라서 ④의 경우 A팀장은 대결 서명을 해야 한다. 한편, 전결은 조직 내에서 기관장이 그 권한에 해당하는 사무의 일부를 일정한 자에게 위임하고, 그 위임을 받은 자가 위임 사항에 관하여 기관장을 대신해 결재하는 제도를 말한다.

① 결문에서 '도로명 주소'를 쓴다고 하였으므로, 기존 지번 주소방식이 아닌 도로명 주소를 써야 한다.

② 결문에 '공개구분(완전공개, 부분공개, 비공개)로 구성'한다고 하였으므로, 공개구분을 선택해 표시해야 한다.

③ 결재 시에는 '전결' 표시를 해야 하므로, '[과장] 전결 D'로 하는 것이 맞다.

⑤ 전결을 대결하는 경우는 전결권자의 란에는 '전결'이라고 쓰고 대결하는 자의 란에 '대결'의 표시를 하고 서명해야 한다.

37 정답 ①

박쥐는 성대에서 주파수가 40~50kHz인 초음파를 만들어 입이나 코로 방사한다. 따라서 입이나 코에서 초음파를 만들어내는 것이 아니라 성대에서 만들어낸다.

④ 박쥐는 달팽이관이 감긴 횟수가 인간보다 더 많아 인간이 들을 수 없는 범위의 초음파까지 들을 수 있다고 언급하고 있으므로, 달팽이관의 감긴 횟수는 초음파를 지각하는 능력과 관련이 있음을 알 수 있다.

⑤ 나방은 왼쪽과 오른쪽 귀에 들리는 초음파의 강약 차이에 따라 박쥐가 다가오는 좌우 수평 방향을 알 수 있고, 초음파의 강약 변화가 반복적으로 나타나는지 아닌지에 따라 박쥐가 다가오는 상하 수직 방향도 알 수 있다.

38 정답 ②

제시문은 갠스의 주장을 예로 들어 대중예술이 고급예술을 선택할 여건이 되지 않는 사람들에게 유효한 것이라는 사회적 변호는 대중예술에 대한 진정한 옹호를 침해하므로 대중예술에 대한 옹호는 미적인 변호를 필요로 한다고 주장하고 있다.

39 정답 ④

주어진 글은 시장이 실패하게 되는 요인 중에서 정보의 비대칭성에 대한 경우를 살피고 있다. (다)에서 시장의 실패 원인으로 정보의 비대칭성을 꼽고 있으므로 첫 번째 문단에 와야 한다. 이후 (나)에서는 정보의 비대칭성의 뜻을 설명하고, 이로 인해 도덕적 해이와 역선택의 문제가 발생하므로 그 다음은 순서대로 (가)에서 도덕적 해이의 의미와 (라)에서 역선택의 의미가 나오면 된다. 따라서 문단을 순서대로 배열하면 (다)-(나)-(가)-(라)이다.

40 정답 ①

두 기둥 사이에 보를 연결하는 골조 구조는 수직 하중에는 강하지만 수평 하중에는 약하며, 이를 보완하기 위해 가새가 사용된다. 즉, 가새는 수평 하중에 약한 구조를 보완한다.

41 정답 ⑤

제시문은 말을 통해서만 드러나고 파악될 수 있는 현실, 틀 안에 머무르지 않는 현실에 관심을 가지고 말을 다루어야 말이 통속적으로 굳어버리거나, 의미가 변질 · 상실되는 것을 막을 수 있다고 주장하고 있다. 즉, 말이 생동감과 깊이를 잃지 않는 방안에 대해 언급하고 있음을 알 수 있다.

42 정답 ④

제시문에서 윤리학은 규범에 관한 진술을 다루는 학문이지만, 가치판단의 진술 역시 희망을 표현하며 참이나 거짓을 따질 수 없고 사람들의 행위에 영향을 미칠 수 있다는 점에서 규범과 비슷하다는 내용을 담고 있다. 규범과 가치판단의 이러한 성격은 '사실적 진술'과 뚜렷이 구별된다. 즉 사실적 진술은 이들과 달리 희망이 아니라 사실을 표현하며 따라서 참이나 거짓을 따질 수 있기 때문에 윤리학의 대상이 되기 어렵다.

43 정답 ⑤

제시문의 내용을 다음과 같이 정리할 수 있다.

첫째, 화이트가 역사 서술의 방식으로 주목한 이야기식 서술은 예술적인 문체에 의해 결정된다. 둘째, 이야기식 서술의 질서는 구성으로 이루어지는데, 이는 역사가의 문화적 환경이나 문학적 양식에 의해 규정된다. 셋째, 이야기식 서술은 역사적 사건의 경과 과정에 특정한 문학적 형식을 부여하고 의미도 부여함으로써 역사적 사건의 경과 과정을 인식할 수 있다. 이를 바탕으로 보기를 살펴보면 ⑤ 논의의 중심 대상인 '이야기식 역사 서술'에 대해서 제시문 전체 내용을 함축적으로 제시하고 있는 진술이다.

① 제시문에서 논의의 중심 대상이 되는 것은 '역사의 의미'가 아니라 '이야기식 역사 서술의 특성'이다.

② '역사가가 속한 문화적 환경과 역사와 문학의 기술 내용의 관계'는 둘째 문단에서 언급되고 있지만, 제시문의 중심 내용으로 볼 수 없다.

③ '역사가의 임무'는 제시문의 논지와 부합하지 않는다.

④ 이야기식 역사 서술에서 '사건들 사이의 인과관계는 사건들 자체에 내재하는 것이 아니라 사건에 대해 사고하는 역사가의 머릿속에만 존재한다.'는 셋째 문단의 내용과 어긋난다.

44 정답 ②

첫째 문단에 정전제가 무너진 이후 만사가 어지럽게 되었다는 내용이 나와 있지만 그 원인은 제시되어 있지 않다. '토지 사유의 제한이 없게 되었다.'는 내용이 나오지만 이것은 정전법의 결과 중 하나로 제시되어 있다. 따라서 ②은 이것을 원인으로 보고 있기 때문에 잘못된 추론이다.

① 둘째 문단에 언급되어 있는 내용이다.

③ 셋째 문단에서 우리나라의 경우 산과 계곡이 많아 정전제를 그대로 시행하기에는 난점이 있다고 했다. 이를 통해 우리나라에 적절한 토지 제도는 우리나라 지형의 특수성을 고려한 것이어야 한다.

④ 첫째 문단에 따르면 훌륭한 토지 제도는 국운과 문화 발전의 기반이다. 그런데 셋째 문단에서 우리나라에 훌륭한 토지 제도가 정착되지 못했음을 알 수 있다. 따라서 비록 정전제는 아니라도 그처럼 훌륭한 토지 제도를 마련할 필요가 있음을 추론할 수 있다.

⑤ 첫째 문단에 언급되어 있는 내용이다.

45 정답 ⑤

다문화 정책이 글 전체의 화제이므로 이에 대해 언급한 (다)가 일반적 진술로서 글 전체의 도입부가 된다. 여기서는 다문화 정책의 핵심 내용으로 좋은 인력의 선별 수용과 이민자의 정착을 위한 사회통합을 제시하였다. (다)에서 다문화 정책은 사회비용을 절약하기 위해 중요하다고 하였는데, (가)는 이러한 사회비용을 구체적으로 제시하고, 이민자를 선별 수용하지 않아 많은 사회비용이 발생한 프랑스의 예를 들었다. 따라서 (다) 다음에 (가)가 이어지는 것이 자연스럽다. (라)는 이미 들어온 이민자에 대한 지원의 필요성에 관한 내용인데, 이는 (다)에서 언급한 다문화 정책의 두 번째 내용인 이민자의 정착과 관련된다. 따라서 (가) 다음에 (라)가 이어지는 것이 자연스럽다. 또한 (나)에서 다문화 정책의 패러다임 전환과 관련하여 다문화 가족에 대한 적극적 지원과 다문화 가족과의 상생 발전을 도모할 것을 제시하였다. 이는 글의 결론에 해당한다고 볼 수 있다.

따라서 글의 연결 순서로 (다)-(가)-(라)-(나)가 가장 적절하다.

46 정답 ①

① 제시문의 내용에서 확인할 수 없는 내용이다.

② 제시문은 세계화가 긍정의 방향 또는 부정의 방향으로도 귀착될 수도 있다는 점을 전제로 하여 현재 진행되고 있는 세계화의 양면적인 모습을 여러 측면에서 진단하고 있다. 따라서 세계화의 가능성을 밝히고 있는 다섯째 문단과 사상과 문화적 측면에서의 세계화의 양면성을 논하고 있는 넷째 문단을 통해 확인할 수 있다.

③ 셋째 문단의 요지에 해당한다.

④ 정치적인 측면에서 세계화의 양면성을 논하고 있는 둘째 문단의 요지에 해당한다.

⑤ 경제적인 측면에서 세계화의 양면성을 진단하고 있는 첫째 문단의 요지에 해당한다.

47 정답 ④

둘째 단락 전반부의 "호모 사피엔스'는 아주 박식해졌지만, 그래도 여전히 원숭이이고, 숭고한 본능을 새로 얻었지만 옛날부터 갖고 있던 세속적 본능도 여전히 간직하고 있다. 이러한 오래된 충동은 수백만 년 동안 그와 함께해 왔고, 새로운 충동은 기껏해야 수천 년 전에 획득했을 뿐이다'라는 부분을 통해, ④는 적절하지 않은 내용임을 알 수 있다. 즉, 인간의 박식함과 새로운 숭고한 본능은 기껏해야 수천 년 전에 획득한 것이라 하였다.

48 정답 ②

②는 셋째 단락 후반부의 '확신인간'에게 분노와 같은 격렬한 감정의 폭발은 그의 이러한 '당연하다'는 생각을 강화한다. 당연하다는 생각은 감정폭발에 대한 자기 통제력을 약화시켜 감정폭발을 더욱 강화한다. 이러한 경향이 폭력심리의 기본이며 범죄의 기본이다'에서 추론할 수 있는 내용이다. 즉, '확신인간'에게 나타나는 감정의 폭발은 그에 대한 자기 통제력을 약화시키게 되고, 이는 결국 폭력적 행동을 더욱 강화할 수 있다는 것이다.

49 정답 ③

㉠은 측천무후가 만든 특이한 한자가 사용된 다라니경은 신라가 아니라 중국의 인쇄물이라는 주장이다. 따라서 측천무후 즉위 후 중국에서 쓸 수 없었던 글자가 다라니경에서 쓰인 것이 발견되었다는 내용은 이를 반박하는 내용이 된다. 따라서 ③은 ㉠의 주장을 약화시키는 증거에 해당한다.

① 다라니경 원전을 한역(漢譯)한 사람이 중국 사람이라는 것과 다라니경이 어느 나라에서 인쇄되었는지는 직접적인 관련이 없다. 따라서 ㉠을 약화시키는 증거로 볼 수 없다.

② 측천무후 사후에 나온 신라의 문서에 측천무후가 발명한 한자가 쓰이지 않았다는 내용은 ㉠의 주장을 뒷받침하는 근거가 될 수 있다.

④ 당시 중국에서 제작된 문서들이 다라니경과 같은 종이를 사용하였다는 내용도 ㉠과 같은 주장을 뒷받침하는 근거의 하나가 될 수 있다.

50 정답 ①

제시된 기사의 첫 문장에서 '한국중부발전 본사 회의실에서 보령발전본부 저탄장 및 회처리장 비산먼지 개선을 위해 객관적인 의견을 수렴하고자 지역주민 대표, 전문가, 환경단체 등 사외위원으로 구성된 분과위원회 착수회의를 개최하였다'라고 하였다. 여기서 분과위원회에는 지역주민 대표와 전문가 등의 사외위원으로 구성된다는 것을 알 수 있다. 따라서 ①은 적절한 내용이 된다.

② 첫째 단락에서 '이날 회의는 중부발전에서 보령발전본부 저탄장 비산먼지 저감대책 수립방향과 회처리장 비산먼지 영향조사 추진 계획을 보고하고, 위원들의 의견을 청취하는 방식으로 진행되었다'라고 했으므로, 중부발전에서 보고를 하고 위원들은 이를 청취하는 방식으로 진행되었다는 것을 알 수 있다. 따라서 ②의 내용은 적절하지 않다.

③ 둘째 단락에서 '중부발전은 미세먼지 감축을 위해 시행하는 석탄화력 성능개선사업에 대해 2017년부터 '찾아가는 주민설명회'를 개최해 왔다. 2018년에는 지역주민과의 소통 강화를 위해 대상지역을 보령시 전체로 확대 시행 중'이라고 했다. 즉, '찾아가는 주민설명회'는 2017년부터 개최되었고, 2018년부터 보령시 전체로 확대 시행되고 있다는 것을 알 수 있다. 따라서 ③은 적절한 설명이 아니다.

④ 둘째 단락 중반부에서 '중부발전에서 추진 중인 석탄화력 성능개선사업은 약 1조 8,050억원을 투자하여 최적 환경설비를 구축하는 것'이라 하였고, '2025년까지 5,000억원을 투자하여 운영 중인 모든 옥외 저탄장을 111만톤 규모의 옥내 저탄장으로 교체하여 저탄장 비산먼지를 원천적으로 차단할 계획'이라 하였다. 따라서 석탄화력 성능개선사업에는 약 1조 8,050억원이 투자되며, 옥외 저탄장을 모두 옥내 저탄장으로 교체하는데 5,000억원을 투자할 계획이라는 것을 알 수 있다. 따라서 ④도 적절한 설명이 아니다.

수리능력

01 ④	02 ①	03 ①	04 ①	05 ③	06 ①	07 ④	08 ④	09 ③	10 ③
11 ④	12 ②	13 ③	14 ②	15 ①	16 ⑤	17 ②	18 ③	19 ③	20 ③
21 ②	22 ①	23 ③	24 ①	25 ③	26 ④	27 ①	28 ①	29 ③	30 ③
31 ②	32 ②	33 ②	34 ③	35 ③	36 ③	37 ②	38 ②	39 ③	40 ②
41 ②	42 ③	43 ②	44 ①	45 ①	46 ②	47 ③	48 ⑤	49 ③	50 ②

01 정답 ④

2018년 가구당 총지출액이 평균 2,000만원이었고 이 중 교육비가 차지한 비율은 23%이므로, 이 해의 가구당 교육비 지출액은 '2,000×0.23=460(만원)'이다. 또한 2023년의 가구당 교육비 지출액은 '3,000×0.29=870(만원)'이다. 따라서 2023년의 가구당 교육비는 2018년에 비해 410만원이 증가하였다.

02 정답 ①

2018년 가구당 주거비 지출액은 '2,000×0.42=840(만원)'이며 2023년 가구당 주거비 지출액은 '3,000×0.35=1,050(만원)'이다. 즉, 2023년 가구당 주거비 지출비율은 2018년에 비해 줄었으나, 지출액은 늘었다.

② 2018년 가구당 식비 지출액은 '2,000×0.27=540(만원)'이므로, 월 45만원이 된다.
③ 도시 가구별 평균 지출내역에서 교육비가 차지하는 비중은, 2018년에 23%에서 2023년 29%로 증가하였다. 따라서 도시 가정에서의 교육비 비중은 증가하는 추세라 볼 수 있다.
④ 2023년도의 주거비와 식비, 교육비를 제외한 기타 지출액은 비율은 5%이다. 따라서 가구당 기타 지출액은 '3,000×0.05=150(만원)'이 된다.

03 정답 ①

월 이용요금은 월 기본요금과 통화요금, 문자발신요금, 발신번호표시요금을 합친 것이다. 여기서 요금제별 월 무료통화는 통화요금에서 제외되며, 무료 문자에 해당되는 경우도 요금제에서 제외된다. 각 요금제 이용에 따른 월 이용요금을 구하면 다음과 같다.

- A요금제 : 19,000+[(7800−600)×1.5]+[(50−20)×10]=30,100(원)
- B요금제 : 15,000+[(7800−600)×1.9]+[(50−15)×10]+1,500=30,530(원)
- C요금제 : 16,000+[(7800−300)×1.8]+[(50−10)×11]+1,000=30,940(원)

따라서 갑이 가장 저렴하게 이용할 수 있는 요금제는 A이다.

04 정답 ①

문제 조건에 따른 각 요금제별 월 이용요금을 구하면 다음과 같다.

- A요금제 : 19,000+(6600×1.5)+(60×10)=29,500(원)
- B요금제 : 15,000+(6600×1.9)+(65×10)+1,500=29,690(원)
- C요금제 : 16,000+(6900×1.8)+(70×11)+1,000=30,190(원)

따라서 가장 저렴한 요금제는 A이며, 월 이용요금은 29,500원이다.

05 정답 ③

제시된 표의 내용을 통해 각 가입자가 지급받을 탄소포인트를 구하면 다음과 같다.

에너지 사용 유형 \ 가입자	A	B	C	D
전기	0	10,000	10,000	5,000
수도	2,500	2,500	1,250	2,500
가스	5,000	5,000	5,000	2,500

따라서 가입자들의 탄소포인트 합계를 구하면 다음과 같다.

- 가입자 A : 7,500
- 가입자 B : 17,500
- 가입자 C : 16,250
- 가입자 D : 10,000

지급받을 탄소포인트가 두 번째로 높은 가입자는 C이다.

06 정답 ①

나열된 숫자는 다음과 같은 규칙이 있다.

10−2=8

$8+4=12$
$12-6=6$
$6+8=14$
$14-10=4$
$4+12=(\quad)$
따라서 '(　　)=16'이 된다.

07 정답 ④

빨간 주사위(R)와 파란 주사위(B)가 나온 눈을 (R, B)로 표시할 때, 각각의 경우의 수는 다음과 같다.

- 눈의 합이 4가 되는 경우 : (1, 3), (2, 2), (3, 1)
- 눈의 합이 6가 되는 경우 : (1, 5), (2, 4), (3, 3), (4, 2), (5, 1)

따라서 눈의 합이 4 또는 6이 되는 경우의 수는 모두 '8가지'이다.

08 정답 ④

$\frac{2}{3}\times 1.5\left(=\frac{3}{2}\right)=1$
$1\times 2.0=2$
$2\times 2.5=5$
$5\times 3.0=15$
$15\times 3.5=\left(\frac{105}{2}\right)$
$\left(\frac{105}{2}\right)\times 4.0=210$
따라서 빈 칸은 '$\frac{105}{2}$'이다.

09 정답 ③

경제성장률이 〈표〉에서 나타나는 경우보다 2%p씩 상승한다고 했으므로, 경제성장률(확률변수)는 각각 7%, 17%, 22%가 된다. 이 경우 제시된 식을 이용해 경제성장률의 기댓값과 분산을 구하며 다음과 같다.

- 기댓값 : $(0.07\times 0.2)+(0.17\times 0.4)+(0.22\times 0.4)=0.17(17\%)$
- 분산 : $[(0.07-0.17)^2\times 0.2]+[(0.17-0.17)^2\times 0.4]$
  $+[(0.22-0.17)^2\times 0.4]=0.003$

10 정답 ③

온라인 도박 경험이 있다고 응답한 사람(83명) 중 오프라인 도박 경험이 있다고 응답한 사람(8명)의 비중은 '$\frac{8}{83}\times 100\fallingdotseq 9.6\%$'이며, 전체 응답자(500명) 중 오프라인 도박 경험이 있다고 응답한 사람(16명)의 비중은 '$\frac{16}{500}\times 100=3.2\%$'이다. 따라서 전자가 후자보다 비중이 더 크므로 ③은 옳은 설명이 된다.

① 온라인 도박 경험이 있다고 응답한 사람은 83명이며, 오프라인 도박의 경험은 없으나 충동을 느낀 적은 있다는 사람은 62명이다. 따라서 온라인 도박 경험이 있다고 응답한 사람이 더 많다.
② 온라인 도박에 대해, '경험은 없으나 충동을 느낀 적이 있음'으로 응답한 사람은 144명이므로, 전체 응답자(500명)의 '28.8%'이다.
④ 온라인 도박에 대해, '경험이 없고 충동을 느낀 적도 없음'으로 응답한 사람은 273명이므로, 전체 응답자(500명)의 50% 이상이 된다.

11 정답 ④

A는 3.5km/h의 속력으로 6시간을 걸어 목적지에 도착하였다고 했는데, '거리=속력×시간'이므로 출발지에서 목적지까지의 거리는 '3.5km/h×6=21km'가 된다. 따라서 B의 속력은 '21(km)÷5(시간)=4.2km/h'가 된다. 따라서 ④는 옳지 않다.

① 출발지에서 목적지까지의 거리는 21km이므로 옳은 내용이다.
② B의 속력은 4.2km/h이므로 3시간 후 '$4.2\times 3=12.6$(km)'을 이동한다. 따라서 옳은 내용이다.
③ A는 출발한 후 4시간 후 이동거리는 '$3.5\times 4=14$(km)'이다. 따라서 옳은 내용이다.

12 정답 ②

'식염수의 양=물의 양+식염의 양'이며,
'식염수의 농도$=\frac{\text{식염의 양}}{\text{식염수의 양}}\times 100(\%)$'이 된다.
여기서 처음 그릇에 담겨 있는 물의 양을 x(g)이라고 하면,
'$\frac{60}{(x+60)}\times 100=25(\%)$'가 성립한다.
이를 풀면 '$x=180$(g)'이 된다.

13 정답 ③

전체 프로젝트의 양을 '1'이라 하면, 갑의 시간당 일한 양은 '$\frac{1}{5}$', 을의 시간당 일한 양은 '$\frac{1}{7}$'이 된다. 일을 완료하는데 소요되는 시간은 '전체 일의 양÷시간당 일의 양'이므로, 갑, 을 2명이 협력해서 완료하는데 걸리는 시간은 '$1\div\left(\frac{1}{5}+\frac{1}{7}\right)=\frac{35}{12}$(시간)'이다. 따라서 '$\frac{35}{12}=2+\frac{11}{12}=2+\frac{55}{60}=$2시간 55분'이다.

14 정답 ②

적어도 1부가 선정을 지지하는 의견서일 확률은 전체 확률에서 2부

모두 선정을 반대하는 의견서를 뽑을 확률을 빼면 된다. 처음 뽑은 의견서가 선정을 반대하는 의견서일 확률은 '$\frac{5}{8}$'이고, 두 번째 뽑은 의견서가 반대하는 의견서일 확률은 '$\frac{4}{7}$'가 된다. 따라서 구하는 확률은 '$1-\left(\frac{5}{8}\times\frac{4}{7}\right)=\frac{9}{14}$'가 된다.

15 정답 ①

'$\text{식염수의 농도}(\%)=\frac{\text{식염의 양}}{\text{식염수의 양}}\times 100(\%)$'이므로,

'$\text{식염의 양}=\frac{\text{식염수의 농도}}{100}\times\text{식염수의 양}$'이 된다.

따라서 8%의 식염수 150g에 들어 있는 식염의 양은 '$\frac{8}{100}\times 150=12(g)$'이다. 여기서 추가해야 할 물의 양을 x(g)라 할 때, '$6(\%)=\frac{12}{150+x}\times 100$'이 된다(물을 추가하는 것이므로 식염의 양은 변화가 없음). 이를 풀면 '$x=50(g)$'이 된다.

16 정답 ⑤

보증기간 내에 A/S가 신청된 10개의 제품 중 3개를 선택하여 적어도 1개가 제품 불량이라는 것은, 1개나 2개, 또는 3개 모두가 불량인 경우를 말한다. 이는 전체 확률에서 선택한 3개 제품 모두 불량이 아닐 확률을 빼주면 된다.

A/S가 신청된 10개의 제품에서 임의로 3개의 제품을 선택할 때 3개 모두 제품 불량이 아닐 확률은 '$\frac{7}{10}\times\frac{6}{9}\times\frac{5}{8}=\frac{7}{24}$'이 된다.

따라서 3개의 제품을 선택할 때 적어도 1개가 불량품일 확률은 '$1-\frac{7}{24}=\frac{17}{24}$'이다.

17 정답 ②

거리＝속력×시간을 이용하면 88(km/h)×2.5(h)＝220(km)이다.

18 정답 ③

기온이 18℃일 때 소리의 속력은 0.6×18＋331＝341.8(m/s)이다.

따라서 번개가 발생한 지점까지의 거리는

341.8(m/s)×10(s)＝3,418(m)이다.

19 정답 ③

'$\text{속력}=\frac{\text{거리}}{\text{시간}}$' 공식을 이용하면

총 걸린 시간은 $\frac{A}{x}+\frac{B}{y}+\frac{C}{z}$(h),

총 거리는 $A+B+C$(km)이다.

따라서 속력은 $\frac{A+B+C}{\frac{A}{x}+\frac{B}{y}+\frac{C}{z}}$(km/h)이다.

20 정답 ③

연도별 강수량 합계의 전년 대비 증가량은 2018년도가 가장 많고(1541.0－1,061.2＝479.8), 두 번째로 2019년도가 많다(1907.7－1541.0＝366.7).

2019년도의 겨울 강수량 비율은 연도별 강수량 합계에서 겨울 강수량이 차지하는 비율을 말한다.

따라서 이는, '$\frac{74.5}{1907.7}\times 100(\%)=3.9052261\cdots(\%)$'이다.

이를 소수점 셋째 자리에서 반올림하면 '3.91(%)'이 된다.

21 정답 ②

한 가구의 평균 가족 수를 4명이라고 할 때 A도시의 인구 100명당(25가구당) 컴퓨터 보유수가 24대이므로, 이 도시의 한 가구당 컴퓨터 보유수는 '$\frac{24}{25}=0.96$(대)'이다. B도시의 한 가구당 컴퓨터 보유수는 '$\frac{15}{25}=0.6$(대)', C도시의 경우 '$\frac{41}{25}=1.64$(대)', D도시의 경우 '$\frac{30}{25}=1.2$(대)'이다. 따라서 한 가구당 1대 이상의 컴퓨터를 보유한 도시는 C와 D이다.

22 정답 ①

청소년 혼인 구성비에서 아내기준의 20~24세 혼인의 경우, 1990년 55.9%에서 1980년 57.5%로 증가하였다. 따라서 ①은 옳은 내용이 아니다.

② 남편기준 15~19세 청소년 혼인 구성비(3.0, 1.7, 0.8, 0.6)는 아내기준 20~24세 청소년 혼인 구성비(55.9, 57.5, 48.5, 25.8)보다 항상 낮다.

③ 2020년 남편기준 20~24세 청소년의 혼인 구성비는 2010년에 비해 7.2% 감소하여 가장 큰 폭으로 감소하였다.

④ 아내기준 15~19세 청소년 혼인 구성비는 1990년 20.9%에서 2020년 2.5%로 18.4% 감소하였다.

⑤ 2000년의 경우 총 혼인 건수(392,453)가 2020년의 혼인 건수(334,030)보다 많고, 2000년의 전체 청소년 혼인 구성비도

2020년의 혼인 구성비보다 2배 이상이다. 따라서 ⑤도 옳은 내용이 된다.

23 정답 ③

B의 입찰가격은 360억 원으로 추정가격의 80% 이상이므로

B의 입찰가격의 평점은 $\frac{270\text{억 원}}{360\text{억 원}} \times 100 = 75$(점)이다.

D의 입찰가격은 300억 원으로 추정가격의 80% 미만이므로

$\left[\left(\frac{270\text{억 원}}{300\text{억 원}} \times 100\right) - \left\{\frac{(320\text{억 원} - 300\text{억 원})}{400} \times 100\right\}\right]$

$= 90 - 5 = 85$(점)이다.

따라서 두 업체의 입찰가격 평점의 차이는 10점이다.

24 정답 ①

두 사람이 달린 거리의 합은 3,000m, 즉 3km이다. 두 사람이 만나기까지 걸린 시간을 x라고 하면, $8x + 10x = 3$

$x = \frac{1}{6}$(시간)$= 10$(분)

25 정답 ③

원형으로 연결되어 있을 때의 간격 수＝나무의 그루 수이다.

따라서 필요한 나무의 그루 수는 $\frac{A}{B}$이다.

26 정답 ④

임직원 전체를 U라고 하고, 딸이 있는 사람들을 A, 아들이 있는 사람들을 B라고 하면 딸과 아들이 모두 없는 사람은 $(A \cup B)^c$

이때, 임직원의 수를 x(명)이라고 하면 딸이 있는 사람은 $\frac{4}{7}x$

아들이 있는 사람은 $\frac{5}{7}x$

딸과 아들이 모두 있는 사람은 $\frac{4}{7}x \times \frac{3}{4} = \frac{3}{7}x$

$n(A \cup B) = n(A) + n(B) - n(A \cap B)$

$= \frac{4}{7}x + \frac{5}{7}x - \frac{3}{7}x$

$= \frac{6}{7}x$

$n((A \cup B)^c) = U - n(A \cup B)$

$= x - \frac{6}{7}x = \frac{1}{7}x$

딸과 아들이 없는 사람이 15명이므로 $\frac{1}{7}x = 15$

$\therefore x = 105$(명)

27 정답 ①

원가를 x, 정가를 y라 하면

정가의 20% 할인은 $y \times (1 - 0.2) = y \times 0.8$

원가의 8% 이익은 $x \times (1 + 0.08) = x \times 1.08$

둘의 가격이 같으므로

$0.8y = 1.08x$, $y = \frac{1.08}{0.8}x$, $y = 1.35x$

이때 $1.35 = 1 + 0.35$이므로 원가에 35%의 이익을 붙여 정가를 매겨야 한다는 의미이다.

$\therefore$ 35%

28 정답 ①

전체 인원을 x(명)이라고 하면

x명의 개별 입장료는 $3{,}500x$(원)

20명 단체 입장료는 $3{,}500 \times 20 \times 0.85 = 59{,}500$(원)

20명의 단체 입장료를 내고 입장하는 것이 유리하기 위해서는

(x명의 개별 입장료)＞(20명의 단체 입장료)이어야 한다.

$3{,}500x > 59{,}500$

$x > 17$

따라서 최소한 18명 이상일 때 20명의 단체 입장료를 내는 것이 유리하다.(17명일 때는 개별이나 단체 입장료의 가격이 같으므로 유리하다고 할 수 없다.)

29 정답 ③

물을 가득 채우는 것을 1이라 하면

A호스는 한 시간에 $\frac{1}{15}$, B호스는 한 시간에 $\frac{1}{12}$을 채우므로

A호스로만 물을 받는 시간을 x라 하면

$\frac{4}{15} + \frac{4}{12} + \frac{x}{15} = 1$

$16 + 20 + 4x = 60$

$x = 6$

따라서 A호스로 6시간을 더 받으면 수영장에 물이 가득 찬다.

30 정답 ③

집에서 회사까지의 거리를 x(km)라 하면

시속 80km로 차를 몰았을 때의 시간이 시속 60km로 몰았을 때의 시간보다 10분 더 적다는 것을 의미하므로

$\frac{x}{80} = \frac{x}{60} - \frac{10}{60}$

$\frac{x}{60} - \frac{x}{80} = \frac{1}{6}$

$4x - 3x = 40$

$x = 40$

$\therefore$ 40km

31 정답 ②

건설업의 사업체당 평균 종사자 수를 구하기 위해서는 건설업의 총 종사자 수를 사업체 수로 나누면 된다.

$\frac{3,163+797}{264}=15$명

32 정답 ②

어업의 남성 고용비율을 구하면 다음과 같다.

$\frac{174}{174+25}\times100=87(\%)$

나머지 산업별 남성의 고용비율은 다음과 같다.

- 농업 및 축산업 : $\frac{228}{228+36}\times100=86(\%)$
- 제조업 : $\frac{47,512}{47,512+21,230}\times100=69(\%)$
- 건설업 : $\frac{3,163}{3,163+797}\times100=80(\%)$

33 정답 ②

6명이 버스에 타고 있고, 2개의 정류장에 직원이 모두 내려야 하므로 직원을 두 그룹으로 나누는 경우의 수를 구하면

(ⅰ) 1명, 5명으로 나누는 경우 ${}_6C_1\times{}_5C_5=6$(가지)

(ⅱ) 2명, 4명으로 나누는 경우 ${}_6C_2\times{}_4C_4=15$(가지)

(ⅲ) 3명, 3명으로 나누는 경우 ${}_6C_3\times{}_3C_3\times\frac{1}{2!}=10$(가지)

(ⅰ)~(ⅲ)에서 6명의 승객을 두 그룹으로 나누는 경우의 수는 $6+15+10=31$

이때 3개의 정류장 A, B, C 중에서 2개의 정류장을 선택하는 경우의 수는 ${}_3C_2=3$

두 그룹이 두 개의 정류장에 각각 내리는 경우의 수는 2!이므로

따라서 구하는 경우의 수는 $31\times3\times2!=186$(가지)이다.

34 정답 ③

2명의 혈액형이 같은 경우는 혈액형 A형 또는 B형 또는 O형에서 각각 2명을 뽑는 경우이므로 구하는 확률은

$\frac{{}_2C_2+{}_3C_2+{}_4C_2}{{}_9C_2}=\frac{1+3+6}{36}=\frac{10}{36}=\frac{5}{18}$

35 정답 ③

축산 부업소득은 젖소 30마리까지 비과세소득이므로 10마리는 과세소득이 된다. 축산부업에 있어서 가축별로 각각의 마리당 발생하는 소득은 동일하다고 가정하였으므로 과세소득은 (4,000만 원 ÷ 40) × 10 = 1,000만 원이 된다.

규칙 1에서 규모를 초과하는 사육두수에 발생하는 축산 부업소득(1,000만 원)과 기타 부업소득(500만 원+600만 원)을 합하여 연간 1,200만 원까지 비과세이므로 과세소득은 (1,000만 원+1,100만 원)−1,200만 원=900만 원이다.

전통주 제조소득의 경우 1,200만 원까지 비과세이므로 과세소득은 600만 원이다. 따라서 총 과세대상 소득은 900만 원+600만 원=1,500만 원이 된다.

36 정답 ③

난영이가 가진 돈을 x, 소영이가 가진 돈을 y라고 할 때,

$x=3y,\ y=0.6x-340$

이를 연립하여 풀면

$y=0.6(3y)-340$

$y=1.8y-340$

$\therefore x=1,275$(원), $y=425$(원)

∴ 난영이는 1,275원을 소영이는 425원을 가지고 있다.

37 정답 ②

각 공장의 B음료수 생산 비율을 구하면 다음과 같다.

(가) 공장 : $\frac{22,500}{15,000+22,500+7,500}\times100=50(\%)$

(나) 공장 : $\frac{48,000}{36,000+48,500+18,000}\times100\fallingdotseq47(\%)$

(다) 공장 : $\frac{14,000}{9,000+14,000+5,000}\times100=50(\%)$

따라서 (나) 공장의 생산 비율이 약 47%로 가장 작다.

38 정답 ②

6명을 2명, 2명, 2명으로 3개의 조로 편성하는 방법의 수는

${}_6C_2\times{}_4C_2\times{}_2C_2\times\frac{1}{3!}=15\times6\times\frac{1}{6}=15$

A사원과 B사원이 같은 조에 편성되고, C사원과 D사원이 서로 다른 조에 편성되려면 E사원, F사원을 각각 C사원, D사원과 짝을 이루도록 해야 하므로 이때 방법의 수는 $2!=2$

따라서 구하는 확률은 $\frac{2}{15}$

39 정답 ③

추가주문내역은 총 15권, 내지는 컬러(20장)+흑백(100장)으로 동일하고, 표지 앞뒤로 하드커버, 스프링제본이다.

이때, 각 인쇄소의 일지자료 총 가격을 구해보면

㉠ 인쇄소의 경우

{(30×100)+(45×20)}+(500×2)+1,000}×15=88,500원

㉡ 인쇄소의 경우

$\{(35\times100)+(42\times20)\}+(480\times2)+1{,}500\}\times15\times0.85=$ 86,700원

ⓒ 인쇄소의 경우

$\{(38\times100)+(40\times20)\}+(420\times2)+1{,}200\}\times15=99{,}600$원

따라서 A대리가 선택할 인쇄소와 지급해야 할 금액은 ⓛ 인쇄소, 86,700원이다.

40 정답 ②

여사건의 확률을 이용하여 1－(두 사람 모두 문제를 맞히지 못할 확률)을 구하면 된다.

즉, $1-\left(\frac{3}{5}\times\frac{4}{7}\right)=1-\frac{12}{35}=\frac{23}{35}$

41 정답 ②

거리＝속력×시간이므로

왕복거리＝18(km/h)×$\frac{40}{60}$(시간)＝12km

따라서 집에서 회사까지의 거리는 12km÷2＝6km

42 정답 ③

남직원 수와 여직원 수의 비가 2:3이므로 남직원 수를 $2a$, 여직원 수를 $3a$라 하면 회사 직원 중 임의로 한 명을 선택할 때, A자격증을 가지고 있는 남직원일 확률이 $\frac{1}{5}$이므로 A자격증을 가지고 있는 남직원 수는 $5a\times\frac{1}{5}=a$

또한 전체 직원의 70%가 A자격증을 가지고 있으므로

A자격증을 가진 전체 직원 수는 $5a\times0.7=3.5a$

A자격증을 가진 여직원 수는 $3.5a-a=2.5a$

직원 수를 표로 정리하면

구분	남직원	여직원
A자격증 있음	a	$2.5a$
A자격증 없음	$2a-a=a$	$3a-2.5a=0.5a$

따라서 회사 직원 중 A자격증을 가지고 있지 않은 직원 수는 $a+0.5a=1.5a$이고, 이 중 여직원의 수는 $0.5a$이므로 구하는 확률은

$\therefore \frac{0.5a}{1.5a}=\frac{1}{3}$

43 정답 ②

6가지 업무 중 A, B를 제외한 4가지 업무 중에서 2가지를 택하는 경우의 수는 ${}_4C_2=6$

이후 택한 업무의 처리 순서를 정하는 방법의 수는 선택한 4가지 업무 중에서 A, B를 같은 것으로 여기고 일렬로 나열 한 후 앞에 있는 것을 A, 뒤에 있는 것을 B라고 하면 된다.

즉, A, B 이외의 다른 업무를 C, D라고 하면

□□CD를 일렬로 나열하는 경우의 수는 $\frac{4!}{2!}=12$

따라서 구하는 경우의 수는 6×12＝72

44 정답 ①

A씨와 B씨는 서로 상대방의 집 방향으로 걸어가다 만나므로 둘이 걸은 거리의 합은 1600m이다.

이때, 둘이 걸은 시간을 x(분)이라 하면

A씨가 걸은 거리는 $50\times x=50x$

B씨가 걸은 거리는 $30\times x=30x$

$50x+30x=1600$, $80x=1600$, $x=20$

즉 둘은 20분 동안 걷다가 만났음을 알 수 있다.

따라서 A씨가 걸은 거리는 20분×50m/분＝1000m＝1km이다.

45 정답 ①

현재 조 대리의 나이를 x(살)이라 하면

현재 하 부장의 나이는 $x+8$(살)

8년 후 조 대리의 나이는 $x+8$(살)

8년 후 하 부장의 나이는 $(x+8)+8=x+16$(살)

이때 두 사람의 나이의 비가 6:5이므로

$x+16:x+8=6:5$

$6x+48=5x+80$

$x=32$

따라서 현재 조 대리의 나이는 32살이다.

46 정답 ②

화물을 운송할 수 있는 철도는 화물운송 전용 철도와 복합운송용 철도이다. 두 철도의 길이를 합한 총 길이는 '83＋250＝333(km)'이다.

사람을 수송할 수 있는 철도는 여객운송 전용 철도와 복합운송용 철도, 관광 전용 철도이다.

세 철도의 총 길이는 '165＋250＋24＝439(km)'이다.

47 정답 ③

여객운송 전용 철도의 1km당 건설비는

'2,150(억 원)÷165(km)≒13.03(억 원)'이다.

48 정답 ⑤

여기서의 경쟁률은 합격자 수 대비 지원자 수를 말하므로, 합격자 수가 1일 때 지원자 수의 비를 구하면 된다.

우선, 인문과학부의 경쟁률(x)을 구하면,

'$1:500=x:1,200$'에서 '$x=\frac{1,200}{500}=2.4$'가 된다.

따라서 인문과학부의 경쟁률은 '$1:2.4$'이다.

마찬가지 방법으로 경쟁률을 구하면, 사회과학부의 경쟁률은 대략 '$1:2.42$', 자연과학부의 경쟁률은 '$1:2.44$'가 된다. 따라서 가장 경쟁률이 높은 것은 자연과학부이며, 경쟁률은 '$1:2.44$'이다.

49 정답 ③

a에서 b까지의 거리를 x(km)라 하면, b에서 c까지의 거리는 $x+5$(km)가 된다.

'시간$=\frac{\text{거리}}{\text{속력}}$'이므로, a에서 b까지, b에서 c까지 이동 시간의 합이 5시간이므로 '$5=\frac{x}{2}+\frac{x+5}{3}$'이 성립한다.

이를 풀면, '$x=4$(km)'이다. 따라서 a에서 c까지의 총거리는 '$4+4+5=13$(km)'이다.

50 정답 ②

여기서 정가는 '원가(1+이익률)'이 되며, 할인된 판매가는 '정가(1−할인율)'이 된다.

개당 원가가 4,000원이므로, 정가는 '$4,000(1+0.6)=6,400$(원)'이 된다. 또한 할인된 판매가는 '$6,400(1-0.4)=3,840$(원)'이 된다.

'판매가−원가'는 '$3,840-4,000=-160$(원)'이 되므로, 이 물품 하나를 팔 때 160원의 손실이 발생한다.

03 문제해결능력

01 ⑤	02 ③	03 ①	04 ④	05 ③	06 ②	07 ③	08 ①	09 ⑤	10 ②
11 ④	12 ⑤	13 ②	14 ①	15 ④	16 ①	17 ②	18 ①	19 ②	20 ①
21 ④	22 ④	23 ⑤	24 ①	25 ④	26 ①	27 ①	28 ④	29 ③	30 ②
31 ④	32 ②	33 ③	34 ④	35 ②	36 ④	37 ④	38 ①	39 ②	40 ②
41 ②	42 ③	43 ①	44 ①	45 ③	46 ②	47 ②	48 ④	49 ①	50 ②

01 정답 ⑤

식품 구성 성분의 합이 100%이므로, B식품의 단백질 비율은 13.2%가 된다. 따라서 B식품이 500g인 경우 여기에 포함된 단백질 성분의 중량은 '500×0.132=66(g)'이 된다. 따라서 ⑤는 옳지 않다.

① 식품 구성 성분의 합이 100%이므로, A식품의 수분 비율은 '100−28.8−19.1−35.6−5.8=10.7(%)'이 된다.

② 식품의 전체 구성 성분이 100%이므로, B식품의 단백질 비율은 13.2%이다.

③ 식품 구성 비율로 볼 때, A식품에서는 단백질의 비율이 가장 크고, B식품에서는 수분의 비율이 가장 크다.

④ A식품이 300g인 경우 탄수화물의 중량은 '300×0.288=86.45(g)'이 된다.

02 정답 ③

특정 성분의 비율은 전체 성분 중 특정 성분이 차지하는 비율을 의미한다. B식품의 경우 수분이 65.6%를 차지하고 있으므로, 이를 제거하고 남는 비율이 전체 성분이 된다. 따라서 수분을 제거한 경우 B식품 속에 함유된 탄수화물의 성분의 비율은 '$\frac{7.4}{(100-65.6)}\times 100 ≒ 21.5115\cdots$'이다. 따라서 대략 21.5%가 된다.

03 정답 ①

2015년에서 2021년까지의 교통사고 사망자 수는 A에 의한 경우가 가장 많으나, 2023년의 경우 C에 의한 사망자 수가 더 많다. 따라서 ①은 옳지 않다.

② 2015년부터 2021년까지 교통수단 A와 B에 의한 사망자 수는 지속적으로 감소하고 있다.

③ 교통수단 C의 경우 인구 10만 명 사망자 수는 지속적으로 증가하고 있다.

④ 교통수단 E의 경우 인구 10만 명 사망자 수가 제시된 홀수 연도에서 항상 가장 낮은 수치를 보이고 있다. 따라서 다른 교통수단과의 증감 추이를 비교해 볼 때, 매년 가장 낮은 수치를 기록하고 있다고 추론할 수 있다.

⑤ 제시된 표에서 확인할 수 있는 내용이다.

04 정답 ④

8개 국가를 대상으로 해외직구 반입동향을 조사하였다고 했으므로, (A)국가는 뉴질랜드가 된다는 것을 알 수 있다. 제시된 〈조건〉에 따라 나머지 국가를 살펴보면 다음과 같다.

㉠ 2023년 독일 대상 해외직구 반입 전체 금액(80,171천 달러)의 2배 이상인 국가는 미국과 (B)국뿐이므로, (B)의 국가는 중국이 된다.

㉡ 2023년 두 국가 대상 EDI 수입 건수 합이 뉴질랜드 대상 EDI 수입 건수의 2배(216,564건)보다 작은 것은 (D)와 (E)밖에 없으므로, 영국과 호주는 (D) 또는 (E)의 국가가 된다.

㉢ 2022년 호주 대상 해외직구 반입 전체 금액의 10배(25,350천 달러) 미만인 국가는 뉴질랜드와 (E)국가뿐이므로, (E)는 호주가 된다. 또한 ㉡에 따라 (D)는 영국이 된다.

㉣ 남은 (C)국가는 일본이 된다. 일본의 2023년 일본 대상 목록통관 금액(7,874달러)은 2022년 일본 대상 목록통관 금액의 2배(5,510천 달러) 이상이다.

따라서 (C)국가는 일본, (D)국가는 영국, (E)국가는 호주이다.

05 정답 ③

〈표 1〉의 '갑' 회사의 경우 a부서는 모든 부서와 정보교환이 이루어지는데 비해, 다른 부서는 모두 a부서와만 정보교환이 이루어지는 형태를 보이고 있으므로, 그림 '(B)'에 해당한다.

〈표 2〉의 '을' 회사의 경우 a부서는 b, g부서와 정보교환이 이루어지고, b부서는 a, c부서와 정보교환이 이루어지며, c부서는 b, d부서와, d부서는 c, e부서와, e부서는 d, f부서와, f부서는 e, g부서와, g부

서는 f, a부서와 정보교환이 이루어지는 형태이다. 따라서 '을' 회사는 그림 '(A)'에 해당한다.

〈표 3〉의 '병' 회사의 경우 a부서는 b, c의 2개 부서와 정보교환이 이루어지는데 비해, b부서와 c부서는 3개의 부서와 정보교환이 이루어진다. 그리고 나머지 d, e, f, g부서는 하나의 부서와만 정보교환이 이루어진다. 이러한 형태는 그림 '(C)'에 해당한다.

따라서 그림 (A)는 '을', 그림 (B)는 '갑', 그림 (C)는 '병'에 해당한다.

06 정답 ②

ㄴ. 각 약품의 투입량이 10g일 때, A의 오염물질 제거량은 대략 30g이고 B의 오염물질 제거량은 대략 15g, C의 오염물질 제거량은 대략 10g이다. 따라서 각 약품의 투입량이 10g일 때, A의 오염물질 제거량은 B와 C의 오염물질 제거량의 합보다 많다.

ㄷ. 오염물질 30g을 제거하기 위해 필요한 약품 투입량은 대략 A가 10g, B가 30g, C가 60g이 된다. 따라서 오염물질 30g을 제거하기 위해 필요한 투입량이 가장 많은 약품은 C이다.

ㄱ. 각 약품의 투입량이 30g일 때와 100g일 때를 비교하면, A약품의 오염물질 제거량 차이는 대략 7g, B의 오염물질 제거량 차이는 대략 12g, C의 오염물질 제거량 차이는 대략 16g 정도가 된다. 따라서 오염물질 제거량 차이가 가장 큰 것은 C약품이다.

ㄹ. B와 C약품의 투입량이 20g일 때와 30g일 때의 오염물질 제거량 차이는 10g 정도이므로, 옳지 않은 설명이 된다.

07 정답 ③

제시된 사실을 통해 연결 관계를 파악하면 다음과 같다.

㉠ 2루수, 대윤, 김씨는 서로 동일인이 아님을 알 수 있다. 따라서 대윤은 박씨이거나 이씨이다.

성		이씨 또는 박씨	김씨
이름		대윤	
포지션	2루수		
나이			

㉡ 1루수, 박씨, 대윤은 서로 동일인이 아님을 알 수 있다. 따라서 대윤은 이씨이고 김씨는 1루수이다. 또한 나이를 따져보면 '대윤 < 1루수 < 박씨'의 순서임을 알 수 있다. 따라서 대윤은 20세, 1루수는 23세, 박씨는 26세가 된다.

성	박씨	이씨	김씨
이름		대윤	
포지션	2루수	3루수	1루수
나이	26세	20세	23세

㉢ 선호와 김씨는 서로 동일인이 아님을 알 수 있으므로, 선호는 박씨가 되며, 남은 정우는 김씨가 된다.

성	박씨	이씨	김씨
이름	선호	대윤	정우
포지션	2루수	3루수	1루수
나이	26세	20세	23세

따라서 연결 관계가 제대로 짝지어진 것은 ③이다.

08 정답 ①

ㄱ. 2024년의 경우 2023년보다 총지원금이 14,000백만 원에서 13,000백만 원으로 줄었다. 2023년 1인당 평균 지원금은 '$\frac{14,000(\text{백만원})}{3,000(\text{명})} \fallingdotseq 4.7$(백만 원)'인데 비해, 2024년 1인당 평균 지원금은 '$\frac{13,000(\text{백만원})}{2,000(\text{명})} = 6.5$(백만 원)'이므로, 2024년에 더 많아졌다. 따라서 'ㄱ'은 옳은 내용이다.

ㄴ. 저소득층, 장기실업자, 여성가장 등 취업취약계층을 우대하는 것은 사실이지만, 여기에 해당하지 않는 사람이 이 사업에 참여할 수 없는 것은 아니다. 제시된 〈사업설명서〉에서 취업취약계층의 목표비율이 70%라고 했으므로, 30% 범위에서 취약계층이 아닌 사람도 참여할 수 있다.

ㄷ. 〈사업설명서〉에서 4대 사회보험이 모두 보장된다고 명시하고 있다.

ㄹ. 이 사업의 주된 참여자는 중장년(50~60세)이라 명시하고 있다.

09 정답 ⑤

ㄴ. 쌀 생산액은 2022년에서 2024년까지 '105,046 → 85,368 → 86,800(억 원)'으로 감소하다 조금 증가하고 있으나, 동일 연도 동안 농축수산물 전체 생산액은 '319,678 → 350,889 → 413,643(억 원)'으로 상대적으로 크게 증가하고 있으므로, 쌀 생산액이 농축수산물 전체 생산액에서 차지하는 비중은 매년 감소하였다고 할 수 있다. 실제 계산을 하는 경우도 대략 '32.9% → 24.3% → 21%'로 매년 감소했다.

ㄷ. 상위 10위 이내에 매년 포함된 품목은 쌀, 돼지, 소, 우유, 고추, 닭, 달걀, 감귤의 8개이다.

ㄹ. 2022년 오리 생산액은 생산액 상위 10개 품목에 포함되지 못했으므로, 10위인 마늘의 생산액인 5,324억 원 이하가 된다. 2023년의 오리 생산액은 6,490억 원, 2024년의 경우 12,323억 원으로 매년 증가하였다.

ㄱ. 우유 생산액의 순위는 2023년 4위에서 2024년 5위로 떨어졌다. 2023년의 전체 농축수산물 생산액에서 우유 생산액이 차지하는 비중은 '$\frac{15,513}{350,889} \times 100 \fallingdotseq 4.42\%$'이고, 2024년 전체 농축수산물 생산액에서 우유 생산액이 차지하는 비중은 '$\frac{17,384}{413,643}$

$\times 100 ≒ 4.2\%$'이므로, 2023년에 비해 2024년에 우유 생산액이 농축수산물 전체 생산액에서 차지하는 비중은 감소하였다.

10 정답 ②

전체 응답자 중 전문직 응답자 비율은 대략 6.2%가 된다. 그런데 전문직 응답자의 연령대 분포는 제시되지 않았으므로, ②는 적절하지 않은 설명이 된다.

① 전체 응답자 수는 113명이며, 20~25세인 응답자는 53명이므로, 전체 응답자 중 20~25세 응답자가 차지하는 비율은 '$\frac{53}{113} \times 100 ≒ 47\%$'이므로, 그 비율은 50% 이하가 된다.

③ 31~35세 응답자 수는 9명이며, 이들의 방문횟수를 최소로 잡았을 때 1인당 평균 방문횟수는 '$\frac{(1\times3)+(2\times4)+(4\times2)}{9} ≒ 2.1$명'이 된다. 따라서 31~35세 응답자의 1인당 평균 방문횟수는 2회 이상이 된다.

④ 직업이 학생 또는 전문직인 응답자 수는 56명이므로, 전체 응답자(113명)의 50% 미만이 된다.

⑤ 전체 응답자는 113명이며 1회 방문한 응답자 수는 34명이므로, 전체 응답자 중 1회 방문한 응답자 비율은 '$\frac{34}{113} ≒ 30.1\%$'가 된다. 따라서 그 비율은 30% 이상이 된다.

11 정답 ④

지역에 관계없이 평상시와 황사 발생시 밀도 차이가 가장 것은 미생물X이다. 따라서 ④는 옳지 않다.

① 황사 발생시에는 모든 지역에서 세 미생물 밀도가 전부 높아졌다.

② 평상시 미생물 밀도가 가장 낮은 지역은 B지역이며, 황사 발생시에도 B지역은 미생물 종류와 관계없이 미생물 밀도가 가장 낮다.

③ B지역의 미생물 중 평상시와 황사 발생시 미생물 밀도차가 가장 큰 것은 미생물 Y이며, 그 밀도차이는 '1,188−45=1,143(개체/mm^3)'이다.

⑤ 미생물 X는 B지역에서 평상시 미생물 밀도는 40(개체/mm^3)인데 비해 황사 발생시에는 863(개체/mm^3)에 이른다. 따라서 이 지역에서의 밀도 차이는 '$\frac{863}{40} = 21.575$(배)'의 차이를 나타낸다.

12 정답 ⑤

C지역에서 평상시 대비 황사 발생시의 밀도 증가율을 구하면 다음과 같다.

- 미생물 X의 밀도 증가율 : $\frac{(1,340-98)}{98} \times 100 ≒ 1,267\%$
- 미생물 Y의 밀도 증가율 : $\frac{(1,620-86)}{86} \times 100 ≒ 1,784\%$
- 미생물 Z의 밀도 증가율 : $\frac{(1,510-77)}{77} \times 100 ≒ 1,861\%$

따라서 C지역에서 평상시 대비 황사 발생시의 밀도 증가율은 미생물Z가 가장 크며, 증가율은 대략 1,861%이다.

13 정답 ②

한국의 장시간근로자비율은 28.1%이며, 삶의 만족도가 가장 낮은 헝가리의 장시간근로자비율은 2.7%이므로, 한국의 장시간근로자비율은 헝가리의 장시간근로자비율의 10배 이상이 된다. 따라서 ②는 옳지 않다.

① 삶의 만족도가 가장 높은 국가는 덴마크이며, 덴마크의 장시간근로자비율은 가장 낮고 여가 · 개인돌봄시간이 가장 길다.

③ 삶의 만족도가 한국보다 낮은 국가들(에스토니아, 포르투갈, 헝가리)의 장시간근로자비율의 산술평균은 '$\frac{3.6+9.3+2.7}{3} = 5.2(\%)$'이므로, 이는 이탈리아의 장시간근로자비율인 '5.4(%)'보다 낮다.

④ 여가 · 개인돌봄시간이 가장 긴 국가인 덴마크의 삶의 만족도는 '7.6점'이며, 여가 · 개인돌봄시간이 가장 짧은 멕시코의 삶의 만족도는 '7.4점'이므로, 그 차이는 '0.2점'이다.

⑤ 장시간근로자비율이 미국보다 낮은 국가는 덴마크, 프랑스, 이탈리아, 에스토니아, 포르투갈, 헝가리이며, 이들 국가의 여가 · 개인돌봄시간은 모두 미국의 여가 · 개인돌봄시간(14.3시간)보다 길다.

14 정답 ①

㉠ '인구지수$=\frac{\text{해당연도 해당지역 인구}}{\text{1648년 해당지역 인구}} \times 100$'이므로, '해당연도 해당지역 인구$=\frac{\text{1648년 해당지역 인구} \times \text{해당연도 인구지수}}{100}$'가 된다. 이를 통해 1753년 충청 지역 인구를 구하면 '$\frac{174,000\times535}{100} = 930,900$명'이 된다. 따라서 이는 1648년 전라 지역 인구(432,000명)와 경상 지역 인구(425,000명)를 합한 수(857,000명)보다 많다.

㉡ 인구 감소율은 인구지수 감소율에 비례한다. 1789년과 1837년 인구지수를 비교해보면 평안 지역의 인구지수 감소율이 가장 크므로, 인구 감소율도 평안 지역이 가장 크다고 할 수 있다.

㉢ '해당연도 해당지역 인구$=\frac{\text{1648년 해당지역 인구} \times \text{해당연도 인구지수}}{100}$'이므로, 인구는 '1648년 해당지역 인구×해당연도 인구지수의 곱'에 비례한다는 것을 알 수 있다. 따라서 이 〈표〉를 통해 이 값을 비교해 볼 때,

1864년 인구가 가장 많은 지역은 경상임을 알 수 있다. 실제 인구수를 구해보면, 1864년 전라 지역 인구는 '$\frac{432,000 \times 251}{100}$ $=1,084,320$명'이며, 경상 지역 인구는 '$\frac{425,000 \times 358}{100}$ $=1,521,500$명'이 되므로, 경상 지역의 인구가 많다는 것을 알 수 있다.

㉣ 인구 비중의 크기는 인구수에 비례한다. 1904년 경기 지역과 함경 지역의 인구수를 비교해 보면, 경기 지역은 '$\frac{81,000 \times 831}{100}$ $=673,110$명'이며 함경 지역은 '$\frac{69,000 \times 1,087}{100}=750,030$명'이 된다. 따라서 1904년 전체 인구 대비 경기 지역 인구의 비중은 함경 지역 인구의 비중보다 작다.

15 정답 ④

E국과 G국의 인구 크기(원의 면적)은 비슷하나, 국가별 에너지사용량은 G국이 더 많다. 따라서 1인당 에너지사용량도 G국이 E국보다 많다.

① 제시된 〈그림〉을 통해 에너지사용량이 네 번째 많은 국가는 H국이고, 가장 적은 국가는 D국임을 알 수 있다.
② 〈그림〉에서 알 수 있는 내용이다.
③ H국과 B국은 인구 크기(원의 면적)는 비슷하나 국가의 총 GDP는 H국이 더 높다. 따라서 1인당 GDP도 H국이 B국보다 높다.
⑤ GDP 대비 에너지사용량은 원점과 국가를 나타내는 원의 중심을 연결한 직선의 기울기와 같다. 이 기울기는 A국이 B국보다 작다. 따라서 GDP 대비 에너지사용량은 A국이 B국보다 낮다.

16 정답 ①

㉢의 정보를 통해, D는 인천 공장임을 알 수 있다. 제시된 실가동률 공식을 통해 공장별 실가동률을 구하면 다음과 같다.

구분 \ 공장	A	B	C	D
실제 가동시간	300	150	240	300
가능 가동시간	400	200	300	500
실가동률(%)	75	75	80	60

㉡에서 서울과 부산 공장의 실가동률은 같다고 했으므로, A와 B는 서울 또는 부산 공장이 된다. 따라서 남은 C는 광주 공장이 된다.
㉠에서 부산과 광주 공장(C)의 실제 가동시간의 합은 서울과 인천 공장(D)의 실제 가동시간 합보다 작다고 했으므로, B는 부산 공장이 되고 A는 서울 공장이 된다는 것을 알 수 있다.
따라서 공장 A가 위치한 도시는 서울, C가 위치한 도시는 광주가 된다.

17 정답 ②

산업분류별 한 달간 평균판매단가를 구해보면

산업 분류	평균판매단가
농업, 임업 및 어업	66.2
제조업	131.7
전기, 가스, 증기 및 수도 사업	131.3
건설업	161.9
도매 및 소매업	132.7
운수업	120.4

ㄱ. (거짓) 전기를 가장 많이 사용하는 산업은 사용량이 가장 많은 도매 및 소매업(16,476,000kWh)이다.
ㄴ. (거짓) 위의 표를 참고하면 평균판매단가가 가장 높은 산업은 건설업이다.
ㄷ. (참) 건설업의 전기 요금은 161,216,000의 2배는 $161,216,000 \times 2=322,432,000$이므로 운수업의 전기 요금(473,101,000)은 2배 이상이다.
ㄹ. (참) 농업, 임업 및 어업의 평균판매단가 66.2의 3배는 $66.2 \times 3=198.6$이므로 도매 및 소매업의 평균판매단가(132.7)은 3배 이하이다.

따라서 옳은 것은 ㄷ, ㄹ이다.

18 정답 ①

우선 표의 각 빈칸을 채워보면

1차 선택 \ 2차 선택	A사	B사	C사	D사	E사	계
A사	120	17	15	23	10	185
B사	22	89	11	32	14	168
C사	17	11	135	13	12	188
D사	15	34	21	111	21	202
E사	11	18	13	15	200	257
계	185	169	195	194	257	1,000

ㄱ. (참) 1차 선택은 오른쪽 마지막 열의 계를 확인해보면 E사 제품이 257개로 가장 많다. 많은 순서대로 정리하면 E−D−C−A−B이다.
ㄴ. (거짓) 1차와 2차에 걸쳐 동시에 같은 제품을 선택한 숫자는 왼쪽 위부터 오른쪽 아래로 향하는 대각선이므로 많은 순서대로 정리하면 E−C−A−D−B이다.
ㄷ. (거짓) 1차에서 B사 제품을 선택하였으나 2차에서 D사 제품을 선택한 숫자는 32, 1차에서 D사 제품을 선택하고 2차에서 B사 제품을 선택한 숫자는 34이므로 옳지 않다.

따라서 옳은 것은 ㄱ이다.

19 정답 ②

ㄱ. (참) 전체 노인인구는 2003년부터 2033년까지 점차 증가하고 있다.

ㄴ. (참) 2013년 남성 노인 인구의 비율은 $\frac{1,300}{3,395}\times 100 \fallingdotseq 38.2\%$이고, 2003년(10년 전) 남성 노인 인구의 비율 $\frac{822}{2,195}\times 100 \fallingdotseq 37.4\%$이므로 2013년 남성 노인 인구의 비율이 보다 높아졌다.

ㄷ. (거짓) 2018년 노인 인구의 성비는 $\frac{1,760}{2,623}\times 100 \fallingdotseq 67\%$이고, 2008년(10년 전) 노인 인구의 성비는 $\frac{987}{1,670}\times 100 \fallingdotseq 59\%$이므로 2018년 노인 인구의 성비가 보다 높아졌다.

ㄹ. (거짓) 2023년부터 2033년까지 노인 인구의 성비를 구해보면

2023년 노인 인구의 성비 : $\frac{2,213}{3,141}\times 100 \fallingdotseq 70\%$

2028년 노인 인구의 성비 : $\frac{3,403}{4,418}\times 100 \fallingdotseq 77\%$

2033년 노인 인구의 성비 : $\frac{5,333}{6,566}\times 100 \fallingdotseq 81\%$

즉, 2023년부터 2033년까지 노인 인구의 성비는 점차 늘어날 것이다. 따라서 옳은 것은 ㄱ, ㄴ이다.

20 정답 ①

2013년의 고령화지수는 34.3%이고, 2003년(10년 전)의 고령화지수는 20%이므로 2013년의 고령화지수는 10년 전보다 14.3% 증가했다.

② 2018년 노년부양비는 12.6%이고, 이는 경제활동인구(15~64세 인구) $\frac{100}{12.6} \fallingdotseq 7.9$명이 노인 1명을 부양한다.

③ 2028년에 노년부양비는 21.8%이고, 이는 경제활동인구(15~64세 인구) $\frac{100}{21.8} \fallingdotseq 4.6$명이 노인 1명을 부양한다.

④ 2003년의 0~14세 인구 100명당 노인 인구(노령화지수)는 20%이고, 2028년의 0~14세 인구 100명당 노인 인구(노령화지수)는 124.2%이므로 2003년의 6배 이상이다.

⑤ 2008년 노년부양비는 8.3%이고, 2018년 노년부양비는 12.6%, 2028년 노년부양비는 21.8%로 각각 4.3%, 9.2% 증가했다.

21 정답 ④

6명의 팀원 중 2명이 S카드를 소지하고 있으므로 총 4명이 각각 B항공사, D항공사에서 10%, 20% 할인혜택을 받을 수 있다.
각 항공사별로 항공료를 계산해보면

A항공사 : $66,000\times 6=396,000$

B항공사 : $(70,000\times 4\times 0.9)+(70,000\times 2)$
$=252,000+140,000=392,000$

C항공사 : $65,000\times 6=390,000$

D항공사 : $(74,000\times 4\times 0.8)+(74,000\times 2)$
$=236,800+148,000=384,800$

따라서 D항공사를 이용할 때 가장 저렴한 가격인 384,800원에 항공권을 구매할 수 있다.

22 정답 ④

팀원이 6명이므로 원룸과 투룸 한 개씩 2일동안 사용하면 되고, 출장기간 중 식사는 조식 2번, 석식 2번이다. 특히 R호텔의 조식은 4인 신청 시 1명이 무료이므로 5인 가격만 지불하면 된다.
각 호텔별로 숙박비와 식비를 계산해보면

P호텔 : $2\{(30,000\times 6)+(55,000\times 6)+(132,000+250,000)\}$
$=2\times 892,000=1,784,000$

Q호텔 : $2[(35,000\times 6)+(59,000\times 6)+\{(140,000+265,000)\times 0.85\}]=2\times 908,250=1,816,500$

R호텔 : $2\{(38,000\times 5)+(52,000\times 6)+(134,000+249,000)\}$
$=2\times 885,000=1,770,000$

따라서 R호텔을 이용할 때 가장 저렴한 가격인 1,770,000원에 숙박비와 식비를 해결할 수 있다.

23 정답 ⑤

흡연여부에 따라 흡연자는 1,000명, 비흡연자는 10,000명을 대상으로 한 조사에서 폐암 발생은 300명으로 동일하다. 즉, 흡연자는 30%, 비흡연자는 3%의 흡연발생률을 보인다.

ㄱ. (참) 흡연자는 30%, 비흡연자는 3%이므로 10배이다.

ㄴ. (참) 흡연자 100명 중 폐암발생자는 30명이 되며, 비흡연자는 100 중 폐암발생자는 3명이 되므로 둘의 차이는 27명이다.

ㄷ. (참) 주어진 기여율의 정의에 따라 $\frac{(30-3)}{30}\times 100=90\%$이다.

ㄹ. (거짓) 조사 대상 전체 인구는 11,000명이고 이 중 폐암 발생자는 600명, 흡연자는 1,000명이다. 따라서 조사 대상 전체 인구 중 폐암 발생자 비율 $\left(\frac{600}{11,000}\right)$은 조사 대상 전체 인구 중 흡연자 비율 $\left(\frac{1,000}{11,000}\right)$보다 낮다.

따라서 옳은 것은 ㄱ, ㄴ, ㄷ이다.

24 정답 ①

ㄱ. (참) 2022년 여성의 육아휴직 이용률 $\frac{894}{8,565}\times 100 \fallingdotseq 10.4\%$이다.

ㄴ. (참) 2023년 전체 육아휴직 이용률은 $\frac{1,188}{24,941}\times 100 ≒ 4.76\%$ 이고, 2021년 전체 육아휴직 이용률은 $\frac{603}{28,369}\times 100 ≒ 2.12\%$ 이므로 2배 이상이다.

ㄷ. (거짓) 전체 육아휴직 이용인원 중 남성의 비중을 구해보면

2021년 : $\frac{25}{603}\times 100 ≒ 4.14\%$

2022년 : $\frac{50}{944}\times 100 ≒ 5.29\%$

2023년 : $\frac{55}{1,188}\times 100 ≒ 4.62\%$

따라서 2023년도 육아휴직 이용 남성의 비중은 2022년도에 비해 줄어들었다.

ㄹ. (거짓) 남성의 육아휴직 이용률은

2021년 : $\frac{25}{18,620}\times 100 ≒ 0.13\%$

2023년 : $\frac{55}{15,309}\times 100 ≒ 0.35\%$이므로

증가폭은 약 0.22%이다. 여성의 육아휴직 이용률은

2021년 : $\frac{578}{9,749}\times 100 ≒ 5.92\%$

2023년 : $\frac{1,133}{9,632}\times 100 ≒ 11.76\%$이므로

증가폭은 약 5.84%이다. 즉, 여성의 이용률 증가폭이 훨씬 크다.

따라서 옳은 것은 ㄱ, ㄴ이다.

25 정답 ④

육아휴직 인력대체율은 중앙행정기관이 $\frac{155}{412}\times 100 ≒ 37.6\%$이고, 지방자치단체은 $\frac{189}{776}\times 100 ≒ 24.3\%$이므로 중앙행정기관이 더 높다.

① 육아휴직 이용률은 중앙행정기관이 $\frac{412}{14,929}\times 100 ≒ 2.75\%$이고, 지방자치단체 $\frac{776}{10,012}\times 100 ≒ 7.75\%$이므로 중앙행정기관이 낮다.

② 전체 육아휴직 대상 인원 중 중앙행정기관의 비율은 $\frac{14,929}{24,941}\times 100 ≒ 59.8\%$이므로 약 60%이다.

③ 전체 육아휴직 인력대체율은 $\frac{344}{1,188}\times 100 ≒ 28.9\%$이므로 약 30%를 넘지 못한다.

⑤ 전체 육아휴직 이용률은 $\frac{1,188}{24,941}\times 100 ≒ 4.76\%$이므로 약 4.8%이다.

26 정답 ①

〈표2〉의 순위점수합은 현민 : 11점, 지현 : 3+1+1+2+3=10점, 준영 : 1+2+3+1+2=9점이므로 현민이 가장 크다.

② 〈표1〉의 비율점수법 중 중앙3합은
현민 : 19점, 지현 : 7+6+8=21점, 준영 : 5+7+6=18점이므로 이 점수가 가장 큰 지원자는 지현이다. 하지만 ①번과 같이 순위점수합이 가장 큰 지원자는 현민이다.

③ 〈표1〉의 비율점수법 중 전체합은
현민 : 28점, 지현 : 9+7+6+3+8=33점,
준영 : 5+6+7+2+6=28점이므로 지현 1등, 현민, 준영이 공동 2등이지만 중앙3합은 ②번 해설과 같이 지현 1등, 현민 2등, 준영 3등이므로 등수가 같지 않다.

④ 위 ②번 해설과 같이 비율점수법 중 전체합이 가장 큰 지원자는 지현이다.

⑤ 위 ②번 해설과 같이 비율점수법 중 중앙3합의 등수는 지현 1등, 현민 2등, 준영 3등이다.

27 정답 ①

ㄱ. 집단 A와 집단 B의 소득을 비교할 경우 주어진 〈그림〉에서 가로축의 소득을 보면 된다. 가장 왼쪽의 점부터 하나씩 비교하여 봤을 때 집단 A의 점들이 집단 B의 점보다 모두 소득이 적기 때문에 집단 A의 평균소득은 집단 B의 평균소득보다 적게 된다.

ㄴ. 집단 B와 집단 C의 '가'정당 지지도를 비교할 경우 〈그림〉에서 '가' 정당 지지도는 세로축을 살펴보면 된다. 가장 아래쪽의 점부터 비교할 때 집단 B의 점들이 집단 C의 점들보다 모두 '가'정당 지지도가 높기 때문에 집단 B의 지지도의 평균이 집단 C의 지지도의 평균보다 높게 된다.

ㄷ. 반례를 찾아보는 것이 좋다. 집단 A에서 가장 오른쪽 점은 집단 C에서 가장 왼쪽 점에 비해 소득과 '가'정당 지지도가 모두 높다. 따라서 소득이 많은 유권자일수록 '가'정당 지지도가 낮다고 볼 수 없다.

ㄹ. 평균소득이 많은 집단을 순서대로 나열하면 C – B – A가 되며, '가'정당 지지도의 평균이 높은 집단을 순서대로 나열하면 A – B – C가 되어 평균소득이 많은 집단은 오히려 '가'정당의 평균 지지도가 낮음을 알 수 있다.

28 정답 ④

ㄴ. '나', '다', '마' 지역만 확인하면 된다. 대체에너지 설비투자 비율은 B/A × 100이므로 '나' 지역은 67,800/12851=5.28, '다' 지역은 52,500/10,127=5.18, '마' 지역은 108,000/20,100

=5.37이 되어 모든 지역에서 5% 이상을 보인다.

ㄹ. 대체에너지 설비투자액 중 태양광 설비투자액의 비율이 가장 높은 지역은 '다' 지역으로 약 57%의 비율을 보이는데, 이 지역은 대체에너지 설비투자 비율이 약 5.18로 가장 낮다.

ㄱ. 건축 건수 1건당 건축공사비는 건축공사비(A)/건축건수로 구할 수 있다.
'가' 지역은 8,409/12=700.75, '나' 지역은 12,851/14=918, '다' 지역은 10,127/15=675, '라' 지역은 11,000/17=647, '마' 지역은 20,100/21=957이므로 가장 많은 곳은 '마' 지역이다.

ㄷ. '라' 지역에서 태양광 설비투자액이 210억 원으로 줄어들 경우 대체에너지 설비투자액의 합은 510억 원으로 줄게 되고, 대체에너지 설비투자 비율(B/A×100)은 약 4.64가 되어 5% 미만이 된다.

29 정답 ③

ㄱ. 경지면적은 가구당 면적에 가구 수를 곱한(가구당 면적×가구 수) 값이다. C 마을의 경지면적은 1.95×58=113.1ha이고, D 마을은 2.61×23=60.03ha, E 마을은 2.75×16=44가 되어 C 마을의 경지면적이 D와 E 마을의 경지면적 합(104.03)보다 크다.

ㄹ. 젖소 1마리당 경지면적은 D 마을이 약 5ha(60.03/12), E 마을이 약 5.5ha(44/8)가 되며, 돼지 1마리당 경지면적은 D 마을이 약 1.03ha(60.03/46), E 마을이 2.2ha(44/20)가 되어 D 마을이 E 마을보다 모두 좁다.

ㄴ. 가구당 주민 수가 가장 많은 마을은 A 마을(5.09)이 되며, A 마을의 가구당 돼지 수는 1.68마리로 가장 많지 않다.(가구당 돼지 수가 가장 많은 마을은 D 마을이다. D 마을의 가구당 주민 수는 4.82이다.)

ㄷ. A 마을의 젖소 수가 80% 감소한다면 18마리로 줄어드는 것인데, 이럴 경우 전체 젖소의 수는 78마리가 되며 이는 전체 돼지 수인 769마리의 10% 이상이 된다.

30 정답 ②

① a의 경우는 김 요원에 2개 있으므로 총 166회 입력하였다.

② c의 경우는 김 요원에 2개, 윤 요원에 1개 있으므로
총 2×83+1×430=596회 입력하였다.

③ e의 경우는 김 요원에 1개, 전 요원에 1개 있으므로
총 1×83+1×430=446회 입력하였다.

④ f의 경우는 박 요원에 1개, 윤 요원에 1개 있으므로
총 1×503+1×430=933회 입력하였다.

⑤ s의 경우는 전 요원이 1개, 성 요원이 1개 있으므로
총 1×363+1×165=528회 입력하였다.

따라서 두 번째로 많이 입력한 알파벳 문자는 c가 된다.

31 정답 ④

조건에 제시된 내용에 따라 표를 작성하면 다음과 같다.

광고 모델	1년 계약금	1회당 광고효과	1년 광고비	1년 광고횟수	총 광고효과
A	1,000	200	2,000	$\frac{2,000}{20}=100$	20,000
B	600	160	2,400	$\frac{2,400}{20}=120$	19,200
C	700	170	2,300	$\frac{2,300}{20}=115$	19,550
D	800	190	2,200	$\frac{2,200}{20}=110$	20,900
E	1,200	220	1,800	$\frac{1,800}{20}=90$	19,800

총 광고효과가 가장 높은 사람이 광고모델로 선발되므로 최종 발탁되는 사람은 'D'이다.

32 정답 ②

서울에서 B의 질소산화물 배출량은 5천 톤/년이고, A의 질소산화물 배출량은 10천 톤/년이므로 A의 질소산화물 배출량은 B의 2배이다.

① 전국에서 탄화수소 배출량이 가장 많은 차종은 D(54천 톤/년)이다.

③ 전국에서 입자상물질 배출량이 가장 많은 차종은 D(59천 톤/년)이다.

④ 전국과 서울 모두에서 일산화탄소를 가장 적게 배출하는 차종은 각각 B(100천 톤/년), C(27천 톤/년)이다.

⑤ 전국에서 차종 중 배출량이 가장 많은 것은 D(1,627천 톤/년)이다.

33 정답 ③

F는 A보다 늦게 내렸고 D보다는 빨리 내렸으므로, 내린 순서는 'A – F – D'이다.
E는 B보다 한 층 더 가서 내렸고 D보다는 세 층 전에 내렸으므로, 'B – E – ( ) – ( ) – D'가 된다.
D가 마지막 7층에서 내린 것이 아니므로, C가 7층에 내린 것이 된다. 이를 종합하면, 2층부터 내린 순서는
'B(2층) – E(3층) – A(4층) – F(5층) – D(6층) – C(7층)'이 된다.
따라서 홀수 층에서 내린 사람은 'E(3층), F(5층), C(7층)'가 된다.

34 정답 ④

ㄱ. 기권(투표)에 대한 예측적중률은 기권(투표)할 것으로 예측된 사람들 중 실제 기권(투표)한 사람의 비율이므로 기권에 대한 예측적중률은 $\frac{150}{200}\times 100=75(\%)$, 투표에 대한 예측적중률은 $\frac{750}{800}\times 100=87.5(\%)$이므로 투표에 대한 예측적중률이 기권에 대한 예측적중률보다 더 높다.

ㄷ. 예측된 투표율은 $\frac{800}{1,000}\times 100=80(\%)$ 실제 투표율은 $\frac{750}{1,000}\times 100=75(\%)$이므로 예측된 투표율보다 실제 투표율이 더 낮다.

ㄹ. 기권할 것으로 예측된 사람들 중 투표한 사람은 50명, 투표할 것으로 예측된 사람들 중 기권한 사람은 100명으로 예측된 대로 행동하지 않은 사람은 150명이다.

35 정답 ②

㉠ 1차 투표 : 각각 그룹의 1순위자에게 투표하므로 결과는 다음과 같다.

- A : 7표
- B : 9표
- C : 10표
- D : 4표

따라서 1차 투표에서는 B와 C가 당선된다.

㉡ 2차 투표 : B와 C에게 투표한 2차 투표 결과를 정리하면 다음과 같다.

- 1번~7번(7명) : 3순위인 B에게 7표 투표
- 8번~16번(9명) : 1순위인 B에게 9표 투표
- 17번~22번(6명) : 1순위인 C에게 6표 투표
- 23번~26번(4명) : 1순위인 C에게 4표 투표
- 27번~28번(2명) : 3순위인 B에게 2표 투표
- 29번~30번(2명) : 2순위인 C에게 2표 투표

따라서 B는 18표, C는 12표를 얻어 B가 당선된다.

36 정답 ④

제시된 표에서 어학 우수자는 A와 E이다. 어학 우수자를 최소한 한 명은 선발해야 하므로

(i) A와 E 중 A만 선발하는 경우
E의 학업성적이 더 우수하므로 ㉦과 충돌한다.

(ii) A와 E 중 E만 선발하는 경우
E와 학업성적이 같은 D를 같이 선발하는 경우 ㉤에 의해 B를 선발해야 하고, ㉥에 의해 F를 같이 선발해야 하므로 ㉡과 충돌한다. 따라서 E 한 명만 선발하는 경우가 가능하다.

(iii) A와 E 모두 선발하는 경우
D의 학업성적이 A보다 우수하므로 ㉦에 의해 D를 선발해야 한다. 그렇게 되면 (ii)와 같이 ㉡과 충돌한다.

따라서 E만 선발될 수 있다.

37 정답 ④

- 보기의 첫 번째 내용에서 모든 국가가 같은 값을 가진다(같은 입장이다)고 했으므로 ㉠은 '1'이 된다.
- 보기의 두 번째 내용에서 요르단과 시리아의 입장이 같으므로, ㉣은 '0'이 된다.
- 보기의 세 번째 내용에서 e, f, h만을 고려하면 모든 국가의 입장이 다르다고 했으므로, 시리아의 ㉤은 '0'이 되어야 위의 국가(요르단)의 입장과 다르게 된다. 또한 이집트의 입장도 아래의 두 국가(팔레스타인, 요르단)의 입장과 모두 다르므로, ㉡은 '1', ㉢은 '0'이 될 수밖에 없다.

38 정답 ①

- ㉤을 통해 금요일과 토요일에는 시험을 보지 않는다는 것을 알 수 있다.
- 토요일에 시험을 보지 않는다는 사실과 ㉠의 대우명제(토요일에 시험을 보지 않으면 목요일에도 시험을 보지 않는다)를 통해 목요일에도 시험을 보지 않음을 알 수 있다.
- 목요일과 금요일에 시험을 보지 않는다는 사실과 ㉣의 대우명제(목요일과 금요일에 시험을 보지 않으면 화요일에 시험을 보지 않는다)를 통해 화요일에도 시험을 보지 않음을 알 수 있다.
- 화요일과 목요일에 시험을 보지 않는다는 사실과 ㉡의 대우명제(화요일과 목요일에 시험을 보지 않으면 월요일에 시험을 볼 것이다)를 통해 월요일에 시험을 본다는 사실을 알 수 있다.
- 월요일에 시험을 본다는 사실과 ㉢을 통해 수요일에는 시험을 보지 않는다는 사실을 알 수 있다.

따라서 시험을 보게 될 요일은 월요일뿐이다.

39 정답 ②

ㄱ. 귀족 남자의 평균 혼인기간은 30년으로 왕족 남자의 평균 혼인기간 23년 보다 길다. (혼인기간=사망연령－혼인연령)

ㄴ. 귀족의 평균 혼인연령은 남자는 15세로 왕족의 남자 혼인연령 19세보다 낮으며, 여자는 20세로 왕족의 여자 혼인연령 15세 보다 높다.

ㄷ. 귀족의 평균 자녀수는 $\frac{(80\times 5)+(120\times 6)}{80+120}=5.6$(명) 이다.

ㄹ. 평균 사망연령의 남녀 간 차이는 승려는 2년, 귀족은 11년이다.

40 정답 ②

E가 참여하지 못하므로, 조건2에 의해 D는 반드시 참석해야 한다. D가 참석한다면 조건3에 의해 C도 참석해야 한다. 조건4에 의해 B가 참석하지 않는 경우 F도 참석할 수 없으므로, 이 경우 최대 참석

정답 해설

자는 3명(A, C, D)이 되어 문제의 조건에 맞지 않는다. 따라서 B가 참석해야 한다. B가 참석하는 경우 조건1에 의해 A는 참석할 수 없다. 문제에서 4명으로 팀을 꾸밀 수 있는 경우를 묻고 있으므로 F도 참석해야 한다. 따라서 위의 조건을 모두 만족하면서 4명으로 팀을 구성할 수 있는 것은 'B, C, D, F'가 참석하는 한 가지 경우뿐이다.

41 정답 ②

조건1, 조건2를 B시를 매개로 논리적으로 연결하면 'A시가 탈락하면 C시는 탈락한다.'라는 조건을 도출할 수 있다. 그리고 이를 조건4라고 할 때, 적용될 수 있는 조건을 정리하면 다음과 같다.

㉠ (조건1) A시가 탈락하면 B시가 선정된다. – B시가 탈락하면 A시가 선정된다.

㉡ (조건2) B시가 선정되면 C시는 탈락한다. – C시가 선정되면 B시가 탈락한다.

㉢ (조건4) A시가 탈락하면 C시는 탈락한다. – C시가 선정되면 A시가 선정된다.

㉠~㉢에서 A시가 선정될 수 있는 조합을 찾으면 'C시가 산정되면 A시가 선정되며, B시는 탈락한다.'이다. 그 중 A시만 선정될 수 있게 하는 것을 고르면 'A시나 C시 중 하나가 선정된다.'이다.

42 정답 ③

B안과 C안이 같이 채택된다고 가정하면, 우선 '조건3'에 의해 D안도 채택되며, 다시 '조건2'에 의해 B안은 폐기되어야 한다. 그런데 이는 B안이 채택된다고 한 가정이 모순된다. 따라서 옳지 않다.

① '조건3'에 의해 A안과 B안이 동시에 채택되면 D안도 같이 채택되어야 한다.

② '조건1'에 따라 A안을 채택하고 B안을 폐기한다면 C안은 채택할 수 있다. 또한 이 경우 '조건2'와 '조건3'도 모순되지 않는다. 따라서 A안이 채택되고 C안도 같이 채택될 수 있다.

④ A안, B안이 모두 폐기되고 D안이 채택되는 경우는 위의 어떤 조건과도 모순되지 않고 성립될 수 있다.

43 정답 ①

ㄱ. (참) 전국 실업률은 경제 활동 인구수의 증가와 실업자 수의 변화를 살펴보면 2015년보다 2023년이 높다.

ㄴ. (참) 2023년 농가의 인구 감소폭도 매우 크고, 취업률도 낮아졌으므로 취업자 수가 적어졌음을 알 수 있다.

ㄷ. (거짓) 2023년 경제활동참가율은 전국은 $\frac{27,336}{43,863} \times 100 \fallingdotseq 62.3\%$ 이고, 농가는 $\frac{2,150}{2,872} \times 100 \fallingdotseq 74.8\%$이므로 농가의 경제활동참가율이 더 높다.

ㄹ. (거짓) 취업자 수의 증가율은 $\frac{(26,421-24,168)}{26,421} \times 100 \fallingdotseq 8.5\%$ 이고, 만 15세 이상 인구의 증가율은 $\frac{(43,863-38,778)}{43,863} \times 100 \fallingdotseq 11.5\%$이므로 취업자 수의 증가율이 더 낮다.

따라서 옳은 것은 ㄱ, ㄴ이다.

44 정답 ①

ㄱ. (참) 서울의 종합병원 비율은 $\frac{42}{8,392} \times 100 \fallingdotseq 0.5\%$이고, 부산의 종합병원 비율은 $\frac{25}{2,592} \times 100 \fallingdotseq 0.9\%$이므로 부산이 더 높다.

ㄴ. (거짓) 대구의 요양기관 중 병원의 비율은 $\frac{175}{1,861} \times 100 \fallingdotseq 9.4\%$ 이므로 10%미만이다.

ㄷ. (거짓) 지역별 요양기관 중 의원의 비율을 구해보면 서울의 의원 비율은 $\frac{8,004}{8,392} \times 100 \fallingdotseq 95.3\%$

부산의 의원 비율은 $\frac{2,227}{2,592} \times 100 \fallingdotseq 85.9\%$

대구의 의원 비율은 $\frac{1,674}{1,861} \times 100 \fallingdotseq 89.9\%$

인천의 의원 비율은 $\frac{1,477}{1,621} \times 100 \fallingdotseq 91.1\%$

비율이 가장 높은 지역은 서울이다.

따라서 옳은 것은 ㄱ이다.

45 정답 ③

ㄱ. (참) 2018년의 노년부양비를 구해보면

노년부양비 = (노년인구/생산가능인구) × 100

$= \frac{5,354,200}{35,852,347} \times 100 \fallingdotseq 14.9\%$이므로 약 15%이다.

ㄴ. (거짓) 2000년부터 2024년 사이에 총인구는 증가하고 있지만 유소년 인구는 계속 감소하고 있으므로 유소년 인구의 구성비 또한 감소할 것이다. 또한 생산가능인구 구성비는 2022년 $\frac{36,367,430}{50,724,180} \times 100 \fallingdotseq 71.7\%$, 2024년 $\frac{37,495,586}{51,862,489} \times 100 \fallingdotseq 72.3\%$로 증가하고 있음을 알 수 있다.

ㄷ. (참) 2000년 노년인구의 구성비는 $\frac{2,345,856}{43,747,962} \times 100 \fallingdotseq 5.4\%$ 이고, 2024년 노년인구의 구성비는 14.7%이므로 14.7−5.4 =9.3% 증가한 것으로 추정된다.

ㄹ. (거짓) 2000년 이래 유소년부양비는 감소하고, 노년부양비는 증가하고 있는 추세이다. 그러나 총부양비는 유년부양비와 노년부양비를 합한 것이므로, 이후 계속 감소할 것이라고 보기 어렵다.

따라서 옳지 않은 것은 ㄴ, ㄹ이다.

46 정답 ②

주어진 표에서 A, B, C를 각각 계산해보면

A(노년인구 구성비)$=\frac{5,354,200}{49,219,537}\times100\fallingdotseq10.9\%$

C(유소년부양비)$=\frac{8,012,990}{35,852,347}\times100\fallingdotseq22.3\%$

B(총부양비)$=22.3+14.9=37.2\%$

$\therefore$ $A+B+C=70.4\%$

47 정답 ②

ㄱ에서 강수 집중도에 대한 설명이 나와 있지만 그림에는 국가별 여름철 강수량과 연간 강수량이 정확하게 나와 있지 않으므로 강수 집중도를 직접 구할 수는 없다. 그러나 축이 여름철 강수량과 연간 강수량으로 되어 있으므로, 원점에서 각국까지 이은 직선의 기울기가 $\frac{\text{연간 강수량}}{\text{여름철 강수량}}$의 비율, 즉 여름철 강수 집중도의 역수임을 알 수 있다. 따라서 원점에서 이은 직선의 기울기가 작은 국가일수록 여름철 강수 집중도가 커지게 된다. (라)와 (마)는 (가)와 (나)보다 강수 집중도가 2배 이상이므로 D 또는 E가 나와야 하고 (가)와 (나)는 A 또는 C가 되어야 한다.

ㄴ에서 (가)국과 (나)국은 A 또는 C가 되어야 하므로 이 둘을 비교해보면 연간 강수량이 더 많은 (가)국은 C가 되고 (나)국은 A가 된다.

ㄷ에서 (라)국과 (마)국은 D 또는 E가 되어야 하므로 연간 강수량이 많은 (라)국은 E가 되고 (마)국은 D가 된다.

ㄹ에서 A가 (나)국이므로 이에 비해 연간 강수량은 적지만 여름철 강수량이 많은 국가는 B와 D이다. D는 (마)국이므로 B는 (다)국이 된다.

따라서 B는 (다)국, D는 (마)국이다.

48 정답 ④

4개 도시의 수거비율을 구해보면

A시 : $\frac{50}{120}\times100\fallingdotseq41.7\%$

B시 : $\frac{75}{150}\times100=50\%$

C시 : $\frac{150}{200}\times100=75\%$

D시 : $\frac{300}{350}\times100\fallingdotseq85.7\%$

수거 비율이 두 번째로 높은 도시는 C시로 주당 수거빈도는 주 2회이다. 따라서 보기 중 옳은 설명은 ④이다.

① 수거비율이 가장 낮은 도시는 A시이고, 수거 인력이 가장 적은 도시는 B시이다.

② 수거비율이 A시보다 높은 B시의 총수거비용이 더 적다.

③ D시의 수거 인력당 수거 가구수가 가장 높지만, 톤당 수거비용은 두 번째로 많다.

49 정답 ①

ㄱ. (참) 2023년 가입률은 $\frac{5,439,436}{10,879,260}\times100\fallingdotseq49.9\%$이므로 약 50.0%이다.

ㄴ. (거짓) 2023년에 가입한 남성 중 30대 가입률이 61.1%로 가장 높다.

ㄷ. (참) 2023년 가입률은 20대 여자가 50.9%, 30대 여자가 54.0%로 보다 30대 여자가 더 높다.

ㄹ. (거짓) 전체 가입 근로자는 2023년이 전년에 비해 $5,810,244-5,344,438=465,806$명 늘어났다.

따라서 옳은 것은 ㄱ, ㄷ이다.

50 정답 ②

60대 이상 여성 가입대상 근로자를 y, 남성 가입대상 근로자를 x라 하면 60대 이상 가입대상 근로자의 남자 : 여자의 성비가 2 : 3이므로

$2y=3x$, $y=1.5x$ … ㉠

60대 이상 남성의 가입률이 29.6%, 여성의 가입률이 31%이고 가입 근로자의 수가 361,270명이므로

$0.296x+0.310y=361270$ … ㉡

㉠식을 ㉡식에 대입하면

$0.296x+0.465x=361270$, $0.761x=361270$, $x=474731$

구하고자 하는 값은 $0.296x$이므로 $474731\times0.296=140520$이다. 따라서 퇴직연금에 가입한 60대 이상 남성 근로자의 수는 140,520명이다.

04 자원관리능력, 정보능력, 조직이해능력

01 ④	02 ①	03 ③	04 ③	05 ②	06 ②	07 ③	08 ②	09 ③	10 ①
11 ④	12 ①	13 ④	14 ②	15 ③	16 ④	17 ①	18 ②	19 ①	20 ②
21 ④	22 ③	23 ②	24 ①	25 ③	26 ③	27 ④	28 ③	29 ②	30 ②
31 ①	32 ③	33 ④	34 ②	35 ①	36 ④	37 ③	38 ④	39 ③	40 ①
41 ①	42 ②	43 ②	44 ②	45 ②	46 ①	47 ④	48 ④	49 ②	50 ①

01 정답 ④

㉡ 〈표 1〉의 환율을 토대로 〈표 2〉의 A~D국 판매단위별 음식가격을 원화로 표시하면 다음 '( )'와 같다.

국가 \ 판매단위 \ 음식	햄버거	피자	치킨	삼겹살
	1개	1조각	1마리	1인분
A	5a (6,000원)	2a (2,400원)	15a (18,000원)	8a (9,600원)
B	6b (12,000원)	1b (2,000원)	9b (18,000원)	3b (6,000원)
C	40c (8,000원)	30c (6,000원)	120c (24,000원)	30c (6,000원)
D	10d (10,000원)	3d (3,000원)	20d (20,000원)	9d (9,000원)

따라서 B국에서 치킨 1마리 가격은 18,000원이고 햄버거 1개의 가격은 12,000원이므로, 치킨 2마리의 가격은 햄버거 3개의 가격과 같다.

㉣ A국의 햄버거 1개 가격과 C국의 삼겹살 1인분의 가격은 6,000원으로 같다.

㉠ 24,000원으로 구매할 수 있는 피자 조각은 A국이 10조각, B국이 12조각, C국이 4조각, D국이 8조각이다. 따라서 가장 많은 피자 조각을 구매할 수 있는 국가는 B국이다.

㉢ C국의 삼겹살 8인분 가격은 48,000원이고 치킨 2마리의 가격도 48,000원이므로, 비용이 서로 동일하다.

02 정답 ①

D국의 원화 환율이 1,000원/d일 때 치킨 1마리의 가격은 원화로 20,000원이므로, 500,000원으로 구매할 수 있는 치킨은 25마리이다. 원화 환율이 1,250원/d로 상승하는 경우, 치킨 1마리의 원화 가격은 '$20d \times \frac{1,250}{d} = 25,000$원'이 된다. 따라서 원화 환율의 상승에 따라 500,000원으로 구매할 수 있는 치킨 마리 수는 20마리로 감소하며, 감소율은 '$\frac{5}{25} \times 100 = 20\%$'가 된다.

03 정답 ③

㉡ 연도별 5개 자연재해 피해금액 순위를 볼 때, 태풍은 2017년과 2022년에 가장 크며, 대설은 2014년과 2015년에 가장 크다. 따라서 ㉡은 옳다.

㉢ 2023년의 호우 피해금액이 5개 자연재해 유형 전체 피해금액에서 차지하는 비율은 '$\frac{1,581}{1,720} \times 100 \fallingdotseq 91.9\%$'가 된다. 따라서 90% 이상이다.

㉠ 5개 자연재해 유형 중피해금액이 매년 10억원 보다 큰 유형은 호우와 대설 2개이다.

㉣ 2014년부터 10년간 강풍 피해금액 합계는 '652억 원'이며, 풍랑 피해금액 합계는 '702억 원'이다. 따라서 풍랑 피해금액 합계가 더 크다.

04 정답 ③

A, B, C, D, E기업의 기본생산능력을 각각 a, b, c, d, e라 하면 〈정보〉와 〈표〉를 통해 다음과 같은 사실이 성립한다.

- $a = 20,000$
- $c = e$
- $b + c = 23,000$
- $(b + d) \times 0.5 = 17,000$
- $(c + 1.2e) = 22,000$

이를 풀면 '$b = 13,000$, $c = e = 10,000$, $d = 21,000$'이 된다. 따라서 기본생산능력이 가장 큰 세 기업을 큰 순서대로 나열하면, 'd, a, b'가 된다.

05 정답 ②

㉠ 각 평가항목의 가중치가 모두 같으므로, 평가점수의 총점은 각 평가항목 점수의 평균과 같다. 따라서 A시설의 경우 평가점수의 총점은 91점이므로, 관리 정원을 감축하지 않아도 된다.

㉢ C시설의 평가점수 총점은 67점이므로, 평가 등급이 4등급인 시설이 된다.

㉡ B시설의 평가점수의 총점은 79점이므로 3등급에 해당하여 관리 정원의 10%를 감축해야 한다.

㉣ D시설의 평가 점수 총점은 70점이므로 3등급에 해당한다. 따라서 관리 정원을 10% 감축해야 하나, 정부의 재정지원은 받을 수 있다.

06 정답 ②

평가점수의 총점은 각 평가항목 점수와 해당 평가항목별 가중치를 곱한 것을 합산하여 구한다고 했으므로, 가중치 변경에 따른 B시설과 D시설의 평가점수 총합을 구하면 다음과 같다.

- B시설 : $(90 \times 0.3) + (70 \times 0.2) + (70 \times 0.1) + (70 \times 0.2) + (95 \times 0.2) = 81$점
- D시설 : $(90 \times 0.3) + (55 \times 0.2) + (80 \times 0.1) + (60 \times 0.2) + (65 \times 0.2) = 71$점

따라서 B시설은 2등급, D시설은 3등급에 해당하므로, B시설은 관리 정원의 5%를 감축해야 하고, D시설은 관리 정원의 10%를 감축해야 한다.

07 정답 ③

가로와 세로가 각각 100m인 정사각형 땅의 넓이는 10,000m^2이다. 이 정사각형 땅에 내접하는 원을 그리면 아래와 같다.

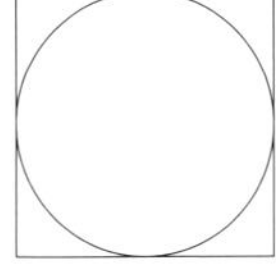

여기의 원에 다시 내접하는 정사각형을 그리면 다음과 같다.

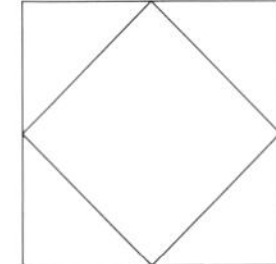

큰 정사각형의 네 선분을 이등분하는 직선을 연결하면 다음과 같다.

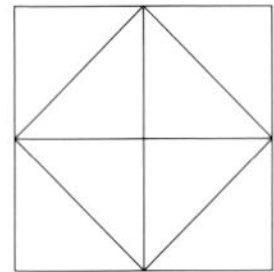

따라서 원에 내접하는 정사각형(마름모 모양)의 땅과 나머지 땅의 크기는 같으며, 그 크기는 큰 정사각형의 절반인 5,000m^2가 된다.

08 정답 ②

㉠ B 정책은 다른 어떠한 정책과 함께 상정되어도 항상 채택된다. 즉, B와 A가 상정되는 경우 갑과 병이 선택하여 채택되며, B와 C가 상정되는 경우 을과 병이 선택하여 채택되며, B와 D가 상정되는 경우 갑, 을, 병 모두 B를 선택하여 채택된다.

㉢ C 정책은 A 정책과 상정되거나 D 정책과 상정되는 경우 채택되므로, 모두 2가지가 된다.

㉡ A 정책과 C 정책이 상정되는 경우, 갑은 C 정책을 선택하고 을은 A 정책을, 병은 C 정책을 선택하므로, C 정책이 채택된다.

㉣ D 정책은 어떠한 경우도 채택되지 못하므로, 옳지 않은 설명이다.

09 정답 ③

전년대비 연구개발비 증가액은 201년이 3,955(십억 원), 2022년 3,197(십억 원), 2023년 3,431(십억 원), 2024년 5,926(십억 원)이다. 따라서 전년대비 연구개발비 증가액이 가장 작은 해는 2022년이다.

① 연구개발비의 공공부담 비중은 2023년까지 매년 증가하다가 2024년에 감소하였다.

② 전년도 대비 인구 만 명당 연구개발비 증가액이 가장 많은 해는 798(백만 원)이 증가한 2021년이다.

④ 연구개발비의 전년대비 증가율이 가장 작은 해는 2023년이다. 연구개발비의 민간부담 비중이 가장 큰 해는 연구개발비 공공부담 비중이 가장 작은 해이므로, 2020년이 된다. 따라서 연구개발비의 전년대비 증가율이 가장 작은 해와 연구개발비의 민간부담 비중이 가장 큰 해는 다르다.

10 정답 ①

2024년 대인관계상담의 30%는 상반기에, 70%는 하반기에 실시되었다고 했으므로, 전체 대인관계상담건수 250건의 70%인 175건은 하반기에 실시되었다는 것을 알 수 있다. 일반상담가에 의한 대인관계상담건수는 모두 160건인데, 이 중 60%가 하반기에 실시되었다고 했으므로, 하반기에 실시된 일반상담가에 의한 대인관계상담건수는 96건이 된다. 따라서 하반기 전문상담가에 의한 대인관계상담건수는 '175－96＝79건'이 된다.

11 정답 ④

C : 자원봉사자들이 직접 만든 공예품을 5년째 판매하는 비영리법인

의 경우, 사업상 독립적으로 재화(공예품)를 공급하는 법인이므로 사업자에 해당하며, 계속성 · 반복성이 있고, 다른 사업자에게 고용 · 종속되지 않아 독립성도 가지고 있다. 따라서 C는 사업자등록을 하여야 한다.

D : 자신이 개발한 발명품을 10년 동안 직접 판매하면서 생활비를 벌고 있는 사람의 경우, 독립적으로 재화를 공급하는 사업자이며, 계속성 · 반복성이 있다. 또한 자기가 개발한 것을 직접 판매한다는 점에서 독립성도 가진다. 따라서 사업자등록을 해야 한다.

A : 스마트폰 1대를 매매하려고 한 것이므로, 계속성 · 반복성을 가지지 못해 사업자등록을 하지 않아도 된다.

B : 대형 식품업체의 영업사원으로 고용된 상태이므로, 독립성을 가지지 못해 사업자등록이 필요하지 않다.

12 정답 ①

2023년 전체 에너지 효율화 시장규모에서 사무시설 유형이 차지하는 비중은 '$\frac{21.7}{78.5} \times 100 \fallingdotseq 27.6\%$'이므로, 30% 이하가 된다.

② 2018년 대비 2019년 주거시설 유형의 에너지 효율화 시장규모 증가율은 '$\frac{(6.4-5.7)}{5.7} \times 100 \fallingdotseq 12.3\%$'이며, 2019년 대비 2020년 주거시설 유형의 에너지 효율화 시장규모 증가율은 '$\frac{(7.2-6.4)}{6.4} \times 100 = 12.5\%$'가 된다. 따라서 2018~2020년 동안 '주거시설' 유형의 에너지 효율화 시장규모는 매년 13% 이하로 증가하였다.

③ 2019년 산업시설 유형의 에너지 효율화 시장규모(23.9억 달러)는 전체 에너지 효율화 시장규모(46.0억 달러)의 50% 이상이 된다.

④ 2024~2027년의 공공시설 유형의 에너지 효율화 시장규모를 알 수 없기 때문에, 매년 25% 이상 증가할 것인지 알 수 없다.

13 정답 ④

2018년 대비 2028년 에너지 효율화 시장규모의 증가율을 시설유형별로 구하면 다음과 같다.

- 사무시설 : $\frac{(41.0-11.3)}{11.3} \times 100 \fallingdotseq 262.8\%$
- 산업시설 : $\frac{(82.4-20.8)}{20.8} \times 100 \fallingdotseq 296.2\%$
- 주거시설 : $\frac{(18.0-5.7)}{5.7} \times 100 \fallingdotseq 215.8\%$
- 공공시설 : $\frac{(10.0-2.5)}{2.5} \times 100 \fallingdotseq 300\%$

따라서 가장 높은 증가율을 보일 것으로 전망되는 시설유형은 '공공시설'이며, 가장 낮은 증가율을 보일 것으로 전망되는 시설유형은 '주거시설'이다.

14 정답 ②

신고자별 학교폭력 신고 건수는 전체 신고 건수에 전체 신고에서 신고자가 차지하는 비율을 곱한 값이 된다. 따라서 학부모의 학교폭력 신고 건수는 1월에 '600 × 0.55 = 330건'이며, 2월에 대략 '510건', 3월에 대략 '991건', 4월에 대략 '1,145건'이므로, 매월 증가하고 있다. 따라서 ②는 옳지 않다.

① 학교폭력 신고 건수는 신고자 유형별 비율에 비례한다. 1월 학부모가 학교폭력 신고자 유형에서 차지하는 비율은 55%이고 학생 본인이 차지하는 비율은 28%이므로, 학부모의 학교폭력 신고 건수는 학생 본인의 학교폭력 신고 건수의 2배 이하가 된다. 실제 1월의 신고 건수를 각각 구해보면, 학부모의 신고 건수는 '600 × 0.55 = 330건'이고, 학생 본인의 신고 건수는 '600 × 0.28 = 168건'이므로, 전자는 후자의 2배 이하가 된다는 것을 알 수 있다.

③ 전월대비 학교폭력 신고 건수 증가율은 3월 달이 '$\frac{(2,400-1,100)}{1,100} \times 100 \fallingdotseq 118.2\%$'로 가장 높다. 전월대비 증가율을 구하지 않더라도 월별 신고 건수의 비교를 통해 3월이 가장 높다는 사실을 알 수 있다.

④ 학생 본인의 학교폭력 신고 건수는 1월이 '168건'이고 4월이 '2,124건'이므로, 1월이 4월의 10% 이하가 된다.

15 정답 ③

주철 수도관의 '시설노후' 파손 건수는 '176건'이며, 주철 수도관의 총 파손 건수는 '566건'이므로, '시설노후' 파손 건수가 총 파손 건수에서 차지하는 비율은 '$\frac{176}{566} \times 100 \fallingdotseq 31.1\%$'가 된다. 따라서 그 비율은 30% 이상이다.

① 파손 건수가 50건 이상인 파손원인은 A주철 수도관이 3가지(시설노후, 수격압, 외부충격)이고, B주철 수도관이 2가지(시설노후, 수격압)이다.

② 주철 수도관의 파손원인별 총 파손 건수(566건)에서, '자연재해'에 의한 파손 건수가 '2건'으로 가장 적다.

④ A주철 수도관의 '보수과정 실수' 파손 건수는 '43건'이고, A주철 수도관의 총 파손 건수는 '334건'이므로, '보수과정 실수' 파손 건수가 A주철 수도관의 총 파손 건수에서 차지하는 비율은 10% 이상이 된다.

16 정답 ④

㉡ L/C점수평균이 낮을수록 보수적 성향이 강하다고 했는데, 이 점수평균은 B당 의원들이 A당 의원들보다 낮으므로 B당이 더 보수적 성향을 나타낸다고 할 수 있다.

㉣ 〈표〉에서 A당과 B당 모두 시장개방에 반대하는 의원들보다 찬성하는 의원들의 L/C점수평균이 높다는 것을 알 수 있다.

㉠ A당 의원들은 시장개방에 찬성하는 의원수가 더 많고, B당은 시장개방에 반대하는 의원수가 더 많다. 따라서 A당 의원들은 B당 의원들에 비해 시장개방에 찬성하는 비율이 더 높다고 할 수 있다.

㉢ 전체 국회의원 중 시장개방에 찬성(대체로 찬성, 적극 찬성)하는 숫자는 182명이며, 시장개방에 반대(대체로 반대, 적극 반대)하는 숫자는 253명이다. 따라서 시장개방에 찬성하는 의원의 비율이 반대하는 의원의 비율보다 낮다.

17 정답 ①

조직은 두 사람 이상이 공동의 목표를 달성하기 위해 의식적으로 구성된 상호작용과 조정을 행하는 행동의 집합체를 말하므로, ①과 같이 자연스럽게 형성된 것은 아니다. 조직은 목적을 가지고 있고 구조가 있으며, 목적을 달성하기 위해 구성원들은 서로 협동적인 노력을 하고, 외부 환경과 긴밀한 관계를 가지는 특성을 지니고 있다.

② 직업인들은 자신의 업무를 효과적으로 수행하기 위하여 국제적인 동향을 포함하여 조직의 체제와 경영에 대해 이해하는 조직이해능력을 기를 필요가 있다.

③ 조직은 공식화 정도에 따라 공식조직과 비공식조직으로 구분할 수 있는데, 조직이 발달해 온 역사를 보면 비공식조직으로부터 공식화가 진행되어 공식조직으로 발전해 왔다. 여기서 공식조직은 조직의 구조 · 기능 · 규정 등이 조직화되어 있는 조직을 의미하며, 비공식조직은 개인들의 협동과 상호작용에 따라 형성된 자발적인 집단 조직을 의미한다.

④ 조직은 영리성을 기준으로 영리조직과 비영리조직으로 구분할 수 있는데, 영리조직은 기업과 같이 이윤을 목적으로 하는 조직이며, 비영리조직은 정부조직을 비롯하여 공익을 추구하는 병원, 대학, 시민단체, 종교단체 등이 해당한다.

18 정답 ②

조직의 혁신기능과 의사결정기능을 조직 전체의 수준에서 담당하는 것은 조직의 최상위층인 최고경영층의 역할에 해당한다. 중간경영자는 재무관리 · 생산관리 · 인사관리 등과 같이 경영부문별로 최고경영층이 설정한 경영목표와 전략, 정책을 집행하기 위한 제반활동을 수행하게 된다. 하위경영자는 현장에서 실제로 작업을 하는 근로자를 직접 지휘 · 감독하는 경영층을 의미한다.

19 정답 ①

조직에서의 의사결정은 혁신적인 결정보다 현재의 체제 내에서 순차적 · 부분적으로 의사결정이 이루어져서, 기존의 결정을 점증적으로 수정해나가는 방식으로 이루어진다. 따라서 ①은 반대로 설명되었다.

20 정답 ②

조직의 내 · 외부 환경을 분석하는데 유용하게 이용될 수 있는 방법으로 SWOT 분석이 가장 많이 활용된다. SWOT 분석에서 조직 내부 환경으로는 조직이 우위를 점할 수 있는 장점(Strength)과 조직의 효과적인 성과를 방해하는 자원 · 기술 · 능력 면에서의 약점(Weakness)이 있다. 조직의 외부 환경은 기회요인(Opportunity)과 위협요인(Threat)으로 나뉘는데, 기회요인은 조직 활동에 이점을 주는 환경요인이며, 위협요인은 조직 활동에 불이익을 주는 환경요인이라 할 수 있다. 한편, 조직의 경영전략 추진과정에는 전략목표 설정, 환경분석, 경영전략 도출, 경영전략 실행, 평가 및 피드백의 과정이 있다.

21 정답 ④

(가) 이 단계에서는 조직의 '변화가 매력적인 것으로 납득이 되지 않는 한 구성원들은 대체로 변화를 지지 하지 않는다'라고 하였다. 따라서 성공적인 조직변화를 이끌어내기 위해서는, 조직 구성원들에게 변화의 결과가 매력적일 것이라는 기대를 심어주어 구성원들의 변화에 대한 지지를 이끌어 내는 조치를 취해야 한다. 조직 구성원들에게 변화 결과에 대한 적극적인 기대를 심어주는 것은 이러한 조치가 될 수 있으므로, ㉡이 이 단계에서 취할 수 있는 조치에 해당한다.

(나) 이 단계에서는 조직변화의 시도가 '집단 간의 기존 세력균형을 위협해서, 결과적으로 정치적 갈등과 분규를 야기할 수도 있다'라고 하였다. 따라서 이 단계에서는 주요 이해관계자에게 영향을 미쳐 갈등을 극복하고 조직변화에 대한 지지를 확보하는 조치를 취하는 것이 필요하므로, ㉢이 가장 적절하다.

(다) 이 단계에서 조직변화의 실행은 현재의 상태에서 바람직한 미래 상태로 변화되어 가는 과도기로, 과도기에 적합한 특별한 활동계획과 관리구조가 필요하다고 하였다. 따라서 이 단계에서는 과도기에 수행되어야 할 구체적인 활동을 찾아내어 조직변화 목표에 연결시키는 조치를 취해야 하므로, ㉣이 가장 적절하다.

(라) 이 단계에서는 '조직은 변화를 끝까지 추진하도록 지속적인 지지를 받지 않으면 과거의 익숙한 상태로 되돌아가려는 경향을 강하게 나타낸다'라고 하였으므로, 변화를 추구하는 조직에 대한 후원 시스템을 구축하여 지속적인 지지를 이끌어 내는 조치가 필요하다. 따라서 ㉠이 가장 적절한 조치가 된다.

22 정답 ③

출장으로 갑이 받게 될 출장여비를 살펴보면 다음과 같다.

- **출장** 1 : 출장수당 1만 원+교통비 3만 원−공용차량 사용 1만 원=3만 원
- **출장** 2 : 출장수당 2만 원+교통비 4만 원−13시 이후 출장 시작 1만 원=5만 원
- **출장** 3 : 출장수당 2만 원+교통비 4만 원−업무추진비 사용 1만 원=5만 원

23 정답 ②

ⓒ 둘째 단락의 '그러나 판서가 공적인 절차를 벗어나 법 외로 사적인 명령을 내리면 비록 미관말직이라 해도 이를 따르지 않는 것이 올바른 것으로 인정되었다'에서, 하급자는 상급자의 명령을 언제나 수행해야 하는 것이 아님을 알 수 있다. 따라서 ⓒ은 옳은 설명이다.

㉠ 권위는 상급자의 높은 직위가 아니라 법제를 충실히 준수할 때 권위가 갖추어진다고 하였다. 이는 첫째 단락의 마지막 문장인 '무릇 고위의 상급자라 하더라도 그가 한 개인으로서 하급자를 반드시 복종하게 할 권위가 있는 것은 아니다. 권위는 오직 그 명령이 국가의 법제를 충실히 따랐을 때 비로소 갖춰지는 것이다'에서 알 수 있다.

㉡ 상령하행은 법으로 규정된 직분을 지켜 위에서 명령하고 아래에서 따르는 것이라 하였다. 둘째 단락의 첫 번째 문장에서 '조선시대에는 6조의 수장인 판서가 공적인 절차와 내용에 따라 무엇을 행하라 명령하는데 아랫사람이 시행하지 않으면 사안의 대소에 관계없이 아랫사람을 파직하였다'라고 하였는데, 이는 상령하행이 공적 절차에서는 준수되었다는 것을 반영한다.

24 정답 ①

조직목표는 공식적 목표와 실제적 목표가 다를 수 있다. 조직의 사명은 조직의 비전, 가치와 신념, 조직의 존재 이유 등을 공식적인 목표로 표현한 것인데 비해, 세부목표나 운영목표는 조직이 실제적인 활동을 통해 달성하고자 하는 것으로, 사명에 비해 측정 가능한 형태로 기술되는 단기적인 목표이다.

② 조직목표의 기능에 해당하는 것으로는 조직이 존재하는 정당성과 합법성 제공, 조직이 나아갈 방향 제시, 조직구성원 의사결정의 기준, 조직구성원 행동수행의 동기유발, 수행평가 및 조직설계의 기준 등이 있다.

③ 조직은 다수의 조직목표를 추구할 수 있는데, 이러한 조직목표들은 위계적 상호관계가 있어 서로 상하관계에 있으면서 영향을 주고받는다.

④ 조직목표들은 한번 수립되면 달성될 때까지 지속되는 것이 아니라, 환경이나 조직 내의 다양한 원인들에 의하여 변동되거나 없어지기도 하고, 새로운 목표로 대치되기도 한다.

25 정답 ③

팀은 다른 집단과 비교하여 자율성을 가지고 스스로 관리하는 경향이 있다. 따라서 팀은 생산성을 높이고, 신속한 의사결정이 가능하다.

① 팀은 구성원들이 공동의 목표를 성취하기 위하여 서로 기술을 공유하고 공동으로 책임을 지는 집단이다.

② 팀은 구성원들의 개인적 책임뿐만 아니라 상호 공동 책임을 중요시하며, 공동목표의 추구를 위해 헌신해야 한다는 의식을 공유한다.

④ 팀이 성공적으로 운영되기 위해서는 조직 구성원들의 협력의지와 관리자층의 지지가 요구된다.

26 정답 ③

〈상황〉에서 제시된 내용에 따라 A정당의 회계책임자가 중앙선거관리위원회에 하여야 하는 회계보고는 다음과 같다.

- 2021년 정치자금 수입과 지출에 관한 회계보고 : 2022년 2월 15일
- 2022년 대통령선거 후 정치자금 수입과 지출에 관한 회계보고 : 2023년 1월 14일
- 2022년 정치자금 수입과 지출에 관한 회계보고 : 2023년 2월 15일
- 2023년 지방선거 후 정치자금 수입과 지출에 관한 회계보고 : 2023년 7월 15일

따라서 2022년 1월 1일부터 2023년 12월 31일까지 A정당의 회계책임자가 중앙선관위에 하여야 하는 회계보고 횟수는 총 4회이다.

27 정답 ④

사용목적이 '사업 진행'인 경우에만 사업비를 지출할 수 있다고 했으므로, '영상 시연 설비'에 사업비가 지출된다는 것을 알 수 있다. 그리고 예외적 조건 중 품목당 단가가 10만 원 이하로 사용목적이 '서비스 제공'인 경우에 지출할 수 있다고 했으므로, 블라인드에 사업비가 사용된다는 것을 알 수 있다. 또한 사용연한이 1년 이내인 경우에 지출할 수 있다고 했으므로, 영상 프로그램 대여에 사업비가 지출된다. 따라서 사업비가 지출되는 품목은 '영상 시연 설비', '블라인드', '영상 프로그램 대여' 3가지이다.

28 정답 ③

미국에서는 이름이나 호칭을 자신의 마음대로 부르지 않고 어떻게 부르지 먼저 물어보는 것이 예의이다. 따라서 ③은 적절하지 않은 설명이다.

① 아프리카에서는 대화 시 상대방의 눈을 똑바로 보는 것을 실례라고 생각하는 경우가 많으므로, 코 끝 정도를 보면서 대화하는 것이 좋다.
② 러시아와 라틴아메리카의 여러 나라의 경우 포옹이 인사의 하나이므로, 상대를 처음 보는 때라도 가볍게 포옹하는 경우가 흔히 있다.
④ 아랍인들의 경우 약속시간을 지키지 않는 경우가 많으며, 약속시간이 지나도 상대가 기다려줄 것을 당연하게 생각하는 경향이 있다.

29 정답 ②

델파이기법(Delphi method)은 전문가들을 대상으로 반복적인 피드백을 통한 하향식 의견 도출로 문제를 해결하려는 미래 예측기법이다. 델파이기법은 여러 전문가들을 대면회합을 위해 한 장소에 모이게 할 필요 없이 그들의 평가를 이끌어 낼 수 있고, 의사결정과정에서 타인의 영향력을 배제할 수 있다는 장점이 있다. 그러나 모든 사람들이 응답 한 것을 요약 · 정리하여 다시 우송하는 과정이 합의에 도달하게 될 때까지 계속되므로 소요되는 시간이 길고 응답자에 대한 통제가 힘들다는 단점이 있다. 많은 시간을 요하므로 신속한 의사결정을 필요로 하는 경우에는 사용할 수 없으나, 의사결정의 범위가 넓거나 장기적인 문제를 해결하는데 유용한 기법에 해당한다.

① 의사결정나무(Decision Tree)는 의사결정규칙을 나무구조로 도표화하여 분류와 예측을 수행하는 분석 방법으로, 분류나 예측의 과정이 나무구조에 의해 표현되기 때문에 다른 방법에 비해 연구자가 그 과정을 쉽게 이해하고 설명할 수 있는 장점이 있다.
③ 만장일치는 모든 사람의 의견이 완전히 일치하거나 의견에 모두 동의하는 것을 말한다.
④ 브레인스토밍은 한 가지 문제를 놓고 여러 사람이 회의를 통해 아이디어를 구상하는 방법으로, 짧은 시간에 많은 아이디어를 얻는데 매우 효과적이다. 브레인스토밍은 다른 사람이 아이디어를 제시할 때 비판하지 않고 문제에 대해 자유롭게 제안할 수 있으며, 아이디어는 많이 나올수록 좋으며, 모든 아이디어들이 제안되고 나면 이를 결합하고 해결책을 마련한다는 규칙을 준수해야 한다.

30 정답 ②

㉠ 시장이 원활하게 작동하지 않는다는 것은 시장의 실패를 의미하는데, 이러한 시장실패의 여러 원인 중 하나로 정보의 비대칭성을 들 수 있다. 그런데 이러한 정보의 비대칭성에서 도덕적 해이와 역선택 문제가 파생된다고 하였으므로, 결국 도덕적 해이와 역선택 문제는 시장의 원활한 작동을 방해하는 요인이라 할 수 있다.
㉣ 둘째 단락에서 역선택의 문제는 '위험이 발생할 가능성이 높은 사람들이 집중적으로 이러한 보험을 구입하게 되는 현상'으로 발생하는 문제라 하였으므로, 역선택의 문제가 발생하게 되면 보험회사의 경우 보험금 지급액수가 증가하게 된다. 따라서 역선택의 문제가 심각해지면, 민간부문에서 보험시장이 활성화되기 어렵다.

㉡ 둘째 단락에서 도덕적 해이란 일반적으로 '보험가입자가 위험발생을 예방하거나 회피하려는 노력을 소홀히 하여 위험발생 가능성이 높아지는 현상'을 말한다고 하였고, 따라서 보험에 가입한 사람들이 위험을 방지하려는 노력을 줄이는 것은 도덕적 해이의 문제이다.
㉢ 둘째 단락에서 역선택이란 '시장에서 미래에 발생할 위험에 대한 정보를 충분히 갖고 있지 못한 상황에서, 위험이 발생할 가능성이 높은 사람들이 집중적으로 이러한 보험을 구입하게 되는 현상'을 말한다고 하였다. '건강이 좋지 않은 사람들'은 보험회사의 입장에서 위험이 발생할 가능성이 높은 사람이라 할 수 있으므로, 이러한 사람을 주로 받아들이게 되는 것은 역선택의 문제라 할 수 있다.

31 정답 ①

비버들의 행동을 조직운영의 원리와 연결 지어 보면, 조직운영에 있어 특별히 리더가 존재하지 않고 구성원들이 자율적으로 의사를 결정하고 관련 업무를 수행한다는 것이 특징이라 할 수 있다. 그런데 ①의 신속한 의사결정과 재난재해에 대한 효과적 대응을 위한 통합재난관리시스템은 자율적이기보다는 집약적이고 집권적 · 수직적 성격을 지니게 되므로, 제시문의 자율적 조직운영원리와는 거리가 멀다.

② 직무성과계약제는 공무원 자신의 업무를 스스로 계획하고 목표를 설정하여 이를 내용으로 기관의장과 협약을 체결하는 제도이므로, 조직운영의 자율성과 부합한다.
③ 수도권대학 특성화 사업은 개별 대학이 특성화 목표와 추진 일정을 제시하도록 하는 것이므로 개별 대학의 자율성을 강화하는 것이라 할 수 있다. 따라서 제시된 조직운영원리와 부합한다.
④ 총액배분예산제도는 부처의 예산 배분 및 활용에 관한 자율성을 신장시키고자 도입되었다는 점에서, 제시문의 자율적 의사결정 및 업무수행과 부합한다.

32 정답 ③

1억 원 이상이 소요되는 예산집행업무는 대표이사의 결재사항이며, 위임전결사항이 아니다. 따라서 2억 원이 소요되는 업무를 전무이사가 전결하는 것은 적절하지 않다.

① 부서 단위의 인수인계업무는 상무이사의 위임전결사항이므로, 홍

보팀 인수인계업무는 상무이사의 결재를 받아 집행할 수 있다.

② 해외 관련 업무는 전무이사의 위임전결사항이므로, 홍콩의 사무 시설 설비비는 전무이사가 전결할 수 있다.

④ 부서장급 인사업무는 상무이사의 위임전결사항이므로, 영업팀장 교체건은 상무이사가 전결하게 된다.

33 정답 ④

(가) 문화접변의 두 가지 유형에 대한 설명이다. 문화접변은 서로 다른 문화전통을 가진 여러 사회가 접촉할 때 일어나는 관습이나 믿음, 인공물 등의 변화과정 및 그 결과를 의미한다. 즉, 두 가지 서로 다른 문화가 어떤 계기로 접촉하게 되면 둘 중 그 어떤 것도 아닌 제3의 문화가 새롭게 만들어지게 것을 말한다.

(나) 문화충격(culture shock)에 대한 설명이다. 문화충격은 한 문화권에 속한 사람이 다른 문화를 접하게 되었을 때 체험하는 충격 또는 다른 문화권이나 하위문화 집단에 들어가 기대되는 역할과 규범을 잘 모를 때 겪게 되는 혼란이나 불안을 의미한다. 문화충격에 대비하기 위해서 가장 중요한 것은 다른 문화에 대해 개방적인 태도를 견지하는 것이다. 자신이 속한 문화의 기준으로 다른 문화를 평가하지 말고, 자신의 정체성은 유지하되 새롭고 다른 것을 경험하는데 오는 즐거움을 느끼는 적극적 자세를 취하는 것이 필요하다.

- 문화지체(cultural lag)란 급속히 발전하는 물질문화와 완만하게 변하는 비물질문화 간에 변동속도의 차이에서 생겨나는 사회적 부조화를 의미한다.
- 문화융합이란 서로 다른 사회의 문화 요소가 결합하여 기존의 두 문화 요소와는 다른 성격을 지닌 새로운 문화가 나타나는 현상을 말한다. 서로 다른 문화가 접촉 · 전파되면서 문화 접변이 일어나면, 그 결과 문화동화, 문화공존, 문화융합 등 다양한 변동 양상이 나타나게 된다.
- 문화 상대주의는 어떤 사회의 특수한 자연환경과 역사적 배경, 사회적 맥락 등을 고려하여 그 사회의 문화를 이해하는 태도를 말한다.

34 정답 ②

컴퓨터 용어에서 트래픽(Traffic)은 전화나 인터넷 연결선으로 전송되는 데이터의 양을 지칭하는 용어이다. 트래픽 양이 많다는 것은 전송되는 데이터의 양이 많다는 것을 뜻하며, 트래픽이 너무 많으면 서버에 과부하가 걸려 기능에 문제가 발생하기도 한다. 홈페이지를 예로 들어 보자면, 홈페이지를 인터넷 브라우저에 띄우기 위해서는 서버에 파일을 올려놓고 사용자가 웹페이지에 접속을 할 때마다 필요한 정보를 다운로드 해야 하는데, 여기서 다운로드 되는 정보의 양이 바로 트래픽이다. 홈페이지에 접속해서 여러 페이지를 열어보거나 이미지나 동영상 등을 내컴퓨터로 다운로드할 때 홈페이지와 연결된 서버의 트래픽 양이 증가하게 되며, 이러한 상황이 발생하면 서버의 트래픽이 줄어들거나 초기화될 때까지 웹페이지에 접속하기 어려워진다.

① 스팸(Spam)은 광고성 우편물이나 선전물, 대량 발송 메시지 등을 의미하는 용어로, 주로 인터넷상의 다수 수신인에게 무더기로 송신된 전자 우편(e-mail) 메시지나 뉴스그룹에 일제히 게재된 뉴스 기사, 우편물을 통해 불특정 다수인에게 무더기로 발송된 광고나 선전 우편물(Junk mail)과 같은 의미이다. 스팸을 전달하는 가장 흔한 수단은 이메일이지만 블로그나 소셜 네트워킹 사이트, 뉴스 그룹, 휴대폰 등도 스팸의 대상이 된다.

③ 컴퓨터 해킹(Hacking)이란 컴퓨터를 이용하여 다른 사람의 시스템이나 정보처리장치에 접근함으로써 기술적인 방법으로 다른 사람의 정보처리장치가 수행하는 기능이나 전자기록을 변경 · 삭제하거나 절취하는 등 함부로 간섭하는 일체의 행위를 가리킨다. 원래 해킹은 자신의 실력을 자랑하기 위해 다른 시스템에 접근하는 행위로 네트워크의 보안을 지키는 역할을 하였으나, 점차 해킹의 기술이 발전하면서 크래킹(cracking)과 동일한 의미로 사용되고 있다. 컴퓨터 해킹의 종류로는 통신망의 운영체제나 응용 프로그램의 하자(Bug)를 이용하는 방법과 해킹 프로그램(Hacking Program)을 별도로 제작하여 범행에 이용하는 방법이 있다.

④ 논리폭탄(Logic Bomb)은 프로그램에 오류를 발생시키는 프로그램 루틴을 무단으로 삽입하여, 특정한 조건의 발생이나 특정한 데이터의 입력을 기폭제로 컴퓨터에 부정한 행위를 실행시키는 것을 말한다. 주로 전자 우편 폭탄(Mail bomb), 전자 편지 폭탄(Letter bomb) 등과 같이 인터넷 등 컴퓨터 통신망을 이용한 범죄나 사이버 테러리즘의 수법으로 사용된다.

⑤ 컴퓨터 바이러스는 컴퓨터 내부에 침투하여 자료를 손상시키거나 다른 프로그램들을 파괴시키는 컴퓨터 프로그램의 일종이다. 컴퓨터 바이러스는 호기심이나 악의를 가진 프로그래머에 의해 제작되어 사용자 몰래 유포된다.

35 정답 ①

㉠ 대화방 입장 시 대화 내용과 분위기를 경청한다는 내용에서 온라인 채팅(대화) 시의 네티켓에 대한 설명임을 알 수 있다.

㉡ 메시지를 짧게 요점만 쓰고 끝에 signature를 포함시키며, 주소를 확인한다는 부분에서, 전자우편 사용 시의 네티켓임을 알 수 있다.

㉢ 주제와 관련 없는 내용을 올리지 않는다는 내용과 이미 같은 내용의 글이 없는지 확인한다는 내용을 통해, 게시판을 사용 시의 네티켓에 대한 설명임을 알 수 있다.

정답 해설

36 정답 ④

범위에 있는 셀의 값을 모두 더하는 함수인 SUM의 경우 'SUM(합계를 구할 처음 셀:합계를 구할 마지막 셀)'로 표시해야 한다. 정상판매수량과 할인판매수량의 합은 연속하는 영역을 입력하고 ','로 구분한 뒤, 다음 영역을 다시 지정해주면 된다. 따라서 '=SUM(B2:B5,C2,C5)'가 적절하다.

37 정답 ③

'프로그램 종료 기능'을 가지는 단축키는 'Alt+F4'이다.

① 'Alt+home'은 '홈페이지로 이동하기'를 수행하는 단축키이다.
② 'Ctrl+C'는 '복사하기', 'Ctrl+V'는 '붙여넣기' 기능을 수행하는 단축키이다.
④ 'Shift+Delete'는 휴지통으로 보내지 않고 영구적으로 삭제하는 단축키이다.
⑤ 'Ctrl+W'는 현재 열려 있는 창을 닫는 역할을 수행하는 단축키이다.

38 정답 ④

④의 경우, 한글과 영문 소문자, 하이픈(−) 등이 사용되었고 하이픈으로 끝나지 않았으며, 세 번째와 네 번째 글자에 하이픈이 연이어 온 것도 아니다. 따라서 설정할 수 있는 도메인이 된다.

① 언더바(×)는 허용 문자에 포함되지 않으므로, 설정할 수 없는 도메인이다.
② 한글과 숫자, 영문은 허용문자이나 콤마(,)는 허용 문자에 포함되지 않으므로, 설정할 수 없는 도메인이다.
③ 하이픈(−)으로 끝나지 않아야 하므로, 설정할 수 없다.
⑤ '*'는 허용된 문자가 아니므로, 설정할 수 없는 도메인이다.

39 정답 ③

SNS(Social Networking Service)는 온라인상에서 사용자 간의 자유로운 의사소통과 정보 공유, 인맥 확대 등을 통해 사회적 관계를 생성하고 강화시켜주는 온라인 서비스를 의미하는 용어로, 미국의 트위터, 마이스페이스, 페이스북, 한국의 카카오, 미투데이 등이 대표적이다.

SNS는 참가자 개인이 정보발신자 구실을 하는 1인 미디어라는 것과 네트워크 안에서 정보를 빠른 속도로 광범위하게 전파할 수 있다는 점, 키워드 기반의 검색정보보다 정보의 신뢰성이 높다는 점 등으로 인해 빠른 속도로 이용이 늘고 있다.

40 정답 ①

하나의 셀 안에서 두 줄 이상의 데이터를 입력할 때 줄바꾸기를 실행하는 단축키는 'Alt+Enter'이다.

41 정답 ①

일반적으로 정보는 기획, 수집, 관리, 활용의 절차에 따라 처리되는데, 정보의 전략적 기획이란 정보활동의 가장 중요한 첫 단계로서, 보통 5W 2H에 의해 기획을 한다. 제시된 내용은 어떤 상황이나 사실을 정리해 빠짐없이 기술 · 전달하기 위한 '5W 2H'에 대한 설명이다.

② 정보의 수집은 다양한 정보원으로부터 목적에 적합한 정보를 입수하는 것이라 할 수 있다. 정보 수집의 목적은 결국 '예측'을 잘 하기 위해서이다. 과거의 정보를 모아 연구하는 것도 결국 장래가 어떻게 될까를 예측하기 위해서라 할 수 있다. 쉽게 번 돈은 쉽게 없어지듯이 정보도 편하게 얻은 것은 몸에 배지 않으며, 꾸준히 모은 정보만이 자기 것이 된다. 정보수집에 지름길은 없으며, 스스로 땀을 흘려 정보를 접하는 기회를 많이 가지는 것만이 정보를 모으기 위한 유일한 길이다.
③ 정보의 관리는 수집된 다양한 형태의 정보를 어떤 문제해결이나 결론도출에 사용하기 쉬운 형태로 바꾸는 일을 말한다. 여러 채널과 갖은 노력 끝에 입수한 정보가 우리가 필요한 시점에 즉시 활용되기 위해서는 모든 정보가 차곡차곡 정리되어 있어야 한다.
④ 산업사회에서의 문자이해력과 마찬가지로, 지식정보사회에서 문맹을 결정하는 기준은 정보 활용 능력에 해당한다. 정보 활용 능력은 정보기기에 대한 이해나 최신 정보기술이 제공하는 주요 기능이나 특성에 대해 아는 것만 포함되는 것이 아니라, 정보가 필요하다는 문제 상황을 인지할 수 있는 능력, 문제 해결에 적합한 정보를 찾고 선택할 수 있는 능력, 찾은 정보를 문제해결에 적용할 수 있는 능력, 그리고 윤리의식을 가지고 합법적으로 정보를 활용할 수 있는 능력 등 다양한 능력이 수반되어야 한다.

42 정답 ②

[휴지통]에 버려진 파일들은 바로 실행할 수 없으며, 원래대로 복원한 후에야 실행이 가능하다.

① 삭제하여 [휴지통]에 들어간 파일도 [휴지통]을 비우기 전에는 원래대로 복원할 수 있다.
③ [폴더 옵션]에서 숨김 파일과 폴더를 표시하도록 설정할 수 있다.
④ [인쇄관리자] 창에서는 현재 사용 중인 프린터를 기본 프린터로 설정할 수 있고 프린터의 기본 설정을 변경할 수 있으며, 프린터를 공유하도록 설정할 수도 있다.

⑤ 바탕 화면 구성의 테마는 배경화면과 창 색, 소리 등을 한 번에 바꾸는 기능을 말하며, 이는 [개인 설정] 창의 윗부분에 있는 [내 테마]에서 설정할 수 있다.

43 정답 ②

MAX(수, 범위)는 대상 범위에서 최댓값을 구하기 위한 함수식이다. RANK(수, 범위)가 대상 범위에서 수의 순위를 구하는 함수식이다.

44 정답 ②

단축키 Ctrl+F는 문서에서 원하는 문자열을 찾을 때 쓰인다. 새로운 문서를 만들 때는 Alt+N의 단축키를 사용한다.

45 정답 ②

[A4:D4]은 월별, 구분, 수량, 가격이 쓰여 있는 영역으로 '가운데 맞춤'으로 지정해야 한다.

46 정답 ①

너비가 일정한 텍스트 나누는 방법은 [텍스트 마법사]에서 각 필드의 너비(열 구분선)을 지정하는 것이다. 오른쪽 시트와 같이 성과 이름 사이에 구분선을 넣으려면 원하는 위치에 마우스를 클릭한다.

47 정답 ④

주어진 문제에서 150만 원 이상의 구매 금액의 총합이라는 조건이 있으므로 SUM이 아닌 SUMIF를 이용하면 함수식은 SUMIF(C2:C6, ">=1,500,000")이다.

①, ② SUM 함수를 이용하면 조건 없이 총합이 구해진다.

③ B영역이 포함되어 있고, 150만 원 이상인 조건이 만족하지 않는다.

⑤ 150만 원 이상의 조건이므로 "="가 아닌 ">="이 들어가야 한다.

48 정답 ④

데이터 표는 특정 값의 변화에 따른 결과 값의 변화 과정을 표의 형태로 표시해주는 도구이다. 지정한 특정 값의 수에 따라 단일 표와 이중 표로 구분하며 결과 값은 반드시 변화하는 특정 값을 포함한 수식으로 작성되어야 한다. 실행하는 방법은 [데이터]탭 → [데이터 도구]그룹 → [가상분석] → [데이터 표]이다.

49 정답 ②

사원 수를 계산해야 하므로 COUNTIF 함수를 사용해야 하며 자동 채우기를 해야 하므로 범위(Range) 영역은 절대참조로 설정해야 한다.

④ SUMIF : 조건에 부합하는 셀의 값만을 모두 더하는 함수

⑤ SUM : 범위에 있는 셀의 값을 모두 더하는 함수

50 정답 ①

조건부 서식은 조건 첫 행부터 아랫방향으로 셀을 검사해야 하므로 혼합 참조 중 행의 절대참조는 해제한 수식이어야 한다. 따라서 '=$D2<3'이 가장 적절하다.

② **절대참조** : 셀 범위를 고정시켜서 채우기 핸들을 했을 때 변하지 않게 걸어놓는 것으로 행과 열을 모두 고정시킨다.

③ **상대참조** : 상대적으로 변하는 셀 주소를 말하고 채우기 핸들을 하면 셀 주소가 바뀐다.

④ **혼합 참조** : 행을 고정시키면서 열이 변할 것인지 지정해 준다.(①, ④은 모두 혼합 참조 수식 형태)

05 실전모의고사 1회

영역통합형

정답 해설

01 ①	02 ④	03 ②	04 ①	05 ②	06 ①	07 ②	08 ①	09 ③	10 ②
11 ①	12 ③	13 ③	14 ④	15 ③	16 ②	17 ④	18 ③	19 ①	20 ①
21 ②	22 ③	23 ①	24 ②	25 ④	26 ④	27 ①	28 ②	29 ③	30 ④
31 ③	32 ④	33 ②	34 ②	35 ①	36 ④	37 ③	38 ④	39 ③	40 ②
41 ①	42 ①	43 ②	44 ③	45 ④	46 ①	47 ①	48 ③	49 ②	50 ④

01 정답 ①

㉠에 들어갈 단어를 고르기 위해서는 1)의 하위 내용을 보면 되는데 이들은 모두 가격과 관련된 내용이므로 ㉠에 들어갈 말은 '가격 경쟁력 요인'이다. 마찬가지로 ㉡에 들어갈 단어를 고르기 위해서 2)의 하위 내용을 참고해보면 모두 가격과는 상관이 없는 항목이므로 ㉡에 들어갈 알맞은 단어는 '비가격 경쟁력 요인'이다.

02 정답 ④

잘못된 글자 수는 모두 3개이다.

서론 : 자영업자의 수는 증가했으나 상인들에게 실질적인 소득이 돌아가지 않는 '자영업 대란'이 이어지고 있다.

본론 : 1. 자영업 대란의 원인

1) 계속된 내수 발전은 자영업 대란의 직접적인 원인이 되고 있다.

2) 재진입이 어려운 정규직 노동시장, 정부의 근시안적 정책, 자영업의 문화의 부재, 허술한 자영업 인프라 등은 자영업 대란에 복합적으로 영향을 미친다.

2. 자영업 창업의 현황

1) 자영업자의 비중은 GDP(1인당 국내 총 생산)가 높을수록 낮아지며, 우리나라의 자영업자 비중은 IMF 이후 높아지고 있다.

2) 정규직으로 재취업하지 못한 명예퇴직자들이 자영업에 뛰어들고 있으나 결과는 좋지 않다.

3) 취업난으로 인해 젊은이들마저 자영업에 뛰어들고 있다.

3. 정부의 근시안적 정책

1) 정부는 IMF 이후 실업률의 통계상 감소에 주력하여 자영업의 창업을 위한 자금을 지원했다.

2) 창업 자금으로 빌린 돈을 갚지 못해 신용불량자가 되는 사례가 증가하고 있다.

4. 시대의 흐름을 거스르는 우리나라의 자영업

1) 소득 수준이 높아지고 정보화가 진전되자 사람들은 유명한 가게를 찾아다니게 되었다.

결론 : 창업과 관련한 시류를 제대로 읽는 것이 중요하다.

03 정답 ②

정규직 파트타임제 도입 시 발생하는 문제로 개인 부분에 적은 보수로 인한 불만이 있으므로 큰 보수를 통한 업무의 활력 증대는 정규직 파트타임제 도입의 의의로 적절하지 않다.

04 정답 ①

제시문의 '가'에서 다이어트에 신경 쓰고 있는 여대생들은 그렇지 않은 여대생보다 TV의 식품 광고가 10년 전에 비해 더 늘었다고 인식한다고 하였고, '나'에서는 5년 사이에 첫 아이를 낳은 응답자들이 그렇지 않은 응답자보다 아동들이 직면하고 있는 위험 요소가 5년 전에 비하여 증가했다고 인식한다고 하였다. 이는 동일한 문제라도 자신의 관심 영역이나 대상에 따라 다르게 생각하고 인식한다는 것을 의미한다. 따라서 '이것'에 대한 설명으로 가장 적절한 것은 ①이다.

05 정답 ②

글의 첫 문장에서 일반적으로 초파리는 물리적 자극에 의해 위로 올라가는 성질이 있지만 파킨슨씨병에 걸린 초파리는 운동성이 결여되어 물리적 자극을 주어도 위로 올라가지 않는다고 하였다. 그런데 초파리 실험의 결과를 진술한 글의 마지막 문장에서, 유전자 A가 돌연변이 된 초파리는 약물 B를 넣은 배양기에서 위로 올라가지 못하고, 약물 B를 넣지 않은 배양기에서는 위로 올라간다고 하였다. 따라서 유전자 A가 돌연변이 된 초파리는 약물 B를 섭취하면 파킨슨씨병에 걸려 위로 올라가지 못한다는 것을 알 수 있다. 따라서 ②는 초파리 실험의 결과를 올바르게 설명한 가설이라 할 수 있다.

① 제시된 글 내용만으로는 추론할 수 없는 가설이다. 글에서 초파리 실험 결과 '약물 B가 들어 있는 배양기의 정상 초파리와 약물 B가 들어 있지 않은 배양기의 정상 초파리 모두 위로 올라가는 성

질을 보였다'고 했는데, 이는 정상 초파리의 경우 약물 B를 섭취해도 파킨슨씨병에 걸리지 않는다(운동성이 결여되지 않는다)는 것을 설명하는 내용이다. 따라서 약물 B의 섭취와 유전자 A가 돌연변이가 되는지 여부는 제시된 글만으로는 알 수 없다.

③ 글의 마지막 문장에서 '유전자 A가 돌연변이 된 초파리는 약물 B를 넣은 배양기에서 위로 올라가지 못하고(운동성이 결여되고), 약물 B를 넣지 않은 배양기에서는 위로 올라가는 것(운동성이 결여되지 않는 것)을 관찰할 수 있었다'고 했는데, ③은 이에 배치된다.

④ 물리적 자극에 대한 운동성이 정상인 초파리는 약물 B의 섭취 여부와 상관없이 모두 위로 올라간다(운동성이 결여되지 않는다)고 하였다.

⑤ 제시된 글의 실험은 정상 초파리와 유전자 A가 돌연변이 된 초파리를 각각 약물 B의 섭취 여부에 따라 운동성이 어떻게 달라지는가를 실험한 것이다. 따라서 운동성이 비정상인 초파리가 약물 B를 섭취하면 파킨슨씨병에 걸린다는 내용은 실험의 결과와 거리가 멀다.

06 정답 ①

제시된 홍보물의 넷째 단락에서 '온배수와 석탄재, CO_2 등 발전소 부산물을 산업별 맞춤형으로 재활용하는 사업도 추진하고 있습니다'라고 하여 발전소 부산물의 산업별 맞춤형 재활용 사업에 대해 언급하였고, 이어서 어업 분야와 농업 분야, 기사 분야에서 추진하고 있는 폐기물 재활용 사업의 예를 제시하였다. 따라서 발전소 부산물의 폐기에 관한 내용은 에너지신사업의 내용과는 거리가 멀다.

07 정답 ②

석면노출원으로부터 반경 1~2km 이내 지역에 석면비산이 직접적으로 발생한 기간에 속한 날을 포함하여 10년 이상 거주하고 만 20세 이상인 사람을 대상으로 석면 건강영향조사가 실시된다. 따라서 근처에 사는 모든 주민들이 받는 것은 아니다.

08 정답 ①

제시된 글 중반부 이후 내용인 '로마는 문명이란 무엇인가라는 물음에 대해 가장 진지하게 반성할 수 있는 도시', '문명관(文明觀)이란 과거 문명에 대한 관점이 아니라 우리의 가치관과 직결되어 있는 것', '과거 문명을 바라보는 시각은 그대로 새로운 문명에 대한 전망으로 이어지기 때문' 등을 통해 글의 중심 내용을 파악할 수 있다. 즉, 로마 유적을 통해 문명에 대한 반성적 접근을 할 수 있고, 이것은 결국 우리의 가치관과 직결되어 새로운 문명에 대한 전망으로 이어질 수 있다는 것이 중심 내용이 된다. 따라서 이를 통해 궁극적으로 강조하는 내용으로 가장 적절한 것은 ①이다.

09 정답 ③

첫째 단락에서는 18~19세기 유럽을 지배한 혁신적 지성에 대해 설명하였고, 둘째 단락에서는 20세기 서구 사회를 주도한 직업적 · 기술적 지성에 대해 설명하였다. 그리고 셋째 단락과 넷째 단락에서는 지성이 현재의 문제를 해소하고 새로운 미래로 나아갈 방안을 모색할 임무를 져야한다고 하고, 그에 맞는 성격을 상실해서는 안 된다고 하였다. 따라서 이러한 글의 전개 방식으로 가장 적절한 것은 ③이다. 즉, 중심 개념인 지성의 역할과 기능을 시대적 변천 양상에 따라 살펴보고, 이를 토대로 현재와 미래의 바람직한 방향을 제시하는 방식으로 글을 전개하고 있다.

10 정답 ②

첫째 단락의 마지막 문장에서 '생식을 통해 후세를 이어 갈 수 있는 인간만이 참된 인간으로 정의된 것이다'라고 하였으므로, 성인이라 하더라도 자녀를 생산할 수 없다면 진정한 인간으로 볼 수 없다는 것을 알 수 있다. 따라서 ②는 적절한 내용이 된다.

11 정답 ①

제시문을 통해 미(美)에 대해 자율적 견해를 가진 칸트는 순수미의 영역을 중시했다는 것을 알 수 있다. 따라서 칸트는 예술 작품에 있어서도, '내재적이고 선험적인 예술 작품의 특성을 밝히는' 것에 집중한다는 것을 알 수 있다. 이러한 칸트의 견해는 문학의 감상에 대한 관점 중 문학 작품의 외재적 요인들은 배제한 채 작품의 언어적 특징과 갈등 구조, 문체, 정서 등의 내재적 요소들에 근거하여 해석하는 내재적 관점에 해당한다. 따라서 이러한 칸트의 입장과 가장 부합하는 '시'에 대한 견해는 ①이다. 나머지는 모두 작품 외부에 있는 요소를 통해 작품을 감상하는 외재적 관점에 해당한다.

12 정답 ③

제시문의 첫 번째 문장에서 '윤리학은 규범에 관한 진술을 연구하는 학문이다'라고 하였고, 다섯째 문장에서 "살인하지 마라."와 같은 규범은 문법적으로 명령 형식이며, 따라서 참이거나 거짓으로 드러날 수 있는 사실적 진술로 간주되지 않을 것이다'라고 하였다. 따라서 윤리학은 사실적 진술을 다루는 경험과학과 그 연구대상의 성격이 차별화되지 않는다는 ③의 주장은 글의 내용과 부합하지 않는다는 것을 알 수 있다.

13 정답 ③

첫째 단락에서 우리 대학교육이 취업 환경의 급속한 변화를 따라가지 못하고 있다는 것을 지적하고 있으나, 그 대안으로서 중고등학교 때부터 직업을 고려한 맞춤 교육은 두 가지 측면에서 어리석은 방안이라 하였다. 따라서 ③은 글의 내용과 부합하지 않는다.

정답 해설

14 정답 ④

단락별 핵심 내용을 살펴보면 다음과 같다.

- **첫째 단락** : 대졸 취업자의 전공 불일치 비율이 상승하고 있는데, 이것은 대학교육이 취업 환경의 급속한 변화를 따라가지 못하기 때문인데, 이를 해결하기 위해 중고등학교 때부터 직업을 고려한 맞춤 교육 실시를 고려할 수 있으나, 이는 두 가지 점에서 어리석은 방안이 된다.
- **둘째 단락** : 학교가 아이들에게 무엇을 가르쳐야 하는가는 나라의 미래를 결정하고 우리 모두의 운명을 좌우할 문제가 된다. 세계의 환경이 급속히 변하는 상황에서 교육이 먼저 고려해야 할 것은 변화하는 직업 환경에 성공적으로 대응하는 능력에 초점을 맞추는 일이다.
- **셋째 단락** : 세계 여러 나라는 변화하는 직업 환경에 대응하는 능력을 향상시키기 위한 측면에서 교육을 개혁하고 있는데, 핀란드와 말레이시아, 아르헨티나의 예를 들 수 있다. 우리 교육도 이러한 개혁을 생각해야 한다.

이상을 종합해 볼 때, 제시된 글의 중심 내용으로 적절한 것은 '급속한 직업 환경의 변화에 대응하는 능력을 향상시키기 위한 교육의 개혁'이라 할 수 있다. 따라서 ④가 가장 적절하다.

15 정답 ③

'거리 = 속력 × 시간'이므로, 갑이 5시간 동안 걸은 거리는 '$4.62 \times 5 = 23.1$(km)'이다. 또한 '걸린 시간 = $\frac{\text{거리}}{\text{속력}}$'이므로, 을은 출발점에서 23.1km떨어진 목표지점에 도착하기까지 걸리는 시간은 '$\frac{23.1}{3.3} = 7$시간'이다. 따라서 갑이 도착한 뒤 2시간 후에 을이 도착한다.

16 정답 ②

1시간은 60분이므로 1일(日)은 '$60 \times 24 = 1,440$분'이다. 또한 4시간 48분은 288분이므로, '$\frac{288}{1,440} = \frac{1}{5}$(일)'이 된다.

17 정답 ④

300m의 거리에 12m간격으로 나무를 심는 경우 $300 \div 12 = 25$에서 간격은 25개이고, 처음부터 끝까지 심는다고 했으므로, 시작점부터 나무를 심어야 한다. 따라서 '$25 + 1 = 26$(그루)' 심을 수 있다. 또한 도로 양쪽에 심는다고 했으므로, 심을 수 있는 나무의 수는 '$26 \times 2 = 52$(그루)'이다.

18 정답 ③

현금기부금은 총기부금에서 현금기부가 차지하는 비율과 같으므로, '총기부금 × 현금기부율(%)'로 구할 수 있다. 〈표 1〉을 토대로 2024년의 기업별 현금기부금을 구하면 다음과 같다.

- A기업 : $350 \times 0.2 = 70$(억원)
- B기업 : $300 \times 0.24 = 72$(억원)
- C기업 : $280 \times 0.26 = 72.8$(억원)
- D기업 : $250 \times 0.15 = 37.5$(억원)
- E기업 : $240 \times 0.29 = 69.6$(억원)

따라서 2024년의 현금기부금이 가장 많은 기업은 C기업이다.

19 정답 ①

〈표 2〉를 통해 2020년 이후 기부금 총액과 기업의 기부금 총액이 매년 지속적으로 증가하고 있음을 알 수 있다. 따라서 ㉠은 옳은 설명이다.

㉡ 기부금 총액에서 기업의 기부금이 차지하는 비중은 2020년의 경우 '$\frac{1,980}{5,520} \times 100 ≒ 35.9\%$'이며, 2021년의 경우 '$\frac{2,190}{6,240} \times 100 ≒ 35.1\%$', 2022년의 경우 '$\frac{2,350}{7,090} \times 100 ≒ 33.1\%$'이므로, 2020년부터 2022년까지는 매년 감소하였다는 것을 알 수 있다. 따라서 ㉡은 옳지 않은 설명이다.

㉢ 〈표 1〉에서 2024년 상위 5개 기업의 총기부금을 구하면 '$350 + 300 + 280 + 250 + 240 = 1,420$(억원)'인데, 기부금 총액은 8,220(억원)이므로 상위 5개 기업의 총기부금은 '$\frac{1,420}{8,220} \times 100 ≒ 17.3\%$'이다. 따라서 17% 이상이므로, ㉢은 옳지 않다.

20 정답 ①

지난 달 갑의 에어컨 판매수량을 x(대), 지난 달 을의 에어컨 판매수량을 y(대)라 할 때, '$x + y = 250$'이 된다. 이번 달에 갑의 판매수량이 30% 증가했고 을은 20% 감소하여, 두 사람이 합해서 20% 증가했으므로, '$(1 + 0.3)x + (1 - 0.2)y = 250 \times (1 + 0.2)$'가 되며, 이는 '$1.3x + 0.8y = 300$'로 정리할 수 있다. 여기서 앞의 '$x + y = 250$'에서 '$y = 250 - x$'이므로, 이를 '$1.3x + 0.8y = 300$'에 대입하여 풀면, '$x = 200$', '$y = 50$'이 된다.

지난 달 을의 판매수량이 50대이므로, 이번 달 판매수량은 지난 달 수량보다 20% 감소했으므로, '$50 \times 0.8 = 40$(대)'가 된다.

21 정답 ②

전체 지폐가 10장이고 이 중 위조지폐는 3장이 있으므로, 먼저 갑이 고른 지폐가 위조지폐일 확률은 $\frac{3}{10}$이 된다. 이 경우 남은 지폐는 9장이며, 이 중 위조지폐는 모두 2장이 남게 되므로, 을이 고른 지폐도 위조지폐일 확률은 $\frac{2}{9}$가 된다. 따라서 갑, 을 두 사람이 고른 지폐가 모두 위조지폐일 확률은 $\frac{3}{10}\times\frac{2}{9}=\frac{1}{15}$이 된다.

22 정답 ③

〈산정식〉의 B는 '0', C는 '16'이 되며, 극한기후 발생지수 공식에 따라 빈칸의 극한기후별 발생지수를 구하면 다음과 같다. 우선 한파의 경우 '$4\times\frac{5}{16}+1=2.25$'이며, 호우의 발생지수는 '$4\times\frac{3}{16}+1=1.75$', 강풍의 발생지수는 '$4\times\frac{1}{16}+1=1.25$'가 된다. 호우와 강풍의 발생지수의 합은 '3.00'이므로, 한파의 발생지수(2.25)보다 크다. 따라서 ③은 옳다.

① 발생지수가 가장 높은 유형은 5.00인 폭염이다.
② 호우의 발생지수는 '1.75'이므로, 2.00 이하가 된다.
④ 폭염의 발생지수(5.00)는 강풍의 발생지수(1.25)의 4배이다.

23 정답 ①

〈산정식〉에 따라 제시된 폭염, 한파, 호우, 대설, 강풍의 발생지수를 구하면, 각각 5.00, 2.25, 1.75, 1.00, 1.25가 된다. 따라서 5가지 발생지수의 평균은 '$\frac{(5+2.25+1.75+1+1.25)}{5}=2.25$'가 된다.

24 정답 ②

'과목석차 백분율(%)$=\frac{\text{과목석차}}{\text{과목이수인원}}\times100$'이므로, 〈표 1〉과 〈표 2〉를 통해 과목석차 백분율과 해당 과목별 등급을 구하면 다음과 같다.

과목 \ 구분	이수단위(단위)	석차(등)	이수인원(명)	과목석차 백분율(%)	등급
국어	3	270	300	90	8
영어	3	44	300	(대략) 14.7	3
수학	2	27	300	9	2
과학	3	165	300	55	5

평균등급은 '$\frac{\text{(과목별 등급×과목별 이수단위)의 합}}{\text{과목별 이수단위의 합}}$'이므로, '갑'의 4개 과목 평균등급은 '$\frac{(8\times3)+(3\times3)+(2\times2)+(5\times3)}{11}\fallingdotseq4.7$'이 된다. 따라서 4개 과목 평균등급 M의 범위로 적절한 것은 ②이다.

25 정답 ④

A~I 지역 중 복지종합지원센터 1개소당 자원봉사자 수가 가장 많은 지역은 E지역이라는 것을 쉽게 알 수 있다(1,188명). 또한 복지종합지원센터 1개소당 등록노인 수가 가장 많은 지역도 E지역이 된다(59,050명). 따라서 ④는 옳은 설명이다.

① 전국의 노인복지관, 자원봉사자의 30%는 각각 '$4,377\times0.3\fallingdotseq1,313$(개소)', '$30,171\times0.3\fallingdotseq9,051$(명)'이므로, A지역의 자원봉사자(8,252)의 비중은 전국의 자원봉사자 비중의 30% 이하이다. 따라서 ①은 옳지 않다.
② 복지종합지원센터 1개소당 노인복지관 수가 100개소 이하라는 것은 노인복지관(개소)에 대비한 복지종합지원센터(개소)의 비중이 1% 이상이라는 말과 같다. 이에 해당하는 지역으로는 A, B, I 세 곳뿐이다. 따라서 ②도 옳지 않다.
③ 노인복지관 1개소당 자원봉사자 수는 H지역이 '$\frac{2,185}{362}\fallingdotseq6$(명)'이며, C지역이 '$\frac{970}{121}\fallingdotseq8$(명)'이다. 따라서 노인복지관 1개소당 자원봉사자 수는 C지역이 더 많으므로, ③도 옳지 않다.

26 정답 ④

〈조건〉에 따라 A에서 '☆△□<☆○△'이고, B에서는 '□☆○>□△☆'이며, C에서 '○□☆<○△☆'가 된다. 각 기호는 서로 다른 한 자리 자연수이므로, A에서 '△<○'가 성립하며, B에서 '☆>△'이며, C에서 '□<△'가 성립하며, 이는 '○>△>□', '☆>△'로 정리할 수 있다. 또한 〈조건〉에서 수익률 중 가장 높은 값이 '532'라고 했는데, 이는 A~C의 수익률 중 '☆○△', '□☆○', '○△☆' 셋 중의 하나가 된다. 이를 하나씩 살펴보면 다음과 같다.

- '532'가 '☆○△'가 된다면, 모든 대소 관계가 성립하며, '□'는 '1'이 된다.
- '532'가 '□☆○'가 된다면, '○>△>□', '☆>△'와 모순된다.
- '532'가 '○△☆'가 된다면, 역시 '☆>△'와 모순된다.

따라서 '532'가 '☆○△'가 되며, '□'는 '1'이므로, '☆△□'에 해당하는 수치는 '521'이다.

27 정답 ①

㉠ 〈그림〉에서 2020년 이후 항공기사고 발생 건수는 매년 증가하고 있다는 것을 알 수 있으므로, ㉠은 옳은 설명이 된다.

㉡ 〈표〉에서 비행단계별 항공기사고 발생 건수는 '순항(22건), 착륙(17건), 상승(7건), 접근(6건)'순으로 많이 발생하였다. 따라서 ㉡은 옳지 않은 설명이다.
㉢ 순항단계와 착륙단계의 항공기사고 발생 건수의 합(39건)은 총 항공기사고 발생 건수(58건)의 '$\frac{39}{58}\fallingdotseq67\%$'이므로, 65% 이상이 된다. 이는 계산을 하지 않고도 순항단계의 항공기사고 발생 비율(37.9%)과 착륙단계의 항공기사고 발생 비율(29.4%)의 합을 통해 쉽게 알 수 있다. 따라서 ㉢도 옳지 않은 설명이다.

28 정답 ②

항공기사고 발생 건수의 전년대비 증가율은 2021년의 경우 전년 대비 100% 증가하였고, 나머지는 연도는 모두 100% 미만의 증가율을 보이고 있으므로, 2021년의 증가율이 가장 높다는 것을 알 수 있다. 이를 구체적으로 계산해 본다면, 2018년의 전년 대비 증가율은 '$\frac{9-6}{6}\times100=50\%$'이며, 2021년의 전년 대비 증가율은 '$\frac{4-2}{2}\times100=100\%$', 2022년의 전년 대비 증가율은 '$\frac{7-4}{4}\times100=75\%$', 2023년의 전년 대비 증가율은 '$\frac{9-7}{7}\times100\fallingdotseq29\%$'가 된다.

29 정답 ③

〈표〉에서 볼 때, 도시 A, B, E는 모두 2022년 도시 실질 성장률이 2021년 도시 실질 성장률의 2배 이상이 된다. 따라서 ③은 옳은 설명이다.

① 2018년의 도시 실질 성장률은, B 도시를 제외하고 2017년에 비해 감소하였다. 따라서 ①은 옳지 않다.
② 2021년 실질 성장률이 가장 높은 도시는 G이며, 2022년 실질 성장률이 가장 높은 도시는 E이므로, 서로 동일하지 않다.
④ 2019년 대비 2020년 실질 성장률이 5%p 이상 감소한 도시는 A, D, E G의 4개이다.

30 정답 ④

〈그림 1〉을 통해, 전국 직장어린이집 수의 전년대비 증가율이 가장 높은 연도는 2003년, 2006년, 2008년임을 알 수 있다. 2003년의 전년대비 증가율은 '$\frac{236-199}{199}\times100\fallingdotseq18.6\%$'이며, 2006년의 전년대비 증가율은 '$\frac{298-263}{263}\times100\fallingdotseq13.3\%$', 2008년의 전년 대비 증가율은 '$\frac{(350-320)}{320}\times100\fallingdotseq9.4\%$'가 된다. 따라서 전국 직장어린이집 수의 전년대비 증가율이 10% 이상인 연도는 2003년과 2006년 두 번뿐이라는 것을 알 수 있다.

① 2006년 대비 2008년 전국 직장어린이집 수의 증가율은 '$\frac{(350-298)}{298}\times100\fallingdotseq17.4\%$'이므로, 20% 이하이다.
② 2010년 인천 지역 직장어린이집 수는 26개소이므로 2010년 전국 직장어린이집 수의 '$\frac{26}{401}\times100\fallingdotseq6.5\%$'이다. 따라서 5% 이상이 된다.
③ 2010년 서울과 경기 지역 직장어린이집 수의 합은 '109+95=204(개소)'이므로, 2010년 전국 직장어린이집 수(401개소)의 절반 이상이 된다.

31 정답 ③

'회원국의 지분율(%)$=\frac{\text{해당회원국이 AIIB에 출자한 자본금}}{\text{AIIB의 자본금 총액}}\times100$'이므로, '회원국이 AIIB에 출자한 자본금$=\frac{\text{AIIB의 자본금 총액}\times\text{회원국의 지분율}}{100}$'이 된다. 여기서 독일과 프랑스의 지분율 합은 '4.57+3.44=8.01%'이므로, AIIB의 자본금 총액이 2,500억 달러라면 독일과 프랑스가 AIIB에 출자한 자본금의 합은 '$\frac{2,500\times8.01}{100}=200.25$(억 달러)'가 된다. 따라서 200억 달러 이상이므로, ③은 옳지 않은 설명이다.

① 지분율 상위 3개 회원국의 투표권 비율은 '26.06%, 7.51%, 5.93%'이다. 이를 모두 합하면 '39.5%'이므로, 40% 이하가 된다.
② 지분율 상위 10개 회원국 중 지분율과 투표권 비율의 차이는 중국이 '30.34−26.06=4.28'로 가장 크고, 영국이 '3.11−2.91=0.2'로 가장 작다.
④ A지역 회원국의 지분율 합은 '30.34+8.52+3.81+3.76+3.42=49.85(%)'이며, B지역 회원국의 지분율 합은 '6.66+4.57+3.44+3.24+3.11=21.02(%)'이므로, 전자가 후자보다 2배 이상이 된다.

32 정답 ④

1인당 닭고기 소비량을 구하기 위해 〈조건〉에 따라 식을 세우면 다음과 같다.

- ㉠+㉡=30.0
- ㉠+12.0=2㉢
- ㉢=㉡+6.0

세 식을 연립하여 풀면, ㉠은 20(kg), ㉡은 10(kg), ㉢은 16(kg)이 된다. 따라서 바르게 연결된 것은 ④이다.

33 정답 ②

'변동계수(%)$=\frac{\text{표준편차}}{\text{평균}}\times100$'이므로, 각 구의 평균과 〈표〉의 표준편차를 대입하여 구할 수 있다. A~E의 평균은 '20, 10, 30, 12, 16'이므로, 각각의 변동계수는 '25%, 40%, 20%, 33.3%, 50%'가 된다. 따라서 변동계수가 가장 큰 구는 E이며, 변동계수가 가장 작은 구는 C가 된다.

34 정답 ②

'청구범위가 3항인 실용신안권에 대한 5년간의 권리 유지비용'은 다음과 같이 구성된다.

㉠ 설정등록료

- 기본료 : 60,000원
- 가산료 : 15,000 × 3(3항) = 45,000원

㉡ 연차등록료

- 기본료 : 40,000 × 2(4, 5년차) = 80,000원
- 가산료 : 10,000 × 3(3항) × 2(4, 5년차) = 60,000원

따라서 ②의 권리 유지비용은 '245,000원'으로 가장 많다.

① 청구범위가 1항인 특허권에 대한 4년간의 권리 유지비용은 '81,000 + 54,000 + 60,000 + 25,000 = 220,000원'이 된다.

③ 한 개의 디자인권에 대한 6년간의 권리 유지비용은 4~6년차의 연차등록료를 포함하므로, '75,000 + (35,000 × 3) = 180,000원'이 된다.

④ 한 개의 상표권에 대한 10년간의 권리 유지비용은 '211,000원'이다.

35 정답 ①

'업무효율 = $\frac{\text{표준 업무시간}}{\text{총 투입시간}}$'이며, '개인별 투입시간 = 개인별 업무시간 + 회의 소요시간'이고 총 투입시간은 개인별 투입시간의 합이라 하였으므로, 이에 따라 부서별 업무효율을 구하면 다음과 같다.

부서명	투입인원(명)	개인별 투입시간	총 투입시간	업무효율
A	2	44(41+3)	88(44×2)	대략 0.91(80/88)
B	3	34(30+4)	102(34×3)	대략 0.78(80/102)
C	4	26(22+4)	104(26×4)	대략 0.77(80/104)
D	4	23(17+6)	92(23×4)	대략 0.87(80/92)

따라서 업무효율이 가장 높은 부서는 A부서이다.

36 정답 ④

재산등록 의무자에 4급 이상의 공무원에 상당하는 보수를 받는 별정직 공무원도 포함된다고 하였고, 등록대상 친족의 범위에 본인의 직계비속도 포함되며, 등록대상 재산에 자동차도 포함되므로, ④와 같은 경우 재산등록 대상에 해당된다.

① 등록대상 친족의 범위는 본인, 배우자, 본인의 직계존 · 비속을 말하므로, 동생은 해당되지 않는다. 따라서 ①은 재산등록 대상이 아니다.

② 혼인한 직계비속인 여성은 등록대상 친족의 범위에서 제외한다고 했으므로, 결혼한 딸은 재산등록 대상이 아니다.

③ 소유자별 연간 1천만 원 이상의 소득이 있는 지식재산권이 등록대상 재산에 해당하므로, ③의 경우는 대상이 아니다.

37 정답 ③

제시된 글의 두 번째 문장에서 '사람들은 대개 자신이 처해 있는 상황에 따라 효율성과 형평성 중에서 선택하는 것으로 보인다. 그러나 이것이 반드시 사실이 아닐 수도 있다'라고 언급하였다. 따라서 이후에는, 사람들이 자신이 처한 상황에 따라 효율성과 형평성 중의 하나를 선택하는 것이 아니라는 내용이 올 것이라 짐작할 수 있다. 글 중반부에서는 이러한 예로 피자를 생산하는 두 국가의 경우를 들었는데, 부유하지만 불평등한 분배가 이루어지는 국가 B에서 가난한 사람들이 갖는 한 쪽의 피자가, 가난하지만 상대적으로 평등한 국가 A의 피자 전체와 크기가 비슷하거나 그보다 더 큰 상황이라 하였다. 그리고 글 후반부에서 '가난한 입장에 처해 있는 사람들로서는 만약 국가 A와 국가 B 중에서 선택해야 하는 상황에 직면한다면 난감하게 될 것이다. 말하자면 큰 나라의 1/8을 취해야 할 것인지 작은 나라의 3/8을 취해야 할 것인지 고민할 것이고, 결국 각자의 판단으로 결정하게 될 것'이라고 하였다. 결국 글에서 주장하는 핵심 내용은 자신이 처한 경제사정 등의 상황에 따라 효율성과 형평성을 선택하는 것은 아니며, 개인의 판단으로 선택하게 된다는 것이다. 이러한 내용에 가장 부합하는 것은 ③이다.

38 정답 ④

제시문은 사회적 불안의 원인을 기대수준과 현실적 만족도 간의 격차에서 찾고 있다. 즉, 기대수준의 상승에도 불구하고 그것을 충족시킬 사회적 여건이 그에 상응하지 못할 경우 사람들은 상대적 박탈감을 느끼고 좌절이 커져 사회적 불안이 나타난다고 한다. 그런데 ④는 1987년 민주화 운동에 참여한 단체들이 민주화 이후의 다양한 방향으로 분화되었다는 것으로, 이는 소기의 목표를 달성한 후 새로운 방향으로 분기되었다는 것을 의미하므로 기대수준과 현실적 만족수준의 격차 확대와는 거리가 멀다. 따라서 이는 제시문의 관점과는 거리가 먼 내용이다.

① 국민들은 공업화 정책이 가져올 풍요로운 삶에 대한 희망을 갖게 되었으나 현실적인 삶은 나아지지 않아 새로운 긴장이 발생했다는 것이므로, 제시문의 관점에 부합한다.

② 대통령의 '빈곤과의 전쟁' 선언은 흑인들의 기대 수준이 급격히 높아졌으나 실제 흑인들의 삶의 수준에는 변화가 없어 '빈곤과의 전쟁' 선언은 좌절의 근원이 되었다는 것이므로, 제시문의 관점과 일치한다.

③ '서울의 봄'으로 민주화에 대한 국민들의 열망을 크게 확산되었으나 권위주의 정권의 등장으로 다시 시민의 권리가 박탈되어 정치적 불만이 누적되었다는 것은, 민주화에 대한 기대수준과 현실적인 만족수준의 격차가 커져 사회적 불안이 가중되었다는 것을 의미한다.

39 정답 ③

제시된 행정의 일반원칙을 토대로 〈보기〉의 사례를 검토하면 다음과 같다.

㉠ 운전면허정지 기간 중의 운전으로 형사처벌된 후에도 3년 간 아무런 행정조치가 없어 운전을 계속하였다면 행정청이 아무런 조치를 하지 않을 것으로 신뢰하고 운전한 것이라 할 수 있으므로, 그 후 운전면허취소처분이 행해졌다면 운전자의 이러한 신뢰는 합리적으로 보호해주어야 할 필요가 있다. 따라서 C(신뢰보호 원칙)의 적용사례가 된다.

㉡ 당직근무 대기 중 화투놀이를 한 사안에 있어, 함께 한 다른 3명에게는 견책처분을 내리고 1명만을 파면처분을 했다면, 이는 국민을 평등하게 대우하여야 한다는 원칙에 어긋난다고 할 수 있다. 따라서 이는 B(평등원칙)의 적용사례에 해당한다.

㉢ 음주운전에 대한 처벌 수단인 면허취소와 1년 이내의 면허정지 중 교통사고 방지라는 공익적 필요에 따라 보다 무거운 처벌인 면허취소처분을 한 사안이므로, 침해로 인해 달성되는 공익과 침해되는 사익 간에 상당한 비례관계를 고려하여 판단한 사례에 해당한다. 따라서 A(비례의 원칙)의 적용사례가 된다.

따라서 행정 원칙과 아래 〈보기〉의 적용 사례를 바르게 연결한 것은 ③이다.

40 정답 ②

각 선택지에서 첫 번째 목표와 수단, 두 번째 목표를 찾은 후 주어진 조건을 모두 충족시키는지를 살펴보면 된다.

②의 경우 첫 번째 목표는 '고가의 외제 승용차 구매 억제'이며, 이를 달성하기 위한 수단은 '수입 외제차에 대한 관세 인상'이 된다. 두 번째 목표는 '결식아동의 복지수준 향상'이 된다. 여기서 외제 승용차의 구매를 억제하기 위해 수입 외제차에 대한 관세를 높이는 경우, 다음의 2가지 결과를 예상할 수 있다. 한 가지는 관세 인상폭이 아주 높아 이로 인해 거두어들이는 세금의 합이 이전보다 늘어나는 경우이다. 다른 한 가지는 관세 인상으로 점차 외제차에 대한 구매가 억제돼 거두어들이는 세금의 합이 이전보다 줄어드는 경우이다. 전자의 경우는 두 번째 목표 달성률도 높아지므로 〈조건1〉은 충족되지 않으나, 후자의 경우 두 번째 목표 달성률은 낮아지므로 〈조건1〉이 충족된다. 또한 후자는 두 번째 목표인 결식아동의 복지수준 향상이 첫 번째 목표인 외제 승용차 구매 억제를 저해하지 않으므로, 〈조건2〉도 충족한다. 따라서 ②는 두 조건을 모두 충족시키는 상황에 해당한다.

41 정답 ①

공급 절차에 따라 〈표 2〉의 톤당 수송비용 중 가장 적은 경우인 '병 보관소 → A도시'를 가장 먼저 할당한다. A도시의 수요량이 140톤이므로, 병 보관소의 공급량 180톤 중 140톤을 A도시로 보낸다. 이를 통해 A도시에 대한 공급 절차는 완료되며, 병 보관소에는 40톤의 공급량이 남게 된다.

다음으로 남은 B도시와 C도시의 톤당 수송비용 중 가장 적은 경우는 '갑 보관소 → C도시'이다. C도시의 수요량은 60톤이므로, 갑 보관소의 공급량 120톤 중 60톤을 C도시로 보낸다. 이 공급을 통해 C도시에 대한 공급 절차도 완료되며, 갑 보관소에는 60톤의 공급량이 남게 된다. 이를 표를 통해 정리하면 다음과 같다.

구분	A도시	B도시	C도시	보관소별 남은 공급량
갑 보관소			60톤 (공급 완료)	60톤
을 보관소				200톤
병 보관소	140톤 (공급 완료)			40톤

여기서 공급되지 않고 남은 도시는 B인데, B도시의 수요량은 300톤이므로 톤당 수송비용이 가장 적은 병 보관소의 남은 공급량 40톤, 다음으로 톤당 수송비용이 적은 갑 보관소에서 60톤을 전부 공급한다. 그리고 남은 을 보관소의 공급량 200톤을 전부 B도시에 보내면, B도시에 대한 전체 공급량이 300톤이 되어 수요량과 일치한다. 이상의 결과를 표로 정리하면 다음과 같다.

구분	A도시	B도시	C도시	공급량 합계
갑 보관소		60톤	60톤	120톤
을 보관소		200톤		200톤
병 보관소	140톤	40톤		180톤
수요량 합계	140톤	300톤	60톤	500톤

따라서 보관소에서 도시로 공급하는 석탄의 양을 바르게 제시한 것은 ①이다.

42 정답 ①

을은 갑의 감세안이 서민에게는 실질적 도움이 되지 않고 부자들이 더 큰 혜택을 본다고 비판하면서, 서민에게 더 유리한 조세정책이 수립되어야 한다고 주장하고 있다. 이러한 을의 주장에 부합하는 정책은 ①이다. 소형 임대아파트 거주자 경우가 대부분 서민이므로, 거주자의 주민세를 면세하는 경우 실질적으로 서민에게 더 유리한 조세정책이 될 수 있다.

43 정답 ②

'순이익=총수익−총비용'이므로, 상황별 순이익을 구하면 다음과 같다.

㉠ 상황 A의 대안별 순이익

- 가 : {(100만원×10개)+200만원}−500만원=700만원
- 나 : 1,800만원−1,000만원=800만원

따라서 '갑'은 대안 '나'를 선택하는 것이 순이익을 극대화하는 결정에 해당한다.

㉡ **상황 B의 순이익** : 신규주문을 수락하는 경우 발생하는 매출 증가액은 200만원(=200그릇×1만원)이며, 비용은 190만원[=(2,000원×200그릇)+150만원]이므로, 순이익은 10만원이 된다. 따라서 '을'은 신규주문을 수락하는 것이 순이익을 극대화하는 결정이므로, '가'대안을 선택해야 한다.

44 정답 ③

'순이익=총수익−총비용'이므로, 〈상황 C〉에서 '병'이 선택할 수 있는 대안별 순이익은 다음과 같다.

- 가 : {(5만원×10개)+(40만원×10개)}−450만원=0원
- 나 : {(12만원×10개)+(50만원×10개)}−(450만원+30만원+50만원)=90만원
- 다 : {(5만원×10개)+(50만원×10개)}−(450만원+50만원)=50만원
- 라 : {(12만원×10개)+(40만원×10개)}−(450만원+30만원)=40만원

따라서 '병'의 대안 중 순이익이 두 번째로 큰 대안은 '다'이다.

45 정답 ④

A국은 5가지 대기오염 물질의 대기환경지수를 산정해 그 평균값을 통합지수로 한다고 했으므로, A국의 통합지수는 '$\frac{(80+50+110+90+70)}{5}$=80'이 된다.

B국은 A국의 5가지 대기오염 물질을 포함한 총 6가지 대기오염 물질의 대기환경지수 중 가장 높은 대기환경지수를 통합지수로 하되, 대기환경지수 중 101 이상인 것이 2개 이상일 경우에는 가장 높은 대기환경지수에 20을 더하여 통합지수를 산정한다고 하였다. 따라서 오염물질별 대기환경지수가 101 이상인 것이 2개 있으므로, 가장 높은 대기환경지수인 110에 20을 더한 '130'이 통합지수가 된다.
따라서 모두 맞게 연결한 것은 ④이다.

46 정답 ①

㉠ A국은 5가지 대기오염 물질 농도를 측정해 대기환경지수를 산정한 후, 그 평균값을 통합지수로 한다고 했다. 이에 비해 B국은 총 6가지 대기오염 물질의 농도를 측정해 대기환경지수를 산정하고, 이 가운데 가장 높은 대기환경지수를 통합지수로 한다고 했다. 따라서 양국의 통합지수가 같더라도 각 대기오염 물질의 농도는 다를 수 있으므로, ㉠은 옳은 설명이 된다.

㉡ A국은 5가지 대기오염 물질 농도를 통해 대기환경지수를 산정하여 그 평균값을 통합지수로 한다고 했으므로, 통합지수에 따른 대기오염 등급이 '해로움'에 해당한다는 것만으로는 특정 대기오염 물질의 농도를 정확히 알 수는 없다. 따라서 ㉡도 적절한 설명이 된다.

㉢ A국의 경보색깔이 노랑이라면 A국의 통합지수는 51~100에 해당한다는 것을 알 수 있다. 그러나 A국의 통합지수로는 B국의 통합지수를 알 수 없고, 경보색깔만을 기준으로 했을 때 노랑이므로 B국은 '외부활동 자제'에 해당한다. 따라서 적절하지 않다.

47 정답 ①

㉠ 괴물이 위치할 칸을 갑이 무작위로 정할 경우 정할 수 있는 칸은 [1][2], [2][3], [3][4]의 세 가지이므로, [1]이 선택될 확률은 $\frac{1}{3}$이 되고 [2]가 선택될 확률은 $\frac{2}{3}$가 된다. 따라서 을의 입장에서는 [1]보다는 [2]를 선택하는 것이 승리할 확률이 높으므로, ㉠은 옳다.

㉡ 화살이 명중할 칸을 을이 무작위로 정할 경우, 갑이 어떤 연속된 두 칸을 정하더라도 을이 그것을 선택할 확률은 $\frac{1}{2}$이 된다. 따라서 이 경우는 갑과 을은 승리 확률이 같으므로, ㉡은 옳지 않다.

㉢ 갑과 을이 무작위로 정할 경우, ㉡과 마찬가지로 갑의 어떤 연속된 두 칸을 정하더라도 을이 그것을 선택할 확률이 모두 $\frac{1}{2}$이 되어 같으므로, 승리 확률도 같다고 할 수 있다. 따라서 ㉢도 옳지 않다.

48 정답 ③

㉡ (가), (나), (다) 모두 동일한 숫자가 반복하여 사용되지 않았으므로, ㉡은 옳다.

㉢ (가), (나), (다) 모두 짝수 다음에 짝수가 연이어 나오지 않았으므로, ㉢도 옳다.

㉠ (다)에서 '5, 1' 다음에 홀수 '9'가 왔으므로, ㉠은 옳지 않다.

㉣ (나)에서 '3' 다음에 배수 '6'이 나왔으므로, ㉣은 옳지 않다.

49 정답 ②

〈결과〉의 을은 총 1,250미터를 이동했고, 사과 2개와 복숭아 5개를 채집했으며, 여우 1마리와 사슴 2마리를 잡았다고 했다. 따라서 을의 합계점수는 '1,250+10(사과 2개)+50(복숭아 5개)+50(여우)+200(사슴 2마리)=1,560점'이 된다. 갑은 1,590점이라고 했으므로, 승리한 사람은 '갑'이 된다.

갑은 과일을 채집하지 않고 사냥만 했으며, 1,400미터를 이동하는 동안 모두 4마리의 동물을 잡았다고 했다. 따라서 갑은 동물 4마리를 사냥해 '190점'을 획득하였음을 알 수 있다. 동물의 경우 토끼는 1마리 당 30점, 여우는 50점, 사슴은 100점을 부여한다고 했으므로,

①·② 중 ①(토끼 2마리와 여우 2마리)은 160점이 되며, ②(토끼 3마리, 사슴 1마리)는 190점이 된다. 따라서 ②가 가능한 조합이다.

50 정답 ④

사망자가 30명 이상인 사고는 B와 E이다. 따라서 이를 제외한 A, C, D, F의 경우, 화재규모의 크기와 복구비용의 크기가 모두 'A>D>C>F'의 순서가 된다. 따라서 ④는 옳은 설명이다.

① 터널길이가 긴 것은 'A, D, B, C, F, E'의 순서이나 사망자수는 'E, B, C, D, A, F'의 순서대로 많다. 따라서 터널길이와 사망자수는 비례하지 않으므로, ①은 옳지 않은 설명이다.
② 사고 A의 화재규모가 B보다 크지만, 복구기간은 B가 더 길다. 따라서 옳지 않다.
③ 사고 C의 복구기간이 사고 D의 복구기간보다 길지만, 복구비용은 D가 더 크다. 따라서 옳지 않다.

06 실전모의고사 2회

영역통합형

01 ③	02 ②	03 ⑤	04 ①	05 ⑤	06 ①	07 ④	08 ②	09 ④	10 ③
11 ③	12 ①	13 ⑤	14 ③	15 ②	16 ④	17 ②	18 ②	19 ③	20 ①
21 ⑤	22 ④	23 ③	24 ③	25 ②	26 ①	27 ⑤	28 ②	29 ①	30 ④
31 ①	32 ⑤	33 ③	34 ②	35 ④	36 ①	37 ⑤	38 ②	39 ④	40 ③
41 ④	42 ①	43 ③	44 ②	45 ③	46 ①	47 ⑤	48 ④	49 ②	50 ①

01 정답 ③

㉡ 제○○조(지역구 국회의원 후보자의 확정) 제1항에서 '지역구 국회의원 후보자는 공천위원회의 추천을 받아 최고위원회의 의결로 확정한다'라고 하였으므로, ㉡은 옳은 내용이다.

㉢ 제○○조(지역구 국회의원 후보자의 확정) 제4항에서 '국민공천배심원단은 공천위원회에서 추천한 전략지역 후보자에 대해 적격여부를 심사하여 부적격하다고 판단할 경우, 재적 3분의 2 이상의 의결로 최고위원회에 재의요구를 권고할 수 있다'라고 했으므로, ㉢도 옳은 내용이 된다.

㉠ 제○○조(지역구 국회의원 후보자의 확정) 제4항에서 '국민공천배심원단은 공천위원회에서 추천한 전략지역 후보자에 대해 적격여부를 심사하여 부적격하다고 판단할 경우, 재적 3분의 2 이상의 의결로 최고위원회에 재의요구를 권고할 수 있다'라고 하였다. 따라서 국민공천배심원단은 전략지역 국회의원 후보자를 추천하는 것이 아니라, 공천위원회에서 추천한 전략지역 후보의 적격여부를 심사하는 기능을 수행한다.

㉣ 제○○조(비례대표 국회의원 후보자 확정)에서 '비례대표 국회의원 후보자는 … 국민공천배심원단의 심사를 거쳐 최고위원회의 의결로 확정한다'라고 하였다. 따라서 비례대표 국회의원 후보자는 국민공천배심원단이 아니라 최고위원회의 의결로 확정한다.

02 정답 ②

둘째 단락에서 '펜지어스와 윌슨은 은하수로부터 오는 고유한 전파를 측정하려 했기 때문에, 장치 내부에서 생길 수 있는 일체의 잡음을 확인하는 것이 중요했다. 그들은 이 문제를 해결하기 위해 '냉부하 장치'라는 것을 사용했다. … 이를 통해 증폭회로에서 불가피하게 생긴 잡음을 쉽게 찾아낼 수 있다'라고 하였는데, 여기서 '냉부하 장치'가 잡음을 없애는 장치가 아니라 발생한 잡음을 찾아내기 위한 장치라는 것을 알 수 있다. 따라서 ②의 내용은 글의 내용과 부합하지 않는다.

03 정답 ⑤

〈경제 이론 6〉에서는 '농업 생산성이 증가하면 적은 노동력만 농업 부문에 투입할 수 있게 되어 타 부문에 투입될 수 있는 잉여노동력이 생기게 된다'라고 하였다. 그런데 〈역사적 사실〉에서 19세기 유럽의 농업 생산성 증가로 인한 농업 종사자 비율 감소나 타 산업 부문의 성장 유발에 관한 내용은 전혀 언급되지 않았다. 따라서 ⑤의 경우 제시된 〈경제 이론〉과 〈역사적 사실〉에서 추론할 수 없는 내용에 해당한다.

04 정답 ①

제시된 글의 앞부분에서 '인문학은 세상에 대한 종합적이고 비판적인 해석과 시각을 제공한다. 인문학이 해석하는 세상은 지금 우리가 살고 있는 세상이다'라고 하였고, 마지막 문장에서 '이러한 세상을 살아가는 데에 인문학은 실질적인 지침을 제공해야 한다'라고 하였으므로, 이 글은 인문학이 오늘날의 세상에서 어떠한 역할을 수행하고 있는지에 대해 말하고 있다는 것을 알 수 있다. 따라서 가장 적합한 독자의 반응은 ①이다.

05 정답 ⑤

제시된 글의 앞부분에서 시인은 처한 시대 상황에 따라 그 지위나 역할이 달라질 수 있다는 것을 언급하고 있다. 즉, 평화로운 시대에는 시인의 존재가 문화의 비싼 장식이 되며, 조국이 비운에 빠지거나 통일을 상실한 경우 민족의 예언가가 되거나 민족혼을 불러일으키는 선구자가 될 수 있다고 하였다. 그리고 이후의 내용은 국가가 어려운 시기에 처한 경우 민족의 예언가, 또는 조국의 통일과 저항을 상징하는 역할을 수행한 시인의 예를 들고 있다. 따라서 이 글의 제목으로 가장 적절한 것은 '시인의 사명(使命)'이다. 사명은 '맡겨진 임무'를 뜻하는 말로, 시인은 조국과 민족이 처한 어려운 상황에서 어떠한 역할을 수행해야 하는가와 관련된 말이라 할 수 있다.

06 정답 ①

사회자의 두 번째 대화('먼저 찬성 측 첫 번째 토론자가 자신들의 입장과 그 이유에 대하여 입론해 주십시오')와 세 번째 대화('이어서 반대 측에서 준비해 온 입론을 듣겠습니다')를 통해 토론자들의 발언 순서를 통제하고 있다는 것을 알 수 있다. 따라서 ①은 적절한 설명에 해당한다.

07 정답 ④

제시된 글의 중반 부분에서 '그러다가 모로 돌아누워 산봉우리에 눈을 주었다. 갑자기 산이 달리 보였다. 하, 이것 봐라 하고 나는 벌떡 일어나, 이번에는 가랑이 사이로 산을 내다보았다'라고 하였고, 다음에 거꾸로 보는 새로운 모습을 묘사하고 있다. 그리고 글 마지막 문장에서 '나는 하도 신기해서 일어서서 바로 보다가 다시 거꾸로 보기를 되풀이했다'라고 하여, 거꾸로 봄으로써 얻는 새로운 모습에 대한 감흥을 다시 강조하고 있다. 이를 통해 볼 때, 이 글은 새로운 시각으로 사물을 다르게 볼 수 있다는 사실을 깨닫고 그에 대한 감흥을 묘사한 것이라 할 수 있다. 따라서 이 글 다음에 이어질 내용으로 가장 적절한 것은 ④이다. 즉, 선입견이나 고정관념에서 벗어나 새로움을 발견하는 일의 중요성이 곧 이 글의 주제라 할 수 있다.

08 정답 ②

제시된 글의 전반부에서는 '책을 읽는 문화와 책을 읽지 않는 문화는 기억, 사유, 상상, 표현의 층위에서 상당히 다른 개인들을 만들어 내고, 상당한 질적 차이를 가진 사회적 주체들을 생산한다'라고 하여, 책 읽기의 중요성과 필요성에 대해 언급하고 있다. 그리고 글 후반부에서는 '그 능력의 지속적 발전에 드는 비용은 싸지 않다. 무엇보다도 책 읽기는 손쉬운 일이 아니다. 거기에는 상당량의 정신 에너지가 투입돼야 하고, 훈련이 요구되고'라고 하여, 책 읽기가 손쉬운 일이 아니며 정신 에너지가 투입되고 훈련이 요구되는 일이라 하였다. 따라서 글의 중심 내용은 '책 읽기의 필요성(중요성)과 어려움'으로 요약할 수 있다. ②가 중심 내용으로 가장 적절하다.

09 정답 ④

경제 위기 극복을 위해 단일 경제체제를 공동 개발하는 방안을 논의한다는 내용은 글에서 언급된 내용이 아니다. 경제 위기 극복을 위한 방안과 관련하여, 셋째 단락에서는 새로운 국제 경제 질서에 대한 논의가 진행될 것이지만 각국 내부의 경제 시스템의 전환 및 위기 탈출과 관련하여 모든 문제를 해결하는 보편적 해법은 없다고 하였다. 그리고 여러 사조나 이념, 경제 모델 등 폭넓은 선택지를 두고 실험이 계속될 것이라 전망하고 있다. 따라서 ④는 글의 내용과 부합된다고 볼 수 없다.

10 정답 ③

㉢ 셋째 단락에서 원자는 '가장 단순하고 더 이상 나눌 수도 파괴할 수도 없는 최소의 알갱이'라고 하였으므로, 어떤 미세한 알갱이가 특정 물질에서 방출되는 것이 확인되었다 해도 그것이 원자로부터 분리될 수 없다고 볼 수 있다. 따라서 ㉢은 적절한 추론이 된다.

㉣ 넷째 단락에서 '만일 원자들의 결합이 이루어지기도 하고 실패하기도 한다면 그 이유는 필경 결합에 참여하는 원자들의 성질, 특히 그 원자의 입체적 모양이 서로의 결합을 용이하게 하는지 그렇지 않은지에 달려있다'라고 했으므로, 결합의 성패는 결국 원자들의 성질이나 입체적 모양에 따라 결정된다는 것을 알 수 있다. 따라서 ㉣도 적절한 추론이다.

㉠ 둘째 단락에서 제시한 설명대로 네 종류의 원자 A, B, C, D로 만들 수 있는 물질의 종류를 살펴보면, (A), (B), (C), (D), (A+B), (A+C), (A+D), (B+C), (B+D), (C+D), (A+B+C), (A+B+D), (A+C+D), (B+C+D), (A+B+C+D)의 15가지가 있다. 따라서 ㉠의 추론은 옳지 않다.

㉡ 둘째 단락의 설명에 따를 때, 원자 A에 원자 B를 결합시켜 만든 물질 (A+B)와 원자 B에 원자 A를 결합시켜 만든 물질 (B+A)는 같은 종류에 해당한다. 따라서 ㉡도 적절한 추론이 아니다.

11 정답 ③

둘째 단락에서 '하나의 멀티미디어의 객체를 텔레비전용, 영화용, 모바일 기기용 등 표준적인 화면 표시 장치에 맞추어 각기 독립적인 이미지 소스로 따로 제공하는 것이 아니라, 하나의 이미지 소스를 다양한 화면 표시 장치에 맞도록 적절히 변환하는 기술을 요구하고 있다'라고 하였는데, 이를 통해 다양한 스마트 기기에 대응하기 위해서는 동일한 이미지를 다양한 화면 표시 장치라는 환경에 맞추어 적절히 변환하는 것이 필요하다는 것을 알 수 있다. 따라서 ③은 글의 내용과 일치하지 않는다.

12 정답 ①

㉠의 '다양한 접근'은 원래 이미지의 중요한 부분을 그대로 유지하면서 동시에 왜곡을 최소화하는 형태로 주어진 화면에 맞게 이미지를 변형하는 다양한 접근법을 말한다. 그런데 ①의 경우 화면 전반에 흩어져 있는 콘텐츠를 무작위로 추출하여 화면을 재구성하는 방법이므로, 원래 이미지의 중요한 부분이 그대로 유지되지 않는다. 따라서 ㉠의 조건에 부합하는 사례로 볼 수 없다.

13 정답 ⑤

〈보기〉의 빈곤 지역 아동은 현재 제대로 식사를 하기 어려운 상태이며, 집이나 병원 등에서 아이를 보호하고 보살필 여건이 갖추어지지 않은 상태에 있음을 알 수 있다. 〈보고서〉의 빈칸은 이러한 결식 및 요보호아동에 대한 대책 마련을 위한 사전 조사로서, 아동이 도움을 받을 수 있는 자원의 조사 단계에 해당한다. 제시된 ①~⑤ 중 이러한 단계로 가장 적합한 것은 ⑤이다. 즉, 아이가 실제로 생활하는 공간을 조사함으로써 해당 지역의 시설이 미취학 아동의 결식 문제 해결이나 아동에 대한 지원 및 후원 등을 어떻게 수행하고 있는지를 조사하는 것이 필요하다는 것이다.

14 정답 ③

첫째 단락의 마지막 문장에서 '당시까지는 학습이란 뇌와 같은 중추신경계에서만 일어날 수 있을 뿐 면역계에서는 일어날 수 없다고 생각했다'라고 하였으므로, 애더의 실험 이전에는 중추신경계에서만 학습이 가능하다는 것이 알려져 있었음을 알 수 있다. 따라서 ③은 이 글을 통해 알 수 있는 내용으로 적절하지 않다.

15 정답 ②

(가)의 경우 '공직자가 공동선을 증진하기 위해 전문적 역할을 수행할 때는 일반적인 도덕률이 적용되어서는 안 된다. … 즉 공동선을 증진하는 결과를 가져온다면 일반적인 도덕률을 벗어난 공직자의 행위도 정당화될 수 있다'라고 하였으므로, 공직자가 일반적 도덕률을 어기면서 공동선을 증진했을 경우 그 행위는 정당화될 수 있다고 주장할 것임을 알 수 있다. 또한 (다)의 경우도 '공직자들의 공적 업무 방식은 일반 시민들의 의지를 반영한 것일 뿐만 아니라 동의를 얻은 것이다. 그러므로 민주사회에서 공직자의 모든 공적 행위는 정당화될 수 있다'라고 하였으므로, 공직자의 모든 공적 행위는 정당화될 수 있다고 주장한다는 것을 알 수 있다. 따라서 ㉡은 옳은 분석에 해당한다.

㉠ (가)의 경우 공직자의 행위는 공동선을 증진하는 결과를 가져올 경우에 정당화될 수 있다고 하였으므로 일반적인 도덕률을 벗어난 행위가 일어날 수 없다고 전제하는 것은 적절하지 않다.

㉢ (다)의 경우 공직자는 일반 시민들로부터 위임 받은 권리에 의해 시민들을 대리한다고 하였지만 공직자도 일반 시민이라는 것을 공직자의 모든 공적 행위 정당화의 근거로 삼고 있지는 않다.

16 정답 ④

미괄식(尾括式)은 주제문이나 글의 중심 문단이 글의 뒷부분에 오는 구성 방식을 말한다. 제시된 ㉠~㉤ 중 주제문 또는 중심 문장으로 가장 적합한 것은 ㉣이다. 과학 기술과 관련된 위기들을 알게 되는 순간 과학 기술에 대한 지나친 낙관적 전망이 무척 위험하다는 것을 깨닫게 된다는 것이다. 그리고 ㉣의 '이런 위기'에 해당하는 내용은 자연환경 파괴를 언급한 ㉠과, 전쟁으로 인한 인류 생존의 위험을 언급한 ㉢이 될 수 있다. 따라서 ㉠과 ㉢이 ㉣의 바로 앞에 온다는 것을 알 수 있다. 또한 ㉢의 '자연 환경의 파괴뿐만 아니라'라는 부분을 통해, ㉠이 문맥상 ㉢ 바로 앞에 온다는 것을 알 수 있다. 따라서 '㉠ – ㉢ – ㉣'이 적절한 전개 순서가 된다. 그리고 나머지 ㉡과 ㉤ 중, ㉤의 '낙관적인 미래 전망이 얼마나 가벼운 것인지'라는 부분을 통해 앞에서 미래에 대한 낙관적인 전망이 언급된다는 것을 알 수 있다. 따라서 '㉡ – ㉤'의 순서가 적절하다. 이상을 종합할 때, 미괄식 문단의 문맥상 전개 순서로 가장 적합한 것은 '㉡ – ㉤ – ㉠ – ㉢ – ㉣'이 된다. 여기서 ㉡은 과학 기술에 대한 낙관적인 전망을 언급한 도입에 해당하며, ㉤은 그러한 태도에 대한 문제점을 지적한 부분이 된다. 그리고 ㉠은 자연환경의 파괴로 인한 위험의 예, ㉢은 전쟁으로 인한 위험의 예에 해당하며, ㉣은 과학 기술에 대한 낙관적 전망의 위험성 또는 우려를 제시한 것으로 글의 결론에 해당한다.

17 정답 ②

〈보기〉의 조건에 따라 문을 연 마트를 찾으면 다음과 같다.

- 〈보기〉의 조건 ㉣에 따라 C는 문을 열지 않았다.
- ㉡의 대우인 'C가 문을 열지 않았다면 A도 문을 열지 않았다'가 참이 되므로, A는 문을 열지 않았다는 것을 알 수 있다.
- A와 C가 문을 열지 않았으므로, ㉢에 따라 B가 문을 열었다는 것을 알 수 있다.
- ㉤의 대우인 'B가 문을 열었다면 D는 문을 열지 않았다'가 참이 되므로, D는 문을 열지 않았다는 것을 알 수 있다.
- ㉥에 따라 E도 문을 열지 않았다.

따라서 문을 연 마트는 B 하나뿐이다.

18 정답 ②

제시문에서 '비판적 사고는 지엽적이고 시시콜콜한 문제를 트집 잡아 물고 늘어지는 것이 아니라 문제의 핵심을 중요한 대상으로 삼는다'라고 하였는데, 이는 일의 경중이나 본질과 지엽적인 사항을 구분하지 못함을 경계하는 것이므로, '본말전도(本末顚倒)'의 태도를 경계하는 내용이 된다. '본말전도'는 '일의 근본 줄기는 잊고 사소한 부분에만 사로잡힘' 을 뜻하는 말로서, '본말(本末)'은 '사물이나 일의 처음과 끝' 또는 '사물이나 일의 중요한 부분과 중요하지 않은 부분'을 의미하며, '전도(顚倒)'란 '차례, 위치, 이치, 가치관 따위가 뒤바뀌어 원래와 달리 거꾸로 됨. 또는 그렇게 만듦'을 의미한다.

① '격물치지(格物致知)'는 '실제 사물의 이치를 연구하여 지식을 완전하게 함'을 의미하는 말이다.

③ '유명무실(有名無實)'은 '이름만 그럴듯하고 실속은 없음'을 의미하는 말이다.

④ '선공후사(先公後私)'는 '공적인 일을 먼저 하고 사사로운 일은 나중에 함'을 의미한다.

⑤ '돈오점수(頓悟漸修)'는 불교의 선(禪) 수행 방법에 관한 것으로,

'문득 깨달음에 이르는 경지에 이르기까지에는 반드시 점진적 수행 단계가 따름'을 이르는 말이다. 구체적으로 '돈오(頓悟)'는 '갑자기 깨달음'을 의미하며, '점수(漸修)'는 '차례와 위계를 거쳐 수행하고 득도함'을 의미한다.

19 정답 ③

제시문과 같이 '잠깐의 효력은 있으나 그 효력이 오래가지 않을 뿐더러 상황이 더 나빠지는 경우'를 비유적으로 이르는 속담은 '언 발에 오줌 누기'이다. 이러한 의미를 갖은 한자어 표현으로는 동족방뇨(凍足放尿), 하석상대(下石上臺), 고식지계(姑息之計), 미봉책(彌縫策) 등이 있다.

① '빈대 잡으려다 초가삼간 태운다'는 '하찮은 빈대 한 마리를 잡으려고 집에 불을 지른다'는 속담으로, 이와 비슷한 한자성어로 '소의 뿔을 바로잡으려다가 소를 죽인다'는 '교각살우(矯角殺牛)'가 있다. 이는 결점이나 흠을 고치려다가 그 정도가 지나쳐 오히려 일을 그르치는 것을 비유적으로 이르는 말이다.

② '구슬이 서 말이라도 꿰어야 보배라'는 '아무리 훌륭하고 좋은 것이라도 다듬고 정리하여 쓸모 있게 만들어 놓아야 값어치가 있다'는 것을 비유적으로 이르는 속담이다.

④ '여름 불도 쬐다 나면 서운하다'는 '오랫동안 해 오던 일을 그만두기는 퍽 어렵다' 또는 '당장에 쓸데없거나 대단치 않게 생각되던 것도 막상 없어진 뒤에는 아쉽게 생각된다'라는 뜻의 속담이다. 비슷한 표현으로는 '오뉴월 겻불도 쬐다 나면 서운하다'라는 속담이 있다.

⑤ '밑 빠진 독에 물 붓기'는 '밑 빠진 독에 아무리 물을 부어도 독이 채워질 수 없다'라는 뜻으로, 아무리 힘이나 밑천을 들여도 보람 없이 헛된 일이 되는 상태를 비유적으로 이르는 표현이다.

20 정답 ①

제시된 문장의 '앞'은 '어떤 사람이 떠맡은 몫' 또는 '차례에 따라 돌아오는 몫'을 의미한다. 이러한 의미로 사용된 것은 ①이다.

② '어떤 조건에 처한 상태'를 의미한다.

③ 여기서의 '앞'은 '장차 올 시간'의 의미하는 말이다.

④ '지나간 시간'을 의미하는 말이다.

⑤ '나아가는 방향이나 장소'의 의미이다.

21 정답 ⑤

(다)에서는 '부자가 되어야 행복해진다고 생각하는 사람은 스스로 부자라고 만족할 때까지는 행복해지지 못한다'라고 하였고, '마'는 '다'의 이유나 근거에 해당되는 내용이므로, '다 – 마'의 순서가 적절하다. 또한, 역접의 접속사 '하지만'으로 시작하는 '라'의 경우 '다 – 마'에서 언급한 경제적 여건을 통한 행복과 대비되는 내용을 제시한 것이므로, 바로 이어서 연결하는 것이 자연스럽다. 따라서 '다 – 마 – 라'가 적절한 배열순서가 된다. 다음으로 '나'의 내용은 '라'의 내용에 대한 이유제시 또는 부연설명에 해당되는 내용이므로, '라' 다음에 이어지는 것이 자연스럽다. 그리고 '가'의 경우 '나'와 반대되는 내용이므로, 바로 다음에 이어지는 것이 적절하다. 따라서 '다 – 마 – 라 – 나 – 가'의 순서가 문맥상 가장 적절한 배열순서가 된다.

22 정답 ④

회사에서 a지점까지 거리를 'x(km)'라 하면, a지점에서 b지점까지의 거리는 '$x+61.5$(km)'가 된다. 갑이 이동한 시간이 모두 '4시간 30분(4.5시간)'이고, '시간$=\frac{거리}{속력}$'이므로 '$4.5=\frac{x}{40}+\frac{x+61.5}{30}$'이 성립한다. 이를 풀면, '$x=42$(km)'이므로, 갑이 이동한 총거리는 '$42+42+61.5=145.5$(km)'이다.

23 정답 ③

매년 첫 번째 수요일은 1월 1일에서 1월 7일 사이에 있다. 그리고 42주는 '$42\times7=294$일'이므로, 43번째 수요일은 '294일+1일=295일'에서 '294일+7일=301일' 사이에 있다. 매년 1월 1일을 기준으로 295일과 301일은 모두 10월이다. 따라서 43번째 수요일은 언제나 10월에 속한다.

24 정답 ③

〈조건〉에 따라 총점이 80점 이상인 사람 중, 면접점수와 NCS점수가 모두 40점 이상인 사람을 표시하면 아래 괄호와 같다. 그리고 ⓒ에 따라, NCS점수가 50점이고 면접점수가 30점 이상인 사람을 표시하면 아래 밑줄과 같다.

면접점수 NCS점수	10점	20점	30점	40점	50점
50점	3	8	<u>10</u>	<u>(7)</u>	<u>(3)</u>
40점	6	8	9	(12)	(8)
30점	7	10	15	9	10
20점	8	7	13	11	6
10점	3	6	11	6	4

따라서 괄호 또는 밑줄이 있는 사람이 합격자가 되므로, 합격자 수는 모두 '40명'이 된다.

25 정답 ②

200명의 지원자 중 30%가 합격하였으므로, 모두 '$200\times0.25=50$명'이 합격하였다. 총점이 높은 순으로 50명을 표시하면 아래의 괄호와 같다.

NCS점수 \ 면접점수	10점	20점	30점	40점	50점
50점	3	8	**(10)**	**(7)**	**(3)**
40점	6	8	9	**(12)**	**(8)**
30점	7	10	15	9	**(10)**
20점	8	7	13	11	6
10점	3	6	11	6	4

따라서 합격자 50명의 총점 평균은 '$\frac{(100\times3)+(90\times15)+(80\times32)}{50}=84.2$(점)'이다. 소수점 첫째 자리에서 반올림하므로, 합격자의 총점 평균은 '84점'이 된다.

26 정답 ①

㉠ 2021~2023년 개인단의 신규 안치건수는 '719+176=895건'이며, 2021~2024년 개인단 신규 안치건수는 '895+606+132=1,633건'이므로, 전자는 후자의 50% 이상이 된다. 따라서 ㉠은 옳은 설명이다.

㉡ 2021~2024년 신규 안치건수의 합은 개인단과 부부단 모두 관내가 관외보다 크다는 것을 〈표〉를 통해 쉽게 알 수 있다. 따라서 ㉡도 옳은 설명이다.

㉢ 부부단의 관내 유형은 2021~2023년 매출액 합계보다 2024년 매출액이 증가하였다.

㉣ 2021~2024년 신규 안치건수의 합은 개인단 관내 유형이 '719+606=1,325건'이며, 부부단 관내 유형이 '632+557=1,189건'이므로, 개인단 관내 유형이 가장 많다.

27 정답 ⑤

㉢ 〈표〉를 통해 전세계 승인 품목 수는 200개이며, 국내에서 승인된 품목 수는 92개라는 것을 알 수 있다. 따라서 전세계 승인 품목 중 국내에서 승인되지 않은 품목의 수는 108개가 되므로, 그 비율은 50% 이상이 된다. 따라서 ㉢은 옳다.

㉣ 전세계 승인 품목 중 옥수수의 경우만 B유형의 품목 수(40개)가 A유형의 품목 수(32)보다 많으므로, ㉣도 옳은 설명이다.

㉠ 모든 농산물에 대한 승인 국가 수의 단순한 합은 120(개)이나, 한 국가에서 여러 품목을 승인한 경우도 있으므로, 하나 이상의 품목을 승인한 국가의 수가 모두 120개라 볼 수는 없다.

㉡ 〈표〉를 통해 전 세계 승인 품목 수가 200개이며, 이 중 국내 승인 품목 수가 92개라는 것은 알 수 있다. 그러나 전 세계 승인 품목은 국내 승인 품목을 포함한다고 했으므로, 국외 승인 품목 수가 108개라고 단정할 수 없다.

28 정답 ②

㉠ '1시간 이상 2시간 미만' 운동하는 3학년 남학생 수는 '224명'이며, '4시간 이상' 운동하는 3학년 여학생 수는 '112명'이므로, 전자는 후자의 2배가 된다.

㉣ '2시간 이상 3시간 미만' 운동하는 남학생의 비율은 1학년이 21.8%, 2학년이 20.9%, 3학년이 24.1%이며, '2시간 이상 3시간 미만' 운동하는 여학생의 비율은 1학년이 20.7%, 2학년이 18.0%, 3학년이 21.6%이다. 따라서 전자의 비율이 모두 후자보다 높으므로, ㉣은 옳은 설명이 된다.

㉡ 남학생과 여학생 모두 학년이 높아질수록 '3시간 이상 4시간 미만' 운동하는 학생의 비율은 낮아진다. 그러나 '4시간 이상' 운동하는 학생의 비율은 학년이 높아질수록 모두 높아진다. 따라서 ㉡은 옳지 않은 설명이다.

㉢ 남학생 3학년의 학생 중 '1시간 미만' 운동하는 학생의 수는 '87명'이며 '4시간 이상' 운동하는 학생 수의 '287명'이므로, 전자는 후자의 '$\frac{87}{287}\fallingdotseq30.3\%$'이다. 따라서 30% 이상이므로, ㉢도 옳지 않다.

29 정답 ①

㉠ 2023년에 공개경쟁채용을 통해 채용이 이루어진 공무원구분은 5급, 7급, 9급, 연구직, 우정직의 5개이므로, ㉠은 옳다.

㉡ 2023년 연구직과 지도직, 우정직의 전체 채용 인원은 '374+3+599=976명'이므로, 8급 채용 인원(481명)의 2배 이상이 된다. 따라서 ㉡도 옳다.

㉢ 2023년에 공개경쟁채용을 통해 채용이 이루어진 공무원구분 중 연구직의 경우는 공개경쟁채용 인원(17명)보다 경력경쟁채용 인원(357명)이 많다.

㉣ 2023년 9급 채용 인원은 4,466명이며 전체 채용 인원은 9,042명이므로, 2023년 9급 채용 인원은 전체 채용 인원의 50% 이하가 된다.

30 정답 ④

2023년의 9급 공개경쟁채용 인원은 3,000명이며, 전체 채용 인원은 9,042명이다. 2024년부터 9급 공개경쟁채용 인원만을 매년 10%씩 늘린다고 했으므로, 2025년 9급 공개경쟁채용 인원은 '$(3,000\times1.1)\times1.1=3,630$명'이 되며, 2025년 전체 공무원 채용 인원은 9,042명에서 630명이 늘어난 '9,672명'이 된다. 따라서 2025년 전체 공무원 채용 인원 중 9급 공개경쟁채용 인원의 비중은 '$\frac{3,630}{9,672}\times100\fallingdotseq37.5\%$'가 된다. 소수점 아래 첫째 자리에서 반올림하므로, '38%'이다.

31 정답 ①

㉠ 소독효율은

'$\frac{\text{시작 시점(A) 병원성 미생물 개체 수}-\text{측정시점 병원성 미생물 개체수}}{\text{측정시점의 소독제 누적주입량}}$'

이므로, D의 소독효율은 대략 '$\frac{100-26}{6.7}$≒11'이며, E의 소독효율은 '$\frac{100-40}{8}$=7.5'이다. 따라서 소독효율은 D가 E보다 높으므로, ㉠은 옳은 설명이다.

㉡ B의 소독효율은 대략 '$\frac{100-20}{2.8}$≒28.6'이며, C의 소독효율은 '$\frac{100-2}{5}$=19.6'이 된다. D, E, F로 갈수록 분모 부분인 '측정시점의 소독제 누적주입량'은 커지고 분자 부분은 작아지므로, 소독효율이 B, C보다 낮다는 것을 알 수 있다. 따라서 소독효율이 가장 높은 것은 B이므로, 실험 시작시점부터 1시간 경과한 시점의 소독효율이 가장 높다. ㉡은 옳지 않은 설명이 된다.

㉢ 구간 소독속도의 공식에서, E~F 구간과 B~C 구간은 분모 부분인 '측정구간 사이의 시간'이 1시간으로 동일하므로, 분자 부분의 값에 따라 구간 소독속도가 결정된다. 그런데 E~F 구간의 병원성미생물 개체수 차이보다 B~C의 병원성미생물 개체수 차이가 크므로, 분자 값은 B~C 구간이 더 크다. 따라서 구간 소독속도도 B~C 구간이 E~F 구간보다 더 높다. ㉢도 옳지 않은 설명이다.

32 정답 ⑤

2023년 10월 월매출액 1~3위 자동차의 월매출액 기준 시장점유율은 '34.3+33.0+8.6=75.9%'이며, 4~6위 자동차의 시장점유율은 '5.9+4.6+4.5=15%'이다. 전자는 후자의 '5.06배'이므로, 5배 이상이 된다. 따라서 ⑤는 옳은 설명이다.

① A 자동차의 10월 매출액은 전월대비 60%가 증가하여 1,139억원이다. A 자동차의 9월 월매출액을 x라 하면, 'x×1.6=1,139억원'이 되므로, 이를 풀면 'x≒712억원'이 된다. 따라서 700억원 이상이므로, ①은 옳지 않다.

② B 자동차의 9월 월매출액을 구하면 '$\frac{1,097}{1.4}$≒784억원'이 된다. 9월 매출액 순위는 B가 A보다 높으므로, 10월 월매출액 상위 5개 자동차의 순위는 전월과 동일하지 않다.

③ 2023년 I 자동차의 월매출액은 8월의 경우 '24−9=15억원'이며, 9월의 경우 '36−24=12억원'이 된다. 따라서 6월부터 9월 중 I 자동차의 월매출액이 가장 큰 달은 8월이 된다.

④ '시장점유율(%)=$\frac{\text{해당 자동차 월 매출액}}{\text{전체 자동차 월 매출 총액}}$×100'이므로, '전체 자동차 월매출 총액=$\frac{\text{해당 자동차 월 매출액}}{\text{시장 점유율}}$×100'이 된다.

I 자동차의 월매출액과 시장점유율을 통해 10월 전체 자동차 매출액 총액을 구하면 '$\frac{30}{0.9}$×100≒3,333억원'이 되므로, 4,000억원 이하가 된다.

33 정답 ③

연도별 인구 10만명당 범죄 발생건수는 '$\frac{\text{범죄 발생건수}\times 100,000}{\text{총 인구 수}}$'이므로, 2020년 인구 10만명당 범죄 발생건수는 '$\frac{18,258\times 100,000}{49,346,000}$≒37건'이 된다.

34 정답 ②

㉠ 인구 10만명당 발생건수 증가율을 참고로 할 때, 전년대비 4대 범죄 발생건수 증가율이 가장 낮은 연도는 2022년이다. 전년대비 4대 범죄 검거건수 증가율의 경우도 2022년이 '$\frac{(16,630-16,404)}{16,404}$×100≒1.4%'로 가장 낮다. 따라서 ㉠은 옳은 설명이다.

㉣ 〈표 1〉을 통해 매년 4대 범죄의 발생건수와 검거건수가 증가하고 있음을 알 수 있다.

㉡ 2023년 4대 범죄의 발생건수와 검거건수를 비교할 때, 발생건수 대비 검거건수 비율이 낮은 범죄 유형은 '살인'과 '절도'이다. 살인의 경우 발생건수 대비 검거건수 비율이 '$\frac{122}{132}$×100≒92.4%'이며, 절도의 경우 '$\frac{12,525}{14,778}$×100≒84.8%'이므로, '절도'가 2023년 발생건수 대비 검거건수 비율이 가장 낮은 범죄 유형이다. 따라서 ㉡은 옳지 않다.

㉢ 2023년 강도와 살인 발생건수의 합이 4대 범죄 발생건수에서 차지하는 비율은 '$\frac{(5,753+132)}{22,310}$×100≒26.4%'이며, 강도와 살인 검거건수의 합이 4대 범죄 검거건수에서 차지하는 비율은 '$\frac{(5,481+122)}{19,774}$×100≒28.3%'이 된다. 따라서 전자는 후자보다 낮으므로, ㉢은 옳지 않다.

35 정답 ④

㉡ 〈보고서〉에서 2023년 갑국이 공여한 전체 국제개발원조액은 19억 1,430만 달러이며, 이것이 GDP 대비 0.13%를 기록하였다고 했다. 따라서 수원액 상위 10개국의 수원액 합인 '7억 3,800만 달러'는 '$\frac{\text{7억 3,800만 달러}\times 0.13}{\text{19억 1,430만 달러}}$≒0.0501(%)'이므로,

0.05% 이상이 된다.

㉣ 수원액 상위 10개국을 제외한 국가들의 수원액 합은 '1,914.3－738＝1,176.3(백만달러)'이다. 아프가니스탄 수원액의 10배는 '930(백만달러)'이므로, 수원액 상위 10개국을 제외한 국가들의 수원액 합은 아프가니스탄 수원액의 10배 이상이 된다.

㉠ 전체 국제개발원조액에서 '오세아니아 · 기타 아시아'에 대한 국제개발원조액은 '32.4%'를 차지하며, '사하라 이남 아프리카'와 '북아프리카', '중남미'에 대한 국제개발원조액의 합은 '20.0＋5.4＋7.5＝32.9%'를 차지한다. 따라서 전자는 후자보다 작으므로, ㉠은 옳지 않은 설명이다.

㉢ 수원액 상위 10개국의 수원액 합은 갑국 GDP의 0.05%이다(㉡ 해설 참고). '중앙아시아 · 남아시아'에 대한 국제개발원조액은 전체 국제개발원조액(GDP의 0.13%)의 21.1%를 차지하므로, 갑국 GDP의 '0.13×0.211＝0.02743%'이 된다. 따라서 '중앙아시아 · 남아시아'에 대한 국제개발원조액은 수원액 상위 10개국의 수원액 합보다 작으므로, ㉢도 옳지 않다.

36 정답 ①

㉠ 화재건수가 가장 많은 달은 3월로 '3,438건'이 발생했으므로, 전체 화재건수의 '$\frac{3,438}{31,778}\times100≒10.8\%$'이다. 따라서 10% 이상이므로, ㉠은 옳은 설명이다.

㉡ 〈표〉의 재산피해액과 이재가구수를 비교해 보면, 이재가구당 재산피해액이 가장 적은 달은 10월이라는 것을 쉽게 알 수 있다. 10월의 이재가구당 재산피해액은 '$\frac{11,518(백만원)}{277}≒42.7$(백만원)'이 되므로, 5천만원 이하가 된다.

㉢ 동절기에 화재로 부상을 입은 인원은 모두 '152＋177＋131＝460명'이므로, 이 인원은 2023년 화재로 부상을 입은 전체인원의 '$\frac{460}{1,734}≒26.5(\%)$'가 된다. 따라서 30% 이하이다.

㉣ 가장 많은 재산피해를 입은 달(1월)의 재산피해액은 '17,627(백만원)'이며, 가장 적은 재산피해를 입은 달(7월)의 재산피해액은 '8,131(백만원)'이므로, 전자는 후자의 2배 이상이 된다.

37 정답 ⑤

㉢ 인간관계의 중요성을 다른 연령대보다 낮게 생각하는 연령대는 40대이다. 40대에서 가족간 화목을 중요한 요건으로 답한 응답한 비율은 23.5%이며 전체 응답자 수는 339명이므로, 가족간 화목을 중요한 요건으로 답한 응답자 수는 '339×0.235＝79.665명'이 된다. 따라서 70명 이상이므로, ㉢은 옳은 설명이다.

㉣ 10대이면서 인간관계를 가장 중요하게 생각하는 응답자 수는 '161×0.151≒24.3명'이므로, 이는 전체 응답자(1,634명)의 '$\frac{24.3}{1,634}\times100＝1.49\%$'이다. 따라서 1.5% 이하가 되므로, ㉣도 옳다.

㉠ 40대를 제외하면, 나이가 많을수록 건강을 중요시하는 비중이 높다.

㉡ 사회적 지위를 가장 중요하게 생각하는 응답자 비율은 10대와 30대가 3.1%로 같으나, 전체 응답자 수가 각각 161명, 346명으로 다르므로 응답자 수도 다르다.

38 정답 ②

㉠ 〈표〉에서 2021년부터 20237년까지 보육시설 수의 변동양상을 보면, 법인보육시설을 제외하고는 모두 증가하였음을 알 수 있다. 또한 이 기간 동안 법인보육시설은 1,537개소에서 1,475개소로 62개소가 감소하였다. 따라서 ㉠은 옳은 설명이 된다.

㉣ 2015년에 비해 2023년의 보육아동 수가 증가하였다는 것은 〈표〉를 통해 쉽게 알 수 있다. 2015년의 보육시설 1개소당 보육아동 수는 '$\frac{293,747}{9,085}≒32.3$명'이며, 2023년의 보육시설 1개소당 보육아동 수는 '$\frac{1,040,361}{29,233}≒35.6$명'이므로, 2015년에 비해 2023년의 보육시설 1개소당 보육아동 수도 증가하였다. 따라서 ㉣은 옳은 설명이다.

㉡ 개인보육시설이 차지하는 비중은 매년 국공립보육시설과 법인보육시설을 합한 비중보다 크다. 그러나 2015년의 개인보육시설 비중은 34.9%, 놀이방 보육시설은 42.3%이므로, 개인보육시설 비중이 매년 놀이방 보육시설의 비중보다 큰 것은 아니다.

㉢ 2023년 국공립보육시설의 수는 2015년 대비 '$\frac{(1,643-1,029)}{1,029}\times100≒59.7\%$'이므로, 50% 이상 증가하였다. 그러나 2020년의 경우 2019년보다 1개소 감소하였으므로, 매년 증가한 것은 아니다.

39 정답 ④

2023년의 전년대비 보육시설 수의 증가율이 가장 큰 시설은, 2022년 42개소에서 2023년 59개소로 증가한 부모협동보육시설이다. 2023년 부모협동보육시설 수의 전년대비 증가율은 '$\frac{17}{42}\times100＝40.5\%$'가 된다.

40 정답 ③

'소금물의 농도(%)$=\frac{\text{소금의 양}}{\text{소금물의 양}}\times 100$'이므로 18%의 소금물 300g에 들어 있는 소금의 양은 '54g'이다. 여기서 추가하는 물의 양을 x(g)라 하면, 문제 조건에 따라 '$10=\frac{54}{(300+x)}\times 100$'이 성립한다. 이를 풀면 '$x=240$g'이 된다.

41 정답 ④

첫 번째 밑줄과 세 번째 밑줄은 다음과 같은 규칙이 있다.

- $320\div 8\times \frac{1}{2}=20$
- $9.3\div 3\times 5=15.5$

따라서 '$12\div 8\times$㉠$=4$'가 되므로, ㉠은 '$\frac{8}{3}$'이 된다.

42 정답 ①

가로로 나열된 숫자의 합 '$1+3+8+11$', '$9+7+4+3$'과 세로로 나열된 숫자의 합 '$11+5+4+3$'이 모두 '23'으로 같다. 따라서 '$1+13+$㉠$+9=23$'이 성립하므로, ㉠은 '0'이 된다.

43 정답 ③

㉡ 넷째 단락에서 '개자리는 굴뚝으로 빠져 나가는 열기와 연기를 잔류시켜 윗목에 열기를 유지하는 기능을 한다. 개자리가 깊을수록 열기와 연기를 머금는 용량이 커진다'라고 하였으므로, 개자리가 깊을수록 윗목의 열기를 유지하기가 더 용이해진다. 따라서 ㉡은 옳은 설명이다.

㉢ 셋째 단락에서 '불목은 아궁이와 고래 사이에 턱이 진 부분으로 불이 넘어가는 고개라는 뜻이다. … 고래가 끝나는 윗목 쪽에도 바람막이라는 턱이 있는데'라고 하였다. 따라서 불목은 아궁이가 있는 아랫목 쪽에 가깝고, 바람막이는 윗목 쪽에 가깝다는 것을 알 수 있다. ㉢도 옳은 설명이 된다.

㉠ 둘째 단락에서 '고래 바닥은 아궁이가 있는 아랫목에서 윗목으로 가면서 높아지도록 경사를 주는데'라고 하였으므로, 고래 바닥은 아랫목에서 위목을 갈수록 높아진다는 것을 알 수 있다.

㉣ 불목과 바람막이에 대해 설명하고 있는 셋째 단락에서 불목은 '아궁이에서 타고 남은 재가 고래 속으로 들어가지 못하도록 막아준다. … 바람막이라는 턱이 있는데, 이 턱은 굴뚝에서 불어내리는 바람에 의해 열기와 연기가 역류되는 것을 방지한다'라고 하였다. 따라서 타고 남은 재가 고래 안으로 들어가지 못하게 하는 것은 불목이며, 바람막이는 굴뚝에서 내려오는 바람에 의해 열기와 연기가 역류되지 못하게 하는 기능을 한다는 것을 알 수 있다.

44 정답 ②

㉠ 제ㅇㅇ조 제1항에서 '공유자의 지분은 균등한 것으로 추정한다'라고 했으므로, 동산 A는 갑, 을, 병이 각자 1/3씩 지분을 갖는 것으로 추정된다. 따라서 ㉠은 옳다.

㉣ 제ㅇㅇ조에서 '공유자가 그 지분을 포기하거나 상속인 없이 사망한 때에는 그 지분은 다른 공유자에게 각 지분의 비율로 귀속한다'라고 했으므로, 공유자인 갑이 상속인 없이 상망한 경우 그의 지분은 을과 병에게 각 지분의 비율에 따라 귀속된다. 따라서 ㉣도 옳다.

㉡ 제ㅇㅇ조에서 '그러나 보존행위는 각자가 할 수 있다'라고 했으므로, 병은 단독으로 공유물 A에 대한 보존행위를 할 수 있다.

㉢ 제ㅇㅇ조에서 '공유자는 자신의 지분을 다른 공유자의 동의 없이 처분할 수 있고'라고 했으므로, 공유자인 을은 자신의 지분을 갑과 을의 동의 없이 처분할 수 있다.

45 정답 ③

제시된 글과 〈사례〉를 비교하여 손해배상을 받을 수 있는 최대 금액을 살펴보면 다음과 같다.

- 제시된 글의 둘째 단락에서 '채권자와 채무자 사이에 손해배상액의 예정이 있으면 채권자는 실손해액과 상관없이 예정된 배상액을 청구할 수 있지만, 실손해액이 예정액을 초과하더라도 그 초과액을 배상받을 수 없다'라고 하였다. 따라서 갑은 리모델링 공사 지연시에 배상받을 수 있도록 손해배상액 예정을 하였으므로 예정액 한도에서 받을 수 있다. 손해배상액 예정액은 지연기간(30일) 1일당 공사대금(1억 원)의 0.1%이므로, '30×1억 원$\times 0.001=300$만 원'이 된다. 리모델링 완료 지연으로 갑이 입은 손해는 400만 원이지만, 300만 원을 초과하는 금액은 받을 수 없으므로, 300만 원만 받게 된다.
- 글의 둘째 단락에서 '손해배상액을 예정한 사유가 아닌 다른 사유로 발생한 손해에 대해서는 손해배상액 예정의 효력이 미치지 않는다'라고 했으므로, 을이 고의로 불량자재를 사용하는 부실공사로 인해 갑이 입은 손해 800만 원은 손해배상액 예정의 효력이 미치지 않는다. 따라서 갑은 이 800만 원은 손해배상을 청구해 받을 수 있다.

따라서 이를 종합하면 갑이 을에게 청구해 받을 수 있는 최대 손해배상액은 '$300+800=1{,}100$만 원'이 된다.

46 정답 ①

A를 아래의 자리에 두고, 이를 기준으로 하여 〈조건〉을 검토해 보면 다음과 같다.

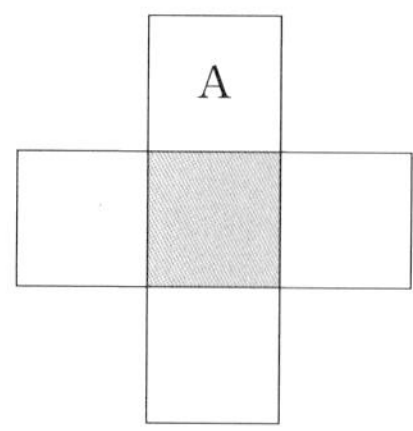

㉢ A와 B는 여자이고, C와 D는 남자이다.

㉣ A 입장에서 왼편에 앉은 사람은 파란 모자를 쓰고 있고, 맞은편에는 C가 있으므로, 아래 그림과 같다.

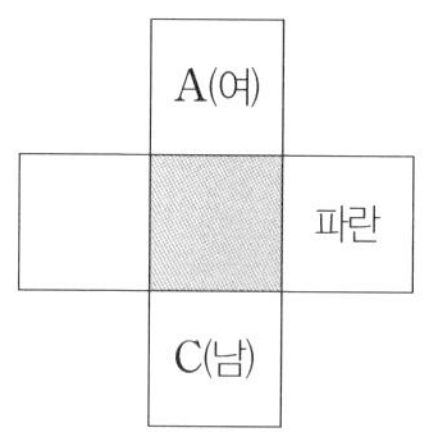

㉤ C 맞은편에 앉은 사람은 빨간 모자를 쓰고 있으므로, A는 빨간 모자를 쓰고 있다.

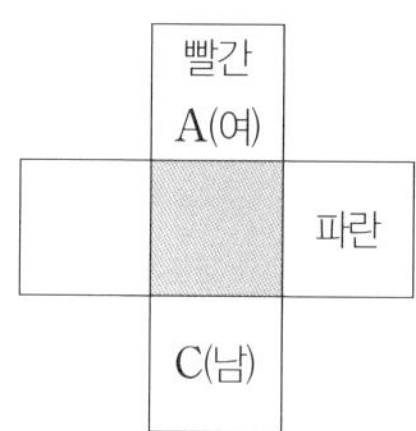

㉥ D 맞은편에 앉은 사람은 노란 모자를 쓰고 있지 않으므로, D의 자리는 다음의 (가), (나) 그림의 자리 중 하나이다.

(가) 빨간 A(여) / D / 파란 B / C(남)

(나) 빨간 A(여) / 초록 B / 파란 D / 노란 C(남)

(가)의 경우를 살펴보면 다음과 같다.

㉦ B 입장에서 왼편에 앉은 사람은 C가 되며, C는 초록 모자를 쓰고 있지 않으므로 노란 모자를 쓰고 있다.

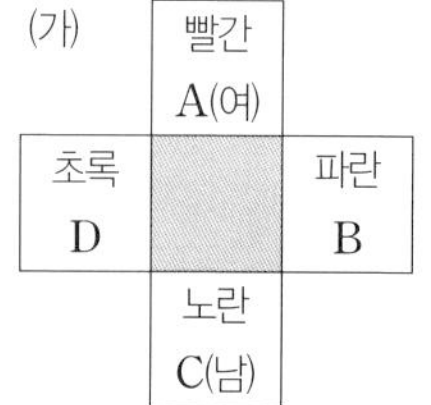

㉧ 노란 모자를 쓴 사람(C)과 초록 모자를 쓴 사람(D) 중 한 명은 남자이고 한 명은 여자라고 했는데, 이는 ㉢과 모순되므로, (가)는 옳지 않고 (나)가 옳다. (나)를 통해 ㉦과 ㉧을 검토하면 모순이 없으며, 자리와 모자 색깔은 다음과 같다.

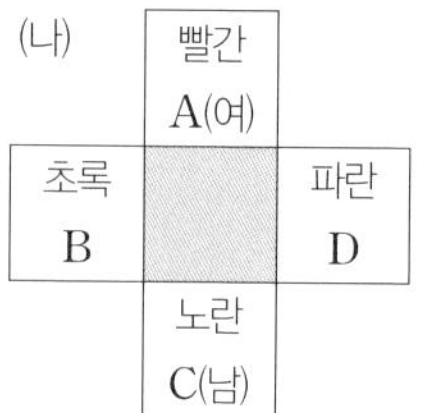

따라서 A의 오른쪽에 앉은 사람은 B이며, 노란 모자를 쓰고 있는 사람은 C가 된다.

47 정답 ⑤

㉢ 〈보고서〉에서 '이는 2023년 이후 기초 · 원천기술연구에 대한 투자규모의 지속적인 확대로 SCI 과학기술 논문 발표수가 꾸준히 증가하고 있는 것으로 분석된다'라고 했으므로, '2023년 이후 갑국 기초 · 원천기술연구 투자규모 현황'에 대한 자료가 〈보고서〉 작성을 위해 추가로 필요하다는 것을 알 수 있다.

㉣ 〈보고서〉의 후반부에서 '2023년의 논문 1편당 평균 피인용횟수는 4.55회로 SCI 과학기술 논문 발표수 상위 50개 국가 중 32위를 기록했다'라고 했으므로, '2023년 SCI 과학기술 논문 발표수 상위 50개 국가의 논문 1편당 평균 피인용횟수'에 관한 자료가 추가로 필요하다는 것을 알 수 있다. 따라서 ㉣도 필요한 자료가 된다.

㉠ '연도별 세계 총 SCI 과학기술 학술지 수'는 제시된 보고서 작성을 위해 필요한 내용이 아니며, 〈표〉에 있는 갑국의 연도별 SCI 과학기술 논문 발표수와 세계 점유율(%)을 통해 구할 수 있으므로, 추가적으로 필요한 자료가 아니다.

㉡ '2019~2023년 갑국 SCI 과학기술 논문 발표수의 전년대비 증가율'은 제시된 〈표〉를 통해 구할 수 있으므로, 추가적으로 필요한 자료가 아니다.

48 정답 ④

㉡ 첫째 단락 후반부에서 '19세기 중엽에는 '벨로시페드'라는 자전거가 등장했는데, 이 자전거는 앞바퀴 쪽에 달려 있는 페달을 밟아 이동이 가능했다. 이 페달은 1861년 에르네스트 미쇼가 드레지엔을 수리하다가 아이디어를 얻어 발명한 것이었다'라고 했으므로, 벨로시페드의 페달은 드레지엔의 수리과정에서 얻은 아이디어를 바탕으로 발명되었다고 할 수 있다.

㉣ 셋째 단락에서 '그리고 1885년에는 안전 커버가 부착되고 두 바

퀴의 지름이 똑같은 자전거가 발명되었다. 1888년에는 스코틀랜드의 수의사 던롭이 공기 타이어를 고안했으며'라고 했으므로, 두 바퀴의 지름이 똑같은 자전거가 공기 타이어가 부착된 자전거보다 먼저 발명되었음을 알 수 있다.

㉠ 첫째 단락 전반부에서 '최초의 자전거는 1790년 시브락 백작이 발명한 '셀레리페르'라는 것이 정설이다. 이후 1813년 만하임의 드라이스 폰 자이에르브론 남작이 '드레지엔'을 선보였다. 방향 전환이 가능한 핸들이 추가된 이 자전거는'라고 하였으므로, 핸들로 방향 전환이 가능한 최초의 자전거는 '드레지엔'이라 할 수 있다.

㉢ 둘째 단락에서 '자전거가 인기를 끌자, 1868년 5월 생클루드 공원에서는 처음으로 자전거 스피드 경주가 열렸다. … 그는 다음 해 열린 파리-루앙 간 최초의 도로 사이클 경주에서도 우승했다'라고 했으므로, 처음으로 도로 사이클 경주가 개최된 것은 19세기 후반이다.

49 정답 ②

㉠ 〈그림 1〉에서 미혼남의 인원수는 2015년 이후 매년 증가했고, 미혼녀의 인원수는 2014년 이후 매년 증가했다는 것을 알 수 있다.

㉣ 2016년 미혼녀와 미혼남의 인원수 차이는 '26,415－14,720＝11,695명'이며, 2017년 미혼녀와 미혼남의 인원수 차이는 '41,293－29,659＝11,634명'이므로, 전자는 후자보다 61명이 많다. 따라서 ㉣도 옳은 설명이다.

㉡ 2016년 미혼녀 인원수 14,720명이며, 2015년의 미혼녀 인원수는 7,110명이므로, 전자는 후자의 2배 이상이라는 것을 알 수 있다.

㉢ 2017년 미혼남녀의 직업별 분포에서 회계사 수는 5,315명이며, 연구원 수는 2,724명이므로, 전자는 후자의 2배 이하가 된다.

50 정답 ①

㉠ 셋째 단락 후반부에서 '한편 비타민 A 성분이 포함된 제품은 오래된 각질을 제거하는 기능도 있다. 그러므로 각질관리 제품과 같이 사용하면 과도하게 각질이 제거되어 피부에 자극을 주고 염증을 일으킨다'라고 하였으므로, 비타민 A 성분이 포함된 제품과 각질관리 제품을 같이 사용하는 경우 피부에 자극을 주어 염증을 일으킬 수 있다. 따라서 ㉠은 같이 사용하면 부작용을 일으키는 화장품의 조합에 해당한다.

㉡ 넷째 단락에서 'AHA 성분이 포함된 제품을 사용할 때는 보습 및 탄력관리에 유의해야 하며 자외선 차단제를 함께 사용해야 한다'라고 했으므로, AHA 성분이 포함된 제품과 보습기능이 있는 자외선 차단제를 사용하는 것은 권장되는 사용 조합에 해당한다.

㉢ 둘째 단락에서 '비타민 B 성분이 포함된 제품을 트러블과 홍조 완화에 탁월한 비타민 K 성분이 포함된 제품과 함께 사용하면, 양 성분의 효과가 극대화되어 깨끗하고 건강하게 피부를 관리하는데 도움이 된다'라고 했으므로, 비타민 B 성분이 포함된 로션과 비타민 K 성분이 포함된 영양크림은 권장되는 효과적인 조합에 해당한다.

07 실전모의고사 3회

영역분리형

[의사소통능력]

01 ③	02 ④	03 ①	04 ④	05 ②	06 ③	07 ④	08 ④	09 ③	10 ③
11 ①	12 ③	13 ①	14 ②	15 ④	16 ①	17 ④	18 ①	19 ②	20 ④

[문제해결능력]

21 ④	22 ③	23 ②	24 ①	25 ③	26 ④	27 ②	28 ②	29 ①	30 ④
31 ③	32 ④	33 ③	34 ②	35 ①	36 ②	37 ②	38 ③	39 ①	40 ④

[수리능력]

41 ①	42 ④	43 ②	44 ③	45 ③	46 ②	47 ①	48 ④	49 ①	50 ③

[의사소통능력]

01 정답 ③

첫째 단락 앞부분에서 '지구, 달, 태양의 운동이 매우 잘 알려져 있기 때문에 일식은 비교적 먼 미래까지 분 단위 이하의 정확도로 예측할 수 있다. … 한 사로스 주기마다 일정한 비율로 일식과 월식이 일어난다'라고 하였는데, 이를 통해 사로스 주기는 지구에서 일어나는 일식과 월식의 주기에 해당한다는 것을 알 수 있다. 둘째 단락 중반부에서 명왕성도 지구와 같이 일식이 일어난다는 것을 알 수 있지만, 그 주기는 명왕성와 그 위성, 태양의 위치 및 크기에 따라 결정될 것이다. 따라서 ③은 이 글을 통해 알 수 있는 내용으로 적절하지 않다.

02 정답 ④

제시된 발표에서 매체의 특성을 고려해 발표 내용을 조절하고 있다는 것은 전혀 알 수 없는 내용이다. 제시문은 발표 내용에 관한 것일 뿐이며, 매체와 관련된 내용은 언급되지 않았다.

① 셋째 단락에서 노벨 경제학상 수상자 대니얼 카너먼의 견해를 인용하고 있다.
② 첫째 단락과 둘째 단락에서 모두 질문을 제시하여 청중의 주의를 환기하고 있다.
③ 셋째 단락에서 캐나다에서 130명을 대상으로 앞서 제시한 구체적 사례와 관련된 질문과 그에 대한 응답 결과를 제시하였다.

03 정답 ①

제시문의 셋째 문장의 "이와 마찬가지로"에서 글의 논리 전개 방식을 파악할 수 있다. 즉, 앞 두 문장의 '정의'가 사회적 제도에 있어 제일의 덕인 것과 마찬가지로 '법과 제도'도 정의롭지 않으면 개혁되거나 폐기되어야 한다는 것이므로, 전체적으로 유사한 것에 기초하여 다른 것을 미루어 추측하는 "유추(類推)"의 방식에 의해 글을 전개하고 있음을 알 수 있다. 이와 논리 전개 방식이 같은 것은 ①이다. ①은 '인생'을 '여행'과 같다고 하고, 그 유사한 점을 서술하는 "유추"의 논리 전개 방식을 취하고 있다.

② 여자의 사고방식과 남자의 사고방식의 차이점을 설명하는 "대조"의 방식으로 논리를 전개하고 있다.
③ '우리 강아지'와 '내 친구 강아지'를 근거로 하여 '모든 강아지'의 속성을 판단하는 "귀납추리"의 방식을 사용하고 있다.
④ 3단 논법(대전제 – 소전제 – 결론)의 "연역 추리"의 방식으로 글을 전개하고 있다.

04 정답 ④

'Ⅱ – 2'와의 관련성을 고려하여 'Ⅱ – 3(청소년 디지털 중독을 해결하기 위한 방안)'의 하위 항목을 정하는 경우, 'Ⅱ – 2'의 '가'를 해결하기 위한 방안으로는 'Ⅱ – 3'의 '가', 'Ⅱ – 2'의 '다'를 해결하기 위한 방안으로는 'Ⅱ – 3'의 '나'가 적절하게 연결될 수 있다. 따라서 ㉣에는 'Ⅱ – 2'의 '라'에 해당하는 해결 방안이 연결되는 것이 적절하다. 따라서 ㉣에는 '청소년을 대상으로 디지털 기기의 사용 시간제한'보다는 자극적이고 중독적인 디지털 콘텐츠의 무분별한 유통을 방지하는 방안이 연결되어야 한다. 따라서 ④는 적절하지 않다.

① '우울증이나 정서 불안 등의 심리적 질환 초래'는 디지털 중독의 폐해에 해당하므로 이를 하위 항목으로 추가할 수 있다.
② '다양한 기능과 탁월한 이동성을 가진 디지털 기기의 등장'은 '청소년 디지털 중독의 폐해'와 무관한 내용이므로, 이를 삭제하는 것이 적절하다.

③ '뇌의 기억 능력을 심각하게 퇴화시키는 디지털 치매의 심화'는 '청소년 디지털 중독에 영향을 미치는 요인(Ⅱ - 2)'이 아니라 '청소년 디지털 중독의 폐해(Ⅱ - 1)'에 해당한다. 따라서 'Ⅱ - 1'의 하위 항목으로 옮기는 것이 적절하다.

05 정답 ②

둘째 단락 두 번째 문장에서 '기초적인 전제가 확립'되었다고 하였고, 밑줄 친 부분의 다음 문장에서 '정상 과학의 시기에는 이미 이론의 핵심 부분들은 정립돼 있다'라고 하였으므로, 정상 과학의 시기에는 이미 이론적 핵심 부분들이 정립되어 있다는 것을 알 수 있다. 따라서 ②는 적절한 설명이 된다.

06 정답 ③

제시된 글은 비가 샌 행랑채를 수리했던 경험을 통해 필자가 느낀 바를 서술한 것이다. 둘째 단락의 '잘못을 알고서도 바로 고치지 않으면 곧 그 자신이 나쁘게 되는 것이 마치 나무가 썩어서 못 쓰게 되는 것과 같으며, 잘못을 알고 고치기를 꺼리지 않으면 해(害)를 받지 않고 다시 착한 사람이 될 수 있으니, 저 집의 재목처럼 말끔하게 다시 쓸 수 있는 것이다'라는 내용이 글의 중심 내용에 해당한다. 따라서 잘못을 알게 되면 바로 고치는 자세가 필요하다는 ③이 중심 내용으로 가장 적절하다.

07 정답 ④

동양의 건축이 인공 조형물에 대해 폐쇄적이라는 설명은 제시되지 않았다. 첫째 단락 후반부에서 '서양의 건축이 내적 구성, 폐쇄적 조직을 강조한 객체의 형태를 추구했다면, 동양의 건축은 그보다 객체의 형태와 그것이 놓이는 상황 및 자연 환경과의 어울림을 통해 미를 추구하였던 것이다'라 하였고, 둘째 단락에서 '환경에 개방적이고 우기에 환기를 좋게 할 뿐 아니라, 내 · 외부 공간의 차단을 거부하고 자연과의 대화를 늘 강조한다'라고 하여 동양 건축 양식의 장점을 설명하고 있는데, 이를 종합해보면 동양의 건축은 자연환경과 인공 조형물 모두에 대해서 개방적인 특성을 지닌다고 판단할 수 있다. 따라서 ④는 옳지 않은 설명이다.

08 정답 ④

(가) 바로 앞에서 '예술가는 작품을 만드는 동안 예술제도로부터 단절될 수 없다'라고 하였으므로, (가)에는 이에 대한 이유나 근거가 제시되어야 한다. 따라서 ㉢이 가장 적절하다. (가) 뒤에서 '예술가는 특정 예술제도 속에서 예술의 사례들을 경험하고, 예술적 기술의 훈련이나 교육을 받음으로써 예술에 대한 배경지식을 얻게 된다'라고 하여, ㉢의 내용을 구체화하고 있다.

(나) 바로 앞에서 '심지어 어린 아이들의 그림이나 놀이조차도 문화의 진공 상태에서 이루어지지 않는다'라고 하여 낭만주의적 예술가의 가정을 부정하고 있으므로, (나)에는 이에 대한 근거과 제시되어야 한다. 따라서 어린 아이도 인지구조가 형성되고 그 과정에서 문화의 영향을 받을 수밖에 없다는 ㉡이 들어가는 것이 적절하다.

(다) 앞에서 예술작품을 전혀 본 적 없는 사람이 진흙으로 새로운 형상을 만들어 내어도 예술작품을 창조한 것으로 볼 수 없다고 하였으므로, (다)에는 이러한 주장에 대한 이유나 근거가 제시되어야 한다. 그러므로 가장 적절한 것은 ㉠이 된다.

따라서 (가)에는 ㉢, (나)에는 ㉡, (다)에는 ㉠이 들어가는 것이 가장 적절하다.

09 정답 ③

㉠ (가)에서의 PD는 인문학 열풍에 대해 '교양 있는 삶에 대한 열망을 원인으로 꼽는다'라고 하였으므로, 인문학 열풍을 교양 있는 삶에 대한 시민들의 자발적 현상으로 보고 있음을 알 수 있다. 그러나 (나)의 문학평론가는 '인문학 열풍이 인문학을 시장 논리와 결부시켜 상품화하고 있다', '인문학이 시장의 영역에 포섭됨으로써 오히려 말랑말랑한 수준으로 전락하고 있다'라고 보고 있으므로, 이것을 시민들의 자발적 현상으로 보지 않음을 알 수 있다. 따라서 ㉠은 적절하지 않은 설명이다.

㉡ (가)의 PD는 인문학 열풍은 개인적 성찰을 위한 것이며, 이를 넘어 공동체의 개선에까지 긍정적인 영향을 미친다고 보지는 않았다. (다)의 공무원은 '동네 인문학'이라는 개념을 주민자치와 연결하여, 자기 성찰의 기회를 얻고 삶에 대한 지혜를 통해 동네를 살기 좋은 공동체로 만드는 과정이라 보고 있다. 따라서 ㉡은 (다)의 공무원에만 해당되는 설명이 된다.

㉢ (나)의 문학평론가는 인문학 열풍이 인문학을 시장 논리와 결부시켜 상품화하고 있다고 부정적으로 보고 있으며, (라)의 교수는 '진정한 인문학적 성찰을 바탕으로 다양한 학문 분야에 몰두해야 할 대학이 오히려 인문학의 대중화를 내세워 인문학을 상품화한다'라고 평가함으로써 이에 대한 상품화를 비판하고 있다. 따라서 ㉢은 적절한 설명에 해당한다.

따라서 (가)~(라)에 대한 설명으로 적절한 것은 ㉢뿐이다.

10 정답 ③

둘째 단락 후반부에서 '알파벳을 구성하는 기호들은 개별적으로는 아무런 의미도 가지지 않으며 어떠한 이미지도 나타내지 않는다'라고 했는데, ③은 이에 배치되는 내용이다.

① 둘째 단락의 마지막 문장인 '표음문자의 경우 대부분 언어는 개별 구성 요소들이 하나의 전체로 결합되는 과정을 통해 이해된다'와 부합하는 내용이다.

② 첫째 단락의 '우리의 뇌는 시각적 신호를 받아들일 때 시야에 들어온 세계를 한꺼번에 하나의 전체로 받아들이게 된다. 즉 대다수

의 이미지는 한꺼번에 지각된다'라는 부분을 통해 파악할 수 있는 내용이다. 즉, 원앙이라는 새의 전체 모습을 시각을 통해 한꺼번에 지각하게 된다는 것이다.

④ 셋째 단락의 '남성적인 사고는, 사고 대상 전체를 구성요소 부분으로 분해한 후 그들 각각을 개별화시키고 이를 다시 재조합하는 과정으로 진행된다. 그에 비해 여성적인 사고는, 분해되지 않은 전체 이미지를 통해서 의미를 이해하는 특징을 지닌다'라는 내용과 부합하는 내용이다.

11 정답 ①

㉠ 밑줄 친 결론의 앞에서, '그림문자로 구성된 글의 이해는 여성적인 사고 과정을, 표음문자로 구성된 글의 이해는 남성적인 사고 과정을 거친다'라고 하였으므로, 표음문자 체계의 보편화는 여성의 사회적 권력을 약화시키게 된다는 결론을 이끌어 내기 위해서는 표음문자로 구성된 글의 이해가 사회적 권력에 영향을 미친다는 내용이 전제되어야 한다. 따라서 ㉠은 추가해야 할 전제로 적절하다.

㉡ 그림문자로 구성된 글의 의해는 여성적인 사고 과정을 거친다고 했으므로, ㉡의 내용은 옳지 않다. 또한 추가해야 할 전제로 적절하지도 않다.

㉢ 표음문자 체계가 복잡한 의사소통을 가능하도록 했다는 것이 여성의 사회적 권력의 약화 또는 사회적 권력의 변화와 직접 연결될 수는 없으므로, ㉢도 전제로 적절하지 않다.

따라서 밑줄 친 결론을 이끌어내기 위해 추가해야 할 전제로 적절한 것은 ㉠뿐이다.

12 정답 ③

제시문의 첫째 문장인 '정보의 가장 기본적인 원천은 인간이 체험하는 감각이다'와 마지막 두 문장인 '예로부터 철학자들은 감각을 중시하지 않았지만, 존 로크와 같은 경험론자들은 감각의 기능을 포기하지 않았다. 왜냐하면 감각을 통하지 않고서는 어떤 구체적인 것도 얻을 수 없다고 생각했기 때문이다'를 통해 글의 핵심 내용을 파악할 수 있다. 주제문에 해당되는 것은 마지막 문장의 '감각을 통하지 않고서는 어떤 구체적인 것도 얻을 수 없다'이다. 따라서 이러한 내용과 가장 가까운 것은 ③이다. 즉, 시각적 감각인 종 치는 것을 보지 못했다면 종을 치면 소리가 난다는 구체적인 지식을 알 수 없다는 것이다.

13 정답 ①

제시된 글의 실험은 똑같은 일을 두 사람이 조를 이루어 한 후 두 사람에게 보수를 지급한 후 반응을 설명한 것으로, 글 후반부의 내용에서 알 수 있듯이 한 사람이 다른 사람보다 보수를 많이 받거나 적게 받는 경우보다 두 사람이 동일한 보수를 받는 경우 더 행복해 했다는 내용이다. 여기서 동일한 보수는 곧 공평한 대우를 의미하므로, 이 글을 통해 추론할 수 있는 내용으로 가장 적절한 것은 ①이 된다.

② 제시된 실험에서 똑같은 일을 똑같은 노력으로 두 사람이 수행한 후, 한 사람이 다른 사람보다 보수를 더 많이 받은 경우(능력을 더 인정받은 경우)가 동일한 보수를 받은 경우(공평한 대우를 받은 경우)보다 덜 행복해 한다는 것을 알 수 있다. 따라서 ②는 이러한 내용과 배치된다.

③ 제시된 실험에서 초점이 되는 것은 타인과의 협력이 아니라 자신과 타인과의 공평한 보상이 된다.

④ 상대를 위해 자신의 몫을 양보하는 내용은 제시문에서 언급된 내용이 아니다.

14 정답 ②

김교수가 진행자의 요구나 질문에 대답하는 방식으로 대담을 전개하고 있으나, 진행자의 의견에 동조하며 김교수 자신의 견해를 수정하는 내용은 제시되지 않았다. 따라서 ②는 대담에 대한 적절한 설명으로 볼 수 없다.

① 진행자의 세 번째 말("교수님, 평저 구조가 무엇인지 말씀해 주시겠습니까?")과 마지막 말("판옥선이 전투 상황에서는 얼마나 위력적이었는지 궁금한데, 더 설명해 주시겠습니까?")을 통해 진행자는 김 교수에게 추가 설명을 요청하고 있음을 알 수 있다.

③ 김교수의 첫 번째 답변에서 진행자가 전통 선박에 담긴 선조들의 지혜를 소개해 달라는 부탁에 판옥선을 선정해 소개하였다. 따라서 ③도 적절한 설명이 된다.

④ 진행자의 네 번째 답변("결국 섬이 많고 수심이 얕으면서 조수 간만의 차가 큰 우리나라 바다 환경에 적합한 구조라는 말씀이시군요?")에서 김교수의 판옥선 구조적 장점에 대한 설명에 대해 자신의 이해가 맞는지 질문을 하였다. 따라서 ④도 적절한 설명이다.

15 정답 ④

㉠ 여기에 들어 갈 수 있는 기능은 지령적 기능과 정보적 기능인데, 제시된 글에서 '의미 전달에 필요한 개념적 의미가 지배적으로 작용한다'라고 하였으므로 "마"의 정보적(情報的) 기능이 더 적절하다.

㉡ 화자(話者)의 감정과 태도를 드러내는데 쓰이는 기능이라고 했으므로, "다"의 표현적(表現的) 기능이 적절하다.

㉢ 다른 사람들의 행동이나 태도에 영향을 미치고자 할 때 쓰게 되는 기능이라고 했으므로, "나"의 지령적(指令的) 기능이 된다.

㉣ 언어 자체의 속성을 활용하여 즐거움을 추구하는 기능이라고 했으므로, "가"의 미적(美的) 기능이 된다.

㉤ '낯선 사람들이 만났을 때 날씨 이야기로 대화를 시작하는 것'은

"라"의 친교적(親交的) 기능에 해당한다.
따라서 순서대로 바르게 나열한 것은 ④이다.

16 정답 ①

"A는 결혼을 하지 않았다."는 진술과 모순되는 진술은 "A는 결혼을 했다."라는 진술이다. 〈보기〉 중 결혼과 관련된 전제는 ⓛ뿐이다. ⓛ을 명제로 볼 때, 그 대우인 "A가 서울 출신이 아니라면 A는 결혼을 했다."도 참이 된다는 것을 알 수 있다. 따라서 "A는 결혼을 했다."는 것을 이끌어 내기 위해서는 "서울 출신이 아니다."라는 전제가 필요하므로, ㉠과 ㉢이 필요하게 된다. 따라서 "A는 야구를 좋아하므로 서울 출신이 아니고, 그러므로 결혼을 하지 않았다."가 되기 위해서 ㉠, ㉡, ㉢이 필요하다는 것을 알 수 있다.

17 정답 ④

㉤에 따라 A는 전하가 0이 아닌 입자만을 휘게 하므로, 전하가 0인 입자는 A에서 휘지 않는다. ㉢과 ㉣에 따라 전하가 0인 입자는 광자와 중성자, 그리고 일부의 D 입자이다.
또한 ㉦에 따라 C는 무거운 입자와 D 입자만을 멈추게 하는데, ㉡에 따라 무거운 입자는 양성자와 중성자가 되므로, C에서 멈추었다면 양성자와 중성자, D 입자 중의 하나가 된다.
이상을 종합할 때, A에서 휘지 않고 C에서 멈추었다면 그것은 중성자나 D 입자 중의 하나이다. 따라서 ④와 같이 단정할 수는 없으므로, 반드시 참이라고 할 수는 없다.

18 정답 ①

3개의 메모 중 하나만 참이라고 했으므로, 이것을 토대로 살펴보면 다음과 같다.

(ⅰ) 상자 A의 메모가 참인 경우 : 상자 B에는 뇌물이 들어있으며, 상자 C는 비어 있고, 상자 A에는 선물이 들어 있다.
(ⅱ) 상자 B의 메모가 참인 경우 : 상자 B는 비어 있으며, A와 C에는 뇌물 또는 선물이 들어 있다. 그런데 A와 C의 메모는 모두 거짓이므로, 상자 A에는 선물이 들어있으며, 상자 C에는 뇌물이 들어 있다.
(ⅲ) 상자 C의 메모가 참인 경우 : 상자 C에는 선물이 들어 있고, 상자 A와 B는 뇌물이 들어있거나 비어 있다. 이 경우 A의 메모가 거짓이므로 상자 B는 비어 있어야 하는데, 상자 B의 메모도 거짓이므로 모순이 발생한다. 따라서 이 경우는 성립하지 않는다.

이를 종합하면 (ⅰ)과 (ⅱ)의 경우만 성립한다는 것을 알 수 있다. (ⅰ)과 (ⅱ)에서는 모두 상자 A에 선물이 들어 있으므로, ①은 올바른 결론이 된다.

19 정답 ②

인류의 '미숙아' 출산 전략과 일부일처제 정착으로 인해 뇌 용적이 증가된 것이 아니라, 오히려 뇌 용적 증가가 인류의 '미숙아' 출산 전략과 일부일처제 정착에 영향을 미쳤으므로, ②는 글의 내용과 부합하지 않는다. 제시된 글의 첫째 단락에서 "커진 두뇌', '좁아진 골반'이라는 딜레마를 우리 조상은 '미숙아 출산 전략'으로 풀었다'라는 내용에서 이를 파악할 수 있다.

20 정답 ④

둘째 단락에서 콘스탄티노플에 입성한 술탄 메흐메드 2세는 성소피아 대성당을 파괴하여 이슬람 사원으로 개조하라는 명령을 내렸고 학식이 풍부한 그리스 정교회 수사를 공석중인 총대주교직을 수여했으며, 비잔틴 황제들이 제정한 법도 법제화의 모델로 이용하였다고 했으므로, 메흐메드 2세는 '단절'이 아닌 '연속성'을 추구했다는 것을 알 수 있다. 따라서 제시문의 ㉣을 ④의 ㉣과 같이 수정하는 것이 흐름상 적절하다.

21 정답 ④

둘째 단락에서 적응체육은 '장애를 가진 사람들에게 안전하고 성공적이며 만족스러운 참여의 기회를 제공하기 위하여 전통적인 체육활동을 변형하는 것'이라 하였는데, ④와 같이 소프트볼이나 볼링 등의 경기에 기존의 장비 외에 부수적 장비를 제작 · 사용하도록 하여 장애인의 참여 기회를 제공하는 것은 이러한 적응체육의 취지에 부합한다.

22 정답 ③

둘째 단락의 마지막 문장에서 '300rem 정도라면 수혈이나 집중적인 치료를 받지 않는 한 방사선 피폭에 의한 사망 확률이 50%에 달하고'라고 하였으므로, 몸무게와 상관없이 방사선에 300rem 정도의 피해를 입은 경우 수혈이나 집중 치료를 받지 않는 경우 사망할 확률이 50%에 이른다. 따라서 ③은 옳지 않은 내용이다.

① 첫째 단락에서 '1rem은 몸무게 1g당 감마선 입자 5천만 개가 흡수된 양'이라 하였으므로, 몸무게가 50kg인 사람이 500조 개의 감마선 입자를 흡수한 경우 방사선 피해 정도는 200rem이 된다. 둘째 단락에서 '방사선에 200rem 정도로 피해를 입는다면 머리카락이 빠지기 시작하고, 몸에 기운이 없어지고 구역질이 난다'라고 하였으므로, ①은 옳은 내용이 된다.

② 둘째 단락의 앞부분에서 '이처럼 가벼운 손상은 몸이 스스로 짧은 시간에 회복할 뿐만 아니라, 정상적인 신체 기능에 거의 영향을 미치지 않는다. 이 경우 '문턱효과'가 있다고 한다'라고 하였는데, ②는 이에 부합되는 내용이다.

④ 첫째 단락에서 '1rem은 몸무게 1g당 감마선 입자 5천만 개가 흡수된 양으로 사람의 몸무게를 80kg으로 가정하면 4조 개의 감마선 입자에 해당한다', '체르노빌 사고 현장에서 소방대원의 몸에 흡수된 감마선 입자는 각종 보호 장구에도 불구하고 400조 개 이상이었다'라고 했으므로, 체르노빌 사고 현장에 투입된 80kg의 소방대원이 입은 방사선 피해는 100rem 이상이었다는 것을 알 수 있다. 따라서 ④도 옳은 내용이다.

23 정답 ②

제시된 글 중반부에서 발해를 건국한 대씨와 발해에 대해 '대저 대씨는 어떤 사람인가, 고구려 사람이다. 그 소유한 땅은 어떠한 땅인가, 고구려의 땅이다'라고 하여, 대씨는 고구려 사람이고, 발해는 우리 고구려의 땅이라는 역사의식을 보여주고 있다. 그런데 역사서 '을'의 경우 발해를 우리나라와 경계가 접한 이웃나라로 기술하였으므로, 제시문의 역사의식과 다른 관점을 나타내고 있다.

① '갑'은 발해가 고구려와 부여를 계승한 나라라 주장하였으므로, 제시문의 관점에 부합한다.

③ '병'은 발해의 역사를 우리나라 역사에 등장했던 나라들과 대등하게 서술한 것이므로, 제시문의 관점에 부합하는 역사서가 된다.

④ 발해왕을 고구려왕이라 칭하는 것은 발해를 고구려를 계승한 우리나라의 역사라는 인식을 반영하는 것이므로, 제시문의 관점에 부합한다.

24 정답 ①

A유형은 법관이 전적으로 재판을 전담하는 형태에 해당되며, (라)의 경우는 일반시민이 재판에 참여하면 재판이 여론의 영향을 받게 될 우려가 있다는 것이다. 따라서 (라)는 A유형을 지지(찬성)하는 견해가 되므로, ①은 옳지 않다.

25 정답 ③

제시문은 큰 콩의 씨앗에서 생산된 콩은 크긴 하지만 이전 보다는 작아지며, 작은 콩의 씨앗에서 생산된 콩은 작은 편에 속하나 이전보다 커진다는 실험결과를 보여준다. 이를 사회현상에 동일하게 적용하면, 어떤 집단이나 계층의 특징적인 속성이 다음 세대에도 유지되나 그 특징적인 면이 보다 완화되어 나타난다는 것이다. ③ 제시문의 실험결과에서 보듯이 큰 콩이 조금씩 작아지나 여전히 평균보다는 크므로, 부유한 가정에서 태어난 사람은 부모 보다는 가난하겠지만 여전히 평균보다는 부자일 것이다.

① 제시문의 실험결과는 세대를 거듭할수록 큰 콩은 점차 크기가 줄어들고, 작은 콩은 점차 크기가 줄어든다는 것이므로, 이를 사회현상에 동일하게 적용하는 경우 사회집단의 속성은 시간이 지날수록 동질적으로 될 것이라 추론할 수 있다.

② 제시문의 실험결과에 따른다면, 부유한 국가는 시간이 지날수록 조금씩 부가 줄어갈 것이고, 가난한 국가는 시간이 지날수록 조금씩 부가 늘어갈 것이라 추론할 수 있다. 따라서 국가 간 빈부격차는 시간이 흐를수록 더욱 완화될 것이다.

④ 제시문에서 '큰 콩의 씨앗에서 생산된 콩은 전체의 평균보다는 크지만 원래의 씨앗보다는 작았다'라고 했으므로, 이를 사회현상에 적용할 경우 기업의 2세 경영인은 창업주 때보다는 더 적은 이익을 창출할 것이라 추론할 수 있다.

26 정답 ④

㉡ C는 근로자이므로 5천원 이상의 현금 지출시 소득공제 혜택의 대상자가 되며, 둘째 단락에서 의류 구입비도 소득공제 대상에 해당한다고 하였으므로, ㉡은 제시문의 내용에 부합한다.

정답
해설

㉣ 제시문의 셋째 단락에서 '현금영수증 가맹사업자는 매출액의 1%를 부가가치세 납부액에서 공제받을 수 있게 되었다'라고 하였는데, 현금영수증 가맹사업자는 이러한 세제혜택과 세원노출로 인한 세부담 증가액을 비교하여 가맹여부를 결정할 가능성이 높다. 따라서 ㉣은 제시문의 내용에 부합한다.

㉠ 5천원 이상의 현금 지출시 소득공제 대상이 되므로, 음식 값 9,000원의 경우 소득공제 대상 지출에 해당한다. 그러나 이 비용을 두 사람이 나누는 경우는 한 사람당 4,500원의 현금 지출을 한 셈이 되므로, 소득공제용 현금영수증을 두 사람이 모두 받을 수는 없다. 따라서 ㉠은 제시문의 내용에 부합하지 않는다.

㉢ 현금영수증 방식으로 지출한 금액이 총급여액의 10%를 넘을 경우 초과분의 20%를 근로소득에서 공제하는 것이므로, 연간 근로소득이 3,000만원인 사람이 500만원을 지출한 경우, 총급여액의 10%(300만원)의 초과분인 200만원에 대해 20%를 근로소득에서 공제하게 된다. 따라서 A의 소득 공제액은 '200만원×0.2=40만원'이 되므로, ㉢은 글의 내용에 부합되지 않는다.

27 정답 ②

㉠ 대법원장이 집필한 판례연구논문집의 경우, 대법원장이 국가기관이 아닌 '개인'의 자격에서 학술연구 목적으로 집필한 것이다. 또한 그 내용이 법조문 제3호의 법원의 판결 · 결정 등에 관한 내용이지만, 그것을 그대로 인용한 것이 아니라 소재의 선택 · 배열 또는 구성에 창작성이 있는 '편집저작물'로 볼 수 있다. 따라서 저작권법에 따라 보호되는 대상이 된다.

㉣ 헌법재판소 결정에 대한 일간지의 사설은 헌법재판소의 결정을 그대로 실은 것이 아니라, 그에 대한 견해나 입장, 평가 등을 실은 '저작물'이다. 또한 이는 법조문 제5호의 사실전달에 불과한 시사보도라 볼 수도 없다. 따라서 저작권법의 보호대상이 된다.

㉡ 공정거래위원회가 펴낸 심판결정 사례집은 국가기관이 행정심판에 관한 실제 사례를 펴낸 편집물로서, 내용상 법조문 제3호에 해당한다. 따라서 법조문 제4호에 의해 저작권법의 보호를 받지 못한다.

㉢ 법제처가 간행한 대한민국 헌법의 영문 번역본은 국가기관이 작성한 헌법의 번역물에 해당하므로, 법조문 제4호에 의해 저작권법의 보호를 받지 못한다.

28 정답 ②

제시문의 위기유형의 특징을 파악해 〈보기〉의 위기관리방법과 하나씩 비교해 보면 적절한 연결관계를 파악할 수 있다. 제시된 위기유형별로 살펴보면 다음과 같다.

- **위기유형Ⅰ** : 재난발생의 예측가능성은 낮으나 피해발생정도는 높은 유형이라 했는데, 예측가능성이 낮다는 것은 예방효과성이 떨어지는 것이므로 사전예방에 중점을 두는 것은 그 효과가 떨어질 수밖에 없다. 또한 재난으로 인한 피해발생정도는 높은 유형이므로, 피해수습책을 강구하는 것은 꼭 필요하다. 따라서 위기유형 Ⅰ은 A와 같이 사전예방보다 사후수습에 중점을 두어 관리하는 것이 가장 적절하다.
- **위기유형Ⅱ** : 이 유형은 재난발생의 예측가능성이 상대적으로 높으므로, 예방효과성도 높다고 할 수 있다. 따라서 사전예방에 중점을 두는 것이 효과적 관리방안이 된다. 또한 이 유형은 피해발생정도도 높으므로, 사후수습에도 마찬가지로 중점을 두어야 한다. 따라서 C의 위기관리방법이 가장 적절하다.
- **위기유형Ⅲ** : 재난발생의 예측가능성이 상대적으로 낮고 피해발생정도도 낮은 유형이므로, 사전예방이나 사후수습에 중점을 둘 필요성이 모두 낮다고 할 수 있다. 따라서 특정한 위기관리지침을 두기 보다는 일반관리지침에 따라 관리하는 것이 더 효율적이라 할 수 있으므로, D의 관리방법이 적절하다.
- **위기유형Ⅳ** : 재난발생의 예측가능성은 높으나 피해발생정도는 낮은 유형이므로, 사후수습보다는 사전예방에 집중하여 관리하면 될 것이다. 따라서 B의 위기관리방법이 가장 적절하다.

29 정답 ①

〈가정〉에서 각 국가는 상대국의 무역장벽은 철폐하고 자기 나라의 무역장벽은 유지하는 것이 가장 유리하다고 생각하며, 그 반대의 경우를 가장 우려하고 있다고 하였다. 이러한 상황에서 양국이 자유무역 협정을 효과적으로 유지 · 실현할 수 있는 방안으로는, 협정의 이행을 감시 · 강제할 기구를 설치하거나 위반 시 벌칙을 부과할 수 있도록 하는 방안 등을 고려해 볼 수 있다. 그런데, ①의 경우는 양국이 자국의 자유무역 협정 준수를 감독할 기구를 자국 내에 설치하는 것이므로, 〈가정〉과 같은 상황에서 협정의 준수나 위반 여부에 대한 감시 · 감독, 위반 시 벌칙 규정의 적용 등에 있어 많은 한계가 따를 수밖에 없다. 즉, 공정하면서도 엄격한 감시 · 감독이 이루어지기 어려우므로, 적절한 방안으로 볼 수 없다.

30 정답 ④

현행법 제2조 제2항을 보면, 야간 또는 2인 이상이 공동으로 폭행을 한 경우 각 형법 본조에 정한 형의 2분의 1까지 가중하여 처벌할 수 있도록 규정하였다. 그런데 개정안 제2조 제2항을 보면 "야간"이라는 말이 삭제되었다. 이는 지금까지는 야간에 폭행한 경우나 2인 이상이 공동으로 폭행한 경우 가중 처벌하였으나, 법 개정시부터는 2인 이상이 공동으로 폭행을 한 경우에 가중 처벌할 수 있다는 의미이다. 따라서 ④의 "야간에 2인 이상이 공동으로 폭행을 한 경우"는 개정안 제2조 제2항의 2인 이상이 공동으로 폭행한 경우에 해당하므로, 가중 처벌 대상이 된다. 따라서 ④는 개정 내용에 부합하지 않는다.

31 정답 ③

㉡ 현행법 제2조 제1항에서는 상습적으로 폭행을 범한 자에게 '3년 이상의 유기징역'에 처한다고 규정하였다. 그러나 개정안 제2조 제2항 제1호에서는 '1년 이상의 유기징역'에 처한다고 규정하고 있으므로, 이 법 개정시 상습적으로 폭행을 범한 자에 대한 선고형량이 낮아질 수 있음을 알 수 있다. 따라서 ㉡은 법 개정시 예상할 수 있는 상황으로 적절하다.

㉢ 현행 법 제2조 제1항에서는 상습적인 주거침입의 죄를 범한 자에게 '3년 이상의 유기징역'에 처한다고 규정하고 있으나, 개정안 제2조 제1항 제1호에서는 '1년 이상의 유기징역'에 처한다고 규정하였다. 따라서 이 법이 개정되면 상습적인 주거침입사건에 대한 선고형량 선택의 범위가 개정 전에 비해 확대될 것이다. 따라서 ㉢도 예상할 수 있는 상황이 된다.

㉠ 개정안 제3조와 제4조에서 '집단적 폭행'과 '단체 등의 구성 · 활동'에 대한 처벌을 규정하고 있으나 그 수익원의 노출에 대해서는 아무런 언급이 없다. 따라서 이 법이 개정된다 해도 ㉠을 예상하기는 어렵다.

㉣ 현행법에서는 존속을 상대로 한 폭행에 대한 처벌이 따로 구분되어 있지 않으나 개정안 제2조 제1항 제2호에서는 이에 대한 처벌을 따로 구분하고 있다. 그러나 존속을 상대로 한 폭행에 대해 개정안에 의해 비로소 처벌할 수 있을 것이라 추론하는 것은 적절치 않다. 존속폭행 역시 폭행의 일종이므로 현행법에서도 폭행죄로 처벌이 가능하기 때문이다.

32 정답 ④

선택지에 제시된 온도별 재배 가능 식물을 구하면 다음과 같다.

- 13℃ : A, B(2가지)
- 17℃ : A, E(2가지)
- 21℃ : D, E(2가지)
- 25℃ : C, D, E(3가지)

따라서 가장 많은 식물을 재배할 수 있는 온도는 ④이다.

33 정답 ③

선택지에 제시된 온도별로 재배할 수 있는 상품가치의 총합을 구하면 다음과 같다.

- 15℃ : 10,000원(A)+25,000원(B)+35,000원(E)=70,000원
- 20℃ : 10,000원(A)+15,000원(D)+35,000원(E)=60,000원
- 25℃ : 30,000원(C)+15,000원(D)+35,000원(E)=80,000원
- 30℃ : 30,000원(C)+15,000원(D)=45,000원

따라서 얻을 수 있는 상품가치의 총합의 가장 큰 온도는 25℃이며, 그때 상품가치의 총합은 80,000원이다.

34 정답 ②

㉠(A통장, B통장)과 ㉣(B통장, C통장) 잔액의 합을 비교해보면, C통장 잔액은 A통장보다 100만원이 더 많다는 것을 알 수 있다. 그리고 ㉡과 ㉤ 잔액의 비교에서, E통장 잔액은 C통장보다 100만원이 더 많다는 것을 알 수 있다. 따라서 E통장 잔액은 A통장보다 200만원이 더 많으므로, 'E통장 잔액=A통장 잔액+200만원'이 된다. 이를 ㉢(A통장, E통장) 잔액의 합(1,400만원)과 비교해보면, A통장 잔액은 '600만원'이 된다는 것을 알 수 있다.

35 정답 ①

〈조건〉에서 이길 수 있는 확률이 0.6 이상이 되도록 선수를 선발한다고 했으므로, 이를 통해 각 라운드별 선발 가능한 선수를 보면 다음과 같다.

선수	1라운드 선발 ('가' 상대)	2라운드 선발 ('나' 상대)	3라운드 선발 ('다' 상대)
A		0.67	
B		0.82	
C	0.81	0.72	
D			0.76
E	0.66		
F			0.99
G			0.64

1라운드 선발 가능 선수인 'C'와 'E'를 통해 선발할 수 있는 출전선수 조합의 가짓수를 구하면 다음과 같다.

㉠ 1라운드에 'C'를 선발하는 경우 : 2라운드 선수로는 A, B 두 선수를 선발할 수 있고, 3라운드 선수로는 D, F, G 세 명을 선발할 수 있으므로, 출전선수 조합의 수는 '2×3=6(가지)'이 된다.

㉡ 1라운드에 'E'를 선발하는 경우 : 2라운드에 A, B, C 세 명을 선발할 수 있고, 3라운드에 D, F, G 세 명을 선발할 수 있으므로, 출전선수 조합의 수는 '3×3=9(가지)'가 된다.

따라서 '갑'씨름단이 선발할 수 있는 출전선수 조합의 총 가짓수는 '6+9=15(가지)'가 된다.

36 정답 ②

〈설명〉에서 연산은 '( )', '{ }'의 순으로 한다고 했으므로, 제시된 〈수식〉의 경우 연산 A와 C를 먼저하고, 다음으로 B, 마지막으로 D를 해야 한다. 순서대로 〈설명〉에 따라 연산을 진행하면 다음과 같다.

- 연산 A를 시행한 경우 : {6 B (3 C 4)} D 6
- 연산 C를 시행한 경우 : {6 B 12)} D 6
- 연산 B를 시행한 경우 : 72 D 6
- 연산 D를 시행한 경우 : 12

따라서 수식을 계산한 값은 '12'가 된다.

37 정답 ②

㉢ 〈규칙〉에서 첫째 날 1경기부터 시작되어 10경기까지 순서대로 매일 한 경기씩 진행된다고 하였으므로, 총 4번의 경기를 치러야 우승할 수 있는 자리는 E, F, G, H, I, J의 6개이고, 총 3번의 경기를 치르고 우승할 수 있는 자리는 A, B, C, D, K의 5개이다. 따라서 전자의 자리에 배정될 확률이 후자의 자리에 배정될 확률보다 높다고 할 수 있으므로, ㉢은 옳다.

㉠ 경기의 규칙상 우승할 수 있는 최소한의 경기 수는 3경기이다. 따라서 이틀 연속 경기를 하지 않으면서, 3경기로 우승할 수 있는 자리는 A, B, C, D의 4개이다. K자리의 경우 3경기로 우승할 수 있는 자리이나, 이틀 연속 경기를 치러야(8경기, 9경기, 10경기) 하므로 적절하지 않다. 따라서 ㉠은 옳지 않다.

㉡ 매일 하루에 한 경기씩 쉬는 날 없이 진행되므로, 첫 번째 자리에서 승리한 후 두 번째 경기 전까지 3일 이상 경기 없이 쉴 수 있는 자리는 A~F이다. 따라서 그 자리에 배정될 확률은 50% 이상이 되므로, ㉡은 옳지 않다.

38 정답 ③

㉡ 1년은 365일이므로, 어제까지 한국 나이로 18세인 학생이 366일 후에 한국 나이로 20세가 되기 위해서는 어제가 12월 31일이 되어야 한다.

㉢ 1년을 365일로 계산한 것이므로 양력으로 계산한 것이다.

㉠ 윤년이 되는 경우 1년이 366일이 되므로, 어제가 12월 31일인 경우 366일 후 한국 나이로 아직 19세이다. 따라서 올해가 윤년이어서는 안 된다.

㉣ 어제(12월 31일)부터 366일 후에는 1월 1일이 된다.

39 정답 ①

㉠ 제1항에서 개발부담금을 징수할 수 있는 권리는 그것을 행사할 수 있는 시점부터 5년간 행사하지 않으면 소멸시효가 완성된다고 하였고, 제2항에서 그 소멸시효의 중단 사유로 제1호에서 납부고지를 들었다. 따라서 5년의 소멸시효 완성 기간 이내에 납부고지를 하는 경우, 국가의 개발부담금 징수권은 그 소멸시효가 중단된다는 것을 알 수 있다. 따라서 ㉠은 옳은 내용이다.

㉡ 제3항에서 알 수 있듯이, 고지한 납부기간의 경과는 중단된 소멸시효가 새로 진행하는 사유에 해당한다. 따라서 ㉡은 옳지 않다.

㉢ 납부의무자가 개발부담금을 기준보다 많이 납부한 경우 과오납금을 환급받을 권리(환급청구권)를 행사할 수 있는데, 제1항에서 그 환급청구권의 소멸시효도 '5년'간 행사하지 않으면 완성된다고 하였다. 따라서 환급을 받을 수 있는 때로부터 환급청구권을 5년간 행사하지 않으면 소멸시효가 완성되므로, ㉢도 옳지 않다.

40 정답 ④

(가) '30'은 5를 포함하는 두 개의 숫자의 곱으로 표현한다고 했으므로 '6×5'가 되는데, 이는 '여섯 개의 다섯'이라는 뜻이므로 'otailuna'가 된다.

(나) 'ovari'는 '9'를 의미하므로 'ovariluna'는 '9×5'가 된다. 따라서 'ovariluna i tolu'는 '9×5+3'이므로, 이에 해당하는 숫자는 '48'이 된다.

[수리능력]

41 정답 ①

전 · 월세 전환율은 '$\frac{\text{월세}\times 12}{\text{전세금}-\text{월세보증금}}\times 100$'이므로, B와 D의 전 · 월세 전환율을 구하면 다음과 같다.

- B의 전 · 월세 전환율$=\frac{60\times 12}{42{,}000-30{,}000}\times 100=6\%$
- D의 전 · 월세 전환율$=\frac{80\times 12}{38{,}000-30{,}000}\times 100=12\%$

42 정답 ④

ⓛ '전 · 월세 전환율(%)$=\frac{\text{월세}\times 12}{\text{전세금}-\text{월세보증금}}\times 100$'이므로, '$3=\frac{70\times 12}{60{,}000-\text{월세보증금}}\times 100$'이 성립한다. 이를 풀면 C의 월세보증금은 '32,000(만원)'이 된다. 따라서 ⓛ은 옳다.

ⓒ '$12=\frac{\text{월세}\times 12}{58{,}000-53{,}000}\times 100$'이 성립하므로, E의 월세는 '50만원'이 된다. 따라서 ⓒ도 옳은 설명이다.

㉠ '전 · 월세 전환율(%)$=\frac{\text{월세}\times 12}{\text{전세금}-\text{월세보증금}}\times 100$'이므로, '$6=\frac{50\times 12}{\text{전세금}-25{,}000}\times 100$'이 성립한다. 이 식을 풀면, A의 전세금은 '35,000(만원)'이 된다. 따라서 ㉠은 옳지 않은 설명이다.

43 정답 ②

경상지역 요양기관의 수는 모두 17개소이며, 이 중 1등급 요양기관의 수는 16개소이다. 또한 서울지역 요양기관의 수는 29개소이며, 이 중 1등급 요양기관의 수는 22개소이다. 이에 따라 각각의 비중을 구하면, 경상지역 요양기관 중 1등급 요양기관의 비중은 '$\frac{16}{17}\times 100≒94.1\%$'이며, 서울지역 요양기관 중 1등급 요양기관의 비중은 '$\frac{22}{29}\times 100≒75.9\%$'가 된다. 따라서 전자가 후자보다 크므로, ②는 옳지 않다.

① 〈표 2〉에서 볼 때, 1등급 '상급종합병원' 요양기관 수는 '37개소'이며, 5등급을 제외한 '종합병원' 요양기관 수의 합은 '38개소'이므로, 전자가 후자보다 적다.

③ 〈표 1〉에서 볼 때, 5등급 요양기관(8개소) 중 서울지역의 요양기관(4개소)의 비중은 '50%'이며, 2등급 요양기관(10개소) 중 충청지역 요양기관(2개소)의 비중은 '20%'이다. 따라서 전자가 후자보다 크다.

④ 계산을 하지 않아도 요양기관의 수를 비교함으로써 바로 알 수 있다. '상급종합병원' 요양기관(42개소) 중 1등급 요양기관(37개소)의 비중은 '$\frac{37}{42}\times 100≒88.1\%$'이며, 1등급 요양기관(67개소) 중 '상급종합병원' 요양기관(37개소)의 비중은 '$\frac{37}{67}\times 100≒55.2\%$'이므로, 전자가 후자보다 크다.

44 정답 ③

묘목의 건강성 평가점수는 '활착률$\times 30+\frac{\text{뿌리길이}}{\text{줄기길이}}\times 30+$병해충 감염여부$\times 40$'으로 구하며, '병해충 감염여부'의 경우 '감염'이면 0, '비감염'이면 1을 부여한다고 하였으므로, 이에 따라 묘목 A~E의 평가점수를 구하면 다음과 같다.

- A의 건강성 평가점수 : $0.7\times 30+\frac{15}{9}\times 30+0\times 40=71$
- B의 건강성 평가점수 : $0.7\times 30+\frac{9}{12}\times 30+1\times 40=83.5$
- C의 건강성 평가점수 : $0.7\times 30+\frac{17}{17}\times 30+1\times 40=91$
- D의 건강성 평가점수 : $0.9\times 30+\frac{12}{18}\times 30+0\times 40=47$
- E의 건강성 평가점수 : $0.8\times 30+\frac{10}{15}\times 30+1\times 40=84$

따라서 건강성 평가점수가 가장 높은 묘목은 C이며, 평가점수가 가장 낮은 묘목은 D이다.

45 정답 ③

제시문에서 '병은 x를 (1), x^2을 (2), x^3을 (3)과 같이 사용했다'라고 했으므로, '$x^3+4x+2=0$'은 '1(3)+4(1)+2=0'이라고 썼을 것이다. ③의 '1(2)+4(1)+2=0'은 '$x^2+4x+2=0$'이 되므로 옳지 않다.

① 제시문에서 '갑은 x를 reb⁹라고 쓰고 x^3을 cub⁹라고 했으며 +를 p : 과 같이 써서'라고 하였으므로, '$x^3+4x+2=0$'은 'cub⁹p : 4reb⁹p : 2 aeq̄lis 0'이라고 썼을 것이다. 따라서 ①은 옳다.

② '을은 $x^3+3=2x+6$을 1③+3 egales á 2①+6이라고 썼다. 여기서 egales á는 =를 나타낸다'라고 하였으므로, '$x^3+4x+2=0$'은 '1③+4①+2 egales á 0'이라고 썼을 것이다. ②도 옳은 표현이다.

④ '정은 $x^3+3x=0$을 $xxx+3\cdot x=0$과 같이 표현했다'라고 했으므로, '$x^3+4x+2=0$'은 '$xxx+4\cdot x+2=0$'이라 표현했을 것이다.

46 정답 ②

'출석의무자 수=소환인원−송달불능자 수−출석취소통지자 수'이므로, A의 출석의무자 수(㉠)는 '1,880−533−573=774(명)'이며,

B의 출석의무자 수(㉡)는 '1,740－495－508＝737(명)'이 된다. 따라서 '㉠＋㉡＝1,511(명)'이다.

47 정답 ①

㉠ '출석률(%)＝$\frac{\text{출석자 수}}{\text{소환인원}}$×100'이므로, D지방법원의 출석률은 '$\frac{57}{191}$×100≒29.8%'이다. 따라서 출석률이 30% 이하이므로, ㉠은 옳지 않다.

㉡ '실질출석률(%)＝$\frac{\text{출석자 수}}{\text{출석의무자 수}}$×100'이므로, C지방법원의 실질출석률은 '$\frac{189}{343}$×100≒55.1%'이며, D지방법원은 '$\frac{57}{88}$×100≒64.8%', E지방법원은 '$\frac{115}{174}$×100≒66.1%'이다. 따라서 C~E 중 실질출석률이 가장 높은 것은 'E'이다.

㉢ A~E지방법원 전체 소환인원은 '4,947(명)'이므로, 전체 소환인원에서 A지방법원의 소환인원이 차지하는 비율은 '$\frac{1,880}{4,947}$×100≒38.0%'가 된다. 따라서 35% 이상이므로, ㉢도 옳은 설명이다.

48 정답 ④

<그림>에서 2010년의 단위 재배면적당 마늘 생산량은 '$\frac{60,000}{4,000}$＝15(톤/ha)'임을 알 수 있다. 따라서 2011년 동남권의 마늘 생산량은 '15×5,000＝75,000(톤)'이다. 따라서 ④는 옳은 설명이 된다.

① <그림>의 2006~2010년 동남권 마늘 생산 생산량 변동 추이를 보면, 2010년에는 전년보다 감소하였다는 것을 알 수 있다.
② <그림>에서 2010년 동남권 양파 총 재배면적은 4,500(ha)이라는 것을 알 수 있으므로, <표>의 2010년 울산의 양파 재배면적은 344(ha)임을 알 수 있다. 또한 <표>에서 2011년 울산의 양파 재배면적은 160(ha)이라는 것을 알 수 있다. 따라서 2011년 울산의 양파 재배면적은 전년에 비해 감소하였다.
③ 2010년의 경우는 동남권의 마늘 재배면적이 양파 재배면적 보다 작다.

49 정답 ①

신청가구별 아동월령과 지급유형에 따른 2023년 5월의 양육수당 월 지급액을 구하면 다음과 같다.

신청가구	자녀		지급유형	양육수당 월 지급액(만원)	신청가구당 양육수당 월 지급액(만원)
	구분	아동월령(개월)			
가	A	22	일반	15.0	15.0
나	B	16	농어촌	17.7	37.7
	C	2	농어촌	20.0	
다	D	23	장애아동	20.5	20.5
라	E	40	일반	10.0	20.0
	F	26	일반	10.0	
마	G	58	일반	0(∵해외 체류)	30.0
	H	35	일반	10.0	
	I	5	일반	20.0	

따라서 2023년 5월분의 양육수당이 많은 가구 순서대로 나열하면 '나－마－다－라－가'가 된다.

50 정답 ③

각 조건에 따라 식을 세우면 다음과 같다.

- ㉠＋㉡＝7,200
- ㉡＝3㉢－400
- ㉠＝㉢

'㉠＝㉢'이므로, 이를 첫 번째 식에 대입하면, '㉡＝7,200－㉢'이 된다. 이를 두 번째 식에 다시 대입하면, '7,200－㉢＝3㉢－400'이 성립하므로, ㉢은 1,900(만원)이 된다. 따라서 ㉠도 1,900(만원), ㉡은 '5,300(만원)'이 된다. 따라서 '㉠＋㉡＋㉢'은 '9,100(만원)'이 된다.

NATIONAL
COMPETENCY
STANDARDS